Deutschland-Ost vor Ort

Susanne Benzler
Udo Bullmann
Dieter Eißel (Hrsg.)

Deutschland-Ost vor Ort

Anfänge der lokalen Politik in den neuen Bundesländern

Leske + Budrich, Opladen 1995

ISBN: 3-8100-1138-X

Satz: Leske + Budrich

Druck und Verarbeitung: Druck Partner Rübelmann, Hemsbach

Printed in Germany

Inhalt

Einleitung

Der Aufbau einer Kommunalverfassung in Ostdeutschland birgt vielerlei Chancen und Herausforderungen. Nach über fünfzigjähriger Aussetzung von Selbstverwaltung während der Zeit des Faschismus und des zentralistischen Sozialismus kann die Bevölkerung Ostdeutschlands z.T. erstmalig örtliche Angelegenheiten selbständig regeln. Auch für ihr Gebiet gilt das Gebot der kommunalen Autonomie des Grundgesetzes. Wenn es richtig ist, daß die Festigung einer demokratischen Kultur vor allem von den Partizipationschancen auf örtlicher Ebene abhängig ist, sie also vor allem auch von unten aufgebaut werden muß, dann hat das Gelingen einer lebendigen kommunalen Selbstverwaltung einen hohen Stellenwert für die politische Akzeptanz eines freiheitlichen demokratischen Systems.

Der Neuaufbau ist nicht risikolos. Einerseits fehlen die entsprechenden Strukturen und vor allem auch erfahrenes Verwaltungspersonal auf kommunaler Ebene. Der West-Import von Verwaltungspersonal – besonders in Leitungsfunktionen – kann zwar Lücken schließen und auch das Know-how von Verfahrensregeln nach Osten transferieren, aber zugleich kann eine solche Hilfe das Gefühl der Bevormundung und „Kolonisierung" provozieren. Anderseits finden gerade die Bürgerbewegungen, die ja schließlich das verkrustete DDR-System zum Einsturz brachten, auf kommunaler Ebene ein weites Betätigungsfeld für neue, bürgernahe Wege der Politik vor und können ihre spezifische politische Kultur (insbesondere „Runde Tische") einbringen, um auf diese Weise die übergestülpten Rechts- und Organisationsformen des westlichen Kommunalsystems mit neuem Leben zu füllen.

Wie sehen nach den ersten Jahren der Vereinigung die entsprechenden Prozesse aus? Kann man in einer vorläufigen Bilanz das Fazit ziehen, daß der Elan der neuen Bürgerforen und im Osten neugegründeten Parteien in den Amtsstuben der Städte, Gemeinden und Kreise überlebt hat? Oder hat der bürokratische Alltag auch diese kommunitären Pflänzchen und bürgerlichen Kreativitätspotentiale zerstört?

Schneller als im übrigen Ost- und Mitteleuropa ging in der DDR der Aufbruch der Bürgerbewegung in den Anforderungen der Alltagspolitik unter. Teil I untersucht die Frage, ob sich die oppositionelle Bürgerbewegung der DDR in eine lebendige Zivilgesellschaft umgewandelt hat. Susanne Benzler, Christoph Boock und Dieter Rink stellen die Entwicklung der DDR- Gesellschaft in den 70er und 80er Jahren, unmittelbar während der Wende 1989/90 und seit 1990 übergreifend dar. Von der Opposition in der sozialistischen DDR führten zwei Wege zur Ausformung der heutigen Zivilgesellschaft in den neuen Ländern: am Beispiel von Leipzig zeigt Dieter Rink, wie sich die oppositionellen Milieus schon in den 80er Jahren z.B. in Ökologie- und Menschenrechtsgruppen differenzierten, die in die Massenbewegung des Herbst 1989 mündeten. Während sich ein Teil der Bürgerbewegung im Bündnis 90/Grüne und durch das Engagement auf kommunaler, Landes- und Bundesebene institutionalisierte, bildete sich ein Teil der alten oppositionellen Milieus in eine Vielzahl lokaler Initiativen und Projekte um, die die Grundlage neuer sozialer Bewegungen bilden und Partner einer alternativen Kommunalpolitik sein können.

Die Geschichte derjenigen, die sich mit ihrem Engagement in der Bürgerbewegung „professionalisierten", indem sie Verantwortung in der Kommunalpolitik und -verwaltung übernahmen, zeichnet Christoph Boock nach. Am Beispiel des Umbaus der Stadtverwaltung von Jena wird deutlich, welche enormen Anforderungen mit der Übernahme des westdeutschen politischen und Verwaltungssystems auf die Kommunen zukamen. Die Grundsatzentscheidung für eine schnelle Vereinigung produzierte dann jenen Zeitdruck, der parallel zum Um- und Aufbau der Verwaltung keine Debatte über Alternativen und Verbesserungen zuließ.

In theoretischer Perspektive scheint der Niedergang der DDR-Massenbewegung in eine Situation gemündet zu sein, in der sich schwache soziale Bewegungen, schwache Interessenverbände und ein schwacher Staat (ostdeutsche Länder und Kommunen) gegenüberstehen. Der Beitrag von Susanne Benzler untersucht, ob die Metamorphose von der Opposition im Sozialismus zum System verbandlicher Interessenorganisation bei gleichzeitiger Marginalisierung der Bürgerbewegungen zu einer lebendigen Zivilgesellschaft in den neuen Ländern geführt hat. Es sieht so aus, als habe die Übernahme des westdeutschen Verbände- und Parteiensystems zwar eine enorm differenzierte Artikulation gesellschaftlicher Interessen in den neuen Ländern ermöglicht, damit aber gleichzeitig eine gewisse Erstarrung der Zivilgesellschaft in ihren westdeutschen Strukturen hervorgebracht. Ob diese Zivilgesellschaft den neuen Anforderungen angesichts der Wirtschaftskrise und der Entpolitisierung der Gesellschaft gewachsen ist, ist noch offen.

Welche Möglichkeiten sich dennoch zu innovativer Regionalpolitik ergeben, stellt Petra Karrasch am Beispiel der Zusammenarbeit von Gewerkschaften und Kommune in Leipzig dar. Die vielfältigen Initiativen zum ökonomischen Umbau der Region und zur Verknüpfung von Arbeitsbeschaffung und Strukturentwicklung entstanden unter dem enormen Handlungsdruck, die Deindustrialisierung einer Region aufhalten zu müssen. Korporatistische Arrangements gesellschaftlicher und politischer Akteure vor Ort ermöglichen Ansätze zu einer

Selbstorganisation der Gesellschaft auf regionaler Ebene. Obwohl diese Aktivitäten den Prozeß der Deindustrialisierung nicht umkehren können, entwickeln sie doch ein erhebliches Handlungspotential und machen die Region statt zum Objekt zentralstaatlicher Politik und wirtschaftlicher Krisen zum Subjekt der eigenen ökonomischen und sozialen Entwicklung.

An die Kommunalverwaltungen und -politik richten sich die meisten Erwartungen, die den Neuaufbau Ostdeutschlands betreffen. Investoren fragen bei den Kommunen nach dem Stand der Eigentumsregelungen, nach vorhandenen und geplanten Gewerbeflächen, nach Infrastruktur und Ansiedlungen. Ohne die Kommunen läuft hier nichts. Aber auch die Bürgerinnen und Bürger wenden sich mit ihren Bedarfen an die Adresse der Kommunen. Die Nachfrage nach Wohnungen, deren Preisentwicklung und Standard, soziale Einrichtungen – wie Kindergärten, Gesundheitsdienste und Alteneinrichtungen –, die soziale Bewältigung von Arbeitslosigkeit, die Verbesserung der Umweltbedingungen und die Versorgung mit einwandfreiem und preiswertem Trinkwasser, Energie und Nahverkehr, Schulen und Jugendförderung, Vereine und Sport – alles dies zeigt die breite Palette von Erwartungen der Bürgerinnen und Bürger an ihre Kommune. Ostdeutschlands Kommunen sollen dabei Leistungen in kürzester Zeit erbringen, für die die Kommunen in Westdeutschland mehr als vierzig Jahre Zeit hatten. Ob es ihnen gelingt, die großen Herausforderungen allein in den Bereichen Wohnen, Arbeit und Umwelt sichtbar anzugehen und damit auch zur Akzeptanz des gesamten westlichen sozialen und politischen Systems beizutragen, ist offen. Der Teil II wird nach einem generellen Beitrag von Dieter Eißel, der sich mit den kommunalen Handlungsressourcen befaßt, auf diese wichtigen Fragen, den Problemdruck und die sich zeigenden Lösungsansätze in wichtigen gesellschaftlichen Teilbereichen eingehen. Josef Bardelmann und Timo Steinert befassen sich zunächst mit den Umstrukturierungen der Wohnungspolitik. Die ausreichende Versorgung mit Wohnungen, deren Standard und Preis nehmen einen herausragenden Stellenwert bei der Sicherung des Alltagsbedarfs ein. Die Akzeptanz des marktwirtschaftlichen Systems wird von daher von der Entwicklung in diesem Bereich entscheidend beeinflußt. Die staatlichen Rahmenbedingungen der Eigentumsregelung und Schuldendienste haben neben der Öffnung des Wohnungssektors für Marktprozesse zu erheblichen Veränderungen geführt, was anschaulich an einer ostdeutschen Wohnungsbaugesellschaft demonstriert wird. Timo Steinert untersucht in seinem Beitrag die örtlichen Herausforderungen des Arbeitsmarktes und analysiert die Spezifika und die Reichweite der regional und lokal operierenden ABS-Gesellschaften. Neben Wohnen und Arbeit stellt unseres Erachtens die Umweltfrage den dritten großen Bereich dar, der von herausragender Relevanz für die Bürgerinnen und Bürger der neuen Bundesländer ist. Karsten McGovern geht den gegenwärtigen Strukturen, ihren Dimensionen nach und versucht, vorläufige Hinweise auf die sich herausbildende Handlungskompetenz der Kommunen zu geben.

Es ist offensichtlich, daß die ostdeutschen Kommunen die enormen Herausforderungen schon angesichts der knappen finanziellen Mittel nicht allein bewältigen können. Sie bedürfen der solidarischen Hilfe des jeweiligen Landes und insgesamt der Transferleistungen des Westens. Da die Kommunen staatsrechtlich Teil der Länder sind, setzen diese ohnehin die institutionellen Rahmenbedingungen für das kommunale Handeln. Dies fängt bei Kreisreformen und den festgelegten Größenordnungen der untersten Gebietskörperschaften an und geht bis zur Rahmenplanung und den landesspezifischen Förderprogrammen, z.B. für die Sicherung industrieller Kerne und Beschäftigung. Der Westen ist nicht nur finanziell zur Hilfe aufgerufen, sondern auch in organisatorischer Hinsicht. Die Analyse dieser institutioneller Rahmenbedingungen folgt im Teil III. Der kommunale Neuaufbau gerät dabei nicht nur von den immensen sozialen und ökologischen Herausforderungen her unter Druck, sondern steckt auch in der Klemme zwischen der Übertragung westdeutscher Verwaltungsmuster und ostspezifischen Interessen und basisdemokratischen Hoffnungen. Wie die sich inzwischen klarer abzeichnenden Konturen aussehen, untersuchen Udo Bullmann und Wito Schwanengel in ihrem Beitrag. Ob hierbei – trotz der bundespolitischen Rahmensetzung – ein eigenes Profil ostdeutscher Länder und Kommunen entsteht, ist auch Gegenstand einer weiteren Untersuchung von Alexander Meyer. Am Beispiel der thüringischen Handlungsstrategien zur Wirtschaftsentwicklung und Beschäftigungssicherung wird die Sichtweise unterschiedlicher Akteure und Fachressorts empirisch herausgearbeitet.

Theo Schiller, Petra Paulus und Andreas Klages diskutieren im Anschluß hieran die Auswirkungen der bundespolitischen Vermögensneuordnung auf die Entwicklung des Handlungsspielraumes der ostdeutschen Kommunalpolitik. Welche Belastungen ergeben sich aus dem Vorrang der Eigentumsrückgabe, den ungeklärten Eigentumsfragen wie vorschnellen Privatisierungsmaßnahmen insbesondere für die kommunale Wohnungspolitik? Wie wirken sich die politisch verursachten Innovationshindernisse auf die verschiedenen Bereichen der kommunalen Versorgungswirtschaft und Energieversorgung aus?

Den Abschluß des Bandes bildet eine Analyse von Dieter Grunow zu Praxis und Auswirkungen der westdeutschen Verwaltungshilfepolitik. Gestützt auf eigene empirische Recherchen attestiert er erhebliche Anstrengungen der westdeutschen Seite ebenso wie allerdings auch kritische Defizite im konzeptionellen Design des Einsatzes sowie das Ausbleiben wissenschaftlicher Implementationsbegleitungen. Der Verwaltungsum- und -aufbau in Ostdeutschland könnte dabei insgesamt als Chance begriffen werden, einen politisch-administrativen Reformprozeß auch in Westdeutschland anzusteuern. Die Verhältnisse in Ostdeutschland vor Ort könnten dabei sicherlich zu neuen Einsichten verhelfen.

Insgesamt hoffen wir, mit dem vorliegenden Band einen Einblick in die schwierigen und für die Entwicklung eines sozialen und demokratischen Ostdeutschland wichtigen Prozesse vermitteln zu können und freuen uns über eine kritische Reaktion der Leserinnen und Leser.

Gießen im Frühjahr 1994

Susanne Benzler, Udo Bullmann, Dieter Eißel

I. Von der Bürgerbewegung zur Zivilgesellschaft – Akteure im Transformationsprozeß

Susanne Benzler

Chancen der Zivilgesellschaft in den neuen Bundesländern

1. Vom bürgerbewegten Aufbruch zur nachrevolutionären Depression

In fast allen ostmitteleuropäischen Ländern gelang es den ehemaligen Oppositionsbewegungen, die kommunistischen Regierungen abzulösen. Sie installierten rasch Bürger- und Menschenrechte sowie Elemente von Rechtsstaatlichkeit und pflegten eine andere, offenere politische Kultur. Diese ersten Schritte einer neuen (verfassungs-) rechtlichen und politischen Reform waren noch die einfachsten: „Die Stunde der Juristen gibt zu euphorischen Empfindungen Anlaß, denn sie ist erfüllt von sichtbaren Fortschritten; die Stunde der Politiker knistert zuweilen vor Spannung, wirkt aber im ganzen erfrischend; die Stunde der Bürger zieht sich hin durch zahlreiche Höhen und Tiefen, und ihr Erfolg läßt sich nie wirklich messen." (Dahrendorf 1990, 101) Zusammen mit der Verfassungsarbeit, deren Ziele noch relativ leicht zu beschreiben waren, begann die Stunde der Politiker, die der „normalen Politik", die sich mit den komplizierten Fragen von Wirtschafts- und Sozialpolitik auseinandersetzte. Sie konnte sich weniger an klaren Kriterien orientieren, sondern mußte sich auf einen langwierigen Prozeß des „trial and error" einlassen – auch gegenüber der eigenen Bevölkerung, die die Vor- und Nachteile des eingeschlagenen Weges schnell am eigenen Leibe zu spüren bekam. Statt des erhofften raschen ökonomischen Aufschwungs durchschreiten die postkommunistischen Länder ein mehr oder weniger tiefes Tal der Tränen. Lebendige Bürgergesellschaften, die ein emotionaler und sozialer Ersatz für die auseinandergefallenen Bürgerbewegungen der ersten Stunde sein könnten, haben sich erst in Ansätzen entwickelt. Ausbleibende oder nur schleichend langsame Verbesserungen führten zu einer sich schnell ausbreitenden „nachrevolutionären Depression". Der polnische Soziologe Jerzy Szacki sprach von einer „Ikonographie der Befreiungsbewegungen", die revolutionäre Akteure und ihre Beobachter gleichermaßen entwickeln, und die sich notwendigerweise in eine „Agonie des Mythos" verwandelt (Szacki 1991/92). Der Bürgeraufbruch scheint in der Alltagspolitik steckenzubleiben.

In den Grundzügen hat dieser Prozeß auch in der ehemaligen DDR stattgefunden. Allzu schnell, innerhalb weniger Monate, verschwanden die Träger des ostdeutschen Umbruchs, die Bürgerbewegungen, fast vollständig von der Bildfläche. In den Volkskammerwahlen vom März 1990 erhielten sie nur noch geringe Zustimmung bei den Wählern. So verringerten sich ihre politischen Einflußmöglichkeiten in kurzer Zeit drastisch. Der DDR-Bevölkerung stand ein spezifisches Reaktionsmuster zur Verfügung, das sie auch genutzt hat, und das zum sofortigen Zusammenbruch der eigenen Bürgerbewegung führte: sie mußte ihre Hoffnungen nicht auf die eigene Opposition richten, sondern delegierte mit der Vereinigung die Entwicklung von Umbaukonzepten an eine äußere Instanz, um den Fallstricken der Alltagspolitik um so rascher entfliehen zu können. Die „exit-Option“ (Ausreise) hatte sich nach dem kurzen Zwischenspiel der „voice-Option“ (Opposition, vgl. zu den Begriffen Hirschman 1992) wieder zur „exit-Option“ (durch Anschluß an die Bundesrepublik) gewandelt.

Drei Jahre nach dem Umbruch in Ostmitteleuropa zeigen sich dennoch erstaunliche Parallelen zwischen der ehemaligen DDR und den übrigen ostmitteleuropäischen Ländern, wenn man ihre jetzige Entwicklung an den Hoffnungen während des Umbruchs selbst mißt. Die Fremd-Bestimmung durch eine bürokratische Klasse, die Arkanpolitik hinter verschlossenen Türen trieb, durch politische und ökonomische Strukturen, die sich aufgrund fehlender demokratischer und rechtsstaatlicher Sicherungen nicht reformieren ließen und eine patriarchalische politische Kultur, die der Bevölkerung nur die Rolle des Untergebenen ließ und auf Mitsprache nicht angelegt war, sollte durch die Selbst-Bestimmung einer Gesellschaft ersetzt werden, die sich demokratisch und in offenen Diskussionsprozessen über ihre eigene (politische und ökonomische) Zukunft verständigen wollte. Eine politische Kultur der Runden Tische breitete sich aus, das Stichwort der Stunde war „Zivilgesellschaft“.[1]

Während die ehemaligen Oppositionsbewegungen die Zitadellen der Macht eroberten, zog sich jedoch die Bevölkerung, die diese getragen hatte, aus dem politischen Tagesgeschäft zurück und verblieb in abwartender Stellung. Der Fall der DDR ist nur insofern untypisch, als dort die Entscheidung, „es die anderen machen zu lassen“, nicht schrittweise und unbewußt fiel, sondern mit dem Votum für die der Vereinigung zugeneigten Parteien bewußt und früh getroffen wurde. Eine Diskussion, die die DDR-Entwicklung als puren Sonderfall definiert und damit einer deutsch-deutschen Nabelschau

---

1 Zur Wiederentdeckung der Zivilgesellschaft in Ost- und Westeuropa sowie Lateinamerika vgl. Cohen/Arato 1992, 29ff. Die theoretische Diskussion der Zivilgesellschaft schwankt zwischen einer Definition, die Zivilgesellschaft vor allem im außerpolitischen (besonders, aber nicht ausschließlich im ökonomischen) Bereich verortet („Locke-Variante“) und einer zweiten, die vor allem die politische, gleichwohl vom Staat unabhängige Bürgergesellschaft im Blick hat („Montesquieu- oder Tocqueville-Variante“), vgl. Taylor 1991. Es kommt mir hier vor allen Dingen auf die politischen Elemente der Zivil- bzw. Bürgergesellschaft an, d.h. auf die Frage der Entwicklung einer vom Staat unabhängigen politischen Sphäre und der Dezentralisierung von staatlichen Strukturen.

Vorschub leistet, erscheint daher verfehlt (so auch Offe 1992). Vielmehr läßt sich die Entwicklung der fünf neuen Länder nur *auf dem Hintergrund* der Entwicklung der ostmitteleuropäischen postkommunistischen Gesellschaften *unter den besonderen Bedingungen* der Vereinigung mit der Bundesrepublik Deutschland erklären.

Ohne Zweifel haben sich die Hoffnungen auf eine starke und selbstbewußte Zivilgesellschaft in Ostmitteleuropa und auch in der ehemaligen DDR nicht erfüllt. Konstatiert wird daher allenthalben ein Demokratiedefizit, denn erst die Zivilgesellschaft ergänzt den Aufbau demokratischer Strukturen und stabilisiert diese: „... die dritte Bedingung des Weges in die Freiheit (neben einer gelungenen Verfassungs- und Alltagspolitik, d. Verf.) liegt in der Schaffung der sozialen Grundlagen, durch die Verfassung und Volkswirtschaft von Schönwetter- zu Allwetterinstitutionen werden, die allen inneren und äußeren Stürmen widerstehen können ..." (Dahrendorf 1990, 94). Die Übertragung des bundesrepublikanischen politischen und ökonomischen Systems kann also alleine nicht ausreichen, um eine demokratische Gesellschaft zu schaffen.

Das Demokratiedefizit zeigt eine subjektive und eine objektive Seite. Das subjektive Defizit wird in der Regel mit den persönlichen Strukturen der Bürger der ehemaligen DDR erklärt, die aufgrund ihrer Sozialisation in einem undemokratischen Staat vergleichsweise autoritäre Persönlichkeitsstrukturen aufwiesen (vgl. z.B. Fuchs u.a. 1991) und wenig innovativ und selbständig seien (Erd spricht vom „Stalinismus der Seelen", vgl. 1992, 20). Zuweilen wird befürchtet, daß sich das (ohnehin vorhandene) Potential für eine autoritäre Politik in Gesamtdeutschland nach der Vereinigung noch vergrößern könnte (Fuchs u.a. 1991, 46).

Während das subjektive Defizit im Erbe aus DDR-Zeiten verortet wird, erscheint das objektive Defizit als Folge einer westdeutschen Kolonisierung: die fehlende Teilhabe von Bürgern der fünf neuen Länder oder ihrer Interessenorganisationen am politischen Prozeß der vereinten Bundesrepublik sei eine Konsequenz der Überstülpung westdeutscher Politikmuster, die auf ostdeutsche Voraussetzungen und Bedarfe keine Rücksicht nahm. Darüber hinaus sei die selbständige Artikulation ostdeutscher Interessen z.B. durch die Vereinigung von Parteien und Organisationen, in denen der ostdeutsche Partner nun regelmäßig in der Minderheit ist, systematisch verhindert worden.

Diese Sichtweise gibt sicherlich eine Reihe von Erfahrungen der letzten vier Jahre angemessen wieder. Man kann jedoch die „endogenen" und „exogenen" Blockaden einer demokratischen Entwicklung nicht einfach als subjektive (sozialistisches Erbe) und objektive (westdeutsche Kolonisation) Faktoren auseinanderdividieren. Dazu sind die Parallelen zwischen den fünf neuen Ländern und den übrigen ostmitteleuropäischen Staaten zu offensichtlich. Die objektiven Blockaden resultieren nicht nur aus einem Prozeß westdeutscher Kolonisation. Sie sind ebensosehr der fehlenden Erfahrung der ehemaligen DDR-Bürger mit Zivilgesellschaft geschuldet – mit einer selbstorganisierten Gesellschaft nämlich, die sich jenseits von Familien und Freundeskreisen auf der einen und staatlich-hierarchischer Organisation auf der anderen Seite entwickelt. Die Erfahrungen der „Zivilgesellschaft im Umbruch" 1989 sind so grundsätzlich verschieden von der Zivilgesellschaft der vereinten Bundesrepublik, daß die eine nur in sehr eingeschränktem Maße Grundlage der anderen werden konnte (vgl. dazu Abschnitt 2). Die subjektiven Blockaden andererseits sind nicht nur der DDR-Geschichte geschuldet, sondern bilden nach drei Jahren deutscher Einheit auch eine Reaktion auf die Erfahrung mit einer bundesrepublikanischen Gesellschaft, die Mitsprache für Ostdeutsche nicht in dem Maße möglich macht, wie das in der Revolution von 1989 anvisiert war (vgl. dazu Abschnitt 3).

2. *Die postsozialistische DDR-Gesellschaft in der Transformation*

2.1. Der Sozialpakt der organisierten Gesellschaft

Die DDR-Gesellschaft war als organisierte etatistische Gesellschaft (vgl. zum Begriff Tatur 1991, 293ff.) gerade durch das Fehlen einer eigenständigen politischen Struktur außerhalb des Staatsapparates gekennzeichnet. Bürgerrechte, die die Sicherheit der Privatsphäre vor staatlichen Eingriffen und die Teilnahme der Bürger an politischen Angelegenheiten sichern sollen, waren nur unter dem Vorbehalt ihrer „sozialistischen Auslegung" anerkannt. Unabhängige Organisationen und Institutionen existierten praktisch nicht – die Kirchen bildeten hier eine Ausnahme. Es gab keinen Ort, der die öffentliche Auseinandersetzung über die allgemeinen Angelegenheiten ermöglicht hätte, weder Vereine noch unabhängige Parteien oder Verbände. Auch die Staatsstruktur selbst war zentralisiert, die örtliche Selbstverwaltung in den Städten und Gemeinden nur Schein.

Nun bedeutete dies aber nicht, daß die Bevölkerung der DDR (wie der anderen sozialistischen Staaten) den Regeln der von oben organisierten Gesellschaft lediglich als Objekt unterworfen war – sowenig die Spielregeln ihrer Unterwerfung von ihr selbst bestimmt waren.[2] Vielmehr boten die so-

2 Die klassische Totalitarismustheorie sowie populäre westliche Einschätzungen, zum Teil aber auch die Oppositionsbewegungen in Ostmitteleuropa selbst, gingen von der Annahme aus, daß sich „Staat" und „Gesellschaft" in den sozialistischen Ländern diametral gegenüberständen. Umgekehrt wurde der Schluß gezogen, daß die Auflösung des etatistischen sozialistischen Staates die genuinen Kräfte der jeweiligen Gesellschaft freisetzt, eine funktionierende Zivilgesellschaft also das Ergebnis von Umbruchprozessen sei. Marz hat dies als „Kühlschranktheorie" von den 40 Jahre lang eingefrorenen Entscheidungs- und Verhaltensstrukturen bezeichnet (Marz 1992, 6).

zialistischen Staaten ihrer Bevölkerung einen je auf die eigene Situation und Geschichte zugeschnittenen Sozialpakt an, der bis in die 70er Jahre hinein zu einer weitgehenden Akzeptanz des politischen und ökonomischen Systems führte. In der DDR war dies eine Mischung aus ökonomischen und ideologischen Elementen, jedoch ohne die in den anderen Ländern übliche Beimengung des Nationalismus, die nach dem Nationalsozialismus und in dem halben Land der DDR keine Funktion haben konnte.

Der ökonomische Sozialpakt bestand in dem Angebot einer stetigen wirtschaftlichen Aufwärtsentwicklung, gekoppelt mit weitreichenden sozialen Sicherungen. Die „Aufbaugeneration" und die „FDJ-Generation" (vgl. Hanke 1987, 286) profitierten in den 50er und 60er Jahren von dem enormen Bedarf an hochqualifizierten Kräften; mehr als die Hälfte der zwischen 1930 und 1950 Geborenen erreichten ein höheres Ausbildungsniveau als ihre Väter (Huinink/Mayer 1993, 157). Die staatliche Arbeitsplatzgarantie ermöglichte es den Beschäftigten, trotz der hierarchischen Struktur der Arbeitsbeziehungen gewisse Vetopositionen einzunehmen, die sich in einem „permanenten Bummelstreik" (Böhme 1983, 28ff.) und in der beharrlichen und oft erfolgreichen Suche nach den gewünschten Qualifikationen und Arbeitsplätzen ausdrückte – auch gegen staatliche Planvorgaben (Huinink/Mayer 1993, 155ff.).

Erst in den 70er Jahren begannen die Grundlagen dieses Paktes ins Wanken zu geraten. In allen ostmitteleuropäischen Staaten stellten die starren politischen Strukturen ein unüberwindliches Hindernis für den Übergang vom extensiven zum intensiven Wirtschaftswachstum dar, der eine Lockerung der politischen Kontrolle über die Unternehmen vorausgesetzt hätte. Die DDR versuchte, das nachlassende Wirtschaftswachstum durch die Aufnahme von westlichen Krediten zu kompensieren, geriet aber Anfang der 80er Jahre endgültig in eine Krise, da die nachlassende Weltkonjunktur nur noch eingeschränkte Exportgeschäfte ermöglichte. Einschnitte in den privaten Verbrauch wurden unerläßlich (vgl. Hartmann 1983, 184ff.). DDR-Soziologen konstatierten seither eine wachsende Unzufriedenheit mit dem Warenangebot, dem Angebot an Dienstleistungen, der Infrastruktur und bei der Umweltsituation. Der Bruch des Sozialvertrags, der ein zwar langsames, aber stetiges Wachstum des individuellen und gesellschaftlichen Wohlstandes versprochen hatte, führte vor allem in der Arbeiterschaft zu einem Umschwung der Stimmungslage (Reißig 1993, 52). Die jüngere Generation verlor nicht nur das Wohlstandsversprechen, sondern aufgrund der von den vorigen Generationen blockierten Aufstiegswege auch die Perspektive eines individuellen sozialen Aufstiegs. Daher kann es nicht verwundern, daß sich vor allem in der Jugend kritische Töne bemerkbar machten und eine jugendliche Subkultur mit gegenidentitären Vorstellungen entstand (vgl. Grunenberg 1990, 120ff.).

Der Sozialpakt hatte neben den für alle ostmitteleuropäischen Gesellschaften geltenden ökonomischen Elementen auch noch ein spezifisches ideologisches Element: der „säkulare protestantische Sozialismus" der DDR ermöglichte es großen Teilen der Intelligenz, einen historischen Kompromiß mit den staatlichen Eliten zu schließen, der sich in der Anerkennung der „sozialistischen Menschengemeinschaft" einerseits und des protestantisch geprägten Humanismus andererseits ausdrückte. Die historische Gemeinsamkeit lag im antifaschistischen Selbstverständnis von Protestantismus und sozialistischer Elite, gemeinsamen Wertvorstellungen, in der Wertschätzung von Gemeinschaftsgeist, rationaler Gestaltung der Gesellschaft, Arbeitsethos und sozialer Gerechtigkeit (vgl. Krüger 1992). Das führte dazu, daß sich – anders als in den anderen ostmitteleuropäischen Staaten, in denen die Bevölkerung das ihr aufgezwungene System auch als nationale Unterdrückung interpretierte – die DDR-Intelligenz sehr weitgehend auf das Modell der sozialistischen Verbesserung von Mensch und Gesellschaft einließ, ohne grundsätzliche Kritik zu entwickeln. „Alle humanistischen Versprechungen wurden, strukturell wie ein Wort Christi, todernst genommen ..." (Krüger 1992) – um so beharrlicher konstatierte man allerdings in den 80er Jahren den Widerspruch von Sonntagsreden und Alltagswirklichkeit. Seither entwickelte sich die akute Legitimationskrise aus dem Verlust der (vom säkularisierten Protestantismus und Sozialismus geteilten) sozialistischen Utopie, die den Sozialismus als alternative, gerechtere Gesellschaft vorstellte, der kritischen Infragestellung der stalinistischen Vergangenheit durch die Gorbatschowsche Politik und der Unzufriedenheit mit der realsozialistischen Gegenwart, die den ökonomischen Sozialpakt obsolet werden ließ (vgl. Reißig 1993, 55; vgl. zur DDR-Revolution als „Protestantischer Revolution" auch Neubert 1991, 25ff.).

2.2. Die politische Kultur in der organisierten Gesellschaft

Der Sozialpakt, den die Bevölkerung freiwillig oder gezwungen einging, hatte für diese auch Kosten: sie sollte sich aus der Politik heraushalten. Letztlich bedeutete das die Zerstörung von Politik überhaupt. Politik sollte von den dazu Berufenen gemacht werden. Die politischen und rechtlichen Strukturen ließen die Mitsprache der Bevölkerung nicht zu und machten öffentliche Auseinandersetzungen über den Kurs von Ökonomie und Politik unmöglich. Nicht der Staat war abgestorben, sondern die Gesellschaft (so Meuschel 1993, 94).

Zwischen dem Staat, der die Gesellschaft organisierte statt sie sich selbst organisieren zu lassen, und den privaten Gemeinschaften von Familie und Freundeskreisen existierte ein soziales Vakuum, das nicht durch zwischen diesen Sphären vermittelnde intermediäre Organisationen ausgefüllt wurde. Für die Individuen hatte das die Aufspaltung der Persönlichkeit in zwei verschiedene Welten zur Folge – in die offizielle Sphäre, in der Handlungsstrategien der Anpassung dominierten und die private Nischengesellschaft[3], die als

3 Legt man die von Tönnies geprägte Unterscheidung von Gemeinschaft und Gesellschaft zugrunde, müßte man von „Nischengemeinschaft" sprechen. Gesellschaft im Tönnies'schen Sinne war praktisch nicht existent.

Kompensation für die Unbill der offiziellen Sphäre auf- und ausgebaut wurde. „In dem Bemühen, sich gegen Zugriffe von der offiziellen politischen Außenwelt abzuschotten, entstand eine Art politikferne Gegenwelt... Als Bezugsgruppen relevant waren jene nahen, bekannten und vertrauten Gruppen wie Partner, Familie, Freunde oder Arbeitskollegen... Dies betraf nicht nur Aktivitäten und Motive in der arbeitsfreien Zeit. An den Primärgruppen orientierte sich auch das subjektive Werte- und Bedürfnisspektrum.“ (Häuser 1992, 144)

Politische Betätigung nahm drei verschiedene Formen an, die alle mehr oder weniger eingepaßt waren in das Gesellschaftssystem, in dem sie vorgenommen wurde. Die vorherrschenden Politikmodelle können als Modell der akklamatorischen bzw. der Anspruchspolitik beschrieben werden. Die offiziell eingeforderten Unterwerfungs- bzw. Zustimmungsgesten z.B. in den rituell organisierten Wahlen stellten nicht die aktive Partizipation an der Politik durch die Gesellschaft dar, sondern waren Formen der akklamatorischen Bestätigung der Politik der Elite, die im nachhinein vorgenommen wurden. Eine negative, vor allem in den übrigen ostmitteleuropäischen Staaten immer wieder verwirklichte Politikvariante war die Vetopolitik (als negative akklamatorische Politik), in der statt Zustimmung die Ablehnung der vorangegangenen Politik zum Ausdruck gebracht wurde (vgl. Benzler 1992, 1225). In der DDR nahm sie die Form der Flucht in die Passivität (permanenter Bummelstreik, Rückzug in die private Sphäre) an. Daneben gab es die Politik eines aktiven Einklagens des Sozialpakts zwischen Staat und Bevölkerung (Anspruchspolitik), vor allem im ökonomischen Bereich und am Arbeitsplatz – ob als kollektive Strategie der sozialistischen Arbeitskollektive (vgl. Böhme 1983, 20ff.). oder als individuelle der Berufs- oder Qualifikationswahl (Huinink/Mayer 1993).

Die akklamatorische und die Anspruchspolitik gründeten auf ähnlichen Grundstrukturen. Beiden war gemein, daß in ihnen Individuen und Gruppen nicht agieren, sondern reagieren. Letztlich appellierte die Bevölkerung – ob positiv oder negativ – an eine Elite, die sich das politische Geschäft exklusiv vorbehalten hatte. Dieser Etatismus der DDR-Bevölkerung ist jedoch nicht mit dem traditionellen Verhalten des autoritären Charakters zu verwechseln, der sich unterwirft, auch wenn er keine Gegenleistung erhält. Vielmehr setzte die DDR-Bevölkerung den Entzug von Zustimmung und die Drohung, den nicht eingehaltenen Sozialpaktes zu skandalisieren, auch als Druckmittel ein. In dieser Strategie paarten sich die „Erwartungshaltung gegenüber staatlichen bzw. kollektiven Versorgungsleistungen“ mit „infantil-traditionalen Aspekten von Pflicht-, Treue-, Glaubens- und Versorgungsautorität.“ (Berg 1992, 93)

In einer dritten Politikvariante wurden Elemente einer unabhängigen Zivilgesellschaft entwickelt. Aufgrund der aus dem 19. Jahrhundert stammenden autoritären Tradition, der NS-Geschichte und der Bedingungen der DDR als eines „halben Landes“ war die Zivilgesellschaft der DDR im Vergleich zu der der anderen ostmitteleuropäischen Ländern recht schwach ausgeprägt.

Vor allem in den 80er Jahren entwickelten sich aber, meist unter dem Dach der evangelischen Kirche, kleine unabhängige Gruppen, die sich in der Friedenspolitik, der Umweltbewegung und für den Ausbau von Bürgerrechten engagierten. Mit ihnen und neben ihnen entstand eine eigenständige Jugendkultur, die den Generationenbruch zwischen der Aufbau- und FDJ-Generation auf der einen und den Jüngeren auf der anderen Seite deutlich werden ließ. In diesen informellen, politisch-alternativen Gruppen bildeten sich Ansätze einer Gegenidentität und Gegenkultur. Sie blieben notgedrungen auf die Primärgruppen beschränkt, konnten also die Kluft zwischen privater Gemeinschaft und organisierter Gesellschaft nicht füllen. In ihnen war aber weniger die Familie zentral als die Entwicklung informeller Freizeitgruppen, was zu neuen Formen politischer Vergesellschaftung führte und dadurch ein systemsprengendes Potential enthielt. Im Laufe der 80er Jahre wagte sich die Opposition immer stärker in die Öffentlichkeit und entwickelte Vorformen politischer Selbstorganisation und eigenständiger Interessenvertretung (Häuser 1992, 228).

Dennoch verstand auch diese Gegengesellschaft (notgedrungen) politisches Handeln nicht vorrangig als „voice" durch die Entwicklung alternativer Konzepte, sondern als Formulierung ethischer Haltungen: „Das primäre Verhältnis zu Politik ist ... nicht interessengeleitete Kalkulation, sondern praktische Ethik, der primäre Zugang zu Politik und politischem Verhalten (anderer) nicht theoriegeleitete Analyse, sondern Werturteil. Eine der praktischen Konsequenzen ist eine deutliche Neigung zu gesinnungsethischem Rigorismus in der Bewertung politischer Prozesse." (Wielgohs/Schulz/Müller-Enbergs 1992, 33).

In dieser Konzeption einer anderen Ethik, die der staatlichen entgegengesetzt wurde, blieb die DDR-Gegengesellschaft negativ auf die bestehenden politischen Strukturen bezogen.[4] Sie führte tendenziell dazu, die Gemeinschaft gegen den Staat zu organisieren, nicht aber, das soziale Vakuum zwischen Gemeinschaft und Staat zu schließen. In der Bürgerbewegung ging es darüber hinaus vor allem um die Erlangung grundlegender politischer Rechte, eine Auseinandersetzung mit den Inhalten einer anderen Politik fand kaum statt. Die Bewegung Demokratie Jetzt hatte z.B. nach der Wende große Schwierigkeiten, ihre zukünftigen Ziele inhaltlich zu formulieren, sie beschränkte sich auf die Beschreibung eines anderen politischen Stils, der eine offene Willensbildung für alle Bürger ermöglichte.[5] Indem die Zivilgesell-

---

4 Ähnliches läßt sich zu den Zivilgesellschaften anderer ostmitteleuropäischer Länder sagen, vgl. Tatur 1991 zu Polen und Mänicke-Gyöngyösi 1989 zu Ungarn.

5 „Eine Bürgerbewegung ist ein demokratischer Zusammenschluß von Bürgern aus allen Bevölkerungsschichten, die sich zur Durchsetzung *allgemeiner politischer Zielstellungen* landesweit verbinden. ... Sie wirkt für die *politische Willensbildung* der Bürger durch Bürgerforen, Gewinnung von Experten, Bildung von Bürgerkomitees, Unterstützung von Bürgerinitiativen. Sie gibt den Anstoß zur Durchsetzung von *Volksentscheiden* landesweit und regional. Eine Bürgerbewegung achtet auf *Durchschaubarkeit* der Arbeit der Volksvertretungen auf allen Ebenen." (Hervorhebung v.V., aus: Wielgohs/Schulz/Müller-Enbergs 1992, 27, Fn. 23)

schaft als Gegengesellschaft definiert wurde, blieb die DDR-Bevölkerung (wie die anderer ostmitteleuropäischen Ländern auch) mehr oder weniger unvorbereitet auf die Auseinandersetzungen und Spaltungen innerhalb der DDR-Gesellschaft, die unmittelbar nach der Gewährung von Bürgerrechten und der Möglichkeit zur Artikulation unterschiedlicher politischer und sozialer Interessen einsetzen mußte. Die politische Kultur und die politischen Organisationen, die für diese „Auseinandersetzung der Gesellschaft mit sich selbst" notwendig sind, existierten nur in minimalen Ansätzen.

2.3. Zwei Zivilgesellschaften im Umbruch

Die Kultur der Runden Tische und die Montagsdemonstrationen in Leipzig brachen so grundsätzlich mit den politischen und gesellschaftlichen Strukturen, daß sie von der Opposition und westlichen Beobachtern als Ausdruck einer authentischen Zivilgesellschaft betrachtet wurden. Zum ersten Mal artikulierten sich die Interessen der Bevölkerung öffentlich, politische Entscheidungen wurden nicht hinter verschlossenen Türen, sondern vor Mikrophonen getroffen. Die Individuen wurden aus ihrer Atomisierung und Privatisierung gerissen, sie standen nicht mehr nicht mehr im ökonomischen und politischen Sinne „eigentumslos ihrer Staatsmaschine gegenüber" (Bahro 1977, 12), sondern bildeten einen kollektiven Akteur außerhalb staatlich vorgegebener Strukturen, der seine Angelegenheiten (in Auseinandersetzung mit den alten Eliten) in die eigenen Hände nahm. Diese Konfrontation von aufbegehrendem „Volk" und politischen Eliten fand darüber hinaus nicht in den alten hierarchischen und gewalttätigen Strukturen, sondern gewaltfrei statt.

Demonstrationen und Runde Tische waren jedoch nicht die Verkörperung „der Zivilgesellschaft" der DDR, sondern die Plattformen, auf denen sich zwei ganz unterschiedliche Zivilgesellschaften trafen.[6] Die Vertreter einer radikalen Reform, einer „an die Wurzel gehenden" Erneuerung der DDR, erhielten nur lediglich einen Monat Zeit (von Oktober bis November 1989), um ihr Konzept zu entwickeln. Es hätte bedeutet, daß die Gesellschaft die Verantwortung für ihre Zukunft in die eigenen Hände hätte nehmen, daß sie sich über politische und ökonomische Prioritäten hätte verständigen müssen. Mit anderen Worten: um angesichts der politischen und ökonomischen Krise der DDR eine alternative Politik formulieren zu können, hätte sich eine öffentliche politische Streitkultur und eine Zivilgesellschaft mit entsprechenden Institutionen und Organisationen herausbilden müssen, die zu einer solchen differenzierten Willensbildung in der Lage war. Das hätte eine radikale Abkehr von der politischen Kultur der DDR-Gesellschaft bedeutet, die von der Haltung des abwartenden Untertanen geprägt war, der keine Rechte hatte, aber auch keine Verantwortung trug.

---

6 Dies ist eine analytische Unterscheidung. Im konkreten Fall werden die zwei Zivilgesellschaften oftmals – bei Einzelpersonen oder Gruppen – vermischt gewesen sein.

Angesichts einer Zivilgesellschaft, die sich eher als Gegengesellschaft verstand und daher die akklamatorischen Politikstrukturen nicht wirklich verändert hatte, und angesichts der Alternative der deutschen Vereinigung konnte diese Strategie kaum Erfolg haben. Das führte zum Muster einer „konservativen Revolution", die – paradoxerweise – durch die Auflösung der DDR die alten Sozialpakte dieser Gesellschaft bewahren wollte. Nun sollte der Westen das Versprechen auf sinnvolle, rationale und individuellen Aufstieg ermöglichende ökonomische Tätigkeit und das Sinnversprechen der Verwirklichung einer humaneren Gesellschaft einlösen.[7]

Das alte Politikmuster der akklamierenden oder Sozialpakte einklagenden Bevölkerung blieb dabei allerdings im wesentlichen intakt. Zwar haben sich – schon aufgrund der westdeutschen Ausdehnung – Interessenorganisationen, Parteien und Verbände entwickelt, die die Lücke zwischen Staat und Primärgruppen füllen können. Sie scheinen aber nur wenig mit der Bevölkerung, die sie repräsentieren, verbunden zu sein. Der mühselige Weg des Aufbaus einer eigenständigen Zivilgesellschaft wurde abgebrochen, statt dessen scheint es zu einer „Kolonisierung der DDR" gekommen zu sein.

Dieses erneute Bewußtsein von Fremdherrschaft (zuerst die Kommunisten, jetzt der Westen) enthält Richtiges und Falsches zugleich. Sie kann jedenfalls die alte Haltung des Beobachters von Politik zementieren, der selbst keinesfalls involviert ist. „Deshalb ist es nicht richtig, wenn die Bürgerbewegungen die friedliche Revolution für sich beanspruchen und beklagen, man hätte sie ihnen durch die Kolonisierungspolitik des Jahres 1990 gestohlen. Nicht einmal, nicht zweimal, sondern dreimal hintereinander ist der Sozialismus und auch der ‚dritte Weg' 1990 in der DDR abgewählt worden." (Zapf 1993, 33f.; ähnlich Reißig 1993, 61).

3. Transformation der DDR-Gesellschaft unter westdeutschen Bedingungen

Die offene Situation des Umbruchs in der DDR wurde also schnell in die Aufgabe der „Anpassung" an die vorgegebenen Bedingungen der westlichen Bundesrepublik umgewandelt. Das Übergewicht, das die westdeutschen Verhandlungspartner und die westdeutschen Vorgaben im Prozeß der Vereinigung von Anfang 1990 bis heute erhielten, hat viele sich gegenseitig verstärkende Ursachen, nicht nur die westlicher Überheblichkeit oder quantitativer Übermacht.

---

7 „Wir sind das Volk" war nicht die simple Parole derer, die mehr Geld haben wollten, wie die Gesellschaft Westdeutschlands eifersüchtig argwöhnte, sondern sie war Ausdruck eines umfassenden Versprechens auf eine politisch und ökonomisch bessere und gerechtere Gesellschaft, als es die DDR der 80er Jahre gewesen war.

Alle Beteiligten (in Ost und West, aber ebenso die Alliierten) handelten unter der Bedingung hoher Unsicherheit und großen Zeitdrucks. Für alle Akteure entwickelte sich die Herstellung bzw. der Erhalt politischer und sozialer Stabilität daher schnell zur obersten Priorität. Da die Mehrheit der DDR-Gesellschaft ihre Interessen „nach oben" und „nach Westen" delegierte, verzichtete sie während des Vereinigungsprozesses weitgehend auf Mitsprache oder Vetomöglichkeiten. Die Bürgerbewegungen der DDR, die diese Funktionen hätten übernehmen können, verloren auf den Straßen, an den Runden Tischen und in den Wahlen 1990 rasch an Zuspruch. Daß die Verhandler der deutschen Einheit auf den zentralen Runden Tisch kaum noch Rücksicht nahmen, hatte keine Auswirkungen, da diejenigen, die der Runde Tisch vertrat, bereits in die Rolle des Zuschauers zurückgetreten waren und kaum dagegen protestierten. Nicht zuletzt spielten (in Ost und West) sozial-mythische Erwartungen (Wiesenthal 1993c, 5) eine Rolle, die auch die Politik im ökonomischen Bereich dominierten: als stelle sich eine Zivilgesellschaft westlichen Zuschnitts und ein System verbandlicher Interessenvermittlung automatisch her, wenn die kommunistische Partei erst einmal aus dem Sattel gehoben sei. Historisch gewachsene und spezifische Strukturen der westlichen Bundesrepublik (die „Institutionen" der Zivilgesellschaft stellen sich im internationalen Vergleich höchst unterschiedlich dar) wurden als natürliche Bestandteile westlicher Gesellschaften interpretiert, die keine anderen Modelle zuließen und daher keine Diskussion notwendig machten. Die Transformation der DDR-Gesellschaft erschien daher – ebenso wie der Umbau der Ökonomie der DDR – als vorrangig technisches Problem (vgl. hierzu auch Anmerkungen von Grunow in diesem Band).

3.1. Vom Runden Tisch zum System verbandlicher Interessenvermittlung

„There was no masterplan behind the measures the Bonn government took in East Germany. The unification came about in a rather Machiavellian way: fortuna was granted by Moscow, virtù was developed by the political leadership which took its chance. ... Necessità ... was imposed by the political leadership on the economic experts." (Beyme 1992, 162) Durch eine Politik der vollendeten Tatsachen wurden die innen- und außenpolitischen Bedingungen für die Vereinigung möglichst schnell geschaffen. Diese stand unter dem Primat der Politik, im wesentlichen von Regierungen und Parteien ausgehandelt. Die Gesellschaften beider deutscher Staaten hatten nur geringen Anteil daran, der zentrale Runde Tisch der DDR blieb ebenso bedeutungslos wie zunächst die Interessenverbände der Bundesrepublik.[8]

8 Damit erwies sich der bundesdeutsche Staat, der die politisierte DDR-Gesellschaft entpolitisieren wollte, in der Anfangsphase der Transformation paradoxerweise als starker Staat, vgl. Lehmbruch 1993, 21.

Es gab keinen „masterplan" – denn die Bundesrepublik (West) war der masterplan. Daß sie als Folie für die zukünftige Entwicklung gewählt wurde, hatte nicht einmal vorrangig kolonialistische Gründe. Daß es ein Modell gab, führte zu einer enormen Problemvereinfachung: statt die vereinte bundesdeutsche Gesellschaft mit politischen, sozialen und ökonomischen Funktionsmechanismen neu zu konstituieren – auf die Gefahr hin, in einer Sackgasse zu landen –, setzten Ostberliner und Bonner Regierung auf die Anpassung an eine Situation, deren Unzulänglichkeiten immerhin bekannt waren.[9] Der enorme (und naive) Optimismus, mit der Übertragung des westdeutschen politischen und ökonomischen Systems würden in Ostdeutschland in kurzer Zeit ähnliche Lebensbedingungen geschaffen wie im Westen, führte zur Unterschätzung und Nichtbeachtung dieser Unzulänglichkeiten. Ein neuer Sozialpakt (nun zwischen West und Ost) sah die „bedingungslose politische Kapitulation" im Austausch gegen die ökonomische und soziale Integration Ostdeutschlands in die vereinigte Bundesrepublik vor (vgl. Beyme 1992, 168) – darin traf sich die optimistische Interpretion der Bundesregierung mit den Interessen weiter Teile der ostdeutschen Gesellschaft. Daß diese Art der Vereinigung „mehr auf Adaption statt auf Kommunikation, auf Wahlunterstützung der angepaßt und entfremdet autoritär Sozialisierten" (Berg 1992, 94) angelegt war, mithin ein Demokratiedefizit mit sich brachte, wurde von beiden Seiten in Kauf genommen.

Die politischen und ökonomischen Rahmenbedingungen, die von West nach Ost übertragen wurden, sind nicht einfach durch die Verfassung und ihre Grundsätze (Rechtsstaat, Demokratie, Föderalismus) beschrieben. Viele zentrale Politikbereiche sind durch institutionelle Regelungen unterhalb der Verfassung konstituiert. Sie werden nicht durch den Staat, sondern von unabhängigen Interessenverbänden organisiert. Dies betrifft vor allem die Wirtschaftsverfassung (Tarifautonomie) und den Bereich sozialer Sicherung (Sozialversicherungen, Wohlfahrtsverbände).

Der Primat der Politik in der ersten Stunde wurde daher vor allem in den zentralen Bereichen rasch abgelöst von der Installierung eines Systems organisierter Interessenvermittlung. Die Bundesregierung bezog vor allem bei der Wirtschaftspolitik und der Entwicklung der Grundlagen von Sozialstaatlichkeit schnell die Interessenverbände in die Politik ein. Bereits seit Anfang 1990 fanden etwa monatliche Spitzengespräche von Regierung, Tarifparteien (Gewerkschaften, Arbeitgeber, Unternehmerverbände), der Treuhandanstalt und der Bundesanstalt für Arbeit über die Wirtschafts- und Währungsunion statt. Die Rahmenbedingungen der Sozialpolitik werden in Deutschland seit

9 Die Vorteile einer derartigen Anpassung sind angesichts der enormen Transformationsprobleme in den osteuropäischen Ländern, die sich in trial and error-Verfahren an eine neue Gesellschaftsform herantasten, nicht von der Hand zu weisen. Die Einheit vorausgesetzt, gab es praktisch keine Alternative zur Übertragung westdeutscher Strukturen (so auch Eichener u.a. 1992b, 548).

Ende des 19. Jahrhunderts stark von staatlichen Vorgaben geprägt[10] – so verwundert es nicht, daß der Staat hier eingriff, um ähnliche Strukturen einzurichten wie sie in der westlichen Bundesrepublik bereits existieren. Damit schuf sich die Bundesregierung praktisch die sozialpolitischen Interessenverbände selbst, die zum Partner bei der Organisierung des Politikfeldes „Sozialpolitik" werden sollten. Mit der Integration des Systems organisierter Interessenvermittlung in den Prozeß der Vereinigung konnte die Bundesregierung darüber hinaus die entstehenden Risiken besser auf verschiedene Schultern verteilen und sich für ihre eigene Politik größere Legitimation verschaffen.

Die Ausdehnung der westdeutschen Parteien und Interessenverbände auf das Gebiet der DDR fand zum Teil schon vor der Volkskammerwahl im März 1990 statt. Die verschiedenen Politikbereiche nahmen nach und nach eine ähnliche Gestalt wie in Westdeutschland an. Sie unterschieden sich nun nach der Art ihrer Steuerung: zentralstaatlich, durch Länder- oder Kommunalpolitik oder eben durch verbandliche Koordination. In offenen Diskussionsveranstaltungen Runder Tische oder auf zentralstaatlicher Ebene allein wurde immer weniger entschieden. Statt dessen verlagerten sich die Entscheidungen immer mehr in die eingefahrene Entscheidungskanäle von Bund, Ländern und Gemeinden bzw. Politik und Verbänden. Die staatliche und verfassungsrechtliche Integration der DDR in die BRD wurde ergänzt durch den Anschluß der ostdeutschen Zivilgesellschaft an die Verbändelandschaft der Bundesrepublik.

Die Runden Tische hatten noch eine wenig vorbestimmte Struktur besessen. Welche Interessen sich an ihnen kristallisierten, welche neuen Verbände sich gründen würden, war ebenso offen wie die Frage, welche zukünftigen Strukturen sich die Gesellschaft der DDR (oder die lokale Gesellschaft eines regionalen Runden Tisches) geben würde. Die Kommunikationsstrukturen zwischen Regierung und den am Runden Tisch vertretenen gesellschaftlichen Interessen waren fließend und Veränderungen leicht zugänglich.

Diese offene Struktur der Runden Tische, die politische Kultur der Wende, wurde 1990 und 1991 in weiten Bereichen abgelöst durch ein recht festgezurrtes westdeutsches Parteien- und Verbandssystem. Es ist vergleichsweise stabil und richtet sich durch seine oft korporatistische Struktur zum Teil gegen die Formulierung neuer Interessen. Nicht nur bei der Übertragung staatlicher Strukturen, auch im Bereich der nichtstaatlich organisierten Interessen wurde die Übertragung eines im Herkunftsland „funktionierenden Modells" erkauft mit der Installierung einer relativ geschlossenen Struktur, die Reformen nur schwer zugänglich ist.

---

10 Z.B. im Sozialversicherungssystem, aber auch in der privilegierten, durch das Bundessozialhilfegesetz rechtlich fundierten Stellung der Wohlfahrtsverbände.

3.2. Exkurs: „Parteien“[11]

Die Entwicklung der politischen Parteien in der DDR wurde maßgeblich von der Tatsache und vom Prozeß der Vereinigung geprägt. Das betrifft umgekehrt proportional den drastischen Rückgang der Bürgerbewegungen sowie die Entwicklung der politischen Parteien.

Zwischen Herbst/Winter 1989 und der ersten gesamtdeutschen Bundestagswahl Ende 1990 war das dominante politische Thema der ost- und westdeutschen Öffentlichkeit der Vereinigungsprozeß. Seit Anfang 1990 konzentrierte sich die Diskussion auf den optimalen Verlauf der Vereinigung (Kaase/Gibowski 1990, 20ff.; Gibowski/Kaase 1991, 10). Während im Westen bis Mai 1990 die Frage des Tempos eine Rolle spielte und Lafontaines Vorstellungen noch eine Mehrheit für sich verbuchen konnten, stabilisierte sich im Osten seit Beginn des Jahres 1990 die Anhängerschaft für eine schnelle Vereinigung. Die Ergebnisse der Volkskammerwahl vom 18. März 1990 spiegelten dies durch den überragenden Sieg der konservativen „Allianz für Deutschland“ deutlich wieder.[12] Die Kommunalwahlen vom 6. Mai 1990 können im wesentlichen als Bestätigung des Volkskammerwahlergebnisses betrachtet werden (Jung 1990). Diese Übergangswahlen (als solche werde auch die ersten demokratischen Wahlen in anderen ostmitteleuropäischen Ländern verstanden) lösten in der DDR nicht nur die alte politische Elite ab, sondern waren verbunden mit einem deutlichen Votum für die Übernahme des „Modells Bundesrepublik“. Den stärksten Zuspruch erhielt das Wahlbündnis, das diese Übernahme am deutlichsten und schnellsten versprochen hatte.

Der Abstieg der DDR-Bürgerbewegungen, der schon Anfang 1990 eingesetzt hatte, gestaltete sich parallel dazu. Ihnen gelang es nicht umzuschalten vom Programm einer Oppositionsgruppe innerhalb des DDR-Sozialismus, das die institutionelle Grundlagen von Zivilgesellschaft (Öffentlichkeit, Rechtsstaat und demokratische Grundrechte) einklagt, zu einer politischen Kraft im sich abzeichnenden vereinten Deutschland. Zu sehr waren ihre Ziel-

---

11 Parteien nehmen eine Zwitterstellung ein: zum einen gehören sie zu den intermediären Organisationen, die zwischen den Individuen und Gruppen auf der einen und dem politischen und administrativen System auf der anderen Seite vermitteln. Sie nehmen hier also Aufgaben auf ähnliche Weise wie Interessenverbände wahr. Zum anderen sind sie aber *die* Organisationen des politisch-parlamentarischen Systems und sind durch diese bevorzugte Stellung nicht nur (intermediäre) Vermittler von Interessen, sondern Teil dieses Systems. Ob Parteien als Teil der Zivilgesellschaft angesehen werden können, ist daher umstritten. Für die Frage der Transformation der DDR-Gesellschaft ist diese Unterscheidung zunächst weniger bedeutsam, da die Zivilgesellschaft der DDR die Grundlage sowohl für Bürgerbewegungen als auch für Interessenverbände und Parteien bildete.

12 Die aus CDU, Demokratischem Aufbruch und DSU gebildete „Allianz für Deutschland“ erhielt 48,1% der Stimmen, die SPD 21,9%, Die PDS 16,4% und die ehemaligen Oppositionsgruppen Bündnis 90 2,9%, Grüne Partei und und Unabhängiger Frauenverband 2,0%. Der Bund Freier Demokraten (LDP, Dt. Forumspartei, FDP) erhielt 5,3% der Stimmen, Sonstige 3,5%.

setzungen noch von reformsozialistischen Vorstellungen und einer zweideutigen Haltung zur Einheit geprägt (Probst 1991, 32f.; Wielgohs/ Wiesenthal 1993, II.2.), zu unklar war das Selbstverständnis als Bürgerbewegung oder Partei (Wielgohs/Schulz/Müller-Enbergs 1992, 35ff.).

Die Skrupellosigkeit, die westdeutsche Parteien beim Zusammenschluß mit ehemaligen Blockparteien der DDR an den Tag legten, stellte bereits ein Überschwappen westdeutscher Parteienkonkurrenz auf das Gebiet der DDR dar. Mit der sich abzeichnenden Vereinigung wurden nicht nur die institutionellen Grundstrukturen und politischen Kräfte, sondern auch die in der westlichen Bundesrepublik historisch entstandenen Kräfteverhältnisse importiert.[13] Mit der Übernahme der materiellen und organisatorischen Infrastruktur sowie des erfahrenen Personals sicherten sich die bundesdeutschen Regierungsparteien eine günstige Ausgangsposition im Wahlkampf gegenüber den innenpolitischen Gegnern (vor allem der SPD), aber auch vor den DDR-Bürgerbewegungen (Wielgohs/Wiesenthal 1993, II.3.).

Der Niedergang der Bürgerbewegungen, die politische Isolierung der noch recht starken PDS und die Vereinigung west- und ostdeutscher Parteien zementierte die strukturelle Dominanz der westdeutschen Parteienkonstellation und westdeutscher parteipolitischer Akteure auf der gesamtdeutschen politischen Bühne. Durch die geringe Bevölkerungszahl der DDR im Vergleich zur alten Bundesrepublik und die Mitgliederschwäche aller Parteien in der ehemaligen DDR (mit Ausnahme der PDS) sind die gesamtdeutschen Parteien vor allem auf ihre westdeutsche Wähler- und Mitgliederklientel orientiert. Ostdeutsche politische Akteure werden zu schwachen innerparteilichen Lobbyisten, wenn sie nicht – und das bildet die Ausnahme – über starken Rückhalt in einer Länderregierung verfügen.[14]

Die strukturelle Dominanz westdeutscher Akteure und Themen erschwert die Artikulation ostdeutscher Interessen, sie bildet damit aber auch die Grundlage für die vergleichsweise große Handlungsfreiheit derjenigen, die den Transformationsprozeß in der ehemaligen DDR steuern. Diese müssen (im Vergleich zu Politikern in Ostmitteleuropa) relativ wenig Rücksicht auf die „Objekte“ ihrer Politik nehmen, von denen sie (mit der gesamtdeutschen Bundestagswahl) kaum mehr als ein allgemeines Mandat zur Transformation erhalten haben. Auf die Dauer kann das die politische Elite in eine paradoxe Situation bringen: ohne eine angemessene Beteiligung der Gesellschaft der ehemaligen DDR werden alle Vereinigungs- und Transformationsfolgen der Bundesregierung zur Last gelegt, während diese auf ostdeutsche Proteste

---

13 Dabei konnten die westdeutschen Parteien der Diskussion in den ostdeutschen Parteien durchaus voraneilen: die Wahlbündnisse Bund Freier Demokraten und Allianz für Deutschland zur Volkskammerwahl kamen erst auf massiven Druck der westlichen Regierungsparteien zustande (Jung 1990, 5).

14 Die quantitativ und qualitativ geringe Berücksichtigung Ostdeutscher bei der Vergabe von Ministerien der ersten gesamtdeutschen Regierung (Bildungs-, Verkehrsministerium, Ministerium für Frauen und Jugend) veranschaulicht dies.

aufgrund der Verbindung zu ihrer angestammten (westdeutschen) Wählerschaft nur eingeschränkt eingehen kann (vgl. Wielgohs/Wiesenthal 1993, III.).

Obwohl das gesamtdeutsche Parteiensystem durch die Übertragung westdeutscher Strukturen große Stabilität erlangt hat, scheint es noch nicht „auf dem Weg zum politischen Alltag" (so der Titel bei Gibowski/Kaase 1991) zu sein. Ein Indikator dafür ist die geringe Verankerung aller Parteien in der Gesellschaft der ehemaligen DDR. Zwar zeichneten sich 1990 Tendenzen zu einer dem Westen vergleichbaren Orientierung von sozialen Milieus auf verschiedene Parteien ab: während die Parteien bei der Volkskammerwahl im März 1990 kaum sozialstrukturelle Schwerpunkte aufwiesen[15], zeichneten sich bei der Bundestagswahl im Dezember 1990 teilweise ähnliche cleavages (Spaltungslinien) bei Alter und Religionszugehörigkeit ab wie im Westen.[16] Allerdings ist die Zugehörigkeit zu sozialen Klassen noch nicht wie in Westdeutschland mit der Wahlentscheidung für bestimmte Parteien verbunden: die CDU stellte auch im Dezember 1990 unter Arbeitern die stärkste Partei, während die SPD besonders unter organisierten Arbeitern Stimmen verlor (Gibowski/Kaase 1991, 15ff.).

Seit 1991 setzte in Ostdeutschland die Ernüchterung über die ökonomische Entwicklung ein. Die in Umfragen geäußerten Parteienpräferenzen sind flexibel. Sie sind abhängig von relativ rasch wechselnden Stimmungslagen, die stark von der veröffentlichten Meinung (Medien) beeinflußt werden. Insgesamt war jedoch bis 1993 der wirtschaftliche Optimismus ungebrochen; die persönliche Situation wird meist günstiger eingeschätzt als die allgemeine wirtschaftliche Lage (Jung/Roth 1992). Untersuchungen zu den politischen Einstellungen der Ostdeutschen zeigen Ähnlichkeit mit der Nach-Wende-Situation in Ostmitteleuropa: während die Zufriedenheit mit der Demokratie insgesamt hoch ist, steht die ostdeutsche Bevölkerung dem Parteiensystem zunehmend mit Skepsis gegenüber. Das betrifft nicht einzelne Parteien: fast zwei Drittel der Ostdeutschen fühlen sich von keiner Partei vertreten, und knapp 40% fühlen sich einer sozialen Gruppe zugehörig, die benachteiligt ist (Dittrich 1992, 32ff.).[17] Das Wechselspiel von Regierungs- und Oppositionsparteien funktioniert daher auch nicht wie in Westdeutschland: während sich der allgemeine Vertrauensschwund gegenüber der Handlungsfähigkeit der

---

15 Nach Alter und Geschlecht sowie Konfession (in Westdeutschland Unterscheidungsmerkmale der Parteien) gab keine nennenswerten Differenzen im Wahlverhalten. Beim Unterscheidungsmerkmal Berufsstruktur war nur der Bund Freier Demokraten mit Westdeutschland vergleichbar: er hatte seinen Wählerschwerpunkt bei den Selbständigen. Die Wählerschaft der SPD verteilte sich gleichmäßig auf alle Berufsgruppen, die Allianz für Deutschland war (für den Westen untypisch) besonders bei den Arbeitern stark vertreten, vgl. Jung 1990, 9ff.)

16 Ältere und religiös Orientierte wandten sich stärker der CDU zu, SPD und Bündnis 90/Grüne verbesserten sich bei den unter 49-jährigen, Gibowski/Kaase 1991, 15ff.

17 Wie schnell die Stimmung umgeschlagen ist, zeigen die optimistischen Ergebnisse einer Untersuchung aus dem Oktober 1990, als sich z.B. noch 75% der Ostdeutschen von mindestens einer Partei vertreten fühlten, vgl. Weßels 1992, 514.

Regierung im Oktober 1993 im Westen in der verstärkten Kompetenzzuweisung an die SPD-Opposition auswirkte, verlor die Opposition in Ostdeutschland parallel mit den Regierungsparteien (INFAS/FR 1993).

Auch vor Ort, in den Ortsverbänden, ist die Bindung der Bevölkerung an die Parteien gering. Kommunal-, Landtags- und Bundestagswahlen haben vielfach dazu geführt, daß sich praktisch die gesamte schmale Mitgliedschaft „professionalisieren" mußte, d.h. politische Mandate übernahm. Die Parlamentarier agieren oft ohne Unterbau (für das Bündnis 90 in Brandenburg Müller-Enbergs 1992, 476; Presseberichte gibt es mit gleichlautender Tendenz auch über die großen Parteien CDU und SPD). In der Stadt Frankfurt/Oder beispielsweise, die von einer Koalition aus SPD, CDU/Demokratischer Aufbruch und Neuem Forum regiert wird, verzeichnete der SPD-Kreisverband im Juni 1992 noch 132 Mitglieder, der CDU-Kreisverband hatte 237, die Regionalorganisation von Bündnis 90/Neues Forum 60 Mitglieder[18] – eine keineswegs untypische Situation (vgl. Berg/Möller 1993, 67).

„(Stable democratic institutions) ... are imposed from the West but also guaranteed by the West" (Beyme 1992, 165). Die Grundvoraussetzungen parlamentarischer Demokratie sind, orientiert man sich an den Stimmungsbildern, den Parteiorientierungen und den „Berichten aus der Provinz", eher von außen stabilisiert als stabil. Bis jetzt sieht es eher so aus, als reagiere das westdeutsche Parteiensystem, das da „aufgezwungen" wurde, mit eingefahrenen Reaktionsmustern. Gerade weil die Bindung an die Wählerklientel im Osten und die jeweilige innerparteiliche ostdeutsche Vertretung so schwach ist, scheint es wenig Bedarf zur Umorientierung zu geben. Daß auf die Wahlsiege der PDS bei den Brandenburger Kommunalwahlen im Dezember 1993, die zu einem großen Teil auf die schwache Wählerbindung zurückzuführen ist, von beiden großen Volksparteien vor allem mit Ausgrenzungsargumenten statt Analysen reagiert wurde, läßt nichts Gutes hoffen. Allein die Länderpolitik bildet hier die Ausnahme: hier bilden sich Bindungen zwischen Bevölkerungsgruppen und Parteien ansatzweise heraus.

3.3. Verbände

„Die institutionelle Transformation der neuen Bundesländer vollzog sich qua Ausdehnung bestehender Ordnungen und eingespielter Verfahren." (Wiesenthal 1993a, 581) Dies ist das Fazit nach einer dreijährigen Entwicklung, die zunächst das Entstehen zahlreicher neuer Verbände in der (ehemaligen) DDR, teilweise die Reform alter Verbände und die Konkurrenz zwischen diesen Verbänden und Ablegern von Westverbänden mit sich gebracht hatte. Der Aufbruch der DDR-Zivilgesellschaft scheint so weit entfernt, daß die Frage, welche Organisationen sich gründen würden, welche Chance ihre Re-

---

18 Die mit der SPD stärkste Partei, die PDS, hatte einen Kreisverband mit 1.050 Mitgliedern.

formprojekte in der DDR und im vereinigten Deutschland hätten und ob sie durch westdeutsche Verbände dominiert würden, inzwischen obsolet geworden ist: zu sehr ist die ehemalige DDR von der bundesrepublikanischen Verbändelandschaft geprägt worden.

Nun gibt es „die“ Verbände in der Bundesrepublik nicht. Nur theoretisch sind sie unter den Hut der zwischen Staat/Politik und Individuen/Gruppen angesiedelten „intermediären Organisationen“ zu bringen, die unabhängig vom Staat die Selbstorganisation der Gesellschaft betreiben. Mit ihrer Zwischenstellung – so resümiert es jedes einschlägige Handbuch – sorgen die intermediären Organisationen (demokratietheoretisch formuliert) für die weitestmögliche Beteiligung der Gesellschaft an den öffentlichen Angelegenheiten und übernehmen (funktionalistisch formuliert) vielfältige Aufgaben, die für eine flexiblere und effektivere gesellschaftliche Steuerung sorgen, als dies die Politik allein könnte. Die Verbände aggregieren und artikulieren Gruppeninteressen, indem sie sich auf das politische System oder andere organisierte Interessen (Verbände) beziehen, sie integrieren gesellschaftliche Gruppen politisch (indem sie z.B. ihre Mitglieder auf getroffene Absprachen verpflichten), sie legitimieren das politische System durch ihre Teilhabe an den Entscheidungen, sie versorgen die Politik mit spezifischen Informationen aus ihrem Bereich und entlasten sie durch Teilnahme an der Politikimplementation von der Feinregulierung ganzer Politikbereiche u.a.m. (vgl. z.B. Weber 1977, 343ff. oder Alemann 1987, 187ff.).

Trotz dieser Gemeinsamkeiten der „intermediären Organisationen“ ist ihre Verfaßtheit je nach dem Politikbereich, in dem sie agieren, höchst unterschiedlich. Die Unabhängigkeit vom Staat und das Ausmaß, in dem sie öffentliche Aufgaben wahrnehmen, variieren beträchtlich. Die Entwicklung der Verbände in den neuen Ländern wurde davon ganz entscheidend geprägt. Schon die Wende in der DDR hatte die Artikulation gesellschaftlicher Interessen in vom Staat unabhängigen Bewegungen und Organisationen ermöglicht. Die Übernahme des „Modells Bundesrepublik“ führte zu der Festlegung, welcher zentrale Politikbereich wie zu steuern sei: ob mit mehr oder weniger starker Beteiligung von Verbänden und ob diese Verbände stärker oder weniger stark vom Staat abhängig sein sollten.

Auch wenn es bei der Entscheidung der im engeren Sinne politischen Fragen einen Primat der Politik gab, in der *Wirtschaftspolitik* wurde er rasch abgelöst von einem de facto korporatistischen Arrangement, in dem die Spitzenverbände von Arbeitgebern und Arbeitnehmern zusammen mit der Bundesregierung in zahlreichen Spitzengesprächen die Währungs- und Wirtschaftsunion vorbereiteten und später begleiteten (Kleinfeld 1992, 84ff.). Die Bundesregierung blieb dabei primus inter pares, indem sie sich nicht auf einen formellen Korporatismus einließ wie die Konzertierte Aktion unter Karl Schiller in den 60er Jahren; dennoch waren Gewerkschaften und Arbeitgeber für die Politik unverzichtbare Partner beim Umbau der Ökonomie in Ostdeutschland.

Die Spitzenverbände der Gewerkschaften und Arbeitgeber hatten ein gemeinsames Interesse an der Durchsetzung der Tarifautonomie, der grundsätzlichen Garantie ihres eigenständigen verbandlichen Handlungsspielraums. Beide Seiten betonten ihre Bedeutung als integraler Bestandteil des Ordnungskonzeptes der sozialen Marktwirtschaft, die eine Ordnungs- und Friedensfunktion bei der Gestaltung der Arbeitsbeziehungen für Arbeitgeber und Arbeitnehmer erfülle (Kleinhenz 1992, 20; für den BDI vgl. Bauer 1991, 12). Mit der Währungs-, Wirtschafts- und Sozialunion, in der die DDR das System der sozialen Sicherung und den größten Teil der Wirtschaftsgesetze der Bundesrepublik übernahm, wurden die gesetzlichen Voraussetzungen dafür geschaffen, daß die Steuerung der Wirtschaft nicht mehr ohne die Tarifparteien erfolgen konnte.

Gewerkschaften wie Arbeitgeber hatten schon vor der Volkskammerwahl begonnen, ihre Verbände in die DDR zu übertragen, indem sie zunächst Beratungsinstitutionen, dann eigene Organisationen aufbauten.[19] Mit der Wirtschafts- und Währungsunion lösten sie den Primat der Politik endgültig ab und übernahmen die führende Rolle bei der Gestaltung grundlegender Tarifnormen, d.h. der Lohn- und Arbeitzeitpolitik, der Struktur der Arbeits- und Leistungsbewertung und in der Frage der Rationalisierung und des Rationalisierungsschutzes. Beide Tarifparteien agierten dabei in „symbiotischer Verkettung“: sie orientierten sich am Modell der Tarifverträge in der Bundesrepublik, um unter Zeitdruck den ökonomischen Sachzwängen und den sozialen Ansprüchen der Arbeitnehmer gerecht werden zu können und Vereinbarungen zu treffen, die Ausgangspunkt für die Entscheidungen Dritter (Betriebe, staatliche Politik, private Haushalte) werden konnten (Schmid/Tiemann 1992, 151ff.).

Zwar ist das „System organisierter Interessenvermittlung“ im Bereich der Wirtschaftspolitik besonders früh und besonders stabil organisiert worden, es leidet aber an einer Reihe von spezifischen Schwächen:

1. Große Bereiche der Wirtschaftspolitik sind durch die Tarifparteien „entstaatlicht“ worden. Durch die enormen ökonomischen Probleme, die sich seit Ende 1990, ein halbes Jahr nach der Währungsunion, abzuzeichnen begannen (vgl. z.B. Eißel 1993), ist allerdings ein Paradox entstanden: statt weniger Staatseingriff ist in vielen Bereichen mehr Staatseingriff nötig, da die Probleme der Erhaltung ganzer Branchen, der Industriepolitik und der Förderung von Regionen nicht von den Tarifparteien bewältigt werden können. Der Versuch der Bundesregierung, über die Installierung der Tarifautonomie die Politik von der Verantwortung für ein Wirtschaftssystem zu entlasten, dessen Spielregeln sie nicht vorrangig selbst setzt, will nicht gelingen. Die Tarifpar-

---

19 Einige Westgewerkschaften kooperierten mit den alten DDR-Gewerkschaften, übernahmen aber die führende Rolle bei ihrer Neugestaltung. Zu den verschiedenen Ausdehnungsstrategien der DGB-Gewerkschaften vgl. Fichter/Kurbjuhn 1992, 166ff, s. auch Seideneck 1991, 8ff.. Den Aufbau des BDI in den neuen Ländern beschreibt Bauer 1991, 12ff.

teien können nicht auf Dauer für den Zusammenbruch der ostdeutschen Wirtschaft verantwortlich gemacht werden (Kleinhenz 1992, 22ff.; Sinn/Sinn 1991). Auf die Dauer ist die Politik den Wählern gegenüber wirtschaftspolitisch in der Pflicht.

2. Nicht die Tarifparteien, sondern vor allem die Treuhandanstalt steuert den ökonomischen Umbau in den neuen Ländern. Damit wurde ein Transformationsmodell gewählt, das zwar zu einer schnellen Herstellung privater Wirtschaftsakteure führt, dies aber auf Kosten der ursprünglichen betriebsinternen Verflechtungen z.B. von Produktions-, Dienstleistungs- und Forschungsabteilungen und der betriebsexternen regionalen Verflechtungen mit anderen Unternehmen. Das hatte bisher den ökonomischen Zusammenbruch ganzer Regionen und Branchen zur Folge. Verbandspolitik steuert diesen Prozeß nicht, vielmehr wird hier – über den Umweg der Treuhand – der Primat der Politik wiederum gewahrt.

3. Das System verbandlicher Interessenvermittlung ist im Bereich der Wirtschaftspolitik relativ geschlossen organisiert, d.h. es läßt die Artikulation neuer Interessen und die Integration neuer Organisationen kaum zu. Ostdeutschen Ärzteverbänden etwa gelang es nicht, sich gegenüber dem westdeutschen Marburger Bund durchzusetzen, der gemeinsam mit der DAG Tarifverträge für die westdeutschen Kassenärzte abschließt (Erdmann 1992, 351). Damit waren die Organisationen entscheidend geschwächt, die Alternativen zum westdeutschen Gesundheitssystem mit niedergelassenen Ärzten diskutierten.

4. Die Tarifparteien sind nur schwach in den neuen Ländern verankert. Die ersten Tarifverhandlungen der Jahre 1990 und 1991 wurden praktisch ohne Beteiligung ostdeutscher Akteure von westdeutschen Funktionären ausgehandelt. Arbeitgeber waren zu dieser Zeit (viele Betriebe waren noch staatlich) praktisch nicht vorhanden; heute sind sie aufgrund der ökonomischen Probleme vieler Betriebe schwach. Die Gewerkschaften, die, um handlungsfähig zu sein, eine große Anzahl von Menschen organisieren müssen und deren aktive Mitwirkung benötigen, leiden unter dem Abbau von Arbeitsplätzen, die die Beschäftigten zu ungewohnten Duckmäusern im Betrieb machen bzw. wandeln sich aufgrund des Zusammenbruchs ganzer Branchen tendenziell zu „Arbeitslosenvereinen" ohne Sanktionsmacht.

Die *Sozialpolitik* wurde ebenfalls großenteils aus der staatlichen Obhut entlassen. Die DDR übernahm mit der Sozialunion das westdeutsche Sozialversicherungssystem, das durch den Grundsatz der Selbstverwaltung[20] gekennzeichnet ist. Die gesetzlichen Rahmenbedingungen bestimmen jedoch die Strukturen und aktuellen Handlungsbedingungen der jeweiligen Institutionen

---

20 Durch Arbeitgeber und Arbeitnehmer/Versicherte in der gesetzlichen Renten- und Krankenversicherung bzw. Arbeit, Kapital und Staat in der Arbeitslosenversicherung.

so stark, daß von Selbstregulierung des Sozialversicherungssystems durch nichtstaatliche Akteure nicht die Rede sein kann. Das Prinzip der Zwangsversicherung, die Ausfallbürgschaften des Bundes bei Zahlungsunfähigkeit und die gesetzliche Reglementierung durch Bundesgesetze lassen eher von „parastaatlicher" sozialpolitischer Regulierung unter verbandlicher Mitwirkung bei der Politikimplementation sprechen als von nichtstaatlicher Selbstregulierung.[21] Das letzte soziale Netz nach den Sozialversicherungen, die Sozialhilfe, ist wiederum staatlich organisiert. Seit der Sozialunion wird es uach in Ostdeutschland von den Kommunen finanziert.

Die *Gesundheitspolitik* stellt eine Ausnahme innerhalb der Sozialpolitik dar. Zwar sind die gesetzlichen Krankenkassen bipartistisch organisiert (Arbeitgeber- und Arbeitnehmer-/Versichertenvertreter), neben ihnen existieren aber noch eine Anzahl weiterer Akteure – private Kassen, Ärzteverbände, Pharmaunternehmen –, so daß das gesamte Feld der Gesundheitspolitik multipartistisch organisiert ist. Während also Renten- und Arbeitslosenversicherung sowie Sozialhilfesystem durch staatliche Entscheidung in die DDR übertragen wurden, gab es in der Gesundheitspolitik noch die Möglichkeit der verbandlichen Steuerung in Teilbereichen.

In der Tarifpolitik war es den Westverbänden nicht schwergefallen, das Terrain zu übernehmen.[22] Im Gesundheitssystem sah dies anders aus: schon im Herbst 1989 gründeten sich Ärzteverbände, die eine Reform des ostdeutschen Gesundheitssystems anstrebten, nicht immer aber die Übernahme westlicher Strukturen befürworteten (vgl. Erdmann 1992, 327ff.).[23] Ab März 1990 etablierten sich regionale Poliklinikverbände, die für die Beibehaltung der ambulanten Versorgung in Polikliniken statt der Übernahme des Systems niedergelassener Ärzte plädierten. Ein Jahr später waren jedoch alle diese neugegründeten Verbände entweder aufgelöst oder mit westdeutschen Ärzteverbänden fusioniert.

Damit war – ähnlich wie bei der Bürgerbewegung, deren Niedergang im selben Zeitraum stattfand – eine originäre Verbändelandschaft der DDR-Zivilgesellschaft zerstört und durch die Strukturen des westdeutschen Verbändesystems ersetzt, obwohl die Voraussetzungen für ihre Entfaltung unge-

---

21 Daß jede Renten- und Gesundheitsreform, aber auch jede Änderung bei der Arbeitslosenversicherung ein Politikum ersten Ranges geworden ist, daß die Ansprechpartner für politische Interessen bei diesen Reformen nicht die Arbeitgeberverbände und Gewerkschaften sind (die die Selbstverwaltung der Sozialversicherungen betreiben), sondern die Parlamentarier in Bonn/Berlin, macht dies deutlich.

22 Auf der Arbeitgeberseite gab es in der DDR praktisch keine privaten Arbeitgeber, und die Vertreter der Arbeitnehmerseite im FDGB waren so diskreditiert, daß eine Ablösung durch den DGB unausweichlich war.

23 Diskutiert wurde die Erhaltung der Polikliniken, die eine bessere Patientenversorgung und eine weniger kostenintensive Gerätenutzung ermöglichen, die Betreuungssysteme für Patienten mit bestimmten Krankheiten (Dispensaire-System), die arbeitsmedizinische Betreuung und die ärztliche Weiterbildung in verschiedenen Fachgebieten, vgl. Trautwein 1992, 151.

wöhnlich günstig gewesen waren: es gab eine breite Reformbewegung unter engagierten Ärzten, die neugegründeten Verbände hatten nicht das Problem politischer „Altlasten" und damit keine Legitimationsschwierigkeiten, auch im Westen gab es eine kritische Diskussion über die Strukturen des Gesundheitswesens, die daher keineswegs als der Weisheit letzter Schluß betrachtet werden mußten.

Die Gründe für den Niedergang der DDR-Ärzteverbände sind vielschichtig:

1. Staatliche Grundsatzentscheidungen (Einheitsvertrag) übertrugen die Verhandlungssysteme (zwischen Krankenkassen, Ärzteverbänden, Pharmaindustrie etc.) der Bundesrepublik auf die neuen Länder.[24] Ohne weitere Unterstützung unterlagen die „Ostverbände" damit einer asymmetrischen Konkurrenz (Erdmann 1992, 339), denn sie verfügten nicht über die Kenntnisse und Beziehungen der „Westverbände". Diese Ressourcen wurden aber zumindest für niederlassungswillige Ärzte, die den Schritt in die berufliche Selbständigkeit machten, zum entscheidenden Kriterium der Verbandswahl.

2. Je deutlicher sich die deutsche Einheit abzeichnete, desto entschiedener entwickelte sich der Verteilungskonflikt der konkurrierenden Westverbände um die neue Klientel in Ostdeutschland. Die zunächst gezeigte Kompromißbereitschaft gegenüber gesundheitspolitischen Positionen der Reformgruppen nahm im Verlaufe des Jahres 1990 ab, in den Vordergrund rückte das Interesse, eine potentielle Bedrohung des westdeutschen Systems durch Reformversuche in Ostdeutschland abzuwehren. So gelang es keinem ostdeutschen Verband, einen eigenständigen Tarifvertrag mit der DAG abzuschließen. Der Marburger Bund, der eine Tarifgemeinschaft mit der DAG bildet, schloß Konkurrenten erfolgreich aus (Erdmann 1992, 351).

3. Die Bundesregierung beschränkte sich in der Gesundheitspolitik nicht nur auf die Makrosteuerung, d.h. die Übertragung der Grundsätze des bundesdeutschen Gesundheitssystems (multipartistisches Verhandlungssystem, plurale Kassen- und Ärzteverbandslandschaft), sondern griff auch auf der Meso- und Mikroebene steuernd ein. Im Einigungsvertrag wurde die politische Maßgabe festgeschrieben, daß auf Dauer der Anteil ambulanter Einrichtungen zu verringern sei, die Zulassung der Ambulatorien zur kassenärztlichen Versorgung wurde zunächst bis 1995 begrenzt (Erdmann 1992, 348f.). Damit sorgte die Regierung dafür, daß nicht nur die grundlegenden Strukturen des Gesundheitssystems übertragen wurden, sondern setzte im Einzelfall Schwerpunkte, die ihren politischen Vorstellungen entsprach – auch gegen den erklärten Willen der aus dem DDR-Umbruch hervorgegangenen Interessenvertreter.

---

24 Der Staat erwies sich damit als ein entscheidender „Architekt" des neuen Policy-Netzwerkes in der Gesundheitspolitik, vgl. Lehmbruch 1991.

4. In der DDR bzw. den neuen Ländern selbst wurden Entscheidungen getroffen, die die neuen Ärzteverbände ebenfalls schwächten: die DDR-Regierung entschied, die meisten Ambulatorien den Kommunen zu übergeben und überließ sie damit der politischen Ebene, die über nur geringe finanzielle Mittel verfügte und Ende 1990 unter den Bedingungen großer Unsicherheit viele dieser Einrichtungen schloß oder verkaufte (Erdmann 1992, 349f.). Damit verloren die DDR-Ärzteverbände die Grundlagen ihrer Reformpolitik.

5. Auch die plurale Struktur der Krankenkassen führte zu Konkurrenz, die sich allerdings völlig zwischen Westkrankenkassen (private und AOK's) bzw. zwischen privaten Kassen und AOK-Neugründungen in den neuen Ländern abspielten. Auch hier griff die Bundesregierung nicht nur in die Makrostruktur ein, sondern machte die AOK mit der Entscheidung, privaten und Ersatzkassen erleichterte Gründungsvoraussetzungen zu gewähren, bewußt zum Verlierer bei der Übertragung des pluralen Kassensystems. Im übrigen sprachen sich einige westliche Bundesländer gegen eine zu starke finanzielle Umverteilung zwischen den Kassen bzw. zwischen den Regionen aus und erwiesen sich damit als sozialpolitische Reformbremser (Windhoff-Héritier 1992, 308ff.). In diesem West-Ost-Verteilungskampf setzten sich die starken Westländer durch.

Die Organisation personenbezogener Dienstleistungen in der *Sozialpolitik* (z.B. Pflege alter Menschen, Jugendarbeit) folgte dem bekannten Muster: grundlegende Strukturen wurden von der Politik nach dem Muster der Bundesrepublik installiert. Der Einigungsvertrag sicherte den *Wohlfahrtsverbänden* eine „institutionalisierte Subsidiarität" (Backhaus-Maul/Olk 1992, 87) zu, d.h. die frei-gemeinnützigen Träger von Jugend-, Sozial- und Altenhilfe haben prinzipiell Vorrang vor den staatlichen Trägern, die jedoch für die soziale Versorgung letztlich verantwortlich bleiben. Das führte zu einer bunten Mischung von Verbänden auf dem Gebiet der ehemaligen DDR:

- teilweise breiteten sich Westverbände aus, die es in der DDR nicht gegeben hatte (Arbeiter-Samariter-Bund, Arbeiterwohlfahrt),
- diejenigen DDR-Organisationen, die keine Legitimationsschwierigkeiten hatten und/oder über finanzielle Ressourcen verfügten, wie das Diakonische Werk und die Caritas, wurden weitergeführt; die in der stationären und ambulanten Altenbetreuung tätige Volkssolidarität der DDR reformierte sich,
- teilweise erfolgten, wenn der Ostverband über eigene Ressourcen verfügte, Zusammenschlüsse mit Westorganisationen, wie beim Roten Kreuz (vgl. Wohlfahrt 1992, 386ff.; Backhaus-Maul 1992, 373ff.).

Die Wohlfahrtsverbände konnten sich in den neuen Ländern gut etablieren. Zu ihrer Förderung sind weitreichende Bundes- und Länderprogramme aufgelegt worden, die sich vor allem auf die ambulante und stationäre Altenbetreuung, aber auch Einrichtungen für Jugendliche und Erwerbslose sowie den institutionellen Aufbau der Wohlfahrtsverbände selbst beziehen (Backhaus-Maul/Olk 1992, 98ff.).

Die Schwächen der verbandlichen Organisation des Wohlfahrtssektors in den neuen Ländern resultieren aus den allgemeinen Schwächen dieser Steuerungsform, die negativ verstärkt werden durch die besondere Situation der Transformation in der ehemaligen DDR:

1. Die Wohlfahrtsverbände stehen zwar als intermediäre Organisationen zwischen Staat, Markt und primären sozialen Netzwerken (Familien, Freundeskreise), werden aber durch gesetzliche Regelungen („Monopol" im Wohlfahrtssektor nach BSHG) und die finanzielle Abhängigkeit von staatlichen Transferzahlungen zunehmend durch externe Vorgaben reglementiert. Dabei sind ihre staatlichen „Partner", die Kommunen, mit denen sie in Netzwerken zusammenarbeiten und von dem sie in vielfältiger Weise finanzielle Unterstützung erhalten, im politischen System besonders schwach. Die Kommunen sind in der Regel abhängig von Bundes- oder Landesgesetzgebung, die ihnen Aufgaben zuweist, ohne in jedem Fall für die erforderlichen finanzielle Ausstattung zu sorgen. Dies wird oft kompensiert durch spezielle Programme übergeordneter politischer Ebenen, die auf örtlicher Ebene zu Politiksegmentierung und Verwaltungsfragmentierung führen und die Entwicklung einer stimmigen örtliche Sozialpolitik nicht fördern.

In den neuen Ländern wird diese Situation noch verschärft durch die schlechte Finanzlage der Kommunen, die alle Aufgaben abstoßen, zu denen sie nicht verpflichtet sind und damit die Probleme an die Betroffenen weiterwälzen (z.B. bei der Schließung von Kinderbetreuungseinrichtungen). Die kompensierenden Bundes- und Länderprogramme (und die Konkurrenz der Wohlfahrtsverbände untereinander) verstärken die örtliche Politiksegmentierung, weil die Kommunen dem Sozialsektor als ganzem kaum Aufmerksamkeit schenken (Aktivitäten werden oft nur bei Einsparmöglichkeiten entwickelt) und der Segmentierung nicht entgegenwirken. Zentralstaatliche Regulierung und mangelnde Aufmerksamkeit gegenüber dem Wohlfahrtssektor in den Kommunen der neuen Ländern verstärken sich gegenseitig negativ.

2. Die schwache finanzielle Ausstattung von Wohlfahrtsverbänden und Kommunen in den neuen Ländern schränkt die notwendige Entwicklung innovativer Politik erheblich ein. Statt dessen dominiert eine Politik der Grundversorgung, die sogar zum Abbruch von Experimenten mit Formen der Sozialarbeit führt, die im Westen mühsam entwickelt wurden (z.B. ambulante Pflegedienste, Versorgung chronisch Kranker). Angesichts des enormen Problemdrucks in den neuen Ländern kommt es in manchen Bereichen sogar zur Unterversorgung.

3. Die Übernahme des „Modells Westdeutschland" führt dazu, daß die in der Bundesrepublik traditionell nicht berücksichtigten Interessen nun in den neuen Ländern ebenfalls ausgeklammert bleiben bzw. ausgeklammert werden. Dies betrifft vor allem die Bereiche der Jugendarbeit und der Kinderversorgung.

4. Die Wohlfahrtsverbände sind nur schwach in der Gesellschaft der neuen Länder verankert. Das zeigt sich u.a. daran, daß der kleinste Wohlfahrtsverband (der DPWV/Deutscher Paritätischer Wohlfahrtsverband), ein Zusammenschluß aus kleinen, oft neuen und wenig organisierten (Selbsthilfe-) Initiativen und Vereinen, in den neuen Ländern besonders schwach vertreten ist. Durch die „fürsorgliche Betreuung" des DDR-Staates und eine entsprechende Mentalität der sozialpolitischen Klientel fehlt die soziale Basis für Selbsthilfeinitiativen noch weitgehend. Die sozial-moralischen Milieus, die im Westen die großen Wohlfahrtsverbände durch ehrenamtliche Arbeit oder Spenden unterstützen (religiöse Milieus bei den kirchlichen Wohlfahrtsverbänden, sozialdemokratisches Milieu bei der Arbeiterwohlfahrt), wurden in der DDR zusammen mit der Zivilgesellschaft weitgehend aufgelöst. Möglicherweise spielt auch eine Rolle, daß sich die Frauen in der ehemaligen DDR auf Erwerbsarbeit hin orientieren und daher nicht wie in der westlichen Bundesrepublik als Arbeitskräftepotential für gering oder gar nicht bezahlte Sozialarbeit zur Verfügung stehen.[25] Das führt zu einem Bürokratisierungs- und Professionalisierungsschub der Arbeit der Wohlfahrtsverbände in den neuen Ländern, der sich in der alten Bundesrepublik sehr viel langsamer durchsetzt. Die verbandliche Steuerung der Sozialpolitik hat daher nicht zur automatischen Entfaltung einer lebendigen Zivilgesellschaft geführt. Zunächst einmal sind, mit massiver staatlicher Unterstützung, die „professionellen intermediären Organisationen" auf den Plan getreten.

Neben den Bereichen der Wirtschafts- und Sozialpolitik, in denen der Staat ein zentrales Interesse am Setzen der Rahmenbedingungen zur Gestaltung des jeweiligen Politikfeldes hatte,[26] gibt es Politikfelder, die weniger stark von gesetzlichen und politischen Vorgaben geprägt sind, und in denen auch im Westen konkurrierende Organisationen bestehen. In diesen Bereichen ergab sich eine offenere Situation, die das Aufkommen neuer Verbände in den neuen Ländern nicht so schnell torpedierte wie in den beschriebenen Bereichen. Dies gilt für die *Kirchen* (vgl. Mertens 1992) ebenso wie für etliche *Berufsverbände* wie den Ingenieurtechnischen Verband Kammer der Technik (Eichener/Voelzkow 1992) oder die Gesellschaft für Soziologie der DDR (Lamnek 1992).

Bei den beiden zuletztgenannten berufsständischen Organiationen spielten spezifische Regionalinteressen eine Rolle, die von den konkurrierenden Westverbänden nicht vertreten wurden bzw. nicht vertreten werden konnten: bei der Kammer der Technik war vor allem der Kampf um die Definition des Ingenieurstatus, die sich in West und Ost unterschied (Eichener/Voelzkow 1992, 252ff.), bei der Gesellschaft für Soziologie der Versuch, die großange-

---

25 Dieser Aspekt wird in der Literatur über den „Dritten Sektor" in der Regel nicht reflektiert.

26 Damit determinierte polity/die Politikstruktur politics/die Politikgestaltung, vgl. Eichener u.a. 1992a, 45.

legten „Abwicklungen" abzuschwächen und neben der Mitgliedervertretung in der Wissenschaft auch ein Berufsverband zu sein (Lamnek 1992). Beide Verbände werden sich auf Dauer wahrscheinlich nicht gegen die westliche Konkurrenz durchsetzen können (die GfS löste sich bereits Ende 1992 auf); aufgrund des gesamtdeutschen Arbeitsmarktes könnten für die Mitglieder die Ressourcen, die die jeweiligen Westverbände anbieten (Zugang zur Wissenschaftspolitik, Vermittlung von Berufschancen), attraktiver sein.

Innerhalb von vier Jahren hat sich die Zivilgesellschaft der ehemaligen DDR, die zunächst praktisch das „gesamte Volk" gegenüber dem reformunfähigen Staat vereinte (vgl. Rink in diesem Band), in zahlreiche politische und gesellschaftliche Organisationen ausdifferenziert. Damit hat sich ein im Vergleich zu anderen ostmitteleuropäischen Transformationsgesellschaften stabiles System gesellschaftlicher (nicht nur politischer) Selbst- bzw. Mitbestimmung entwickelt, das neben der Politik an der Steuerung des Transformationsprozesses beteiligt werden kann (vgl. zu den potentiellen Funktionen von Interessenverbänden im Transformationsprozeß Wiesenthal 1993b, 15ff.). Daß dieses System im wesentlichen von außen auferlegt, aber auch stabilisiert wird (Beyme), hat zur Folge, daß typische Schwächen des bundesdeutschen Systems verbandlicher Interessenvermittlung in die DDR-Wirklichkeit übertragen worden sind und sich darüber hinaus genuine Ostverbände und -vereinigungen vor allem in marginalen Politikbereichen (Kultur auf regionaler Ebene, Berufsverbände) erhalten haben.

Dieser Zustand ist nicht planvoll herbeigeführt worden, sondern resultiert aus dem Zusammenspiel der Interessen verschiedener kollektiver Akteure. Der *Staat* hat sich dabei als wesentlicher Architekt der Akteurs-Netzwerke in zentralen Politikbereichen betätigt. Nicht bei der Struktur (die in vielen Bereichen eine Mischung aus politischer/staatlicher und verbandlicher Steuerung vorsieht), wohl aber bei ihrer Genese – den Rahmenbedingungen, den rechtlichen und oft auch den finanziellen Grundlagen – hat er den Primat der Politik gewahrt. Für das politische System war das funktionalistische Interesse vorrangig, den Übergang in das vereinigte Deutschland so schnell und reibungslos wie möglich zu gestalten, um Politik und Staat schnell von der Feinregulierung einzelner gesellschaftlicher Bereiche zu entlasten. Um dies zu erreichen, wurde nicht neue Netzwerke gebaut, sondern im wesentlichen die westlichen Netzwerke ohne Reformen auf das vergrößerte Staatsgebiet ausgedehnt.

Die *Bundesregierung* verfolgte unterhalb dieser groben Maxime der Übertragung im Einzelfall eigene Interessen. Durch Eingriffe im Meso- und Mikrobereich suchte sie das bestehende westliche Verbandssystem gemäß ihren politischen Zielsetzungen zu verändern (etwa im Gesundheitswesen). Die offene Situation des Wandels nutzte sie zur Durchsetzung politischer Prioritäten, ohne daß diese von der Öffentlichkeit und den betroffenen Verbänden in Ruhe diskutiert werden konnten.

Die *Westverbände* (und Parteien) wahrten nur eine kurze „Schamfrist" bis zum Frühjahr 1990 – als feststand, daß es rasch zur Einheit kommen würde. Zunächst unterstützten sie die Entfaltung der ostdeutschen Zivilgesellschaft und bauten Kooperationen mit Ostverbänden auf. Nachdem die politische Grundsatzentscheidung der Übertragung feststand, exportierten sie (notgedrungen) ihre Konkurrenz in die DDR bzw. versuchten ihre im Westen erkämpfte Machtposition auch unter neuen Bedingungen, mit neuen Akteuren und in einer erweiterten Gesellschaft zu erhalten. Sie machten sich die ostdeutsche Zivilgesellschaft und Verbändelandschaft „kompatibel", indem sie eigene Dependancen gründeten oder formelle Vereinigungen mit ostdeutschen Verbänden erreichten. Daß die Ostverbände bei diesem Aufeinanderprall hochorganisierten westlichen Kollektivakteuren mit schwach organisierten engagierten Individuen in Ostdeutschland (Wiesenthal 1993c, 20) meist den Kürzeren zogen, ist nicht verwunderlich.

Die *Ostdeutschen* waren nicht nur passive Dulder in diesem Prozeß. Sie teilten zunächst in ihrer Mehrheit das Interesse der Übertragung des westdeutschen Systems. Das Votum für die Einheit implizierte aber auch ein indirektes Votum für die westdeutsche Form politischer Steuerung (als „public-private-partnership") und machte dadurch die Westverbände mit ihren stabilen Strukturen, ihrer etablierten Machtposition im System verbandlicher Interessenvermittlung, ihren finanziellen und informationellen Ressourcen (Information und Beratung, Beziehungen zum politischen System) zu überragenden Akteuren auch der ostdeutschen Zivilgesellschaft. In einigen Politikbereichen (z.B. Sozialpolitik) wurden mit den politischen Grundsatzentscheidungen westdeutsche Strukturen einfach ausgedehnt, Wahlmöglichkeiten gab es nicht. Ostdeutsche Akteure wurden in diese Organisationen als Beschäftigte, Mitglieder etc. integriert. In anderen Bereichen entsprach der Eintritt in Westverbände nicht nur aufgezwungener Notwendigkeit, sondern dem rationalen Interesse Ostdeutscher: er wurde z.B. gewählt, weil Westverbände über bessere Ressourcen verfügten oder besser legitimiert waren als ostdeutsche Altorganisationen (z.B. DGB). Wie die Geschichte der Ärzteverbände zeigt, war die Wahl der jeweiligen Verbände aber auch ein Resultat der Ausdifferenzierung der ostdeutschen Gesellschaft: gewählt wurde die Organisation, die die vorgestellten zukünftigen Interessen am besten vertreten konnte.[27] Diejenigen, deren Interessen durch ein nicht reformiertes Verbändesystem am besten repräsentiert werden konnten, konnten sich daher leicht für Westverbände entscheiden, während diejenigen, die zäh mögliche Reformen ost- oder westdeutscher Politikbereiche diskutierten oder diejenigen, die sich als Verlierer der Übertragung bundesdeutscher Strukturen sahen, sich in ostdeut-

27 Wer glaubte, gute Startbedingungen für den Aufbau einer privaten Arztpraxis zu haben, trat eher in den westdeutschen Ärzteverband ein, der die Interessen niedergelassener Ärzte vertritt, als in einen ostdeutschen Verband, der noch die Reform der Ambulatorien diskutierte.

schen Verbänden engagieren konnten oder sich ganz aus der Politik zurückzogen.

4. Postsozialistische Stellvertreter-Zivilgesellschaft mit reformerischen Einsprengseln

Transformation der Zivilgesellschaft der DDR: das kann beschrieben werden als Stabilisierung von Strukturen bei weitgehender Entpolitisierung der Akteure.

Schon das erste halbe Jahr nach der Wende brachte den Niedergang der „nicht institutionalisierten Zivilgesellschaft", der Bürgerbewegungen, mit sich. Ihre Träger traten in der Mehrheit in die Rolle von Zuschauern zurück. Eine Minderheit, die sich weiter engagierte, wurde im Prozeß der Vereinigung marginalisiert. Viele erhielten aber auch Positionen in den neuen politischen Strukturen, vor allem in der Kommunalpolitik. Sie professionalisierten sich und wurden Teil des politischen Systems.

Man sollte nicht der „Ikonographie der Befreiungsbewegungen" unterliegen, die unausweichlich zur „nachrevolutionären Depression führt": gemessen an der Aufbruchstimmung der deutschen Revolution, aber auch verglichen mit der westdeutschen Situation, erscheint die Gesellschaft der ehemaligen DDR zwar als weitgehend entpolitisiert – die Zivilgesellschaft der Montagsdemonstrationen stellt aber auch den Kern für die heutige Zivilgesellschaft der neuen Länder dar. Die alten DDR-Oppositionsbewegungen bilden sich um in neue soziale Bewegungen[28], die in Bürgerinitiativen, Umwelt-, Frauen- und Sozialgruppen vernachlässigte Themen auf die Tagesordnung setzen (vgl. Rink in diesem Band). Die professionalisierten Teile der ehemaligen Bürgerbewegung (vgl. dazu den Beitrag von Boock in diesem Band) sind diejenigen, die neben zentralstaatlichen Akteuren den Transformationsprozeß durchführen (müssen) und dabei nicht selten überfordert werden. Sie vollziehen oft einen Drahtseilakt ohne Sicherheitsnetz, weil ihnen aufgrund der politischen Apathie weiter Bevölkerungsteile und der erst schwach ausgebildeten Verbändelandschaft in den neuen Ländern der Rückhalt in der Bevölkerung fehlt (vgl. Berg/Möller 1993, vgl. die anschauliche Beschreibung bei Berg/Harre/Möller 1992, 114). Marginalisierte alternative Milieus und überforderte Professionelle – das ist schon und ist noch nicht die Zivilgesellschaft der neuen Länder.

Parallel zum Niedergang der alten, „nicht institutionalisierten Zivilgesellschaft" der DDR vollzog sich der Aufbau der „institutionalisierten Zivilgesellschaft", von Parteien und Verbänden. Diese ermöglicht eine flexiblere politische und gesellschaftliche Steuerung als es ein Parteiensystem allein

---

28 Auch wenn das Etikett „Neue soziale Bewegungen" vorschnell vergeben wurden, zeichnet sich dieser Prozeß jetzt, *nach* der Wende, ab; vgl. Rink in diesem Band.

vermag und führt (trotz politischer Apathie) zu größerer Beteiligung von Individuen und gesellschaftlichen Gruppen als in anderen ostmitteleuropäischen Transformationsgesellschaften.

Dennoch gleicht die Zivilgesellschaft der neuen Länder eher einer Stellvertreter-Zivilgesellschaft, die strukturell von außen (durch das westdeutsche System) stabilisiert und von professionalisierten, aber recht freischwebenden ostdeutschen Akteuren getragen wird. Diesie agieren auf der Bühne der institutionalisierten Interessenvertretung (oder im Falle der Bürgerinitiativen: als kleine Kerne alternativer Politik) und haben die Möglichkeit (z.B. in Tarifauseinandersetzungen), alle Instrumentarien verbandlicher Interessenvermittlung zu nutzen. Aber sie nutzen sie eben stellvertretend für die Gesellschaft, selten nutzt sie die Gesellschaft selbst.

Mit dem Aufbau des Verbändesystems und der weitgehenden Übertragung westdeutscher Verbände nach Ostdeutschland sind die Probleme der Transformation in das Verbändesystem und in die Verbände selbst eingewandert – als interne Auseinandersetzungen um Ziel- und Prioritätensetzungen, als externe Auseinandersetzungen mit konkurrierenden oder gegnerischen Verbänden um die Machtverteilung in den neuen Ländern, als Konfrontation mit bislang unbekannten oder jedenfalls nicht in diesem Ausmaß bekannten Problemen in Ostdeutschland.

Nicht nur das politische System, sondern auch die gesellschaftlichen Organisationen müssen sich nun mit den Folgen der Einheit auseinandersetzen. In vielen Fällen führte dies zur Marginalisierung ostdeutscher Probleme und Interessen. Zahlreiche innerparteiliche und innerverbandliche Konflikte zeigen indes, daß dies auf die Dauer nicht völlig durchzuhalten ist. Bessere Chancen bei der Durchsetzung ostdeutscher Interessen ergeben sich dann, wenn es eigene ostdeutsche Vertretungen gibt, die nicht gesamtdeutsch dominiert werden können Die fünf neuen Länder haben daher einen zentralen Stellenwert, aber auch regionale Organisationen von Verbänden und Vereinen.[29] Im Zusammenspiel von Ost-Ländern und regionalen Verbänden bzw. Bürgerinitiativen ist am ehesten zu erkennen, daß die Konfrontation mit den Ergebnissen des Transformationsprozesses zur Umorientierung zwingt. Vor Ort sind – anders als auf Bundesebene – die Objekte der Transformation mit deren Subjekt identisch, das begründet verschärfte Legitimationsprobleme.

In der regionalen Strukturpolitik zeigt sich, daß die Konstellation nicht eine simple Gegenüberstellung von (Zivil-) Gesellschaft und Staat beinhaltet (vor der Wende unter staatlicher Dominanz und nach der Wende als Depolitisierung von Gesellschaft und Ökonomie gedacht), sondern ihr komplexes Zusammenspiel, organisiert in einem Korporatismus, der in Brandenburg und

---

29 Daß Sachsen ein eigener IG Metall-Bezirk ist, während alle anderen Bezirke in den neuen Ländern mit Westbezirken zusammengekoppelt sind, fördert sicherlich den sächsischen „situativen Korporatismus" (Krumbein 1992) in der Modernisierungspolitik. Die Artikulation spezifisch sächsischer Probleme und spezifische Lösungen müssen nicht erst innerhalb eines gemischten Ost-West-Bezirkes austariert werden.

Sachsen das Land mit den Tarifparteien an einen Tisch bringt; in Brandenburg werden außerdem noch Organisationen der Bürgerbewegungen und alternative Gruppierungen in die Politik einbezogen (vgl. Kleinfeld 1992). Ähnlich wie in anderen Transformationsgesellschaften geht es bei dieser Politik nicht allein um den Rückzug des Staates, sondern um staatlich initiierte oder unterstützte Mitwirkung unabhängiger gesellschaftlicher Gruppen am Umbau der Gesellschaft (vgl. Karrsch in diesem Band). In dieser Moderatorenrolle kommt der staatlichen Seite die Aufgabe zu, Foren („Runde Tische“) zu schaffen, in denen sich gesellschaftliche Interessen zunächst einmal bilden und artikulieren können, und in denen nach neuen Lösungen gesucht werden kann. Zur Zeit scheint der sich entwickelnde Korporatismus allerdings noch „situativ“ (Krumbein 1992) zu sein und eher eine Überlebensstrategie denn ein politisches Konzept zu repräsentieren.

Das System verbandlicher Interessenvermittlung, das sich in Ostdeutschland herausgebildet hat, leidet an denselben Schwächen wie in Westdeutschland, verschärft durch die besonderen Bedingungen postsozialistischer Gesellschaften. Besonders macht sich bemerkbar, daß nicht alle Interessen gleichermaßen verbandlich zu organisieren sind. Geht man davon aus, daß sich die Integration der Mitglieder einer Gesellschaft auf politischem (durch Bürgerrechte und politische Institutionen), ökonomischem (Teilhabe an Produktion und Konsum) und kulturellem Wege (nationale Identität) herstellt (Offe 1992, 3), so ist offensichtlich, daß das Interesse der ökonomischen Integration weiter Teile der ostdeutschen Bevölkerung sträflich vernachlässigt wird. Die Entwicklung der Zivilgesellschaft oder das Verbändesystem helfen hier alleine nicht weiter. Gleiches gilt für die soziale, politische und ökonomische Integration von Frauen: es ist nicht verwunderlich, daß diese von den Ergebnissen der Transformation enttäuschter sind als Männer (Berg/Harre/Möller 1991, 112). Schon bei der staatlichen Vereinigung wurden frauenpolitische Belange kaum berücksichtigt (Hampele 1992, 37). Die Entlassung weiter Bereiche der Sozialpolitik aus staatlicher Bevormundung und ihre Übergabe an ein überfordertes Verbändesystem wird die soziale Integration der ökonomisch Ausgegrenzten nicht herstellen können. Es ist bittere Ironie, daß viele Jugendliche, die schon zu DDR-Zeiten aus dem Sozialpakt herausgefallen waren und daher eine Treibkraft für die Entwicklung einer eigenständigen Zivilgesellschaft bildeten, nun auch nicht in den neuen Wohlstandspakt einbezogen werden. Damit wurden aber genau jene ungleichen Verhältnisse geschaffen, die die Wende zu beseitigen trachtete.

Die Installierung der westdeutschen Zivilgesellschaft und des westdeutschen Verbändesystems bedeutete daher nicht nur einen Zuwachs an Demokratie durch die Teilhabe der Gesellschaft am politischen Geschäft, sondern, gemessen an den Vorstellungen des Umbruchs, auch einen Verlust an Demokratie. Der Ruf nach Selbstbestimmung bezog sich sowohl auf das politische System, respräsentative Verfahren und eine gegliederte Verbändelandschaft, wie auch auf die ökonomischen und sozialen Lebensbedingungen selbst.[30] Daß die politische Integration nun für viele mit der verschärften sozialen und öknonomischen Ausgrenzung verbunden sein soll, mithin historisch in Westdeutschland gewachsene Ungleichheitsverhältnisse übernommen werden, kann durchaus als Kolonisierung des Ostens verstanden werden. Der Hinweis, man habe Abschied zu nehmen von revolutionären Utopien, kann allein nicht weiterhelfen. Auf die Dauer ist es (nicht nur im Osten der Bundesrepublik) fraglich, ob die politische und zivilgesellschaftliche Integration die soziale und ökonomische Ausgrenzung konterkarieren kann.

Der Aufbau der Zivilgesellschaft in der ehemaligen DDR vollzog sich, wie der Transformationsprozeß insgesamt, ohne Konzept. Zwei Annahmen lagen dem zugrunde: zum einen die Vorstellung, es gäbe bereits eine lebendige autonome Zivilgesellschaft, die nur noch von parteilicher und staatlicher Bevormundung befreit werden müsse, um zum Durchbruch zu gelangen. Zum anderen der Glaube an die Universalität der westlichen resp. westdeutschen Zivilgesellschaft, auf die letztlich alles hinauslaufe, und die auch die passenden Antworten auf die zukünftigen Probleme bereithalte. Die deutsche „nachrevolutionäre Depression" in Ost und West resultiert nun daraus, daß beide Annahmen Mythologien sind. Statt dessen stellt sich das Problem, daß eine Zivilgesellschaft aufgebaut werden muß, die nicht die Schönwetter-Bedingungen der westdeutschen Nachkriegsentwicklung zur Voraussetzung hat, und das in einer Gesellschaft, der aufgrund ihrer sozialistischen Geschichte die Grundlagen eben jener Zivilgesellschaft (Milieus, soziale Bewegungen, intermediäre Organisationen und Institutionen) System weitgehend zerstört wurden.

Es gab daher bis auf wenige Ausnahmen (wie die Programme zur Anschubfinanzierung der Wohlfahrtsverbände) im politischen System keine Überlegungen zum Aufbau einer lebendigen Bürgergesellschaft in der DDR. Investitionen in soziale Strukturen waren nicht vorgesehen. Dennoch entstanden viele Initiativen auf regionaler Ebene neu. Sie wurden oft, wie z.B. Ökologie- und Kulturgruppen in Rostock (Probst 1992, 59ff.), kleinere Vereine und Verbände (Kleinfeld 1992, 127) und auch die Wohlfahrtsverbände (Backhaus-Maul 1991,35) durch Arbeitsbeschaffungsmaßnahmen unterstützt. Mit dem Auslaufen dieser Maßnahmen steht jedoch oft auch die Zukunft regionaler Zivilgesellschaften auf dem Spiel. Ob die Verbände oder diejenige politische Ebene, der die Unterstützung der Initiativen überantwortet wurde, die kommunale, in Zukunft in die soziale Infrastruktur investieren werden (können), ist noch ungewiß. Damit bleibt offen, ob die Utopie der demokrati-

30 Das konnte auch nicht anders sein. Die Forderungen des Umbruchs wurden in einer Gesellschaft formuliert, die die Unterscheidung von öffentlich (demokratisch legitimiert) und privat oder politisch (demokratisch) und sozial/ökonomisch nicht kannte. Demokratisierungsforderungen bezogen sich daher automatisch auf politische *und* ökonomische Fragen.

schen Selbstbestimmung und der ökonomischen und sozialen Teilhabe eingelöst werden kann – und das ist beileibe nicht nur eine ostdeutsche Frage.

Literatur

Alemann, Ulrich von, 1987: Organisierte Interessen in der Bundesrepublik, Opladen 1987

Bahro, Rudolf, 1977: Die Alternative. Zur Kritik des real existierenden Sozialismus, Köln/Frankfurt a.M. 1977

Backhaus-Maul, Holger, 1991: Wohlfahrtsverbände als soziale Dienstleistungsunternehmen? Die Bedeutung sozialer, politischer und ökonomischer Umweltbedingungen für die Strategiebildung deutscher Wohlfahrtsverbände, in: Forschungsjournal Neue Soziale Bewegungen 3/1991, S. 27-37

Backhaus-Maul, Holger, 1992: Wohlfahrtsverbände in den neuen Bundesländern. Anmerkungen zum Stand der Wohlfahrtsverbändeforschung im deutschen Einigungsprozeß, in: Eichener u.a. (Hg.) 1992, S. 359-382

Backhaus-Maul, Holger/Olk, Thomas, 1992: Die Konstitution kommunaler Sozialpolitik: Probleme des Aufbaus sozialer Versorgungsstrukturen in den neuen Bundesländern, in: Rühl (Hg.) 1992, S. 83-113

Bauer, Jürgen, 1991: Aktivitäten des BDI in den neuen Bundesländern, in: Aus Politik und Zeitgeschichte 3/1991 (22.3.91), S. 12-19

Benzler, Susanne, 1992: Rückkehr nach Europa? Der Transformationsprozeß in Ostmitteleuropa am Beispiel Polen, in: Blätter für deutsche und internationale Politik 10/1992, S. 1222-1232

Berg, Frank, 1992: Zur theoretischen Reflexion des politischen Sozialisations- und Institutionenwandels im Transformationsprozeß, in: BISS public 8/1992, S. 89-97

Berg, Frank/Harre, Elke/Möller, Bärbel, 1991: Befragung zu politischen Sozialisationsprozessen und Demokratieauffassungen in Ostberlin, in: BISS public 1/1991, S. 111-119

Berg, Frank/Harre, Elke/Möller, Bärbel, 1992: Forschungsbericht: Demokratieauffassungen von Amtsleitern, in: BISS public 6/1992, S. 109-120

Berg, Frank/Möller, Bärbel, 1993: Transformationsprobleme kommunaler Verwaltungsinstitutionen und kommunaler Parteienentwicklung (BISS-Forschungshefte Nr. 3), Berlin 1993

Beyme, Klaus von, 1992: The Effects of Reunification on German Democracy: A Preliminary Evaluation of a Great Social Experiment, in: Government and Opposition 2/1992, pp. 158-176

Böhme, Irene, 1983: Die da drüben. Sieben Kapitel DDR, Berlin 1983

Cohen, Jean L./Arato, A., 1992: Civil Society and Political Theory, Cambrigde/Mass. and London/England: MIT Press 1992

Dahrendorf, Ralf, 1990: Betrachtungen über die Revolution in Europa, Stuttgart (Zitate nach der 2. Auflage 1991)

Dittrich, Karl-Heinz, 1992: Das Bild der Parteien im vereinigten Deutschland. Für welche Bevölkerungsgruppen setzen sie sich ein? in: Aus Politik und Zeitgeschichte 34-35/1992 (14.8.92), S. 26-35

Eichener, Volker/Kleinfeld, Ralf/Pollack, Detlef/Schmid, Josef/Schubert, Klaus/Voelzkow, Helmut (Hg.), 1992: Organisierte Interessen in Ostdeutschland (Probleme der Einheit 12.1. und 12.2.; zwei Halbbände), Marburg 1992

Eichener, Volker u.a., 1992a: Organisierte Interessen in Ostdeutschland: Dimensionen und Forschungsfrage, in: Eichener u.a. (Hg.) 1992, S. 15-52

Eichener, Volker u.a., 1992b: Determinanten der Formierung organisierter Interessen in den neuen Bundesländern, in: Eichener u.a. (Hg.) 1992, S. 545-582

Eichener, Volker/Voelzkow, Helmut, 1992: Behauptung einer ostdeutschen Altorganisation gegen die Konkurrenz aus dem Westen: Berufsständische Organisationen der Ingenieure, in: Eichener u.a. (Hg.) 1992, S. 249-266

Eißel, Dieter, 1993: Rekonstruktion der Wirtschaft Ostdeutschlands? Eine Skizze der Strukturen und Problemlagen, in: Eißel, Dieter (Hg.): Wirtschaftsstandort Ostdeutschland. Bestandsaufnahme und Bedingungen für den Wiederaufbau, Marburg, S. 14-27

Erd, Rainer, 1992: Neue Politikräume auf kommunaler Ebene. Ein Erfahrungsbericht, in: Rühl (Hg.) 1992, S. 13-22

Erdmann, Yvonne, 1992: Aufbau und Entwicklung von Ärzteverbänden in Ostdeutschland, in: Eichener u.a. (Hg.) 1992, S. 319-357

Fichter, Michael/Kurbjuhn, Maria, 1992: Die Gewerkschaften im Einigungsprozeß: Ausdehnung mit alten Organisationsstrukturen und neuen Integrationsproblemen, in: Eichener u.a. (Hg.) 1992, S. 159-173

Fuchs, Dieter/Klingemann, Hans-Dieter/Schöbel, Carolin, 1991: Perspektiven der politischen Kultur im vereinigten Deutschland. Eine empirische Studie, in: Aus Politik und Zeitgeschichte 32/1991, S. 35-46

Gibowski, Wolfgang G./Kaase, Max, 1991: Auf dem Weg zum politischen Alltag. Eine Analyse der ersten gesamtdeutschen Bundestagswahl vom 2. Dezember 1990, in: Aus Politik und Zeitgeschichte 11-12/1991 (8.3.91), S. 3-20

Grunenberg, Antonia, 1990: Aufbruch der inneren Mauer. Politik und Kultur in der DDR 1971-1990, Bremen

Häuser, Iris, 1992: Lebensstile und politische Kultur in der DDR-Gesellschaft der achtziger Jahre, in: Thaa, Winfried/Häuser, Iris/Schenkel, M./Meyer, G. (Hg.): Gesellschaftliche Differenzierung und Legitimitätsverfall des DDR-Sozialismus, Tübingen, S. 123-241

Hampele, Anne, 1992: Frauenbewegung in den Ländern der ehemaligen DDR, in: Forschungsjournal Neue Soziale Bewegungen 1/1992, S. 34-42

Hanke, Irma, 1987: Alltag und Politik. Zur politischen Kultur einer unpolitischen Gesellschaft, Opladen

Hartmann, J., 1983: Politik und Gesellschaft in Osteuropa. Eine Einführung, Frankfurt a.M./New York

Hirschman, Albert O., 1992: Abwanderung, Widerspruch und das Schicksal der Deutschen Demokartischen Republik, in: Leviathan 3/1992, S. 330-358

Huinink, Johannes/Mayer, Karl Ulrich, 1993: Lebensverläufe im Wandel der DDR-Gesellschaft, in: Joas/Kohli 1993, S. 151-171

INFAS/FR (INFAS/Frankfurter Rundschau), 1993: Die politischen Schlagzeilen und ihre Nachwirkungen beim Bürger. Das Vertrauen in die Regierung ist auf einen Tiefpunkt abgesackt. Die Infas-Umfrage für die Oktober-Skala des ARD-Fernsehens, in: FR vom 28.10.1993 (Dokumentation), S. 23

Joas, Hans/Kohli, Martin (Hg.), 1993: Der Zusammenbruch der DDR. Soziologische Analysen, Frankfurt a.M.

Jung, Matthias, 1990: Parteiensystem und Wahlen in der DDR. Eine Analyse der Volkskammerwahl vom 18. März 1990 und der Kommunalwahlen vom 6. Mai 1990, in: Aus Politik und Zeitgeschichte 27/1990 (29.6.90), S. 2-15

Jung, Matthias/Roth, Dieter, 1992: Politische Einstellungen in Ost- und Westdeutschland seit der Bundestagswahl 1990, in: Aus Politik und Zeitgeschichte 19/1992 (1.5.92), S. 3-16

Kaase, Max/Gibowski, Wolfgang G., 1990: Deutschland im Übergang: Parteien und Wähler vor der Bundestagswahl 1990, in: Aus Politik und Zeitgeschichte 37-38/1990 (14.9.90), S. 14-26

Kleinfeld, Ralf, 1992: Zwischen Rundem Tisch und Konzertierter Aktion. Korporatistische Formen der Interessenvermittlung in den neuen Bundesländern, in: Eichener u.a. (Hg.) 1992, S. 73-133

Kleinhenz, Gerhard, 1992: Tarifpartnerschaft im vereinten Deutschland. Die Bedeutung der Arbeitsmarktorganisation für die Einheit der Arbeits- und Lebensverhältnisse, in: Aus Politik und Zeitgeschichte 12/1992 (13.3.92), S. 14-24

Krüger, Hans-Peter, 1992: Die protestantische Mentalität der Ostdeutschen. Zum großen historischen Kompromiß der kleinen DDR und ihres Beitritts, in: Frankfurter Rundschau v. 25.4.1992

Krumbein, Wolfgang, 1992: Situativer Korporatismus, in: Eichener u.a. (Hg.) 1992, S. 211-224

Lamnek, Siegfried, 1992: Anschluß oder Eigenständigkeit? Dilemmata der Soziologieverbände nach der Wende, in: Eichener u.a. (Hg.) 1992, S. 267-294

Lehmbruch, Gerhard, 1991: The Organization of Society. Administrative Strategies, and Policy Networks, in: Czada, Roland M./Windhoff-Héritier, Adrienne (eds.): Political Choice. Institutions, Rules and the Limits of Rationality, Frankfurt/Boulder , pp. 121-158

Lehmbruch, Gerhard, 1993: Der Staat des vereinigten Deutschland und die Transformationsdynamik der Schnittstellen von Staat und Wirtschaft in der ehemaligen DDR, in: BISS public 10/1993, S. 21-40

Mänicke-Gyöngyösi, Krisztina, 1989: Sind Lebensstile politisierbar? Zu den Chancen einer „zivilen Gesellschaft“ in Ost- und Ostmitteleuropa, in: Rytlewski, Ralf (Hg.): Politik und Gesellschaft in sozialistischen Ländern (PVS-Sonderheft 20), Opladen, S. 335-350

Marz, Lutz, 1992: Dipositionskosten des Transformationsprozesses. Werden mentale Orientierungsnöte zum wirtschaftlichen Problem? in: Aus Politik und Zeitgeschichte 24/1992 (5.6.92), S. 3-14

Mertens, Lothar, 1992: Nun „Opium für das Volk“? Kirchen und Religionsgemeinschaften in den neuen Bundesländern, in: Eichener u.a. (Hg.) 1992, S. 449-462

Meuschel, Sigrid, 1993: Revolution in der DDR. Versuch einer sozialwissenschaftlichen Interpretation, in: Joas/Kohli 1993, S. 93-114

Neubert, Ehrhardt, 1991: Protestantische Kultur und DDR-Revolution, in: Aus Politik und Zeitschichte 19/1991 (3.5.91), S. 21-29

Offe, Claus, 1992: Die Integration nachkommunistischer Gesellschaften: die ehemalige DDR im Vergleich zu ihren osteuropäischen Nachbarn (Man., Vortrag auf dem 26. Deutschen Soziologentag)

Probst, Lothar, 1991: Bürgerbewegungen, politische Kultur und Zivilgesellschaft, in: Aus Politik und Zeitgeschichte 19/1991 (3.5.91), S. 30-35

Probst, Lothar, 1992: Die Entwicklung der Bürgerbewegungen im Prozeß der Vereinigung, in: Forschungsjournal Neue Soziale Bewegungen 1/1992, S. 47-61

Reißig, Rolf, 1993: Das Scheitern der DDR und des realsozialistischen Systems – Einige Ursachen und Folgen, in: Joas/Kohli 1993, S. 49-69

Rühl, Christof (Hg.) (1992): Institutionelle Reorganisation in den neuen Ländern – Selbstverwaltung zwischen Markt und Zentralstaat (Probleme der Einheit 5), Marburg

Schmid, Josef/Tiemann, Heinrich, 1992: Gewerkschaften und Tarifverhandlungen in den fünf neuen Bundesländern. Organisationsentwicklung, politische Strategien und Probleme am Beispiel der IG Metall, in: Eichener u.a. (Hg.) 1992, S. 135-158

Seideneck, Peter, 1991: Die soziale Einheit gestalten. Über die Schwierigkeiten des Aufbaus gesamtdeutscher Gewerkschaften, in: Aus Politik und Zeitgeschichte 13/1991 (22.3.91), S. 3-11

Sinn, Gerlinde/Sinn, Hans-Werner, 1991: Kaltstart. Volkswirtschaftliche Aspekte der deutschen Vereinigung, München

Szacki, Jerzy, 1991/92: Ein neues Land? Traum und Wirklichkeit der polnischen Demokratie, in: Transit 3/1991-92, S. 79-86

Tatur, Melanie, 1991: Die Bedeutung der „etatistischen Gesellschaft" in Polen für die soziologische Theorie, in: Leviathan 2/1991, S. 292-304

Taylor, Charles, 1991: Die Beschwörung der Civil Society, in: Michalski, Krzysztof (Hg.): Europa und die Civil Society (Castelgandolfo-Gespräche 1989), Stuttgart, S. 52-84

Trautwein, Hans-Michael, 1992: Reorganisation der berufsständischen Selbstverwaltung, in: Rühl (Hg.) 1992, S. 133-160

Weber, Jürgen, 1977: Die Interessengruppen im politischen System der Bundesrepublik Deutschland, Stuttgart

Weßels, Bernhard, 1992: Bürger und Organisationen in Ost- und Westdeutschland: vereint und doch verschieden? in: Eichener u.a. (Hg.) 1992, S. 509-543

Wielgohs, Jan/Schulz, Marianne/Müller-Enbergs, Helmut, 1992: Bündnis 90. Entstehung, Entwicklung, Perspektiven, Berlin

Wielgohs, Jan/Wiesenthal, Helmut, 1993: Die Akteure der Transformation. Parteiensystem in Osteuropa und in den neuen Bundesländern (Arbeitspapiere AG TRAP 93/3), Berlin

Wiesenthal, Helmut, 1993a: Rezension zu: Eichener u.a. (Hg.) 1993, in: Kölner Zeitschrift für Sozialpsychologie und Soziologie 3/1993, S. 581-583

Wiesenthal, Helmut, 1993b: Die „Politische Ökonomie" des fortgeschrittenen Transformationsprozesses und die (potentiellen Funktionen intermediärer Akteure (I) (Arbeitspapiere AG TRAP 93/1), Berlin

Wiesenthal, Helmut, 1993c: Querschnittsbefunde nach der Lektüre von Eichener u.a. 1992 (unv. Man.),

Windhoff-Héritier, Adrienne, 1992: Verbandspolitische Konfliktlinien in der deutschen Sozialunion. Der Kampf um das neue Territorium und Probleme der Umverteilung in der Gesetzlichen Krankenversicherung, in: Eichener u.a. (Hg.) 1992, S. 303-317

Wohlfahrt, Norbert, 1992: Kommunale Sozialpolitik zwischen Bürokratie, Verbänden und Selbsthilfe, in: Eichener u.a. (Hg.) 1992, S. 383-396

Zapf, Wolfgang, 1993: Die DDR 1989/1990 – Zusammenbruch einer Sozialstruktur? in: Joas/Kohli 1993, S. 29-48

Christoph Boock

Vom Bürgerforum in die Stadtverwaltung. Erfahrungen aus Jena[1]

1. Die Ausgangssituation und die Situation nach Öffnung der Mauer

1.1. Die Ausgangssituation

Die Ausgangssituation für die gesellschaftlichen Umbrüche im Herbst 1989 war zustandegekommen durch den schon jahrelang absehbaren schleichenden wirtschaftlichen, sozialen und ökologischen Niedergang in der DDR, den immer stärker werdenden innenpolitischen Druck, der einherging mit der hypertrophierenden Glorifizierung der das Wahrheitsmonopol gepachtet habenden Partei der Arbeiterklasse der DDR, der SED, und der angeblich einzig wahren und rechtmäßigen Staatsform und Regierung dieses einzigartigen deutschen Arbeiter- und Bauernstaates und die ständig wachsende Unzufriedenheit in der Bevölkerung.

Der Autor erwähnt diese Dinge aus dem Grund, um auf die unerhörte gesellschaftspolitische Lüge aufmerksam zu machen, die von den Machthabern dieses Systems und ihren Nutznießern mit allen Mitteln versucht wurde aufrechtzuerhalten, und die von immer mehr Menschen zunächst geahnt und zunehmend durchschaut wurde. Wer bis dahin an einen guten Kern der Idee des Sozialismus und ihrer Verwirklichung sowie an die dringend notwendige Demokratisierung der gesellschaftlichen Verhältnisse in der DDR geglaubt hatte, mußte sich spätestens zur Kommunalwahl 1989 jeglicher Illusion beraubt sehen, als von allen Medien der damaligen DDR und durch ihre Repräsentanten das vorprogrammiert verfälschte Wahlergebnis mit dem unverschämtesten Zynismus verkündet wurde. Durch die zahlreichen Anfechtungen der Wahlergebnisse in verschiedenen Städten und Gemeinden der DDR und die damit verbundenen Repressalien seitens der Staatsgewalt wurde der Widerstand gegen

---

1 Der Autor dieses Beitrages wurde gebeten, aus seinen Erlebnissen und Erfahrungen heraus zu der im Titel genannten Thematik zu berichten. Insofern müssen diese Ausführungen auch unter dem Aspekt der persönlichen Erlebnisse und der spezifischen Bedingungen seiner Heimatstadt Jena gesehen werden. Aus heutiger Sicht zeigt sich, daß sich viele Ereignisse in ähnlicher Form auch in anderen Städten und Gemeinden der ehemaligen DDR vollzogen haben. Es kann und soll jedoch nicht Aufgabe dieses Beitrages sein, Vergleiche zu anderen Städten zu ziehen oder das Verallgemeinerungsfähige der Entwicklung in Jena herauszustellen. Zu einer solchen vergleichenden Betrachtung wird der geneigte Leser wohl erst durch das Studium verschiedener Beiträge kommen können.

diese erstmals öffentlich und allgemein-oppositionelle aus der Friedensbewegung oder aus Intellektuellen-, Studenten- und Künstlerkreisen waren bisher immer als Einzelerscheinungen dargestellt und kriminalisiert worden. Bedauerlicherweise hatten sich auch immer wieder willfährige Elemente gefunden, die einer solchen Meinung als der angeblichen Volksmeinung in den Medien Ausdruck verliehen. Es war das Anliegen der Staatsmacht, vermöge solcher Meinungsäußerungen (des Arbeiters A, des Wissenschaftlers B, des Arztes C oder der Kollektivversammlung Z) den hierauf einsetzenden Strafverfolgungen den Anstrich der diktatorischen Willkür und der Nichtdemokratie zu nehmen und sie zum Ausdrucke des Volkswillens oder Volkszornes hochzustilisieren.[2]

Der Widerspruch zwischen der Theorie, der Ideologie, den angeblichen Staatszielen und der Wirklichkeit trat immer offener zutage, die Unzufriedenheit wuchs, der passive Widerstand wurde immer größer, Widerstandsaktionen waren nicht mehr unter den Teppich zu kehren.

Der Autor bekennt, daß er zum Zeitpunkt der Kommunalwahl 1989 nicht den Mut zu offenem Widerstand hatte, da er, wie viele, befürchten mußte, daß der Versuch eines gesellschaftlichen Umsturzes zu einer chinesischen Lösung führen würde. Die Staatsmacht, der Repressionsapparat schien allmächtig, unüberwindlich. So ist es auch verständlich, daß die oppositionellen Aktionen sich zunächst nicht in direkten Angriffen gegen den Staat äußerten, sondern in der Flucht aus demselben. Der Autor konnte sich innerlich und auch in Diskussionen lange Zeit nicht mit den Antragstellern (Antrag auf Ausreise aus der DDR) identifizieren, weil er davon ausging, daß jeder, der die DDR verließ, ein Oppositioneller weniger sei und damit das potentielle oppositionelle Lager geschwächt und allein gelassen würde. Denn daß verbindende Impulse und oppositionelle Aktivitäten von denen, die es geschafft hatten, in den Westen zu kommen, weiterhin in die DDR wirksam wurden, war nicht anzunehmen. Heute allerdings muß der Autor anerkennen, daß gerade der massenhafte Exodus aus der DDR im Sommer und Herbst 1989 das System viel nachhaltiger in Frage gestellt hat als die doch relativ ohnmächtige Opposition innerhalb der DDR.

Es ist nicht Aufgabe dieses Beitrages, die Wirksamkeit, den Umfang oder die gesellschaftliche Zusammensetzung der oppositionellen Kräfte in der DDR räumlich und zeitlich zu charakterisieren. Nicht unerwähnt darf jedoch die Tatsache bleiben, daß die Aktionen einzelner Oppositionsführer wie Rolf Henrich, Bärbel Bohley, Friedrich Schorlemmer, Schnur, Eppelmann usw. eine nicht zu unterschätzende Wirkung in der Bevölkerung hatten und weitgehend anerkannt und moralisch unterstützt wurden. Der Mut dieser Leute war beispielhaft, denn sie schwebten in unmittelbarer Lebensgefahr.

---

2 Auf ebenso verlogene Weise wurden alle Wettbewerbsinitiativen, alle Kampfverpflichtungen anläßlich irgendwelcher Staats-Jubelereignisse zustandegebracht. Die Medien waren willfährige Vollstrecker aller dieser ideologischen Machenschaften des Staates und genossen einen dementsprechenden Ruf.

Als weiterer ganz wesentlicher Umstand für das Bekanntwerden der ersten Formen des organisierten Widerstandes müssen die Informationen durch die bundesdeutschen Medien angesehen werden. Der Autor erinnert sich an die beinahe täglichen Telefoninterviews mit den o.g. Leitgestalten der Opposition, die ihn letztendlich motivierten, selbst mit den örtlichen Vertretern oppositioneller Gruppen Kontakt aufzunehmen und fortan aktiv im Neuen Forum zu arbeiten. Zunächst bezog sich das auf die Mitarbeit in einer ab November 1989 gegründeten Arbeitsgruppe (Staat und Recht). Ab Ende 1989 wurde er in den Sprecherrat des Neuen Forums in Jena aufgenommen, und ab Anfang 1990, als durch einen Volkskammerbeschluß die Möglichkeit geschaffen wurde, zum Aufbau und zur Unterstützung der neuen Parteien und Gruppierungen von der Arbeit freigestellt zu werden, nutzte der Autor diese Möglichkeit und ließ sich halbtags vom Betrieb freistellen. Von dieser Zeit an bis zur Kommunalwahl 1990 war er als Geschäftsführer des Neuen Forum in Jena tätig.

1.2. Die Situation in Jena

Auch in Jena hatten sich die Ereignisse zum 7.10.89, dem 40. Jahrestag der Gründung der DDR, zugespitzt: Am 28.8.89 waren 661 DDR-Bürger über Ungarn in die BRD geflohen, darunter auch Jenenser. Während in der Zeit von Ende August bis Anfang Oktober die Kreisparteiaktivtagungen zur Eröffnung des Parteilehrjahres der SED, Auszeichnungen und Festveranstaltungen zum 40. Jahrestag der DDR stattfanden, traf sich am 26.8.89 eine Initiativgruppe zur Gründung einer sozialdemokratischen Partei, an der der Jenaer Zahnarzt Dr. Hoffmann teilnahm, am 25.9.89 gründete sich die Jenaer Gruppe des Neuen Forum in den Räumen der Studentengemeinde, am 8.10.89 die Ortsgruppe der SDP in Jena in der Wohnung des heutigen Mitgliedes des Bundestages, Christoph Matschie, und es begannen ab 8.10.89 die Fürbittandachten in der Stadtkirche St. Michael täglich mit wachsenden Teilnehmerzahlen, bis dann am 15.10.89 die erste öffentliche Vorstellung der in Jena vorhandenen oppositionellen Gruppen in der Stadtkirche erfolgte. Diese Veranstaltung mußte infolge des massenhaften Zulaufs wenige Stunden später wiederholt werden.

In diesen Veranstaltungen wurde zum Beitritt in die neuen Gruppierungen sowie zur Bildung von Arbeitsgruppen des Neuen Forum aufgerufen, in denen auch der Autor mitwirkte (Arbeitsgruppe Staat und Recht). Hatten die Versammlungen bisher stets innerhalb der Kirche stattgefunden, formierte sich am 25.10.89 im Anschluß an die Fürbittandacht der erste machtvolle Demonstrationszug in Jena. Seit dem 17.6.53 war dies die erste öffentliche Demonstration, an der die Bürger freiwillig und in begeisterter Stimmung teilnahmen. Im Anschluß daran wurde dem damaligen Oberbürgermeister, Herrn Hans Span, ein Forderungskatalog zur demokratischen Umgestaltung der Stadt überreicht.

Die wesentlichen Forderungen zur demokratischen Umgestaltung, getragen durch die neuen Gruppierungen, bezogen sich auf:

- öffentliche Behandlung und Legitimation der demokratischen Erneuerung und ihrer Träger
- Beseitigung des Herrschaftsmonopols der SED innerhalb der gesamten Gesellschaft, vor allem in der Wirtschaft
- wahrheitsgemäße Darstellung der Umweltsituation
- demokratische Umgestaltung der Universität
- Revision der Kommunalwahl 1989 und Forderung nach freien Wahlen
- Entmachtung und Auflösung des Ministeriums für Staatssicherheit/Amt für Nationale Sicherheit
- Forderung nach Versammlungs-, Vereinigungs- und Gewissensfreiheit, Reisefreiheit u.a.m.

Sie fanden in vielen Veranstaltungen in Jena ihren Ausdruck. Insbesondere wurde zur öffentlichen Bekundung dieser Forderungen durch ein Vorbereitungskomitee, bestehend aus Vertretern der neuen Gruppierungen in Absprache mit dem damaligen Oberbürgermeister Span eine Kundgebung vorbereitet. Sie fand am 4.11.89 statt und war mit 40.000 Teilnehmern die größte in Jena. Der Autor sprach selbst im Auftrage des Neuen Forum auf dieser Kundgebung. Im Verlaufe dieser Veranstaltung wurde bemerkenswerterweise durch den damaligen Oberbürgermeister die Einrichtung eines Runden Tisches vorgeschlagen.

1.3. Die Öffnung der Mauer

Am 9.11.89 wurde die Mauer geöffnet. Dies war eine Maßnahme der SED-Führung, um den innenpolitischen Druck sozusagen nach außen abzuleiten. Es darf angenommen werden, daß die Zerschlagung des Herrschaftsmonopols der SED angesichts der sich ständig häufenden Korruptionsenthüllungen ohne diesen geschickten Schachzug wohl weniger gewaltlos verlaufen wäre.

Es wäre indessen aber auch kurzsichtig zu glauben, die Öffnung der Mauer sei eine einseitige, nicht mit der Bundesregierung abgestimmte Maßnahme der SED-Führung gewesen. Der Autor kann dies jedoch nur vermuten, direkte Beweise dafür hat er nicht. Mit der Öffnung der Mauer ging unwiderruflich eine Umbewertung und Verschiebung der Maßstäbe einher, und zugleich wurden damit die Weichen für die demokratischen Reformen in der damaligen DDR gestellt. Damit war eigentlich klar und vorprogrammiert, daß es einen eigenen Weg gesellschaftlicher Erneuerung nicht geben würde, und das Interesse der Bevölkerung an der Behandlung der Probleme ging nach Öffnung der Mauer zurück.

Sehr deutlich wurde das auch an den folgenden Fürbittandachten und Demonstrationen: Erstens ließ die Teilnehmerzahl bemerkenswert nach, zum zweiten erfolgte eine deutliche Differenzierung der hierbei geäußerten Ziele und Forderungen. War man zuvor noch einig gewesen („Wir sind das Volk/ Nieder mit der SED/Stasi in die Produktion/Wir wollen freie Wahlen"), gab es plötzlich neue Töne: „Deutschland, einig Vaterland" oder „Keine Macht für Niemand" – Äußerungen, die nur von einzelnen Gruppen gemacht wurden.

Zugleich setzte ein deutlicher Prozeß der Abwanderung vom Neuen Forum in die anderen Parteien ein. Es kann hier nicht erläutert werden, warum ausgerechnet die zeitweilig stärkste Bürgerbewegung, das Neue Forum, zu den folgenden Wahlen so geringe Stimmenanteile zu verzeichnen hatte, jedoch muß auch darauf hingedeutet werden, daß neben eigenen Struktur- und Konzeptproblemen, die die Basisdemokratie mit sich bringt, die Strukturierung nach bestehenden (bundesdeutschen) Parteien den folgenden Reformprozeß ganz nachhaltig beeinflußt hat. In die mit der neugewonnenen Freiheit wild aufschießende Vereins- und Parteienlandschaft (Deutsche Biertrinkerpartei, Deutsche Sexunion) mußte – so hatte es den Anschein – Ordnung gebracht werden. Dazu gehört nach Meinung des Autors auch die Installierung des Partei-Retortenbabys DSU, das nur mit massiver Unterstützung von außen zum Leben gekommen ist. Diese Erscheinungen – Strukturierung der Parteien nach bundesdeutschem Muster, Ruf nach der Einheit Deutschlands (später dann das offenkundige, kritiklose Gieren nach der DM) wurden von den Vertretern der Bürgerbewegungen (zu denen sich auch der Autor zählt) mit Bedauern und Mißtrauen wahrgenommen.

Es war vorhersehbar, daß mit den Parteizielen auch die Regierungsziele und mit der parlamentarischen Demokratie auch die Verwaltung der BRD übernommen werden würde. Der Autor erinnert sich an eine Veranstaltung Anfang 1990 mit dem damaligen Ministerpräsidenten von Hessen, Wallmann, der zur Kontaktaufnahme mit den neuen Parteien und Gruppierungen auch nach Jena gekommen war. Dort sprach der Autor, zusammen mit dem Jenaer Sprecher des Neuen Forum, Herrn E. Stein, noch ganz unbefangen von einem dritten Weg (im Gegensatz zu Kapitalismus – Sozialismus), den die Bürgerbewegung vorhatte zu beschreiten. Das wurde damals verständnisvoll belächelt und auf die anerkannten Erfolge der bundesdeutschen Wirtschafts- und Verwaltungspraxis verwiesen.

Der Autor gesteht, daß er, sowie auch seine Mitstreiter, auf lokaler und überregionaler Ebene kein wohlfundiertes Konzept für einen Dritten Weg vorliegen hatte. Die Fehler beider Systeme sollten jedoch vermieden werden, bei Beibehaltung ihrer Vorteile. Ein abschließendes Urteil hierüber mag der Autor, insbesondere angesichts der sich gegenwärtig abspielenden „Umgestaltung" in den neuen Bundesländern (besonders in der Wirtschaft) auch heute nicht abgegeben. Aber es wird ja wohl auch nicht von ihm verlangt.

Auch für die Vertreter des Neuen Forum in Jena war die Entscheidung wichtig, wie man sich zu den immer lauter werdenden Rufen nach der Einheit Deutschlands stellen sollte. Sie standen durchaus auf dem Standpunkt, daß eine schnelle Wiedervereinigung auf Grund der schier unüberwindlichen wirtschaftlichen, sozialen sowie der ideell-moralischen Unterschiede katastrophale Folgen zeitigen könnte und als Forderung unzeitgemäß sei. Es wurde eine Art föderativer Zusammenschluß mit einer langsamen Angleichung der unterschiedlichen Systeme in Betracht gezogen. Dies hätte gegenüber der BRD eine gewisse Abgrenzung bedeutet, die jedoch auf Grund der nun bedingungslos geöffneten Grenze nicht mehr oder nur unter großen Schwierigkeiten hätte hergestellt werden können. Insbesondere hätte die massenhafte Abwanderung (die zu diesem Zeitpunkt eindeutig ökonomisch determiniert war) gestoppt werden müssen. Es ist müßig, darüber zu reflektieren, ob und unter welchen Bedingungen dies durchführbar gewesen wäre. Es muß als gegeben angenommen werden, daß sich offenbar die Verantwortlichen nicht in der Lage sahen, so etwas durchzusetzen, und als Tatsache muß es angesehen werden, daß offensichtlich die meisten Menschen dies auch nicht mehr wollten.

Insofern mußten sich die Vertreter des Neuen Forum in Jena den Gegebenheiten anschließen, deren Resultante Wiedervereinigung hieß. Die Betrachtung über diesen Gegenstand soll nicht als Abgleiten ins Philosophische gedeutet werden. Der Autor hält sich insofern befugt, darüber zu sprechen, als an ihn sowie andere Verwaltungspraktiker der neuen Bundesländer heute die Forderung gestellt wird, man hätte die bundesdeutsche Verwaltung übernehmen, aber die ihr innewohnenden Fehler vermeiden sollen – also Reformen bei gleichzeitigem Neuaufbau.

2. *Die Entwicklung bis zur Kommunalwahl 1990*

2.1. *Der Runde Tisch in Jena*

Der erste Runde Tisch fand in Jena am 1.12.89 im Plenarsaal des Rathauses statt. Teilnehmer am ersten Runden Tisch der Stadt Jena waren folgende Parteien und Organisationen (Anzahl der Vertreter in Klammern):

Demokratischer Aufbruch (2), Christlich Demokratische Union (2), Rat der Stadt (2), SED-PDS (2), Grüne Partei (2), Demokratische Bauernpartei Deutschlands (2), Katholische Kirche (1), Evangelische Kirche (1), NDPD (2), LDPD (2), Neues Forum (2), SPD (2).

Ab Februar 1990 kamen folgende Organisationen hinzu: Volkspolizeikreisamt (1), Nationale Volksarmee (1), Volkssolidarität (2), Behindertenverband (1), Unabhängiger Frauenverband (2).

Die Aufnahme des Volkspolizeikreisamtes und der Nationalen Volksarmee in den Personen des Leiters des VPKA und des Standortkommandanten an den Runden Tisch geschah ausdrücklich als Forderung des Runden Tisches, um sich der Loyalität und Unterstützung dieser Einrichtungen zu versichern. Insbesondere stand zu befürchten, daß in dieser ungewissen Zeit Teile des ehemaligen Ministeriums für Staatssicherheit zusammen mit extremen SED-Funktionären versuchen würden, durch putschartige Aktionen die Macht wieder an sich zu reißen. Die Verantwortlichen und Vertreter beider Einrichtungen zeigten sich am Runden Tisch bemerkenswert kooperativ und loyal und brachten praktische Vorschläge ein.

In der Folge begehrten auch solche Vereinigungen wie der Verband der Gehörlosen und Spätertaubten, die Studenten („Studentische Linke"), die Sportler u.a. die Zulassung zum Runden Tisch in Erwartung stärkerer Interessenvertretung. Da hiermit die Arbeit des Runden Tisches zu stark den Charakter der Interessenvertretung einzelner kleiner Gruppen und weniger den der Verantwortlichkeit für das Gemeinwohl bekommen hätte und unpraktikabel geworden wäre, beschloß der Runde Tisch einmütig, solche Gruppierungen nicht mehr aufzunehmen.

Bis zur Kommunalwahl 1990 wurden sieben Runde Tische abgehalten, die sich in zunehmendem Maße mit kommunalen Angelegenheiten beschäftigten. Der letzte fand am 15.5.90 statt.

2.2. Die Struktur der Stadtverwaltung im Übergang von der Wende bis zur Kommunalwahl 1990

Während der Wende wurden zwei Ratsmitglieder (Stadtschulrat, Kreisarzt) durch die Stadtverordnetenversammlung abberufen, nachdem ein Mißtrauensantrag gestellt worden war. Darüber hinaus erklärten zehn weitere Ratsmitglieder zum 1.2.1990 ihren Rücktritt. Die noch verbleibenden drei Ratsmitglieder waren noch bis zur Kommunalwahl in ihren Bereichen (Finanzen und Preise sowie Amt für Arbeit und Kultur) tätig.

Am 1. Februar 1990 entstand in Jena eine besondere Situation dadurch, daß bis auf vier Stadträte alle anderen Ratsmitglieder zurücktraten. Dieser Rücktritt erfolgte als Ergebnis der Forderung des Runden Tisches, die Stadträte vor dem Runden Tisch Rechenschaft über ihre Tätigkeit ablegen zu lassen. Dies konnte als Signal dafür gesehen werden, daß die Stadträte nicht mit den neuen Parteien und Gruppierungen zusammenarbeiten und die Stadt in eine Krise stürzen wollten.

Der Stadtrat für Finanzen, Martin Otto, hatte die Amtsgeschäfte des Oberbürgermeisters übernommen und wurde vom Runden Tisch nebst den verbliebenen Stadträten, dem Stadtrat für Kultur und dem Stadtrat für Arbeit dazu legitimiert. Daher mußten die Führungspositionen einschließlich Oberbürgermeister mit Interimsstadträten besetzt werden (Forderung des Runden Tisches).

Für die Bereiche Sekretär des Rates, Verkehr und Nachrichtenwesen, Umweltschutz/Wasserwirtschaft/ Erholungswesen, Wohnungspolitik und Wohnungswirtschaft, Bauwesen (Stadtbaudirektor), Jugendfragen/Körperkultur/Sport, Gesundheitswesen (Kreisarzt), Bildung (Stadtschulrat) entsandten die neuen Parteien und Gruppierungen auf Vorschlag des amtierenden Oberbürgermeisters acht sog. Stadträte ohne Geschäftsbereich in die Stadtregierung, um die Stadtfunktionen aufrechtzuerhalten und die Amtsgeschäfte weiterzuführen

In Jena spricht man in diesem Zusammenhange von einer Interimsregierung. Diese Interimsregierung wurde am 16.2.90 nebst dem Rücktritt der alten Stadträte durch die alte Stadtverordnetenversammlung bestätigt.

Diese für die Stabilität der Stadt zunächst kritische Situation (es waren die Versorgung der Stadt, der Winterdienst, die medizinische Betreuung u.a.m. durch den alten, administrativen Apparat aufrechtzuerhalten) hatte den unschätzbaren Vorteil, daß mit der Interimsregierung zugleich die politische Willensbildung sowie der praktische Vollzug von denjenigen geübt werden konnte, die bereit und willens waren, später politische Verantwortung zu übernehmen. Das traf sowohl auf die neuen politischen Parteien und Gruppierungen im allgemeinen als auch auf deren Vertreter im Amt persönlich zu. Zum anderen konnten bereits während dieser Interimszeit die Vorbereitungen für die künftige Struktur der Stadtverwaltung getroffen werden. Dadurch hatte die Stadt Jena zum Zeitpunkt der Kommunalwahl – entgegen vielen anderen Städten – eine fertige Struktur bis auf Ämterebene vorliegen, nach der der Verwaltungsaufbau vorgenommen werden konnte.

In Vorbereitung auf die Kommunalwahl 1990 hatten sich die SPD, die Grüne Partei, das Neue Forum und die Freien Demokraten zu einer Wahlpartnerschaft „Bündnis für Jena“ zusammengeschlossen. Zur Volkskammerwahl im März 1990 bestand schon einmal ein solches Wahlbündnis der Vorgenannten (ohne FDP) gemeinsam mit der Bürgerbewegung „Demokratischer Aufbruch“, um in Thüringen ein politisches Zeichen zu setzen. Nach dem Zusammenschluß des Demokratischen Aufbruch mit der CDU kam ein solches Wahlbündnis für die Kommunalwahl nicht mehr zustande.

Die Kommunalwahl brachte in Jena folgende Ergebnisse:

CDU	35 %
SPD	23 %
Grüne Partei	9 %
PDS	13 %
Liberale (Bund Freier Demokraten 3% + FDP 3%)	6 %
Neues Forum (NF)	6 %
DSU	6 %
Kulturbund	1 %
Unabhängiger Frauenverband (UFV)	1 %
zusammen:	100 %

Die Stimmenverteilung entspricht damit bei der für Jena vorgesehenen Größe der Stadtverordnetenversammlung von 100 Mitgliedern auch gleichzeitig der Anzahl der Sitze.

Nach dramatischen Koalitionsverhandlungen (die CDU sah sich schon als Sieger) kam es zu einer großen Koalition, in der außer PDS und DSU alle Parteien und Gruppierungen vertreten waren. Der Unabhängige Frauenverband vereinigte sich mit der Grünen Partei, der Kulturbund mit dem Neuen Forum zu einer Fraktion.

Bei einem Verhältnis von 46 zu 41 (CDU+DSU) Stimmen wollte das Bündnis für Jena verständlicherweise keine „Minderheitsregierung“ bilden. Mit der PDS wollte aus naheliegenden Gründen keine der großen Parteien eine Koalition eingehen.

Der Oberbürgermeister wurde gemäß einer Koalitionsabsprache aus den Reihen der FDP nominiert und von der Koalition auch gewählt. Die Beigeordneten waren in den Koalitionsverhandlungen vorgeschlagen und auch so von der Stadtverordnetenversammlung gewählt worden.

3. Der Umbau der Stadtverwaltung

3.1. Bedingungen des Umbaus

Nachdem die äußeren und inneren Auseinandersetzungen in und zwischen den neuen Parteien und Gruppierungen hinsichtlich der Zukunft Deutschlands mit dem Ziel Wirtschafts- und Währungsunion mit der BRD ab 1.7.90 und Beitritt der DDR zur BRD ab 3.10.90 abgeschlossen waren, gab es für alle politischen Willensträger in Jena (der Autor schließt sich mit ein) keine Frage, daß der Verwaltungsauf- und -umbau nach bundesdeutschem Muster vonstatten zu gehen habe. Die Beweggründe waren, kurz gefaßt, folgende:

1. Was sich 40 Jahre erfolgreich (in der BRD) bewährt hat, kann nicht falsch sein.
2. Die Verwaltung der neuen Bundesländer muß mit der der alten Bundesländer kompatibel sein.
3. Der Verwaltungsaufbau muß schnellstmöglich vollzogen werden, um die Voraussetzungen für ein öffentliches Leben, insbesondere die Entwicklung der Wirtschaft, zu schaffen.
4. Es gibt keine Alternativen.

Diese Haltung darf nicht als Kritiklosigkeit angesehen werden, sondern vielmehr als ein hohes Vertrauen in die zwar bürokratische, aber gut funktionierende Verwaltungspraxis der BRD.

Der Autor erlaubt sich anzumerken, daß alle politisch Verantwortlichen in Jena sich mit großer Begeisterung, hohem Engagement und unerschütterlichem Optimismus dieser Aufgabe gestellt haben. Man wollte die Einheit, man wollte ein guter Bundesbürger sein und demzufolge wollte man auch alles gut und richtig machen.

Zunächst ging es darum, aus den Resten des vormaligen Rates der Stadt Jena die Stadtverwaltung der Stadt Jena zu formieren. Wie bereits vorn ausgeführt, lag die Struktur der Stadtverwaltung zum Zeitpunkt der Kommunalwahl am 6.5.90 einschließlich eines Aufgabengliederungsplanes vor, so daß mit dem Amtsantritt des neuen Magistrats (damals konnte er sich noch so nennen) ab 23.5.90 sofort die Arbeit beginnen konnte.

Folgende Rahmenbedingungen waren in der Koalition vereinbart (diese wurden später durch die Stadtverordnetenversammlung noch verbindlich festgelegt):

1. Die politischen Ämter (Ressorts, Dezernate) werden mit Beigeordneten etwa nach Stimmenproporz besetzt.
2. Die Amtsleiterstellen sind oberste Verwaltungsebene und nach Eignung (Ausschreibung), nicht nach politischen Erwägungen (Parteizugehörigkeit) zu besetzen. Ihnen ist politische Betätigung im Amt untersagt.

3. Ehemalige Stadträte (Stadtrat der DDR entspricht Beigeordneten oder berufsmäßigem Stadtrat in der BRD) dürfen keine leitenden Funktionen mehr besetzen. Nach Möglichkeit sollten sie überhaupt nicht mehr in der Stadtverwaltung tätig sein.
4. Politisch belastete Mitarbeiter sind aus der Stadtverwaltung zu entfernen, politisch determinierte Struktureinheiten sind aufzulösen. (Nicht gleichzusetzen mit der Überprüfung auf Stasi-Mitarbeit – diese erfolgte davon unabhängig.)
5. Technische Mitarbeiter und Sachbearbeiter können, wenn sie mit ihren Eignungen und Fähigkeiten dem Profil der neuen Struktur entsprechen, in diese eingeordnet und weiterbeschäftigt werden.

Vor der Wende gab es neben dem Oberbürgermeister und dem 1. Stellvertreter des Oberbürgermeisters 16 Ratsmitglieder, die gleichzeitig Leiter der ihnen zugeordneten Abteilungen und Bereiche waren. Von diesen 16 Ratsmitgliedern sind gegenwärtig noch drei in untergeordneten Positionen der Stadtverwaltung Jena tätig (als Abteilungsleiter bei Handel und Gewerbeaufsicht, als Mitarbeiter für Lagerhaltung im Brandschutz- und Katastrophenamt und als Sachbearbeiter beim Wohngeld).

Als nächstes waren die Ämter zu besetzen und arbeitsfähig zu machen. Es wurden die Amtsleiterstellen ausgeschrieben und besetzt sowie die technischen Mitarbeiter entsprechend vorgenannter Bedingungen in die Ämter eingegliedert. Die ehemaligen Abteilungen „Inneres“ und die Stabsstelle Zivilverteidigung wurde aufgelöst. Die Mitarbeiter wurden erst auf Kurzarbeitergeld 0 gesetzt und später entlassen.[3]

3.2. Die Beigeordneten

Vom Verwaltungsaufbau in Jena zu sprechen, ohne auf die Zahl der Beigeordneten einzugehen (13), hieße einen wesentlichen Gesichtspunkt auszulassen. Aus heutiger Sicht und nach dem Verständnis von Kommunalrechtlern der alten Bundesländer erscheint diese hohe Zahl der Beigeordneten als ein Unding. In Jena hat sich die Koalition dazu folgenden Standpunkt gebildet:

1. Es gab es keine Vorschrift (Gemeindeordnung), die diese Zahl der Beigeordneten verbot (die Kommunalverfassung der DDR ließ dies durchaus zu).

---

3 Auf die Verfahrensweise und Rechtsstandpunkte bei dieser Vorgehensweise näher einzugehen, würde den Umfang dieses Beitrages sprengen. Der Autor ist sich jedoch darüber im Klaren, daß der Zeitraum von der Kommunahlwahl 1990 bis zum 3.10.90 geeignet war, den Strukturwandel einfacher zu vollziehen, als nach dem 3.10.90. Was bis dahin nicht erledigt war, war danach nur noch mit größeren Schwierigkeiten zu realisieren. Insbesondere trat die ÖTV nach dem 3.10.90 massiv in Erscheinung und machte ihre Rechtsstandpunkte geltend. Es ist bedauerliche Tatsache, daß sie damit den Prozeß der politischen Erneuerung massiv behindert hat.

2. Der Arbeitsanfall beim Aufbau der neuen Strukturen und der Abwicklung der alten Strukturen wurde so hoch eingeschätzt, daß eine hohe Anzahl von Dezernenten (= Beigeordneten) durchaus gerechtfertigt war, insbesondere unter dem Gesichtspunkt, daß der Verwaltungsumbau schnell vonstatten gehen sollte (und mußte).
3. Die Beigeordneten hatten (und haben) als Ressortchefs in der ersten Phase (sprich erste Legislaturperiode) den Hauptanteil an elementarer Verwaltungsarbeit und -organisation zu erledigen. Die Ämter wurden ja erst nach und nach arbeitsfähig. Politische Willensbildung und Verwaltungsarbeit durften hier in hohem Maße als Einheit (für alle) aufgefaßt werden. Parteipolitische Aspekte spielten eine untergeordnete Rolle (trotz kleinerer und zeitweiliger Auseinandersetzungen erinnerte man sich daran, daß man ja eine große Koalition hatte).
4. Die Besserwisser (insbesondere unter den Beratern der Thüringer Landesregierung), denen die Anzahl der Beigeordneten unerträglich war, traten erst später auf den Plan (ca. zwei Jahre nach der Kommunalwahl). Es hatte vorher niemand Anstoß daran genommen oder darauf hingewiesen, daß das unstatthaft sei.
5. Eine Veränderung in der ersten Legislaturperiode machte keinen Sinn mehr, da bei Abwahl die Betroffenen (Wahlbeamten) bis zum Ende der Legislaturperiode ja immerhin 75% der Bezüge behalten. Die 25% sind keine Einsparung, und die Arbeit bleibt.
6. Die Entscheidung, wieviele Beigeordnete eine Stadtverwaltung braucht, wird in Jena als Bestandteil der kommunalen Selbstverwaltung verstanden. Nicht so in der Thüringer Landesregierung: Es darf als gesichert gelten, daß die kategorische Festsetzung der zulässigen Zahl von Beigeordneten in Städten mit über 100.000 Einwohnern (4 Hauptamtliche) im 1. Entwurf der Thüringer Gemeindeordnung der Tatsache geschuldet ist, daß Jena so viele Beigeordnete hatte.

Abschließend sei hierzu gesagt, daß in Jena für die nächste Legislaturperiode eine der künftigen Thüringer Gemeindeordnung gemäße Struktur konzipiert wird. Hierüber gegenwärtig zu sprechen verbietet sich insofern, als darüber die künftigen Volksvertreter endgültig entscheiden werden.

3.3. Die klassische Verwaltung und nachgeordnete Einrichtungen

Der seinerzeitige Rat der Stadt Jena bestand bis Mai 1990 aus ca. 330 Mitarbeitern. Folgende teilweise nachgeordnete Einrichtungen, teilweise zentral gelenkte und verwaltete Struktureinheiten kamen nach der Kommunalwahl zur Stadtverwaltung hinzu:

- Volksbildung (Schulen, Sonderschulen/Hilfsschulen, Volkshochschule, Kinderhorte/Schulhorte, Kindergärten, später auch die Fach- u. Ingenieurschulen, Berufsschulen, Lehrlingswohnheime und -internate)

- das ehemalige staatliche Gesundheitswesen (Kinderkrippen, Polikliniken, Ambulanzen, Alters- und Pflegeheime, Jugendzahnklinik, Schwangeren- und Mütterberatung, Frauenmilchsammelstelle)
- Kultur (Theater, Jugendclubs/Freizeitinseln, Kulturhäuser, Philharmonie, Büchereien, später noch aus der Carl-Zeiss-Stiftung das Volkshaus, das Ernst-Abbe-Stadion und die Ernst-Abbe-Bücherei)
- sog. techn. Bereiche (Stadtgärtnerei/Friedhofsgärtnerei – ehemals VEB, Stadtdirektion Straßenwesen, Büro für Städtebau und Architektur, Hauptauftraggeber Wohnungsbau/HAG).

Aus diesem „Fundus" mußten die neugebildeten Ämter aufgefüllt und die von der Stadt unterhaltbaren „nachgeordneten Einrichtungen" festgelegt, strukturiert und besetzt werden.

Weiterhin mußten Funktionen, die zu DDR-Zeiten von staatlichen Organen wahrgenommen wurden, in den Verantwortungsbereich der Stadt übernommen werden, wie z. B.:

- von der Polizei: das Paß- und Meldewesen, die Kfz-Zulassung, die Feuerwehr, der Bereich Öffentliche Ordnung und Sauberkeit (darunter das Jagdwesen und die Bußgeldstelle)
- die ehemalige Staatliche Bauaufsicht
- die ehemalige Stadtdirektion Straßenwesen
- das Veterinäramt aus der Kreishygieneinspektion (wurde später vom Land übernommen)
- aus VEB Stadtwirtschaft das Garten- und Friedhofsamt.

Ein eigenes Liegenschaftsamt wurde gegründet.

Eine Tabelle verdeutlicht die Personalentwicklung im Zeitraum von der Kommunahlwahl 1990 bis ca. Mitte 1992:

Die Personalentwicklung in der Kernverwaltung der Stadtverwaltung Jena:

Personalbestand vor der Kommunalwahl 1990:	ca. 330 Mitarbeiter
Personalbestand nach der Kommunalwahl 1990:	Abgänge: ca. 210 Mitarbeiter[4]
	Zugänge: ca. 734 Mitarbeiter[5]
Personalbestand am 30.4.1992:	ca. 950 Beschäftigte.

Der nachgeordnete Bereich der Stadtverwaltung Jena setzt sich im wesentlichen aus 4 Bereichen zusammen (Stand: 30.4.1992):

4 Im Zeitraum 6.5.1990 – 31.12.1991 (61 Mitarbeiter schieden 1991 aus).

5 Im Zeitraum 6.5.1990 – 31.12.1991. Der drastische Anstieg auf 854 Mitarbeiter liegt darin begründet, daß folgende Bereichen übernommen wurden (Anzahl der Mitarbeiter in Klammern): Feuerwehr (109), Einwohnermeldeamt/Zulassung/Statistik (27), Garten- und Friedhofsamt (69), Personalamt (17), Hauptamt (10), Dezernat Bauwesen (46), Schulamt (11). Weiterhin gehören zu den Neueinstellungen auch Einstellungen für nicht direkt als Verwaltung zu bezeichnende Bereiche: Stadtinspektoren (13), Garten-u.Friedhofsamt (13), Feuerwehr (13), Gewerbeprüfer (4), Kulturhaus Volkshaus (5).

1.	Kultur:	ca. 210 Beschäftigte
2.	Gesundheitswesen: (der Personalabbau ist abgeschlossen, ca. 1.000 Abgänge)	ca. 200 Beschäftigte
3.	Kinderkrippen/Kindergärten/Sport- u.Bäderverwaltung: (Personalabbau ist begonnen, ca. 170 Abgänge)	ca. 1.380 Beschäftigte
4.	Schulverwaltung: (ca: 76 Abgänge)	ca. 270 Beschäftigte

Die Dezernate Kultur, Gesundheit und Soziales, Familie, Jugend, Freizeit und Sport sowie Bildung und Wissenschaft hatten bis Ende 1991 noch eigene Personalverwaltungen, was aufgrund der räumlichen Trennung und der unterschiedlichen Tarife bis zur Einführung des BAT-0 in Jena die einzig praktikable Lösung war. Es war z. B. aus Platzgründen bis heute nicht möglich, alle Personalbearbeiter räumlich zu vereinigen.

Bei Vergleichen der Stellenpläne anderer kreisfreier Städte in den neuen Bundesländern stellte sich heraus, daß das (Un-) Verhältnis von Kernverwaltung zu nachgeordneten Einrichtungen annähernd gleich bei 1:4 bzw. 1:5 lag (Stand Ende 1991, Anfang 1992).

Die in den Medien der alten Bundesländer oft und gern angeführten und gerügten „aufgeblähten Verwaltungen" in den neuen Bundesländern sind mitnichten das Ergebnis der Tätigkeit dilettantischer Kommunalpolitiker. Die Städte (und Landkreise) waren diejenigen, die nach dem Zerfall der Strukturen der DDR übriggeblieben waren und denen die Verantwortung über viele der sogenannten nachgeordneten Einrichtungen einfach aufgebürdet wurde. Wohlgemerkt existierten ja bis zum 14.10.1990 noch keine Länderregierungen, und selbst nach den Landtagswahlen 1990 dauerte es (und dauert noch) lange, bevor von hier richtungsweisende Direktiven, d.h.in erster Linie die notwendigen Gesetze sowie Hilfe und Unterstützung bei der Bewältigung dieser Probleme kamen.

Bei der Einschätzung der „aufgeblähten Verwaltungen" der neuen Bundesländer spielt insbesondere die Abwägung zwischen Pflichtaufgaben und sog. freiwilligen Aufgaben eine entscheidende Rolle. Zur Verdeutlichung des Problems ein Beispiel:

Personalausgaben März 1992

Stadtverwaltung insgesamt:		8,8 Mio DM
davon entfallen auf ABM		
	(Rückerstattung des Arbeitsamtes)	0,8 Mio DM
	Kernverwaltung	2,0 Mio DM
	nachgeordnete Einrichtungen Soziales, Kultur, Schulen	6,0 Mio DM [6]

Eine Verringerung der „freiwilligen" Aufgaben bei Soziales und Kultur ruft sofort die ganze Phalanx der Vertreter dieser Bereiche auf den Plan. Kürzungen in diesem Bereich sind bekanntlich die unpopulärsten Maßnahmen.

6 Davon flossen mehr als 3,0 Mio DM allein in den Bereich Kindertagesstätten.

3.4. Umstrukturierung und Personalabbau

Die erste größere Aktion zur Personalreduzierung und Umstrukturierung (nach der Auflösung der Abteilung Inneres und des Stabes Zivilverteidigung im Juni/Juli 1990) war die Abwicklung des Gesundheitswesens. Die Ärzte mußten davon überzeugt werden, sich frei niederzulassen, Alten- und Pflegeheime wurden zum überwiegenden Teil privatisiert (ein Pilotprojekt für die BRD). Technisch-medizinisches Personal und Krankenschwestern wurden soweit als möglich in Sozialstationen vermittelt. Die zu den Polikliniken gehörenden Physiotherapieeinrichtungen wurden privatisiert. Bei den verbleibenden überzähligen Mitarbeitern wurde soweit als möglich von der Vorruhestands-/Altersübergangsgeldregelung Gebrauch gemacht.

Durch interne Ausschreibungen konnten weitere Mitarbeiter an anderen Arbeitsplätzen der Stadtverwaltung weiterbeschäftigt werden. Das täuscht jedoch nicht darüber hinweg, daß ein Teil der Mitarbeiter betriebsbedingt (nach Einigungsvertrag) gekündigt werden mußte.

Die Kinderkrippen und Kindergärten wurden 1991 komplett vom Dezernat 9 in das Dezernat 5b (Jugend, Familie, Freizeit, Sport) überführt. Aus heutiger Sicht stellt sich das als Verfahrensfehler dar, da anstatt der uneingeschränkten Übernahme schon seinerzeit eine bedarfsgerechte Strukturierung und Personalauswahl hätte angestrebt werden können. Insbesondere bei der Übergabe der Betriebskindergärten hätte die Stadt auf Schließung bestehen können. Da dies nicht geschah, mußten die Einrichtungen per Betriebsübernahme (BGB 13a) durch die Stadt übernommen werden. Damit haben sich die arbeitsrechtlichen Probleme, die heute bei der Konzipierung und Durchsetzung eines bedarfsgerechten Potentials an Kinderbetreuungsplätzen auftreten, vervielfacht (der Bedarf ist rückläufig, die Folge ist: Schließung von Einrichtungen und Entlassung von Mitarbeiterinnen).

Die Abwicklung des Gesundheitswesens war Ende 1991 im Prinzip so gut wie abgeschlossen, der Personalbestand (des ehemaligen staatlichen Gesundheitswesens) war von 1.500 Beschäftigte auf ca. 200 Beschäftigte reduziert worden. Mit der endgültigen Strukturierung des Städtischen Gesundheitsamtes und des Sozialamtes mit insgesamt 81 Mitarbeitern konnten die restlichen Stellen auch noch abgebaut werden.

Beim Umbauprozeß und der Strukturierung ging es darum,

1. zunächst alle Struktureinheiten und Mitarbeiter insgesamt einheitlich und namentlich zu erfassen und einen Gesamt-Ist-Stellenplan aufzustellen (da es bisher in einigen Dezernaten sowie in der „Kernverwaltung" eigene Personalverwaltungen gab, bis zum 1.7.91 mit eigenen Tarifanwendungen und Bezügerechnern, läßt sich der Umfang der Probleme und Aufgaben leicht vergegenwärtigen);
2. mit Einführung des BAT-0 ab 1.7.91 alle Stellen mit Arbeitsplatzbeschreibungen zu versehen und diese zu bewerten;

3. die Struktureinheiten entsprechend des Arbeitsanfalls personell ausreichend auszustatten, d.h. Stellenbemessungen vorzunehmen.

Bezogen auf die Mitarbeiter lassen sich die Phasen auch wie folgt charakterisieren:

1. Wieviele Mitarbeiter haben wir?
2. Wieviele Mitarbeiter brauchen wir?
3. Wieviele Mitarbeiter können wir bezahlen?

Auf Grund der zunehmenden Finanzknappheit spielte ab Ende 1992 die letztgenannte Frage die entscheidende Rolle.

Der nächste größere Bereich nach dem staatlichen Gesundheitswesen war das Dezernat Jugend, Familie, Freizeit und Sport, in dem zielgerichtet Personalabbau angestrebt wurde. Mit der Übernahme der Kindereinrichtungen durch dieses Dezernat hatten sich die Mitarbeiterzahlen nur von den Dezernaten Gesundheit/Soziales und Bildung/Wissenschaft zu diesem Dezernat verlagert. Wie bereits angemerkt, wurde Personalreduzierung bedarfsgerecht, d.h. anhand der vorhandenen Kinderzahlen (in den Altersgruppen 0-3/3-6 Jahre) und dem durch das Thüringer Kindertagesstättengesetz vorgegebenen Personalschlüssel vorgenommen. Die hierbei durch Elternvertretungen, Personalrat, aber auch einige Parteien (PDS/Grüne u.a.) geäußerten Redensarten von „Sozialabbau", „Kinderbewahranstalten", „Sparen nur bei den Ärmsten und Schwächsten", „kinderfeindliche Stadt" müssen als Polemik abgetan werden.

Weitere Personaleinsparungen wurden erreicht z. B. durch

1. die Vergabe der Reinigungsleistungen an Privatfirmen
2. Einsparung von sogenannten zweiten Schulsekretärinnen durch Wegfall der Essengeldkassierung, bargeldloser Essengeldeinzug in Kindereinrichtungen
3. Reduzierung der Schulhausmeister und Heizer durch Umstellung von Kohlefeuerung auf Gas oder Fernwärme
4. Vergabe der Wasch- und Näharbeiten in Krippen und Kindergärten an Privatunternehmen
5. Essenzubereitung in den Einrichtungen u.v.a.m.
6. Personalabbau in Bibliotheken und Museen durch Umstrukturierung und Aufgabenverlagerung.

Auf diese Weise konnte das Verhältnis von Kernverwaltung oder klassischer Verwaltung) zu den übrigen (nachgeordneten) Einrichtungen etwa wie folgt verändert werden:

	Kernverwaltung	nachgeordnete Einrichtungen
Stand 1990	350	4.150
Stand Juni 1993	820[7]	2.000

7 Incl. Garten- und Friedhofsamt und Feuerwehr (ca. 180 Mitarbeiter)

Anhand dieser Entwicklung ist zu erkennen, daß es darum ging, einerseits die unbezahlbar große Anzahl Mitarbeiter bei Erhalt notwendiger Funktionen und Strukturen abzubauen, andererseits jedoch die Kernverwaltung zielgerichtet und möglichst planmäßig aufzubauen.

3.6. Landesregierung und Stadt

Der Verwaltungsaufbau der Stadt kann nicht losgelöst von der Bildung der Landesregierung und ihrer Verwaltungsorgane (Ministerien, Landesverwaltungsamt) betrachtet werden. Zunächst ist die Tatsache zu berücksichtigen, daß die Kommunalwahl 1990 ein halbes Jahr vor der Landtagswahl lag und somit die Kommunen mit dem Verwaltungsaufbau beginnen mußten, ohne daß eine übergeordnete Behörde diesen Prozeß hätte zielgerichtet unterstützen und steuern können. Man mag einwenden, daß ja bis zum 3.10.90 noch eine DDR-Regierung existierte, die diese Funktion hätte übernehmen sollen. Die erforderlichen Aktivitäten kamen von dieser Stelle nur höchst unzureichend und zögerlich, von der notwendigen Qualität ganz zu schweigen. Sie wurden demzufolge, wenn als unbrauchbar empfunden, auch einfach ignoriert (z.B. Reisekostengesetz).

Der Autor meint, daß für dieses Defizit folgende Gründe maßgebend waren:

1. Die DDR-Regierung und die Volkskammer waren zu sehr mit sich selbst beschäftigt. Verfahrensfragen, Vergangenheitsaufarbeitung, Parteiengerangel, Selbstdarstellung und -profilierung standen im Vordergrund. Der Autor schließt dabei persönlichen Eigennutz nicht aus.
2. Es fehlten die erforderlichen Erfahrungen und Rechtskenntnisse, alte konservative Einflüsse waren auf mittlerer und unterer Ebene der Ministerien unverkennbar. Manchmal entstand der Eindruck, die Minister seien Spielbälle ihrer noch in den alten DDR-Strukturen vorhandenen Ministerien (Diestel, Eppelmann, Umwelt, Landwirtschaft, Gesundheitswesen).
3. Der Zeitraum, in dem hätte gediegen gelernt und gearbeitet werden können, war zwischen Volkskammerwahl März 1990 und Wiedervereinigung 3.10. 1990 zu kurz.
4. Mit Hinblick auf die Wiedervereinigung war eine eigene, von der Bundesrepublik Deutschland abweichende Struktur- und Gesetzgebung gegenstandslos geworden.

Somit trug alles nur noch einen Übergangscharakter, und viele Probleme für den Verwaltungsaufbau der Kommunen wurden in dieser Zeit nicht gelöst. Dabei wurde besonders das Fehlen von Handlungshilfen und Vorschriften für die Abwicklung alter DDR-Strukturen auf kommunaler Ebene empfunden. Entsprechende Vorschriften kamen ja erst mit dem Einigungsvertrag (Abwicklung, Warteschleife usw.) und galten im wesentlichen auch nur für Landeseinrichtungen.

Als besonders grotesk muß die Zuordnung des Kommunalvermögens angesehen werden. Diese mußte noch zur DDR-Zeit zweimal, danach noch einmal beantragt werden. Damit nicht genug, muß, was bis jetzt noch nicht kommunalisiert ist, bis 30.6.1994 bei der Oberfinanzdirektion nochmals beantragt werden.

Eine unrühmliche Rolle hat in der Zeit zwischen Volkskammerwahl und Landtagswahl auch eine Strukturkommission der damaligen DDR-Regierung gespielt, die bestehende DDR-Strukturen einfach hat umbenennen und bei Erhalt des Personalbestandes in bundesdeutsche Verwaltungsstrukturen überführen wollen. Hier sieht der Autor als Ursache das Wirken alter konservativer Kräfte, um einem Großteil der alten Funktionäre und Genossen das berufliche Überleben zu sichern.Als Argument wurde angeführt, daß diese Leute ja „die nötige Erfahrung" hätten. Der Autor hat an anderer Stelle wiederholt zum Ausdruck gebracht, daß Verwaltung in der DDR nicht mit Verwaltung in der BRD gleichzusetzen ist, ja, daß es Verwaltung im klassischen Sinne in der DDR überhaupt nicht mehr gab. Das Verwaltungsrecht war abgeschafft worden. Alles, was in diesem Sinne früher Verwaltung war, wurde zur von der SED gesteuerten, staatlichen Administration, gehörte zum Machtinstrument der herrschenden Klasse. Wenn man dieser Ansicht folgt und sie auf totalitäre Systeme verallgemeinert, muß man dasselbe auch für die Verwaltung im 3. Reich gelten lassen. Damit wäre allerdings konstatiert, daß es eine durchgehende Verwaltung oder kontinuierliche Verwaltungsstrukturen in Deutschland von Bismarck bis zur Bundesrepublik gab und gibt nach dem Motto „Die Staatsformen kommen und gehen, aber die Verwaltung bleibt...". Indessen soll dieser Aspekt, der in Symposien und Diskussionsrunden eine gewisse Rolle gespielt hat, hier nicht weiter verfolgt werden. Das Pro oder Contra für eine solche Ansicht mag der Untersuchung an anderer Stelle vorbehalten bleiben. Für den Autor spielt es insofern eine entscheidende Rolle, als ihm der Gedanke, daß man die Verwaltung der DDR – geringfügig modifiziert und ergänzt nach bundesdeutschen Normen – eigentlich nahtlos weiterführen könne, vielleicht sogar mit den gleichen „Erfahrungsträgern", unerträglich ist und jede Erneuerung ad absurdum führt. Diese gewünschte Erneuerung in den gesellschaftlichen Verhältnissen, in der Verwaltung, im Personalbestand hat aber für den Autor sowie viele der neuen Kommunalpolitiker und in der Bevölkerung einen außerordentlich hohen Stellenwert.

Es zeichnete sich ab, daß es Bestrebungen gab, die alten Räte der Bezirke, wenn schon nicht zu Landesregierungen, so doch wenigstens zu Regierungspräsidien umzufunktionieren. Das stieß bei vielen Kommunalvertretungen (die ja bereits neu gewählt waren) auf verständlichen Widerstand. Überhaupt wurde die Installation einer Mittelbehörde für ein solch winziges Bundesland wie Thüringen als überflüssig angesehen. Mit der Bildung des sogenannten Landesverwaltungsamtes wurde in Thüringen ein Kompromiß geschlossen.

Die Beziehungen zur Landesregierung waren anfangs geprägt durch die Startschwierigkeiten, später durch die Instabilität derselben infolge laufender Veränderungen, ständig wechselnder Berater mit ständig anderen Konzepten. Von diesen hatte man den Eindruck, daß sie nun in Thüringen versuchen würden, die Konzepte durchzusetzen, die sich vordem in den alten Bundesländern schon nicht bewährt hatten.

Die fehlende Kontinuität und damit das Fehlen grundlegender Gesetze für die Arbeit der Kommunen wirkte sich negativ auf die Arbeit und das gegenseitige Verständnis aus. Es dauerte z.B. viel zu lange, bis die kreisfreien Städte die Aufgaben der unteren Verkehrsbehörde und den ruhenden Verkehr in eigene Regie übertragen bekamen. Zur Bekämpfung der Parksünder fehlte das Ordnungsbehördengesetz. Weitere Gesetze, die dringend benötigt wurden, waren das Kommunalabgabengesetz, Straßengesetz u.v.a.m. Die Übertragung anderer „unterer Wirkungskreise“ (Denkmalschutzbehörde, untere Jagdbehörde, untere Naturschutz-, Verkehrs-, Abfall- und Wasserbehörde wurde von der Stadt zunächst nicht als Einengung ihres Spielraumes, sondern eher als Erweiterung ihrer Kompetenz betrachtet in dem Sinne, daß sie durchaus im Rahmen ihres Territoriums für diese Dinge zuständig sei. Später stellte sich indes die Frage, ob mit der Übertragung der Aufgaben auch die entsprechenden Mittel bereitgestellt würden.

Ob und wie gut eine (kreisfreie) Stadt mit Gesetzen der Landesregierung, die sie betreffen, leben kann, ist wohl eine Frage, die allgemein steht und nur nach Prüfung des speziellen Falles beantwortet werden kann. Hier gehen die Meinungen nach Interessenlage der Betroffenen auseinander.

3.6. Technikunterstützte Informationsverarbeitung und Kommunikation

Nach dem Amtsantritt im Mai 1990 gab es in der Stadtverwaltung Jena drei Arbeitsplatzcomputer und zwei DV-Bearbeiter. Auf diesen Computern wurden außer einigen kleinen Textarbeiten (u.a. ein Wohnungsantragsprogramm) vorwiegend die Wahlen im März 1990 vorbereitet, erfaßt und ausgewertet.

Schon bald wurde den Verantwortlichen klar, daß mit der Währungs- und Sozialunion und der kommenden Vereinigung Verwaltungsaufgaben ins Haus stehen würden, die ohne Technikunterstützung nicht mehr gelöst werden könnten. Im Folgenden setzte ein Klärungsprozeß ein, der die Frage nach einer autonomen Datenverarbeitungsanlage oder dem Anschluß an ein zentrales Rechenzentrum zu entscheiden hatte. Nach umfangreichen Recherchen, Besichtigungen und Präsentationen, einer entsprechenden Ausschreibung und Auswahl fiel die Entscheidung zugunsten einer autonomen Datenverarbeitungsanlage. Im Februar 1991 war die Entscheidung soweit vorbereitet, daß die Stadtverordnetenversammlung den Beschluß zur Installation einer solchen Anlage fassen konnte. Bereits im Juli 1991 wurde auf dieser Anlage erstmalig Gehalt nach BAT gerechnet und pünktlich Lohn gezahlt – ohne daß es nur einen Tag Verzögerung gegeben hätte. Die Fehlerquote lag unter 1%. Dies kann als eine technisch-organisatorische Meisterleistung angesehen werden, die beispielhaft ist und ihresgleichen sucht. Dazu mußten noch ca. 4.800 Mitarbeiter aus den verschiedensten Fachbereichen, einschließlich ca. 300 ABM-Kräfte nach BAT bewertet und eingestuft und für alle 4.800 Mitarbeiter die kompletten Personendatensätze in die Anlage eingegeben werden. Zugleich und parallel dazu wurde die Anlage installiert und eingerichtet. Im gleichen Zeitraum liefen – ebenfalls auf derselben Datenverarbeitungsanlage – die Eingaben und Vorbereitungen für den 91er Haushaltplan.[8]

Die Ausstattung mit PC wurde von den besagten zwei PC auf 200 Stück erweitert. Es wird mit sechs Programmen auf der zentralen Anlage und 8 PC-Netzen gearbeitet. Von den 17 Häusern der Stadtverwaltung sind zehn über Datenleitung miteinander verbunden. Der Ausstattungsgrad mit Bildschirmschreibmaschinen wurde erhöht. In allen Häusern wurden moderne Kopiergeräte installiert. Im Bereich des Oberbürgermeisters wurde das erste Fax-Gerät installiert.[9]

Bis Oktober 1991 verfügte die Stadt Jena über eine Telefonanlage aus dem Jahre 1954. Die Vermittlung der Gespräche von außen erfolgte noch per Hand. Am 24.10.1991 wurde eine moderne ISDN-fähige Telefonanlage installiert, die höchsten Ansprüchen genügt und die Kommunikation extrem erleichtert und beschleunigt. Leider konnte Telekom den Forderungen an das regionale Netz nicht schnell genug nachkommen, so daß die Vorteile der neuen Anlage durch die Mängel des Leitungsnetzes noch immer nicht voll genutzt werden können. In Kürze wird über diese Anlage eine Computerkommunikation für die politische Leitung und die Spitzenämter möglich sein. Mit dem Aufbau der graphischen Datenverarbeitung für das Bauamt wurde begonnen. Hier sind zwei Grafikarbeitsstationen installiert, auf denen das erste Projekt, der Flächennutzungsplan, erarbeitet wurde.

Damit hat die Stadt Jena den Rückstand in der Technikausstattung der Verwaltung in diesen 3 Jahren fast restlos aufgeholt.

4. Die politische Arbeit in der Stadt

Die Gemeindevertretung hat 100 Stadtverordnete. Sie tagt regelmäßig einmal monatlich. Sie hat neben den drei Pflichtausschüssen (Hauptausschuß, Finanzausschuß, Rechnungsprüfungsausschuß) noch folgende Ausschüsse: Ausschuß für Bau-, Stadt- und Verkehrsplanung, Ausschuß für Bildung und Wissenschaft, Rechts- und Petitionsausschuß, Ausschuß für Kultur, Freizeit, Jugend und Sport, Ausschuß für Familie, Gesundheit und Soziales, Verwaltungs- und Ver-

---

8 An weiteren Modulen auf der Datenverarbeitungsanlage wurden eingeführt: Kfz-Zulassungswesen, Hauhalts-, Kassen-, Rechnungswesen, Steuern, Einwohnermeldewesen, Sozialwesen, Bußgeldstelle, Baugenehmigungsverfahren.

9 Heute verfügt die Stadtverwaltung über 16 Fax-Anschlüsse (die relativ große Zahl mag unsinnig erscheinen, ist aber dem Umstand geschuldet, daß die Stadtverwaltung Jena kein „Zentrales Rathaus" besitzt, sondern auf 17 Häuser verteilt ist – nicht gerechnet „nachgeordnete Einrichtungen" und Eigenbetriebe).

gabeausschuß, Ausschuß für Energie und Umweltschutz, Ausschuß für Wirtschaft, Handel und Gewerbe, Jugendhilfeausschuß. Die Ausschüsse tagen 14-tägig, der Hauptausschuß wöchentlich. Daneben tagen die Fraktionen in der Regel aller 14 Tage.

Der Hauptausschuß bereitet u. a. die Tagesordnung für die Stadtverordnetenversammlung vor. Die Tagesordnung umfaßte bisher zumeist mehr als 30 Tagesordnungspunkte und behandelte die brennendsten Probleme. Die Sitzungen dauerten gewöhnlich von 17 Uhr bis Mitternacht. In der Arbeit der Ausschüsse ist es ähnlich. Die Anzahl der Ausschüsse bringt es mit sich, daß die meisten Fraktionsmitglieder in mehreren Ausschüssen vertreten sein müssen, was insbesondere bei den kleinen Fraktionen nicht zu leisten ist. Es sei gestattet, auf diesen Umstand besonders hinzuweisen, um bewußt zu machen, daß hier in einem Umfange politische und Verwaltungsarbeit geleistet wird, die wohl kaum vorstellbar ist.

Sicherlich kann über die Sachkunde und Effizienz gelächelt werden – aber es steht fest: Sie nimmt zu! Wer gehalten ist, sich mit den Bestimmungen des Einigungsvertrages auseinanderzusetzen, wer um die wechselhaften Bestimmungen und Verfahren über die Eigentumsverhältnisse weiß, wer den Zustand der Rechtspflege in den neuen Bundesländern kennt und dabei berücksichtigt, daß in aller Regel für viele Vorgänge noch die Landesgesetze fehlten (und noch fehlen), der kann ermessen, wie in den neuen Bundesländern um den Aufbau der neuen Verwaltungen gerungen wurde.

5. *Verwaltungshilfe, Aus- und Weiterbildung*

Der Verwaltungsaufbau in den fünf neuen Bundesländern wirft sofort die Frage nach den dafür erforderlichen Fachkenntnissen und Qualifikationen auf. Diese waren sowohl bei den Mitarbeitern in der öffentlichen Verwaltung, sofern sie weiterbeschäftigt wurden, als auch bei den neuen politischen Verantwortungsträgern in aller Regel nicht oder nur teilweise vorhanden.

Die bisherigen „Erfahrungsträger" der DDR an verantwortlicher Stelle zu belassen, kam, zumindest in Jena, für die Koalition nicht in Frage. Hier war es politisches Ziel, die Erneuerung auch personell zu vollziehen. Der von den vielen Verantwortlichen der DDR-Administrationen auffällig rasch vollzogene Gesinnungswandel konnte kein Garant für den Neuanfang sein. Eine andere Politik hätte die Stadt bei ihren eigenen Mitarbeitern unglaubwürdig erscheinen lassen. Infolgedessen war für Jena der Neuaufbau der Verwaltung mit neuen Leuten in der mittleren und oberen Verwaltungsspitze nur folgerichtig. Zudem wurden, wie schon erwähnt, die Erfahrungen der 40-jährigen DDR-Administration als ungeeignet für einen nahtlosen Anschluß und den Verwaltungs-Neuaufbau angesehen. Damit mußte den eingangs geschilderten fehlenden Qualifikationen Rechnung getragen werden. Neulernen und Umdenken waren also gefordert.

Dies vorausschauend erkennend, haben schon kurz nach Öffnung der Mauer Stiftungen, politische Parteien, Vereine sowie öffentliche Verwaltungen zahlreiche und vielfältige Veranstaltungen und Seminare vorwiegend für politische Bildung, aber auch für kommunale Verwaltungsarbeit angeboten und durchgeführt. Viele Jenaer Bürger, insbesondere aus den politisch interessierten Kreisen, also vorwiegend aus den neuen politischen Parteien und Gruppierungen sowie auch aus kirchlichen Kreisen, nutzten diese Veranstaltungen.

Der Verfasser selbst hat vor der Kommunalwahl 1990 – und nicht zuletzt in Vorbereitung auf diese – mehrere Veranstaltungen der Partnerstadt Erlangen besucht. Nach seinen Erfahrungen wurden hier die Grundlagen für das Verständnis des freien, demokratischen Rechtsstaates und seines Grundgesetzes, aber auch der dafür erforderlichen Verwaltung geschaffen. Soweit die erste Phase bis zum Mai 1990, bis zur Kommunalwahl.

In einer zweiten Phase, nach der Kommunalwahl, wurden die Kontakte zu den Partnerstädten vertieft und intensiviert, aber auch Kontakte zu anderen Städten geschlossen. Für Jena waren dies insbesondere außer Erlangen Kontakte zu Bruchsal, Aalen, Oberkochen, Ulm, Leverkusen, Velbert u.a. Hier wurden durch zahlreiche Besuche und Gegenbesuche (der Telefonverkehr lag zu dieser Zeit ja noch buchstäblich am Boden) oft die einfachsten und elementarsten Anleitungen zum Handeln gewonnen. Um den Kompliziertheitsgrad zu verdeutlichen, muß man sich bewußt machen, daß eine schematische Übernahme der Verwaltungsstrukturen und des Verwaltungshandelns der BRD noch gar nicht möglich war, da zum Teil DDR-Recht noch nachwirkte, die wirtschaftlichen Verhältnisse, insbesondere die Eigentumsverhältnisse, immer unklarer wurden und an vielen Stellen ein rechtliches Vakuum herrschte. Insofern waren auch die westlichen Partner oft gar nicht in der Lage, in solchen Fällen zu beraten. Hier wurde viel improvisiert und durch Risikobereitschaft und Eigeninitiative entschieden.

Diese zweite Phase war gekennzeichnet von dem ständigen Anwachsen neuer Bildungs- und Beratungsangebote unterschiedlichster Trägerschaft. Es braucht nicht betont zu werden, daß ein großer Teil dieser Firmen unbekannt war und es Mühe bereitete, deren Seriosität und Zweckmäßigkeit festzustellen. Viele warben für sich mit dem Hinweis auf die unübersehbaren finanziellen und ideellen Folgen für die Stadt bei Nichtinanspruchnahme, wobei wohl das eigene ökonomische Interesse hier im Vordergrund stand.

Die Stadt Jena hat in dieser Phase fast ausschließlich die Weiterbildungsangebote der Kommunalen Spitzenverbände sowie die der Stiftungen politischer Parteien und der Verwaltungsschulen in Anspruch genommen. Dadurch konnte der Prozeß weitgehend objektiviert werden. Zum anderen waren diese preiswerter, und es wurde vermieden, sich in die Abhängigkeit obskurer Beraterfirmen zu begeben.

Aber es wurden auch bereits erste eigene Weiterbildungsmaßnahmen gemeinsam mit der Partnerstadt Erlangen organisiert. In der Zeit vom 22.10. bis 26.10.1990 wurde ein sogenannter Grundlagenkurs zu inhaltlichen Fragen wie

Grundgesetz, Allgemeines Verwaltungsrecht, Verwaltungsorganisation, Arbeits-, Tarif- und Beamtenrecht durch Referenten von Erlangen in Jena abgehalten. Daran nahmen ca. 160 Mitarbeiter der Stadtverwaltung teil.

Es sei an dieser Stelle gestattet, einige Ausführungen zum Thema „Verwaltungshilfe" zu machen. Zunächst ist zu bemerken, daß der Begriff erst mit den Landtagswahlen, d.h. mit der Bildung der Länderregierungen aufkam. Hier schien zum ersten mal das Defizit bewußt zu werden, das mit der Bildung öffentlicher Verwaltungen in den fünf neuen Bundesländern vorhanden war. Ab diesem Zeitpunkt wurden auch entsprechende staatliche Regelungen getroffen, auf welche Weise den öffentlichen Verwaltungen Verwaltungshilfe zuteil werden könnte. Gemeint sind die Berater und Beratungsbüros, die Abordnung von sogenannten Leihbeamten, die Bildung der Personalbörse und die Förderung durch das Bundesverwaltungsamt. Diese Regelungen kamen dann auch den Städten und Gemeinden zugute.

Die Stadt Jena hat solche Verwaltungshilfe nur dann in Anspruch genommen, wenn es um längerfristige Abordnungen und Zuschüsse für umzugswillige Beamte ging. Kurzfristige Beratungen haben sich als uneffektiv erwiesen und wurden nicht genutzt. Als die effektivste Verwaltungshilfe sieht der Verfasser den ständigen Erfahrungsaustausch und die Abordnung von Verwaltungsfachkräften und Beamten aus den Partnerstädten an. Hier wurde elementare Unterstützung durch wochen- und monatelange Mitarbeit vor Ort zur Lösung der täglichen Aufgaben gegeben.

Auch die Bereitschaft meist jüngerer, ausgebildeter Fachkräfte zur dauernden Tätigkeit in den neuen Bundesländern soll als Verwaltungshilfe gewürdigt werden. Die Stadt Jena hat mit sieben jungen Juristen aus den alten Bundesländern ein leistungsfähiges Rechtsamt aufbauen können. Diese sind alle in Jena seßhaft geworden. Das Bemerkenswerte daran ist, daß sich die meisten bereits dazu entschlossen, als es noch keine Verwaltungshilfe und Zuschüsse, sondern noch DDR-Tarife gab. Unter dem Vorwand, Verwaltungshilfe leisten zu wollen, tauchten aber auch Kandidaten in Jena auf, die letztendlich Managergehälter forderten, vor denen selbst der Oberbürgermeister erblaßt wäre. Hier mußte – sicher wie woanders auch – die Spreu vom Weizen getrennt werden.

Abgesehen von der Übernahme abgeordneter Beamter (in Jena zwei, aus Braunschweig und Offenbach) sowie der Festanstellung umzugswilliger Verwaltungsangestellter (in Jena 13) wird Verwaltungshilfe nur als Unterstützung beim Aufbau und Hilfe zur Selbsthilfe angesehen. Infolgedessen heißt Verwaltungshilfe eben auch Qualifizierung der eigenen Mitarbeiter. Daher stehen Verwaltungshilfe und Aus- und Weiterbildung in einem unmittelbaren Zusammenhang. Wie erwähnt, wurden erste Ansätze zur Qualifizierung schon kurz nach der Kommunalwahl 1990 mit Hilfe der Partnerstädte organisiert.

In einer dritten Phase ging es nun um die planmäßige Strukturierung des Aufgabenfeldes Aus- und Fortbildung in der Stadtverwaltung und die Befähigung zum Verwaltungsaufbau und Verwaltungshandeln. Bei näherer Betrachtung der Situation wurden die großen Defizite sichtbar. Es wurde daher 1991 als erstes ein Verwaltungslehrgang I unter Mithilfe und Mitwirkung der Stadt Erlangen und der bayerischen Verwaltungsschule mit 40 Teilnehmern organisiert und durchgeführt. Der Erfolg war ermutigend, so daß 1992 wiederum ein Verwaltungslehrgang I durchgeführt wurde, diesmal aber in eigener Regie. Daneben wurden weiterhin Kurzlehrgänge und Seminare genutzt, vorwiegend von Kommunalen Spitzenverbänden (Deutscher Städtetag, Deutsches Institut für Urbanistik, Kommunaler Arbeitgeberverband, Kommunale Gemeinschaftsstelle), aber auch Volksheimstättenwerk, Bundesvereinigung Öffentliches Recht u.v.a.m.

Bemängelt werden mußte der zögerliche Aufbau und das unbefriedigende Wirksamwerden der Thüringer Verwaltungsschule, die sich überdies nur um die Erstausbildung und nicht um die Weiter- (oder Anpassungs-)ausbildung der vielen Mitarbeiter in den Städten und Gemeinden kümmerte. Genau hier aber liegt das Problem der „fachlichen Ausdünnung" der kommenden Jahre in den Verwaltungen, wenn nicht in erster Linie die derzeit angestellten Mitarbeiter für ihre Tätigkeit ausreichend qualifiziert werden. Die Ausbildung und Gewinnung von qualifiziertem Nachwuchs ist dagegen ein kleineres Problem, da sich der natürliche Abgang und der erforderliche Einsatz relativ genau vorausberechnen und planen läßt.

Die ostdeutschen Verwaltungen werden dafür kritisiert, aufgebläht zu sein. Abbau ist hier also angesagt. Das heißt aber Abbau nach sozialer Auswahl und nicht nach Qualifikation und Engagement, Fähigkeit und Leistung. Damit ist ein weiterer Qualitätsverlust vorprogrammiert. Ziel der Stadtverwaltung Jena ist es, alle beschäftigten Mitarbeiter planmäßig an die für ihren Arbeitsplatz und ihre Laufbahngruppe erforderliche Qualifikation heranzuführen. Das bedeutet die Fortbildung von ca. 2.000 Mitarbeitern innerhalb möglichst kurzer Zeit. Die Erstausbildung von maximal 20 Auszubildenden zum Ersatz der natürlichen Abgänge erscheint demgegenüber als geringeres Problem.

In dieser dritten Phase war zu beobachten, daß die Häufigkeit der Kontakte zu den Partnerstädten deutlich nachließ und zunehmend Kontakt mit den unmittelbaren Nachbarstädten gesucht wurde. Als Ursache sieht der Verfasser den Umstand gewachsener Kompetenz und gesteigerter Verantwortungswahrnahme an. Die eigenen Aufgaben werden selbständig erkannt und bearbeitet, Rückfragen oder Rückversicherungen sind nicht mehr notwendig, von Ausnahmefällen abgesehen. Das ist zwar für den eingeschränkten menschlichen Kontakt bedauerlich, andererseits aber als positives Zeichen zu werten.[10]

---

10 Wenn hier von drei Phasen die Rede ist, so handelt es sich weniger um historisch aufeinanderfolgende Etappen als um die Beschreibung sich verändernder Zustände und Maßstäbe. Die Übergänge sind fließend.

7. *Schlußbetrachtungen: Vom Bürgerforum in die Stadtverwaltung ...*

Ging es vom Bürgerforum in die Stadtverwaltung? Der Autor meint, dies bejahen zu sollen. Es gab in der Wendezeit eine Massenbewegung (Fürbittandachten, Montagsdemonstrationen, Bürgerforen, an denen Tausende Bürger teilnahmen u.v.a.m. Die Organisatoren oder Akteure aber waren relativ kleine Gruppen entschlossener Männer und Frauen, die sich zunächst in Wendegruppierungen (NF, DA, SDP, Grüne u.a.) um den politischen Dialog, um die Erlangung elementarer demokratischer Rechte (Versammlungs-, Rede-, Presse-, Vereinsfreiheit, Reisefreiheit) bemühten und dies dem SED-Regime abzutrotzen gedachten.

Es gab in der Tat eine Zeit, in der noch nichts entschieden war und keiner, jedenfalls kein normaler Bürger, wußte, wie die Entwicklung ausgehen würde. Eine chinesische Lösung lag im Bereich des Möglichen. Wenn durch die DDR-Regierung rechtzeitig eine Demokratisierung und Liberalisierung des gesellschaftlichen Lebens zugelassen und Andeutungen eines wirtschaftlichen Aufschwungs sichtbar geworden wären, dann wäre es zu einem solche radikalen Umschwung nicht gekommen. Schon weiter vorn hat der Autor versucht, dem Gedanken einer mittelfristigen deutschen Zweistaatlichkeit Ausdruck zu verleihen. Dies sind nun mittlerweile hypothetische Betrachtungen, denn die Geschichte hat anders entschieden.

Aber für bestimmte Zeiträume – und zählen diese heute auch nur nach Tagen – waren diese Betrachtungen elementar und von höchster Aktualität. Deswegen kann darüber nicht hinweggegangen werden, denn die Akteure hatten sich auf alle Eventualitäten einzustellen.

Das Ziel, der SED das Herrschaftsmonopol zu entreißen, einte zunächst die größten Teile der Bevölkerung bis zur Öffnung der Mauer. Wie bereits angedeutet, erfolgte danach eine entscheidende Differenzierung der politischen Meinungen mit einer (gezielten und beabsichtigten) deutlichen Ausrichtung nach politischen Parteien, so wie sie in den alten Bundesländern vorhanden waren. Das war der Todesstoß für die Bürgerbewegungen der Wendezeit.

Als Beweis dafür können die Wahlergebnisse der vier Wahlen in 1990 herangezogen werden. Die Stimmanteile sind im Verhältnis zur Bedeutung der Bürgerbewegungen während der Wende unter „ferner liefen“ abzubuchen. Daß besonders eine Partei unverhohlen mit der D-Mark winkte, hat sie den Bürgerbewegungen nicht sympathischer gemacht, weil damit an die Unvernunft appelliert wurde. Zeitweilig herrschte denn auch der Eindruck, die eine (alles bestimmende) Partei nur mit einer anderen vertauscht zu haben.

Daß die wirklichen Akteure nicht zahlreich waren, ist daran zu ermessen, daß es relativ schwierig war, die Wahllisten zu den 90er Wahlen und nach den Wahlen die entsprechenden Ressorts mit dafür geeigneten Leuten zu besetzen. Hier zeigte sich, daß die Personaldecke doch recht dünn war. Für Jena kann jedoch gesagt werden, daß sich ein großer Teil der Wendeakteure in den Fraktionen der Stadtverordnetenversammlung wiederfand, von denen sich die aktivsten dann auch zielgerichtet für die Wahlfunktionen zur Verfügung stellten.

Ein bestimmter Teil der Akteure zog sich allerdings zurück, als es in die Phase der Strukturierung und Institutionalisierung ging – d. h. auf die Wahlen und den Aufbau neuer Verwaltungen zu –, weil diese Menschen ihre Ideale von einem Neuaufbau nicht verwirklichen konnten. Dies hing insbesondere mit der Übernahme der sozialen Marktwirtschaft und der bundesdeutschen Verwaltungspraxis zusammen. Der Autor versuchte schon weiter vorn deutlich zu machen, daß eigenständige Gedanken nur in einem Zeitraum Gültigkeit hatten, als die Frage der Wiedervereinigung nicht entschieden war.

Mit der Entscheidung zur Wiedervereinigung konnte es solche Vorstellungen und Ideale nicht mehr geben, da sie einem schnellen Verwaltungsaufbau hinderlich gewesen wären. Zudem waren die Akteure ehrlichen Herzens der Überzeugung, daß sie das beste System der Welt übernehmen würden. Damals waren die sozialen Folgen noch nicht abzusehen, und es wirkte die Wiedervereinigungs-Euphorie nach.

Mittlerweile wird deutlich, daß angesichts der Rezession und der Sparzwänge die Spielräume für eigene Ideen und Konzepte immer enger werden. Damit soll nicht gesagt werden, daß nichts mehr geht und nichts geleistet wird. Es wird im Gegenteil sehr viel getan und der Aufschwung ist sichtbar; das verläuft jedoch in vorgeschriebenen Bahnen und vollzieht sich nach bundesdeutschem Recht, das kennzulernen und anzuwenden sich die einstigen Akteure ernsthaft und mit zunehmendem Erfolg bemühen. Dafür geraten sie bei ihren Mitbürgern in die Kritik, Bürokraten oder Amtsschimmel zu werden.

In dem Bestreben, lebenswichtige Einnahmen zu erzielen, wird die Stadtverwaltung mehr und mehr zum Fronvogt ihrer Bürger, und diese sehen ihrerseits nur diese Seite und nicht die Vielfalt der Daseinsvorsorge, die die Stadt zu leisten hat und wofür sie in wachsendem Maße per Landesgesetz verpflichtet wird. Die Bürger nutzen die neugewonnene Freiheit, sich über alles und jedes zu beschweren, konnten sie es doch 40 Jahre lang nicht. Bürgerinitiativen schießen aus dem Boden und blockieren lebenswichtige Entscheidungen, wie den Bau von Brücken, die Erschließung von Wohngebieten, die Bebauung von Baulücken, die Trassierung von Straßen usw.. Dabei steht das Eigeninteresse der Bürger vor dem des Gemeinwesens – sicher eine Erfahrung, die die Akteure auch erst machen mußten. Bekommen sie Recht, ist es gut. Bekommen sie es nicht, werden Vorwürfe laut, daß es heutzutage schlimmer sei als bei den Kommunisten; oder besser noch: „Da sitzen noch die alten – kein Wunder also" (obwohl das nun wirklich nicht zutrifft) und die immer häufiger gern gebrauchte Redewendungen „Wir wählen Euch sowieso nicht wieder". Ob sich die Akteure etwas daraus machen, ist die eine Seite – ich glaube, sie können es verschmerzen, denn sie wissen, was sie in diesen ersten Jahren geleistet haben.

Ob sie es indessen verdienen, so beurteilt zu werden, ist die andere Seite. Der Autor meint, daß sie einen Anspruch auf eine gerechtere Bewertung ihrer

Leistungen haben, heißt für viele doch das Fazit: vom Bürgerforum in die Stadtverwaltung – als Arbeitsloser aus der Stadtverwaltung...

Dieter Rink

Bürgerbewegungen und Kommunalpolitik in Ostdeutschland[1]

1. Grün-bürgerbewegte Kommunalpolitik in Ostdeutschland?

1989/90 wurden die ostdeutschen Bürgerbewegungen von den revolutionären Massenprotesten gleichsam über Nacht in die politische Arena gespült. Bereits mit den Wahlergebnissen der Volkskammerwahl vom März 1990 wurde ihnen jedoch nach der Euphorie des Herbstes eine herbe Absage erteilt. Nur 5,05% der damaligen Noch-DDR-Bürger wählten grün-bürgerbewegt und verwiesen die im Bündnis 90 vereinigten Bürgerbewegungen und die GRÜNEN damit in eine neue Oppositionsrolle. Auf Landesebene regiert das Bündnis 90 lediglich in Brandenburg mit, in Mecklenburg-Vorpommern sind Bündnis 90/GRÜNE nicht, in Sachsen, Sachsen-Anhalt und Thüringen jeweils mit kleinen Fraktionen vertreten und im Bundestag sitzt eine Gruppe ostdeutscher Bürgerbewegter. Vertreter der (ehemaligen) Bürgerbewegungen sind vor allem in den Gemeinderäten, Stadtverordnetenversammlungen und Kreistagen zu finden. In fast allen ehemaligen Bezirksstädten und einer Reihe weiterer Großstädte (wie Jena, Zwickau oder Görlitz) kamen die Listenverbindungen der Bürgerbewegungen auf über 10% der Stimmen. Landesweit wurden mehr als 850 Vertreter der Bürgerbewegungen in die Kreistage und mehr als 1.800 in die örtlichen Volksvertretungen gewählt (siehe: Wielgohs 1991, 172). Doch auch sie befinden sich überwiegend in einer Oppositionsrolle, in nur wenigen Fällen regieren sie mit.

Im Gegensatz zur Beteiligung an den Landtags- und Bundestagswahlen war das Engagement der Bürgerbewegung in den Kommunen unumstritten: „Dort findet Politik für den Bürger statt, dort kann man wirklich etwas bewegen" lautete die Argumentation. Was ist aus diesen Hoffnungen und Erwartungen nach nunmehr drei Jahren Mitarbeit in den Kommunalvertretungen geworden? Stehen die Vertreter aus den (ehemaligen) Bürgerbewegungen noch für die einst verfochtenen Ziele, wie sehen jetzt die Chancen grün-bürgerbewegter

---

1 Dieser Beitrag stützt sich auf die Auswertung einer Reihe von Experten- und lebensgeschichtlichen Interviews, von Dokumenten des PDS-Archivs und des Archivs Bürgerbewegungen e.V. Leipzig, die im Rahmen des von der Hans-Böckler-Stiftung geförderten Projekts „Zum Wandel sozialer Strukturen und Mentalitäten in den neuen Bundesländern" 1991/92 unternommen wurden. Der Stiftung sei an dieser Stelle dafür herzlich gedankt.

Kommunalpolitik im Osten Deutschlands aus, und wer steht heute dafür ein? Hat das aus den Bürgerbewegungen des 89er Herbstes und den GRÜNEN hervorgegangene Bündnis 90/GRÜNE deren Nachfolge angetreten oder stehen heute die neuen Stadtteil- und Bürgerinitiativen, Projekte und Gruppen für die Inhalte grün-bürgerbewegter Stadtpolitik?

Diese Fragen wurden in der eher noch spärlichen Literatur zu den ostdeutschen Bewegungen bislang nicht thematisiert. Die vorliegenden Arbeiten zu den Bürgerbewegungen behandeln deren Rolle während des 89er Herbstes und im Prozeß der deutschen Vereinigung (Verfassungsdebatte, Stasi-Problematik usw.). Die Frage nach den Chancen bürgerbewegter Politik wurde in diesem Zusammenhang auf gesamtnationaler Ebene gestellt (und zunächst eher positiv beantwortet; siehe: AG Kritischer Ökonomen 1991), nicht aber auf kommunaler Ebene.

Zur Beantwortung dieser Frage ist eine Untersuchung der politischen Subjekte erforderlich und eine Analyse ihrer historischen Genese. Im folgenden sollen daher zunächst die Entstehung eines lokalen Bewegungsmilieus in den 80er Jahren, die Entwicklung der Bürgerbewegungen im Revolutionsherbst 1989 und ihre anschließende Institutionalisierung zum Bündnis 90/GRÜNE bzw. ihre Ausdifferenzierung zu thematischen Bewegungen nachgezeichnet werden. Anschließend werden die Chancen und Restriktionen alternativer Kommunalpolitik am Beispiel einer ostdeutschen Kommune diskutiert. Wie sehen die Inhalte grün-bürgerbewegter Politik aus und in welchen Ambivalenzen bewegt sich die Kommunalpolitik von Bündnis 90/GRÜNE in Ostdeutschland?

Schließlich sollen auch die Perspektiven der aus den oppositionellen Gruppen hervorgegangenen politischen Kräften (Bürgerbewegungen, Bündnis 90, GRÜNE) diskutiert werden. Sind die politisch-alternativen Kräfte aus den Bürgerbewegungen im Verlaufe des Einigungsprozesses marginalisiert worden oder konnten sich durch den Aufbruch vom Herbst 1989 auch in Ostdeutschland soziale Bewegungen bilden und dauerhaft etablieren?

Die Stadt Leipzig, die hier als Fallbeispiel gewählt wurde, ist im Hinblick auf den Einfluß, den die Bürgerbewegungen seit dem Herbst 1989 auf die Geschicke der Stadt genommen haben, im ostdeutschen Vergleich einzig: Hier lag mit den Montagsdemonstrationen und der führenden Rolle des Neuen Forum ein Aktivitätszentrum der 89er Bewegungen, das auf andere Landesteile ausstrahlte. Bei den Wahlen konnten die aus den Bürgerbewegungen hervorgegangenen Kräfte vergleichsweise gut abschneiden, sie spielten auch eine aktive Rolle bei der Gründung des Bündnis 90 und dessen Vereinigung mit den bundesdeutschen GRÜNEN. Leipzig gehört neben Rostock und Potsdam zu den ostdeutschen Großstädten, in denen Vertreter der 1989er Bürgerbewegungen im Stadtrat sitzen.

Hinsichtlich der Problemlagen, die in Leipzig konzentriert sind, insbesondere der Dimensionen von Umweltverschmutzung und -zerstörung, Stadtverfall und Deindustrialisierung, ist die Stadt ein paradigmatisches Beispiel für die alten Industriegebiete im Süden Ostdeutschlands. Hinsichtlich sozialer und ökologischer Belange sieht sich grün-bürgerbewegte Kommunalpolitik besonderen Herausforderungen gegenübergestellt. Insofern scheint die Stadt für eine Untersuchung der alternativen Akteure besonders geeignet.

2. *Die Entstehung eines Bewegungsmilieus im Vorherbst*

Leipzig entwickelte sich bereits im 19. Jahrhundert zu einer Hochburg sozialer Bewegungen. Im Vormärz war die Stadt ein Zentrum der demokratischen Bewegung, später, im Zuge der Industrialisierung wurde sie zu einem Ausgangspunkt der Arbeiterbewegung und Gründungsort der Frauenbewegung. In der ersten Hälfte des 20. Jahrhunderts gingen z.T. aus diesen Bewegungen eine Reihe von Jugend-, Lebensreform- und Kulturbewegungen (wie z.B. die Freidenker, die Wandervogelbewegung, eine starke Naturschutzbewegung u.a.) in Leipzig hervor, die die Bewegungstraditionen fortsetzten. Sie waren zwar von politischer Partizipation ausgeschlossen, prägten aber in nicht unwesentlichem Maße das Klima mit und machten Leipzig zum Sitz vieler Verbände, Vereinigungen und Einrichtungen von Bewegungen (Verlage, Volkshäuser, Bildungsstätten u.a.).

Der Nationalsozialismus ging systematisch gegen alle Bewegungen, die sich nicht gleichschalten ließen, vor und zerstörte viele der proletarischen, aber auch der bürgerlichen Traditionen. Nach der Gleichschaltung aller Organisationen blieb lediglich eine gewisse Widerständigkeit der Milieus, die sich in überdurchschnittlichen Wahlenthaltungen und Gegenstimmen bei Abstimmungen sowie im kommunistischen und sozialdemokratischen wie bürgerlichen Widerstand während des Zweiten Weltkrieges zeigte.

Trotz des Abrisses der Traditionen durch Nationalsozialismus und Krieg gab es dünne Kontinuitätslinien von Resten der alten Bewegungen. So gab es zum Beispiel Gruppen aus der alten Wandervogelbewegung, die sich in den 50ern wieder zusammenfanden. Auch die Traditionen der Arbeiterbewegung wurden nicht vollständig vernichtet, nach dem Krieg lebten sie in den Betriebsräten, Ausschüssen und vielen Arbeiterkulturvereinen sowie im „Volkshauskreis" wieder auf. Schließlich kamen nach dem Krieg einige kritische Intellektuelle, wie zum Beispiel Ernst Bloch, aus dem Exil nach Leipzig und schufen nonkonforme Inseln im geistigen Leben. In den 50er und 60er Jahren wurden aber auch diese Gruppen und Kreise durch die stalinistische, betont antibürgerliche wie antisozialdemokratische Politik zerstört.

Trotz der großen sozialen und politischen Brüche durch Nationalsozialismus, Krieg und den sich nahezu nahtlos anschließenden Stalinismus gab es aber ein untergründiges Weiterwirken von Bewegungstraditionen und wurde ein, wenn auch sehr kleines, Reservoir an Werthaltungen, Lebensstilen und Politikmustern im protestantischen Milieu und von Resten des alten Bildungsbürgertums tradiert.

Mit der zunächst eher moderaten Kultur- und Kirchenpolitik unter Honekker wurden nach 1971 wieder Voraussetzungen für die Entwicklung oppositioneller Bestrebungen gelegt.

Innerhalb der evangelischen Kirche leitete die Einrichtung einer „offenen Arbeit" für Jugendliche und die Schaffung des Stadtjugendpfarramtes Anfang der 70er Jahre die Hinwendung und Öffnung der Kirche für die junge Generation ein, was eine Basis für die spätere Arbeit von thematischen Gruppen innerhalb der Kirche werden sollte. Ähnliche Wirkungen hatte die Aktivierung der Evangelischen Studentengemeinde in den 70er Jahren (vergleiche hierzu: Dohms 1991). 1978 gab es dann wie in vielen anderen Städten auch gerade aus diesen Kreisen Widerstand gegen die Einführung des Fachs „Wehrkunde" an den allgemeinbildenden Schulen. In Briefen und Eingaben entlud sich der Protest vor allem aus dem kirchlichen Umfeld gegen diese Form der Militarisierung der Gesellschaft. Das hatte dann (wie in Berlin oder Jena) die Entstehung von Friedensgruppen, wie zum Beispiel des Friedenskreises in der Evangelischen Studentengemeinde, zur Folge. Dieser sollte zu einer Keimzelle für andere thematische Gruppen, ja für das Bewegungsmilieu von Leipzig überhaupt, werden. Demos oder öffentliche Protestaktivitäten gab es in den 70er Jahren allerdings nicht.

Das Bewegungsmilieu von Leipzig hat sich in den 80er Jahren vor allem im Umfeld der evangelischen Kirche, aber auch in den Nischen des staatlichen Kulturbetriebs und z.T. an der Peripherie des Universitäts- und Hochschulbereichs herausgebildet.

Kristallisationspunkte für die thematischen Gruppen unter dem Dach der Kirche waren die theologischen Bildungseinrichtungen, die Studenten- und die Jungen Gemeinden gewesen. Seit Ende der 70er Jahre nahm die Beschäftigung mit der Friedensfrage und der Militarisierung des Lebens in der DDR innerhalb der Evangelischen Studentengemeinde (ESG) immer größeren Raum ein. Dabei konnte auf die schon von der AG Friedensdienst (AGF) seit den 60er Jahren geleistete Arbeit zurückgegriffen werden.

Anfang der 80er bildeten sich dann Gruppen, die sich fast ausschließlich der Friedensproblematik zuwandten. Eine Initialwirkung ging hierfür von der ersten Friedensdekade 1981 und den von da ab montäglich in der Nikolaikirche stattfindenden Friedensgebeten aus (Dohms 1991).

Fast parallel dazu entstanden Ökologiegruppen, die sich allmählich thematisch sowie in der praktischen Arbeit differenzierten. Neben der Thematisierung des eigenen Lebensstils und der Beschäftigung mit Fragen des Natur- und Umweltschutzes hatte von Anfang an die praktische Arbeit (Baumpflanzaktionen, Betreuung von Biotopen) einen festen Platz im Aktionsrepertoire der Gruppen.

Nach der Stationierung der Mittelstreckenraketen in der BRD und der DDR kam es zu einer Krise und dem Zerfall von Gruppenzusammen-hängen. Dies wurde beschleunigt durch eine größere Ausreisewelle vor allem von Leuten aus den Gruppen im Jahr 1984. Beides zusammen bewirkte ab 1984/85 eine Art

„Generationswechsel" in den Gruppen sowie eine stärkere Orientierung auf die Ökologie.

Stand dabei anfangs die Thematisierung der eigenen Lebensweise im Vordergrund, so rückten seit Mitte der 80er Jahre Fragen der Umweltpolitik in der DDR immer stärker in den Mittelpunkt. Regionale Umweltprobleme wie beispielsweise die Zerstörung der Natur durch den Kohleabbau oder die enorme Luftverschmutzung in der Region Leipzig – Halle gewannen jedoch erst ziemlich spät ein größeres Gewicht. Das bekannteste Beispiel dafür ist die 1988 gestartete Aktion „Eine Mark für Espenhain". Sie wurde von einer der wenigen ländlichen Umweltgruppen initiiert und von allen sächsischen Ökologiegruppen getragen. Ziel der Aktion war, auf die gravierenden Umweltprobleme in der Region aufmerksam zu machen und eine Sanierung der total verschlissenen Braunkohle- und Chemieanlagen im Südraum von Leipzig zu erreichen. Damit wandten sich die Gruppen den aus der Wirtschaftspolitik der DDR resultierenden Umweltproblemen zu.

In der zweiten Hälfte der 80er Jahre erfuhr die Umweltproblematik eine zunehmende Politisierung. Es bildeten sich eher aktionistisch orientierte Gruppen, die die Ökologieproblematik mit Fragen der Demokratie in der DDR verbanden und dies in z.T. spektakulären öffentlichen Aktionen wie den seit 1988 jährlich stattfindenden „Pleiße-Pilgermärschen" einforderten. Daneben wurden nach 1985 Gruppen im Menschenrechts- und Demokratiebereich stärker. Die Gruppen entstanden häufig aus informellen Zirkeln innerhalb bzw. am Rande der Kirche und aus Freundeskreisen heraus. Sie waren eher lose als Netzwerke strukturiert und pflegten auch untereinander keine fest institutionalisierten Kontakte (siehe dazu: Pollack 1990). Insgesamt gab es in der zweiten Hälfte der 80er Jahre ein verstärktes Wachstum der Leipziger Gruppenszene und der Aktionen, was wohl auch auf die politischen Wandlungen in der Sowjetunion zurückzuführen ist. 1989 schließlich gab es in Leipzig ca. 20 Gruppen unter dem Dach der Kirche mit etwa 300 aktiven Mitgliedern und einem Sympathisantenkreis von ungefähr 1.000 Leuten (Elvers/Findeis 1990). Menschenrechtsgruppen machten davon den größten Anteil aus (etwa zehn), gefolgt von Ökologiegruppen (vier). Thematisch war die Spannbreite allerdings größer und reichte in den einzelnen Gruppen von praktischer Umweltarbeit bis zu allgemeinpolitischen und theoretischen Zielstellungen. Eine lokale Vernetzung der Leipziger Gruppen war zunächst eher von außen her, durch den „Synodalausschuß für Frieden und Gerechtigkeit der Evangelischen Kirche", hergestellt worden. Die Gruppen selbst bauten erst ab 1988/89 Formen einer eigenständigen lokalen Vernetzung auf. So gab es 1988 im Gefolge der Stasi-Übergriffe auf die Berliner Umweltbibliothek Bestrebungen zur Schaffung eines „Kommunikationszentrums" seitens der Gruppen, was aber durch die Zersetzungsarbeit der Stasi scheiterte (vergl. Dietrich 1991, 31 ff.).

Was die überregionale Vernetzung betrifft, so ist eine gewisse Autarkie bzw. (Selbst)Isolierung der Leipziger Gruppen auffallend, jedenfalls arbeiteten sie in solchen landesweiten Netzwerken wie Frieden konkret oder Netzwerk

Arche kaum mit. Im Prinzip beschränkte sich ihr Wirken sehr stark auf Leipzig und erfaßte nur in Ansätzen den Süden der DDR. Zu anderen Gruppen (Künstlern, Untergrundzeitschriften, der Kulturszene, „Gesellschaft für Natur und Umwelt" beim Kulturbund und Intellektuellen-Zirkeln) gab es fast keine Kontakte. Dies deutet auf eine ziemlich klare politische und ideologische Differenzierung. Ende der 80er Jahre war auf diese Weise ein relativ stabiles und aktives Bewegungsmilieu entstanden, das auch durch das Wirken der Stasi nicht mehr zerstört werden konnte (dazu Dietrich 1991, 20ff.).

Die Einrichtung einer Reihe von Klubs, Kulturhäusern und Galerien schuf in den 70er Jahren die Infrastruktur für die „Kulturopposition" (Jordan 1991). Diese transformierte sich in den 80er Jahren allmählich in eine alternative Kulturszene. Konstitutiv dafür waren vor allem die Rockgruppen und ihr Umfeld, die Künstler (Maler und bildende Künstler) sowie die Liedermacher-Szene und die Spielkultur- bzw. Spielwagen-Bewegung. Leipzig bot mit seiner gut ausgebauten kulturellen Infrastruktur günstige Voraussetzungen dafür; die liberalere Politik des SED-Bezirkssekretärs für Kultur Dietmar Keller (1989/90 Kulturminister der Modrow-Regierung) ermöglichte eine Umprofilierung weg von dogmatischen staatlichen Vorgaben. Diese Kultur fungierte zum einen als Ersatz-Öffentlichkeit, zum anderen war sie Probierfeld für neue Lebensstile und politische Haltungen. Ähnliches gilt für die privaten Literaturzirkel und Lesekreise, aus denen heraus es 1984 den Versuch zur Gründung eines unabhängigen Frauenzentrums gegeben hatte. Daneben gab es seit Mitte der 80er Jahre die alternative Presse, die nach dem 89er Herbst die Grundlage für die oppositionelle Presse in Leipzig wurde.

Zugleich bildeten sich ab 1984/85 intellektuelle Zirkel und Künstlerkreise vor allem an der Universität und den Kunsthochschulen in der Stadt, aus denen z.T. auch feste Vereinigungen wie der „Klub junger Wissenschaftler" hervorgingen. Politisch ließen sich diese Gruppen im Reformkommunismus verorten, das Ziel war eine Reform des Sozialismus à la Gorbatschow, der Protest verblieb in den von der SED vorgegebenen Bahnen. Insgesamt mag es 1989 etwa 10 solcher Gruppen und Projekte gegeben haben, die ähnlich wie die Gruppen unter dem Dach der Kirche strukturiert waren.

In der 2. Hälfte der 80er Jahre kam es zu einer allmählichen Zunahme der Proteste, welche von den neugebildeten Ökologie- und Menschenrechtsgruppen initiiert wurden. Ab 1987 kamen immer mehr Ausreiseantragsteller hinzu, die vor allem die Öffentlichkeit der Messen nutzten, um auf ihr Anliegen aufmerksam zu machen. Ihnen ging es in erster Linie um Reisefreiheit. Von der Form her waren diese Proteste denen der Kirchengruppen ähnlich. In dieser Konstellation mehrten sich im Frühjahr 1989 Demonstrationen und Demonstrationsversuche im Anschluß an die Friedensgebete in der Nikolaikirche, wobei die Antragsteller maßgeblich zur Ausweitung des Handlungsspielraums beitrugen. Diese Aktionen schufen im wesentlichen das Handlungsrepertoire und die Symbolik, welche dann für die Leipziger Montagsdemonstrationen prägend werden sollten. Zugleich entstand hier das Mobilisierungspotential der späteren Bürgerbewegungen.

Bedingt durch den späten Entstehungszeitpunkt und den „Generationsriß" in der Gruppenszene 1984/85 waren die Gruppenmitglieder relativ jung. Dies dürfte eine der Ursachen für die starke aktionistische Tendenz in der zweiten Hälfte der 80er Jahre in Leipzig gewesen sein. Von der sozialen Zusammensetzung her dominerten Theologen, Theologiestudenten und kirchliche Mitarbeiter in den Gruppen, daneben waren Leute mit medizinischer Ausbildung, Naturwissenschaftler sowie Bibliothekare, Buchhändler und Kulturvermittler stark vertreten. Ähnlich wie in der Bundesrepublik bildeten also Leute aus dem Dienstleistungsbereich die soziale Basis der Gruppen.

Die Entwicklung in Leipzig wich kaum vom allgemeinen Muster ab: einer Phase der Entstehung von politisch und kulturell alternativen Gruppen Ende der 70er und Anfang der 80er Jahre und ihrer Latenz bis Mitte der 80er Jahre folgte ab Mitte der 80er eine Phase des rascheren Wachstums, der zunehmenden Vernetzung und Konsolidierung, die im Sommer 1989 in die Bildung übergreifender republikweiter Sammlungsbewegungen mündete. Leipzig hatte eine vergleichsweise große Szene an kirchlichen Oppositionsgruppen (wohl die zweitgrößte nach Berlin; siehe dazu auch Poppe 1990) und eine spezifische Ausprägung im Ökologie- und Demokratiebereich, daneben war noch die „Kulturopposition" bedeutsam.

Mit den Gruppen des Vorherbstes war ein Bewegungsmilieu als Voraussetzung sozialer Bewegungen entstanden. Dieses Milieu war eher klein, die Gruppen wiesen einen niedrigen Strukturierungsgrad auf und ihre Mobilisierung war schwach. Außerdem lösten sie sich auch nicht aus der Institution Kirche heraus und hatten insofern einen halbautonomen Status. Die Gruppen nahmen sich selbst auch nicht als Bewegung oder kollektiven Akteur wahr, es gab keine gängige Selbstbezeichnung (allenfalls war von „Gruppenszene" die Rede) und keine übergreifende (Integrations)Ideologie. Insofern scheint mir bei der Verwendung des Bewegungsbegriffs Vorsicht geboten.

In diese Richtung argumentieren auch andere Autoren. Helmut Zander beispielsweise konstatiert zwar die Ausbildung alternativer Gruppen und einer Alternativszene in der DDR sowie „Ähnlichkeiten mit vergleichbaren Lebensentwürfen in der Bundesrepublik" (Zander 1989, 234ff.), verneint aber die Existenz einer „Bewegung": „Die Vernetzung dieser Gruppen war so gering, daß auf die Bezeichnung Alternativ-,bewegung'/-en verzichtet werden muß" (Zander 1989, 237). Er vermerkt eine Diskrepanz zwischen der geringen Ausdehnung dieser Szene und der Aufmerksamkeit, die ihr zuteil wurde. In ähnlicher Weise äußerte sich Wolfgang Kühnel dazu: „Außer an einigen wenigen Orten in den Großstädten bestand kaum die Möglichkeit für eine selbstorganisierte alternative Infrastruktur in der DDR." Er spricht in diesem Zusammenhang auch nur von „marginalen alternativen Milieus" (Kühnel 1990, 34f.).

Die Oppositionsgruppen, die es Ende der 80er Jahre in der DDR gab, wiesen einerseits Ähnlichkeiten, andererseits Unterschiede mit den neuen sozialen

Bewegungen in westlichen Ländern auf. Gemeinsamkeiten scheinen in der sozialen Zusammensetzung (Intellektuelle und Humandienstleister) und den Organisationsstrukturen (lose vernetzte informelle Gruppen) zu bestehen, Unterschiede vor allem auf der inhaltlichen Ebene (protestantische Prägung, Ziel der Herstellung demokratischer Freiheiten). Insofern scheint mir bei der Anwendung des Konzepts Neue Soziale Bewegungen auf die Gruppen des Vorherbst in der DDR Differenzierung geboten, pauschale Urteile (wie etwa das von Hubertus Knabe; siehe Knabe 1988) werden dem nicht voll gerecht.

3. Vom Milieu zur Bewegung: Die Bürgerbewegungen von 1989/90

Die Gruppen unter dem Dach der Kirche stellten die Basis für die sich im Sommer 1989 formierenden Bürgerbewegungen dar. In einem ersten Schritt wurde aus den Gruppen heraus eine Reihe von Bewegungen gegründet, ohne daß es zu einer formalen Auflösung der alten Gruppierungen kam. So entstanden durch Gruppenzusammenschlüsse die Initiative für Frieden und Menschenrechte (IFM) und das Neue Forum. Auch der Demokratische Aufbruch, der bis zu seiner Umwandlung zu einer Partei konservativen Zuschnitts in Leipzig ebenfalls eine wichtige Rolle spielte, wurde von einer Kirchengruppe initiiert. Die Präferenzen für bestimmte Bewegungen waren zu diesem Zeitpunkt teils in politischen Differenzen begründet, teils waren die jeweiligen sozialen Netzwerke für die Wahl entscheidend. Programmatisch offene Bewegungen wie das Neue Forum oder auch der Demokratische Aufbruch zogen so ein relativ breites soziales wie politisches Spektrum an und verzeichneten daher auch ein rasches Wachstum, während programmatisch gebundene Bewegungen wie die IFM oder die Vereinigte Linke kaum Veränderungen erfuhren.

Das Heraustreten der Gruppen aus der Kirche war ein entscheidender Schritt bei der Bildung autonomer (Bürger)Bewegungen, es fiel in eine Zeit, als die Krise des realen Sozialismus offen zutage trat. Das trug den Bürgerbewegungen über Nacht tausende von neuen Mitstreitern ein. Bereits im Oktober 1989 hatten ca. 1.500 Leipziger den Aufruf „Aufbruch 89“ des Neuen Forum unterschrieben, insgesamt taten dies etwa 4.000 Menschen. Am 8. Oktober fand dann die Gründungsveranstaltung des Neuen Forum in einer Leipziger Kirche unter Beteiligung von ca. 1.500 Leuten statt. Gleichzeitig bildeten sich die ersten thematischen und Basisgruppen. In der Folgezeit wuchs die Zahl und Größe der Basisgruppen des Forum rasch an und erreichte im November/Dezember ihren Höhepunkt. Man kann davon ausgehen, daß Ende 1989/Anfang 1990 rund 70 thematische und Stadtteilgruppen in Leipzig wirkten, die bis zu 40 Mitgliedern hatten. Das Neue Forum verfügte damit über die zahlenmäßig größte Basis, etwa 2.000 Leute. Von ihrer sozialen Zusammensetzung war diese viel breiter als die Oppositionsgruppen der 80er Jahre, im Prinzip war das gesamte

Volk vertreten, wenngleich die jüngeren Höhergebildeten überproportional präsent waren und den vergleichsweise größten Einfluß hatten.

Die dreigliedrige Struktur des Neuen Forum (thematische, Stadtteil- und Betriebsgruppen) kam aber nie so recht zustande, namentlich die Betriebsgruppen und z.T. auch die Stadtteilgruppen existierten nur sehr kurze Zeit (manchmal nur wenige Wochen bzw. über zwei bis drei Sitzungen hinweg; siehe dazu auch Unterberg 1991). Die Entwicklung der Organisationsstruktur konnte mit dem Massenzulauf und der Rasanz der Ereignisse in keiner Weise Schritt halten. Die tausenden von Mitglieder und Sympathisanten existierten so im wahrsten Sinne nur auf dem Papier, die eigentliche Arbeit wurde von wenigen Aktivisten aus den Gruppen geleistet, welche sich aus ihren Arbeits- und Lebenszusammenhängen herauslösten und die Revolution „machten".

In der heißen Phase der Revolution wurden insbesondere die Stadtteilgruppen des Neuen Forum zu Vernetzungspunkten zwischen den unterschiedlichen sozialen Trägergruppen der Bewegungen. Die Zusammenführung unterschiedlicher sozialer und politischer Strömungen gelang jedoch nur für kurze Zeit, schon im Winter 1989/90 kam es zu einer neuen Differenzierung, vor allem im Neuen Forum. Zum einen verselbständigten sich einige seiner Initiativen und thematischen Gruppen. Zum anderen wandelten sich thematische und Basisgruppen zu eigenständigen Bewegungen bzw. Organisationen, so zum Beispiel die Fraueninitiative des Neuen Forum zum Unabhängigen Frauenverband (UFV). Nicht selten führte der Weg zur Gründung neuer Gruppen, Initiativen und Projekte über das Neue Forum. Damit verlor dieses jedoch seine Basis wieder so schnell, wie es sie gewonnen hatte. Dennoch war diese Zeit für viele Leute eine wichtige Erfahrung, und die Erweiterung des sozialen Spektrums hatte nachhaltige Folgen für die Entwicklung der Bewegungen.

Neben dem Neuen Forum waren in Leipzig noch die Grüne Partei, die ebenfalls aus den Oppositionsgruppen hervorgegangene Sozialdemokratische Partei sowie der Ökolöwe (ein selbständiger Leipziger Umweltbund) bedeutsam. Die Grüne Partei war vor allem eine Initiative der Umweltgruppen aus dem Kulturbund, der Ökolöwe ein Zusammenschluß von kirchlichen Umweltgruppen und der Gesellschaft für Natur und Umwelt des Kulturbundes. Bei der Gründung der SDP spielten Kräfte aus dem Leipziger Arbeitermilieu eine Rolle. Die wohl kleinste der Bewegungen, die Vereinigte Linke, wurde von Angehörigen des Leipziger Uni-Milieus gegründet, sie vermochte allerdings kaum größere Bedeutung zu erlangen.

Diese Konstellation – eine starke Umweltbewegung und das Neue Forum als stärkste politische Kraft – ist das Charakteristische für die Revolutionszeit 1989/90 in Leipzig (zu anderen ostdeutschen Städten wie Ostberlin, Dresden oder Rostock siehe Haufe 1993 und Probst 1993).

Bereits in der zweiten Hälfte der 80er Jahre war eine Zunahme von Protestaktivitäten in den Gruppen zu verzeichnen gewesen. Im Jahr 1989 erlangten diese eine neue Qualität. Im September und Oktober 1989 waren die Mitglieder der Kirchengruppen und die Antragsteller die Kristallisationspunkte des Protestes, Anfang Oktober verschränkten sich dann die unterschiedliche Protestzyklen miteinander. Die ersten Montagsdemos waren ganz von den alten Forderungen der Kirchengruppen dominiert, sozialer Friedensdienst etwa oder Umweltschutz, rasch entfaltete sich jedoch die spätere Spannbreite der Forderungen (nach bürgerlichen Freiheiten). Insbesondere das Neue Forum konnte damit wichtige Akzente setzen und dem Protest Stimme verleihen und Ziele geben. Es war in dieser Phase gewissermaßen der Stichwortgeber der Revolution. Ab Anfang November fungierten die Bürgerbewegungen dann als Ausrichter der Kundgebungen auf dem damaligen Karl-Marx-Platz, womit sie die politische Führung und in der Folge auch die Organisation der Protestbewegung übernahmen. Dadurch und durch spektakuläre Aktionen (wie beispielsweise die Erstürmung des Leipziger Stasi-Gebäudes) erreichten sie eine enorme Popularität in der Volksbewegung. Auf deren Höhepunkt ertönte in der Demo die Forderung „Neues Forum an die Macht“. Das Neue Forum wollte und konnte dieser Forderung nicht nachkommen (Neues Forum Leipzig 1990, 264f.) und war (vielleicht auch deswegen) von diesem Zeitpunkt an mit einem Rückgang der Popularität wie auch der Präsenz der Mitglieder und Sympathisanten in der Demo konfrontiert. Nach dem Fall der Mauer, begann „das Volk“ immer mehr, (für sich) selbst zu sprechen. Unmittelbar damit verbunden verstärkten sich bereits zu diesem Zeitpunkt Tendenzen, die zunächst die Rolle der Bewegungen völlig verändern sollten: im Schlepptau der Massenproteste erstarkte zusehends eine soziale bzw. politische Strömung, die schon unmittelbar nach der Grenzöffnung dem Projekt einer Reform der DDR eine klare Absage erteilte und damit unmittelbar gegen zentrale politische Intentionen der Bewegungen auftrat (zu den Leipziger Montagdemos siehe Hofmann/Rink 1990). Die Aktivitäten der Bürgerbewegungen verlagerten sich (auch infolgedessen) allmählich von der Straße weg in die Bürgerkomitees und an die Runden Tische (Thaysen 1990, 177ff.), rasch machten sich Differenzierungs- und Institutionalisierungsprozesse breit. Noch in der Wende wurde eine programmatische Umorientierung auf die neu entstandene Lage und eine organisatorrische Umstrukturierung immer unabweislicher.

Von diesem Zeitpunkt an bestimmte die Forderung nach der deutschen Einheit mehr und mehr die Demo, und die Bürgerbewegungen, die diesen Weg nicht mitgehen wollten, wurden an den Rand gedrängt. Bereits im November und Dezember 1989 war eine deutliche Abnahme des Einflusses der Bürgerbewegungen spürbar, im Januar 1990 zogen sie sich schließlich ganz von der Demo zurück. Als dann die bundesdeutschen Parteien rasch das politische öffentliche Terrain eroberten und der Wahlkampf zunehmend das politische Geschehen bestimmte, kam es zu einem rasanten Verfall der Popularität der Bürgerbewegungen. Gleichzeitig aber kam der Einfluß der Bewegungen auf politischer Ebene durch die Runden Tische und Bürgerkomitees erst so richtig zur Geltung. In dieser Konstellation – schwindender bzw. geringer Masseneinfluß in der Protestbewegung versus zunehmende Präsenz in den neuen politischen

Gremien und Institutionen – deutete sich schon der Niedergang der Bürgerbewegungen an.

In der Phase unmittelbar nach dem Herbst 1989 eröffnete sich durch das Zurückweichen der SED bzw. die beginnende Auflösung der DDR ein breiter Spielraum zur Durchsetzung (kommunal)politischer Ziele der Bürgerbewegungen. Im Zusammenspiel zwischen den Runden Tischen, den Vertretern der Bürgerbewegungen im Stadtrat und den immer noch großen Mobilisierungen konnten im Frühjahr 1990 entscheidende Durchbrüche insbesondere auf ökologischem Gebiet sowie der Stadtbaupolitik erreicht werden. Auf Druck der Volksbaukonferenz und von Bürgerinitiativen wurde Anfang 1990 ein Abrißstop in den Altbau- und ein Baustop in den innerstädtischen Neubaugebieten, die Rückführung von Baukapazitäten von Berlin nach Leipzig sowie die Inangriffnahme eines neuen Generalbebauungsplanes erwirkt. Im April 1990 demonstrierten dann über 10.000 Leipziger auf Initiative von Umweltgruppen mit Sternmärschen zu den Tagebauen im Süden der Stadt, um das Vorrücken der Kohlebagger auf den Leipziger Auewald zu verhindern. Gleichzeitig klagte das Neue Forum auf einstweiliges Aussetzen des Abbaus. Daraufhin erfolgte die Stillegung von Tagebauen sowie von Kohleverarbeitungsanlagen. Die Konsequenzen sind allerdings ambivalent: einerseits ging die Luftbelastung in der Region in der Folgezeit um fast 30% zurück und verbesserte sich die Wasserqualität der Flüsse, andererseits sind dadurch über die Hälfte der Beschäftigten der Braunkohle und Energieindustrie der Region von Kurzarbeit, Arbeitslosigkeit und Vorruhestand betroffen bzw. unmittelbar davon bedroht. Die nicht intendierten Folgen waren freilich in erster Linie Auswirkungen der sich bereits abzeichnenden Wirtschaftskrise, sie machten den Bewegungen aber auch die Notwendigkeit konzeptioneller politischer Arbeit stärker bewußt. Diese kam infolge des Drucks der Ereignisse erst allmählich zustande.

Im Gefolge der revolutionären Ereignisse vom Herbst 1989 wurden die zentralistischen Machtstrukturen abgebaut und rekonstituierten sich schrittweise die Kommunen wie kommunale Politik. In einer Übergangsphase, vom Dezember 1989 bis zum Mai 1990, bildeten der Runde Tisch und die Bürgerkomitees quasi einen „zweiten Stadtrat“. Dadurch wurde dem alten Rat rasch die Legitimation entzogen und die legislative Gewalt auf diese Gremien übertragen. Mit der Aufnahme von Vertretern der Bürgerbewegungen und der neuen Parteien in den Leipziger Stadtrat im Februar 1990 deutete sich ein Machtwechsel an. Nach dem Rücktritt des alten Rates kam es dann im Frühjahr 1990 zu einer stillen Koalition zwischen dem Neuen Forum, der stärksten Bürgerbewegung in der Stadt, und der wiedergegründeten SPD. Allerdings trug diese die Insignien einer Notregierung, politische Entscheidungen fielen am Runden Tisch bzw. wurden auf den neuzuwählenden Stadtrat vertagt. Mit der Beteiligung an politischer Verantwortung in der Stadt durch ihre Vertreter im provisorischen Stadtrat war die Entscheidung zur Teilnahme der Bewegungen an den Kommunalwahlen im Prinzip schon gefallen, sie wurde auch nie infrage gestellt.

In dieser Phase gelang es den Bewegungen, viele Forderungen durch den Runden Tisch bindend festzuschreiben. Dadurch wurden neue institutionelle Positionen geschaffen, wie zum Beispiel die Gleichstellungsstelle, die Behinderten-, Schwulen-/Lesben- und Seniorenbeauftragte, das Umweltdezernat u.a., welche z.T. auch im neuen Kommunalgesetz vom Frühjahr 1990 ihren Ausdruck fanden.

Die Situation nach 1989 ähnelte in gewisser Weise der nach 1945, die Kommunen waren die einzigen handlungsfähigen politischen Einheiten: „(Die politisch-administrativen Institutionen und Akteure auf der Ebene der Kreise, Städte und Gemeinden) ... stellen doch das einzige Stück institutioneller Kontinuität .. im Übergang von der alten DDR in die neue Bundesrepublik dar..." (Wollmann 1991, 237). Während es aber damals infolge des Fehlens zentraler staatlicher Autoritäten zu einer weitgehenden Kommunalisierung in Verwaltung, Wirtschaft und im Sozialbereich kam, wurde das zentralstaatliche Machtvakuum rasch durch den Beitritt zur Bundesrepublik beendet. Damit wurden die Bürgerbewegungen aber in die Schranken der repräsentativen Demokratie verwiesen und ihr Einfluß zugunsten der Parteien zurückgedrängt.

Die „Wende" 1989/90 brachte mit der schnellen Ausweitung der Sammlungsbewegungen zu Bürgerbewegungen die bislang tiefste Zäsur in der Entwicklung. Leipzig war in der Wendezeit vor allem das Zentrum des Protests, wobei dieser noch eine spezifische Zusammensetzung aufwies (Arbeiterprotest und Mobilisierung der Bürgerbewegungen; siehe dazu Hofmann/Rink 1990). Die rasante politische Entwicklung brachte gerade die Leipziger Bewegungen in eine Situation permanenter Überforderung. Sie standen von Anfang an im Zentrum eines der wichtigsten Zyklen des Massenprotestes in der DDR, wodurch ihnen eine gewisse Signalgeber- bzw. Avantgarderolle zuwuchs. In dessen Verlauf wurden die Bürgerbewegungen, die zunächst Netzwerke der oppositionellen Gruppen waren, zu Massenbewegungen, die unterschiedliche soziale und politische Kräfte in sich vereinigten. Sie mußten frühzeitig ein sich ausweitendes Machtvakuum in der Stadt ausfüllen helfen, wobei sie einerseits mit gravierenden ökologischen und sozialen Problemen konfrontiert wurden, andererseits ihre Basis aber wieder abschmolz. Der schrittweise Zusammenschluß der Bürgerbewegungen sowie die Differenzierung der Bewegungen und Parteien bewirkten dann wieder eine Homogenisierung der sich institutionalisierenden Bürgerbewegungen. Während sich in Berlin das Zentrum der Bürgerbewegungen und die Hochburgen solcher eher intellektuell geprägter Bewegungen wie Demokratie jetzt oder der Vereinigten Linken befanden, war Leipzig dagegen (wie andere Städte in der „Provinz") eine Hochburg der größten und breitesten Bürgerbewegung, des Neuen Forum sowie einer starken Umweltbewegung.

Mit dem Neuen Forum, dem Demokratischen Aufbruch, der Vereinigten Linken, Demokratie Jetzt und dem Unabhängigen Frauenverband entstand im Herbst 1989 ein kollektiver Akteur, die Bürgerbewegungen. Bei allen Ähnlichkeiten zu den neuen sozialen Bewegungen in westlichen Ländern entstand hier ein Bewegungstypus, der durch Massenmobilisierung, eine große Massenbasis, eine breite soziale Verankerung und das Ziel der Überwindung des Sozialismus stalinistischer Prägung und der (Wieder)Herstellung elementarer demokratischer Rechte gekennzeichnet war. Vertreter dieses Bewegungstypus waren z.B. auch die polnische „Solidarnosc" und das tschechoslowakische „Bürgerforum". Während diese Bewegungen aber einen längeren Bestand hatten, sich organisatorisch festigen konnten und eine wichtige Rolle in den Umwälzungen ihrer Länder spielten, war die Phase der DDR-Bürgerbewegungen nur sehr kurz. Durch die Übernahme des westdeutschen Parteiensystems und die rasche deutsche Vereinigung wurde einerseits der Einfluß der Bürgerbewegungen zurückgedrängt und ihnen die Massenbasis entzogen, andererseits der Institutionalisierungs- und Differenzierungsprozeß in den Bürgerbegungen beschleunigt. Dadurch wurde die Existenz der Bürgerbewegungen in der DDR auf die historisch kurze Phase von Herbst 1989 bis Frühjahr 1990 reduziert.

In dieser Zeit kam es durch den Zusammenbruch der SED-Herrschaft kurzzeitig zu einer Doppelherrschaft, die einen überproportionalen Einfluß von Bewegungspolitik auf allen politischen Ebenen mit sich brachte. Während aber auf Regierungsebene schon mit dem Antritt der de Maiziere-Regierung dieser Einfluß wieder zurückgedrängt wurde (symbolhaft in der Zurückweisung des Verfassungsentwurfs des Runden Tisches), konnten auf kommunaler Ebene je nach der politischen Kräftekonstellation einige der errungenen Positionen gehalten werden.

4. Institutionalisierung und Differenzierung: Von den Bürgerbewegungen zum Bündnis 90 und den neuen Bewegungen

Im Zuge ihrer Parlamentarisierung nahm die Mobilisierungsfähigkeit der Bürgerbewegungen rapide ab. Nach dem Auslaufen des 89er Protestzyklus und dem Abebben der „revolutionären Unruhe" ist ihnen nie mehr eine breite Bevölkerungkreise erfassende Mobilisierung gelungen (Breitenborn/Rink 1991). Das zeigte sich erstmals bei den Montagsdemos vom Herbst 1990. Sie wurden ausschließlich von den Bürgerbewegungen, vor allem dem Neuen Forum und der IFM getragen. Unmittelbarer Anlaß und Ziel dieser Demos war zwar die Frage des Verbleibs der Stasi-Akten, dominierend war allerdings der Protest gegen das als überstürzt empfundene Tempo der deutschen Vereinigung und die (damit verbundene) Negierung der (basis)demokratischen Errungenschaften des 89er Herbstes. Unverkennbar war das Bestreben, den symbolischen Gehalt der Montagsproteste aufzugreifen, um Zeichen für einen aufrechten Gang in die deutsche Einheit zu setzen. Aber in einer Situation, die teils von nationalem Hochgefühl, teils von einer bis dahin nicht gekannten Eskalation der Gewalt in Leipzig gekennzeichnet war, mißlang dies. Auch in der Frage der Stasi-Akten konnte nur ein (vorläufiger) Teilerfolg (das später vom Bundestag verabschiedete Stasi-Unterlagengesetz) erreicht werden. Immerhin fanden von September bis November acht Demos statt und waren auf dem Höhepunkt der Mobilisierung ca. 3000 Menschen auf der Straße.

Im Gefolge des Kriegsausbruchs am Golf kam es zu einem weiteren kleinen Zyklus von Montagsdemos. Auch hier war Leipzig eines der Zentren des Protestes in Ostdeutschland und die Bürgerbewegungen der Initiator. Hier entfaltete sich noch einmal das aus der Wendezeit bekannte „Keine Gewalt!", es war quasi die größte und posthume Aktion der alten DDR-Friedensgruppen.

Der vorletzte Zyklus von Montagsdemos im Frühjahr 1991 knüpfte an eine Vielzahl vorangegangener Protestaktionen (Blockaden, Besetzungen, Kundgebungen und kleinere Demos) verschiedener Einzelgewerkschaften, Betriebsbelegschaften, Berufsgruppen usw. an und bündelte sie. Er stand im Kontext der um sich greifenden Abwicklungen von öffentlichen Einrichtungen und Verwaltungen sowie der Schließung vieler Unternehmen. Träger des Protestes waren vor allem Arbeiter und Angestellte der ehemaligen volkseigenen Betriebe und Einrichtungen, weniger die Vertreter aus den Bürgerbewegungen. Von Anfang März bis Ende April 1991 protestierten Hunderttausende gegen die dramatischen Ausmaße von Arbeitslosigkeit, Kurzarbeit und Abwicklungen. Die Bürgerbewegungen traten erst gegen Ende der Demos und nur schwach in Erscheinung. Als eigenständige politische Kraft waren sie kaum spürbar, was sich auch darin äußerte, daß sie ihre Anliegen (insbesondere die ökologischen Probleme des wirtschaftlichen Zusammenbruchs) überhaupt nicht thematisierten. Der Erfolg dieser Demos war die Initiierung des Programms „Aufschwung Ost".

Der vorerst letzte Anlauf zu Montagsdemos im Frühjahr 1993 scheiterte rasch. Das Bündnis 90 hatte zusammen mit anderen Initiativen unter dem Motto „Uns reichts" aufgerufen. Zur Auftaktveranstaltung kamen lediglich 8.000 Leute, in der Folgezeit schmolz ihre Zahl rasch zusammen, so daß die Veranstalter nach drei Demos aufgaben. Die demokratische Institution „Montagsdemo" scheint damit verschlissen.

Neben diesen Montagsdemos hat es eine Reihe von thematisch orientierten Demos (z.B. für Radwege, gegen den Verkehrsleitplan für Leipzig, gegen den § 218 u.a.) gegeben. Zu diesen Protestaktionen kamen jeweils nicht mehr als einige hundert Leute.

Die breite Bevölkerung ist kaum noch für die Themen der Bewegungen zu mobilisieren. Zum einen wiegt das Arbeitsplatzargument mittlerweile schwerer als die Forderungen nach einer Verbesserung der Umweltsituation, Bürgerbeteiligung etc., zum anderen hat sich allgemein eine stärker apathische Stimmung breit gemacht. Auch bei einer sich infolge der Wirtschaftskrise und des Sozialabbaus verschärfenden sozialen Situation ist in der nahen Zukunft kaum eine übergreifende Mobilisierung zu erwarten.

Reziprok zum Verlust der Mobilisierungsfähigkeit vollzog sich die Institutionalisierung der Bürgerbewegungen. Ein erster Schritt dabei waren die Listenverbindungen Bündnis 90 (bestehend aus Demokratie Jetzt, dem Neuen Forum und der IFM) sowie Grün-Lila (Unabhängiger Frauenverband und Grüne).

In dieser Form gingen die Bürgerbewegungen in die Volkskammerwahl im Frühjahr 1990. Zur Kommunalwahl traten in Leipzig zwei Vereinigungen an, ein Bündnis 90 (Neues Forum, IFM und UFV) und die Grüne Partei.

Die Stimmanteile des Bündnis 90 und der Grünen zusammen lagen bei den Wahlen des Jahres 1990 zwischen 7,46% und 11,85% (Volkskammerwahl 7,46%, Kommunalwahlen 11,85%, Landtagswahl 8,67% und Bundestagswahl 9,14%). In absoluten Zahlen wählten zwischen 23.000 und 26.000 Leipzigern grün bzw. bürgerbewegt. Leipzig ist sowohl in Sachsen als auch in Ostdeutschland insgesamt eine der (Wähler)Hochburgen der Bürgerbewegungen bzw. des Bündnis 90/GRÜNE (siehe dazu: Wielgohs 1991). Das Wahlverhalten war im Jahr 1990 allerdings starken Schwankungen unterlegen. Das betrifft die Wahlbeteiligung, in der sich nach einer hohen Beteiligung bei der ersten freien Wahl seit 45 Jahren die Tendenz zur Wahlenthaltung abzeichnete. Aber auch die Präferenzen für die Parteien änderten sich z.T. erheblich, insbesondere bei den großen Parteien CDU und SPD (die Differenzen von 10% bis 15% aufwiesen). Im Vergleich zu den anderen Parteien hat das Bündnis 90/GRÜNE eine ziemlich konsistente Wählerschaft. Von der Zusammensetzung her ist sie (nach einer Erhebung in Sachsen) der Wählerschaft der Grünen in den alten Bundesländern sehr ähnlich. Überdurchschnittlich sind die 25- bis 34-jährigen vertreten, während mit zunehmendem Alter die Neigung, sie zu wählen, deutlich sinkt (Statistisches Landesamt Sachsen 1991).

Eine kleinräumliche Analyse der Wahlergebnisse in Leipzig brachte Hinweise dafür, daß auch die Sozialstruktur der ostdeutschen Bündniswähler der der westdeutschen Grünenwähler ähnlich ist. Seine Wählerhochburgen hat das Bündnis 90/GRÜNE in citynahen ehemaligen bürgerlichen Vierteln und in aufgewerteten alten Arbeiterbezirken. Dort wohnen Studenten, Intellektuelle, Künstler und Beschäftigte des Dienstleistungsbereichs. Seine Diasporagebiete liegen demgegenüber in verfallenen Arbeiterbezirken, in den Vorstädten und z.T. in den Neubaugebieten am Rande der Stadt, wo überwiegend Arbeiterbevölkerung anzutreffen ist. Auffällig ist eine Nähe zu den PDS-Wählern: Fast alle Bündnishochburgen sind zugleich auch PDS-Wählerhochburgen.

Für die Wahlen im Jahr 1994 zeichnet sich ein Wahlkampf mit der PDS ab. Paradoxerweise wird dann die PDS aus einer konsequenten Oppositionsrolle heraus antreten und möglicherweise einen Bonus als letzte Ostpartei genießen. Demoskopen sagen zwar einen Stimmenzuwachs für das Bündnis90/GRÜNE voraus, es ist aber fraglich, ob es von der Vertrauenskrise der großen Parteien profitieren kann. Langfristig wird auch die soziale Entwicklung in der Stadt ausschlaggebend sein. Mit dem Niedergang der alten „Schornsteinindustrien" (Stahl, Metallurgie, Kohlebergbau) und einer sich andeutenden tertiären Modernisierung (mit dem Ausbau des Handels-, Dienstleistungs- und Kommunikationsbereiches) wird eine tiefgreifende Veränderung in der Erwerbs- und Beschäftigtenstruktur in Leipzig verbunden sein. Möglicherweise kann das Bündnis 90/GRÜNE von der Entstehung bzw. Verbreiterung neuer Berufsgruppen profitieren und sich hier ein festes Wählerklientel schaffen.

Die Ergebnisse der Kommunalwahl vom Mai 1990 bestätigten die schon vorher gebildete „stille Koalition“ zwischen dem Neuen Forum und der SPD im wesentlichen. Die SPD erzielte 35% der Stimmen und errang 45 Sitze, die zum Bündnis 90 vereinigten Bürgerbewegungen knapp 8% der Stimmen und 10 Sitze, die Grüne Partei kam auf knapp 4% und 6 Sitze. Danach bildete die SPD mit der CDU und dem Bündnis 90 eine recht ungewöhnliche große Koalition. Die Grüne Partei blieb bis zur Vereinigung mit dem Bündnis 90 im Herbst 1991 zusammen mit F.D.P, DSU und PDS in der Opposition. Das Bündnis 90 erhielt zwei Dezernate (Jugend/Schule/Bildung und Umweltschutz/Sport), aus seinen Reihen kommen 4 Amts- und zwei Referatsleiter. Diese große Koalition erwies sich bislang als außerordentlich stabil, was wohl daher rührt, daß sie keine richtige ist. Es gibt keine Koalitionsvereinbarungen und kein Konzept, die SPD regiert mit wechselnden Mehrheiten, da es bislang (mit Ausnahme der CDU) auch keinen Fraktionszwang gibt. Das ermöglicht der SPD freilich große Spielräume zum Lavieren, wobei die SPD-Stimmen jeweils den Ausschlag geben: im Falle wirtschaftspolitischer Entscheidungen erreicht die SPD mit den Stimmen der CDU (und z.T. mit denen der F.D.P.) ihr Ziel, im Falle sozial- oder umweltpolitischer mit den Stimmen von Bündnis 90/GRÜNEN und PDS. Dadurch haben zwar auch die Anträge von Oppositionsparteien eine Chance durchzukommen, tendenziell scheinen sich aber die großen Parteien mit ihren Vorlagen durchzusetzen. Die Bürgerbewegungen konnten durch die Mitarbeit in dieser Koalition zunächst einmal wichtige Politikbereiche besetzen und durch die Bestätigung einer Reihe von Beschlüssen der Runden Tische Innovationen bewirken (z.B. die Einrichtung eines Gleichstellungsreferates und von Beauftragten für gleichgeschlechtliche Lebensweisen). Bei anderen wichtigen Entscheidungen wie zum Beispiel dem Messeneubau, dem Verkehrsleitplan und Sanierungskonzepten geriet das Bündnis 90 aber in eine Oppositionsrolle.

Die Folgen der Parlamentarisierung für ihre Programmatik , ihre Organisationsstrukturen und vor allem für ihren Charakter als Bürgerbewegung waren Anfang 1990 noch in keiner Weise absehbar.

Die Wahlen und die Mitarbeit von Vertretern der Bewegungen in den Parlamenten bzw. (im Falle Leipzigs) die Beteiligung an kommunalpolitischer Verantwortung übte einen zwiespältigen Einfluß auf die Entwicklung der Bewegungen aus. Einerseits gelang ihnen mit dem Einzug in das Leipziger Stadtparlament und den sächsischen Landtag eine außerordentlich rasche institutionelle Verankerung von Teilen ihrer Politik in einer entscheidenden Umbruchphase und (Teil)Erfolge vor allem auf umweltpolitischem Gebiet. Dem steht aber gegenüber, daß ihre ohnehin geringen Ressourcen zunächst durch die Wahlkämpfe und anschließend durch die parlamentarische Arbeit weitgehend absorbiert wurden. Die thematische Arbeit der Bewegungen und (außerparlamentarische) Aktionen kamen dadurch fast vollständig zum Erliegen, Aktivisten wurden in den Wahlkämpfen verschlissen, zogen sich zurück oder wurden durch die parlamentarische Arbeit absorbiert. Infolgedessen entwickelte sich die Stadtverordnetenfraktion des Bündnis 90 mehr und mehr zum Gravitationszentrum der Aktivitäten der (ehemaligen) Bürgerbewegung: Versammlungen werden von ihr einberufen, Beschlüsse vorbereitet, Programme erarbeitet etc. Die Wahlbündnisse der Bewegungen erlangten so eine Eigendynamik und bewirkten zusammen mit den parlamentarischen Fraktionen die Entwicklung des Bündnis 90 in Richtung einer Partei. Dieser Weg führte über die Listenverbindungen zur Gründung des Bündnis 90 im Herbst 1991 und dessen Vereinigung mit den Grünen im Mai 1992.

Zusammen mit der durch die Wahlen bewirkten „Institutionalisierung von Bewegungspolitik" (Nullmeier 1989, 14) kam es so zu einer schrittweisen Ausdünnung der vor dem Herbst und auch unmittelbar in der Revolution wahrgenommenen Aktivitäten und Funktionen der Bürgerbewegungen, die nun entweder vom Bündnis 90/GRÜNE und dessen parlamentarischen Vertretungen oder von den Bürgerinitiativen und Vereinen ausgefüllt werden. Dies vor allem beschleunigte die Institutionalisierungstendenzen hin zu einer ökologischen Bürgerrechtspartei, die mit der Vereinigung mit den GRÜNEN im Mai 1993 ihre endgültige Gestalt erhielt. In dieser ist die verbliebene Basis zusammengeschlossen, die jetzt etwa so groß wie die Basisgruppen kurz vor dem Herbst 1989 und in ihrem Führungsbestand weitgehend identisch mit den damaligen Aktiven ist.

Das ostdeutsche Bündnis 90/GRÜNE ist mittlerweile wie die GRÜNEN im Westen eine stark parlamentarisierte Partei. Die Kommunalpolitik stellt auch hier den eigentlichen Schwerpunkt des grünen Parlamentarismus und der Parteiarbeit dar. Auf kommunalpolitischem Feld scheinen derzeit noch die größten Chancen für das Bündnis zu liegen, da sich hier die derzeitige Krise der großen Parteien im Osten (vor allem der CDU) am gravierendsten im Zerfall der Ortsverbände, Konzeptionslosigkeit und der Lähmung der politischen Arbeit auswirkt. Im Vergleich zu den anderen Parteien ist das Bündnis 90 noch in einer vergleichsweise günstigen Situation: während die schmale Personaldecke bei CDU und SPD zum Bröckeln der Vertretungen führte, konnte das Bündnis freigewordene Mandate bislang problemlos besetzen. Die PDS ist zwar die mitgliederstärkste Partei, aber politisch ausgegrenzt und einflußlos. Die SPD ist in einer ähnlichen Situation wie das Bündnis, sehr jung und mit einer vergleichbaren Organisationsgröße. Anders als das Bündnis 90 verfügt sie aber über keinerlei Umfeldorganisationen und keine Rekrutierungsbasis. Die SPD hat daher den Bürgerbewegungen gerade in der Anfangsphase viele Leute abgezogen und die neugegründeten Bürgerinitiativen zu Zielen von Umarmungsversuchen gemacht. Es bleibt aber abzuwarten, ob es dem Bündnis 90 längerfristig gelingt, die gegenwärtige Schwäche der großen Parteien auszunutzen.

Ungewöhnlich ist, daß beim Neuaufbau der Kommunalverwaltung in größerem Maße auf die unbelasteten Leute aus den Bewegungen zurückgegriffen wurde, ehemalige Aktivisten der Bürgerbewegungen besetzen heute Ämter und Referate (z.B. Bürgermeisteramt, Personalamt, Kulturamt, Referat Energie, Aufsichtsrat in den Stadtwerken, Umweltamt, Pressereferat u.a.). Gegenwärtig ist (noch) ein unkonventioneller Stil im Umgang miteinander und eine von Sachlichkeit geprägte, produktive Zusammenarbeit kennzeichnend.

Wie sich der Tatbestand, daß sich ein bedeutender Teil der neuen kommunalen Elite aus den oppositionellen Gruppen des Vorherbstes rekrutiert, auswirkt, ist zum gegenwärtigen Zeitpunkt nicht einzuschätzen.

Ein bislang wenig beachtetes Phänomen ist die Entstehung einer Vielzahl von Bürger- und Stadtteilinitiativen, Umwelt-, Frauen-, Bildungs-, Sozial- und anderen Gruppen und Projekten im Zuge der Wende bzw. in deren Gefolge. Mit dem Zerfall der Bürgerbewegungen setzte 1990 eine Gründungswelle dieser Initiativen und Gruppen ein, die durch das ABM-Programm der Bundesanstalt für Arbeit noch befördert wurde. Die Initiatoren stammen häufig aus den Bürgerbewegungen, z.T. gibt es auch thematische Gruppen, die sich zu Initiativen bzw. Vereinen wandelten. Das bewirkte gleichzeitig einen enormen Institutionalisierungsschub, die Umstrukturierung der vormals losen Initiativen und Gruppen in Vereine. Über ABM-Gelder konnten sich die neuen Vereine rasch (und z.T. umfangreich) ausstatten und ihr Engagement auf eine hauptamtliche Basis stellen. In Leipzig sind an die Bürgerinitiativen und -vereine, Frauen- und Ökogruppen mehrere hundert ABM-Stellen, durchschnittlich drei bis vier pro Gruppe, vergeben worden. Dadurch war zwar eine überaus rasche Professionalisierung der Arbeit möglich, gleichzeitig kam es aber auch zu neuartigen Problemen, wie z.B. zum Zerfall einiger Vereine in einen hauptamtlich und einen ehrenamtlich arbeitenden Teil. Vielfach kommen die ABM-Leute aus einem ganz anderen sozialen Spektrum (z.T. werden sie vom Arbeitsamt vermittelt) und haben mit den Themen und den Anliegen der Gruppen wenig zu tun.

Der Gründungsboom 1990/91 fiel zusammen mit der Einrichtung des umfangreichen ABM-Programms für die neuen Länder, 1992 kam er bereits zum Erliegen. Mit dem Auslaufen der ABM-Stellen (beschleunigt seit dem ABM-Stop) gerät nun die Arbeit einer ganzen Reihe von Gruppen in Gefahr. Sie beschreiben dies als „Krise der Vereine und Initiativen", die die nach der Wende aufgebaute Basis wieder in Frage stellt. Der ABM-Stop bewirkt aber auch eine Schrumpfung auf das normale Maß und eine Homogenisierung der sozialen Basis, da einige der neuen Initiativen und Vereine der Arbeitsmarktsituation geschuldet künstliche Gebilde sind. Derzeit findet also ein neuerlicher, wenn auch nicht so gravierender Bruch wie 1989/90 in der Entwicklung statt.

In Leipzig existieren derzeit über 30 Bürgerinitiativen bzw. -vereine mit einem meist recht breitem Themenspektrum, das von Verkehr über Wohnen und Stadtsanierung bis zu sozialen Problemen reicht. Desweiteren gibt es etwa 25 Frauengruppen bzw. -projekte, die aus dem Frauenverband, der Lesbenszene und den DDR-Frauenorganisationen entstanden sind. Ihre thematische Arbeit ist auf die Aufarbeitung der Geschichte der Frauen und politische Themen wie etwa die Auseinandersetzung um den § 218 konzentriert. Etwa genauso groß ist das Spektrum der Umweltgruppen und -vereine in Leipzig. Der Kreis ihrer Aktivisten ist in etwa mit dem der kirchlichen und der Umweltgruppen des Kulturbundes vor 1989 identisch. Sie haben z.T. großangelegte Projekte zur ökologischen Stadtsanierung, zur Altlastenaufbereitung und der Sanierung der Tagebaugebiete im Süden von Leipzig in Angriff genommen. Aus der Kulturopposition gingen soziokulturelle Zentren, Zeitschriften, selbständige Galerien, freie Theatergruppen, Kulturprojekte, Buchläden u.ä. hervor, die zum Teil einen kommerziellen Charakter angenommen haben. Schließlich gibt es noch einige Dritte-Welt-Gruppen sowie die autonome Szene, die aber von geringerer Bedeutung sind.

All diese Gruppen und Initiativen strukturieren sich in der Regel um einen Kern von ca. 5-6 Leuten (meist die Initiatoren bzw. der Vorstand) und einen Kreis von (eingeschriebenen) Mitgliedern bzw. Sympathisanten von ca. 8-10 Leuten. Von der sozialen Zusammensetzung her sind sie relativ breit, wobei Akademiker dem dominierenden Kern zuzurechnen sind. Etwa 2/3 sind Männer und 1/3 Frauen, vom Alter her dominieren die 25- bis 45jährigen.

Die Zusammenarbeit untereinander sowie mit thematisch anders orientierten Gruppen ist eher schwach ausgeprägt. Es gibt auch (noch) kein Wir-Gefühl bzw. eine Selbstwahrnehmung als „Bewegung". Für eine Zwischenbilanz ist die Geschichte der neuen Bürgerinitiativen, Frauen- und Ökologiegruppen noch zu kurz. Zumindest läßt sich aber sagen daß der Impuls der 89er Bewegung nicht verpufft ist, sondern in ihnen seine Fortsetzung findet.

Die aufgezeigten Schwierigkeiten deuten auf eine längere Konsolidierungs- bzw. Formierungsphase als Bewegung hin, die „zweite" Gründungswelle ist schon wieder beendet und es hat eine neuerliche Sterbewelle von Gruppen und Projekten eingesetzt. Mittelfristig dürfte es aber zu einer Stabilisierung kommen. Die Bürgerinitiativen und -vereine weisen eine große Ähnlichkeit mit der westdeutschen Bürgerinitiativbewegung in den 70er Jahren auf, sowohl was die Aktionsfelder betrifft (Wohnen, Stadtplanung und Stadtsanierung, Erziehung und Sozialwesen sowie Verkehr als wichtigste Felder) als auch in der sozialen Zusammensetzung gibt es Übereinstimmungen (siehe Rucht 1982, 212).

Im Verhältnis neue Bewegungen – Bündnis 90/GRÜNE hat sich in Leipzig eine enge Zusammenarbeit zwischen Bürgerinitiativen, sozialen, kulturellen und ökologischen Projekten und Gruppen einerseits und der Partei andererseits entwickelt. Jochen Läßig, der Fraktionschef im Leipziger Stadtparlament schätzt ein: „Viele politische Anliegen, die wir im Stadtparlament durchsetzen, stammen von Bürgerinitiativen. Ohne diese wären wir an Ideen arm und kaum noch arbeitsfähig" (Läßig 1992). In der Tat, auf den neuen kommunalen Politikfeldern (wie Verkehr und Müll) ist das Bündnis kaum mit eigenen Konzepten präsent und daher auf die Arbeit der Initiativen angewiesen. Es zeichnen sich aber auch Konflikte zwischen Bündnis 90/GRÜNEN-Fraktion und den Gruppen ab. Die Gruppen und Initiativen sehen in einigen Fällen ihre Interessen nicht richtig vertreten bzw. akzeptieren bestimmte Kompromisse und Abstriche nicht. Von daher ist die „Handlungsunion zwischen lokalen Aktionsgruppen und einer bürgerrechtlichen ‚Quasi'-Partei" (Reich 1991, 46) ein schwieriges und auch konfliktträchtiges Unterfangen. Ein so produktives Zusammenspiel wie zwischen den Vertretern der Bürgerbewegungen an den Runden Tischen und den Massenmobilisierungen 1989/90 wird sich so schnell wohl nicht wieder einstellen.

Durch die Revolution von 1989/90 und insbesondere die Runden Tische hat sich von Anfang an eine breite Zusammenarbeit mit den Ämtern auf kommunalen Feldern entwickelt. Die Initiativen profitieren hier von dem Umstand, daß sich die Verwaltungen selbst in der Umstrukturierung befinden und es dort an qualifizierten Leuten wie an ausformulierten Konzepten mangelt. Dadurch befinden sie sich nicht in einer ausgesprochenen Defensivrolle, sondern vermögen mit Vorschlägen durchaus in Lücken zu stoßen. Hinzu kommt, daß nicht wenige ihrer (ehemaligen) Mitglieder in der Verwaltung arbeiten, die den Anliegen der Gruppen natürlich viel aufgeschlossener gegenüber stehen als die alten DDR-Staatsbediensteten oder die neuen Westimporte.

Die Entwicklung der (Bürger)Bewegungen seit 1990 ist durch verschiedene Prozesse geprägt:

- den Rückgang der (Massen)Mobilisierung,
- die Institutionalisierung und Parlamentarisierung eines Teils der Bürgerbewegung zum Bündnis 90 bzw. Bündnis 90/GRÜNE (womit eine Verankerung von Bewegungspolitik auf kommunaler Ebene verbunden war) und
- die thematische Ausdifferenzierung eines anderen Teils der Bürgerbewegungen sowie
- die Entstehung neuer Bewegungen.

Infolge der außerordentlichen Dynamik der Ereignisse sowie des hohen Problemdrucks vollzog sich die Entwicklung der ostdeutschen Bewegungen quasi im Zeitraffer. Das betrifft insbesondere die Vereinigung der Bewegungen zu einer Partei (dem Bündnis 90/GRÜNE), dessen Parlamentarisierung infolge der Beteiligung an den Wahlen sowie die Ausdifferenzierung neuer Bewegungen aus den Zerfallsprodukten der alten. Von den Oppositionsgruppen des Vorherbstes bzw. den Bürgerbewegungen existieren nur noch Reste wie die Initiative Freiheit und Menschenrechte, Überbleibsel des Neuen Forums und der Vereinigten Linken sowie institutionalisierte Formen der Runden Tische. Auf der anderen Seite sind im Zuge der Demokratisierung eine Reihe von neuen Initiativen und Vereinigungen entstanden. In einer „zweiten Welle" gründeten sich 1990/91 Dutzende von Gruppen, Projekten und Initiativen insbesondere im Umweltbereich sowie zu solchen Themen wie Wohnen, Stadtsanierung, Soziales und Verkehr. Ihre Struktur und Zusammensetzung weist allem Anschein nach stärkere Parallelen zu den westlichen (neuen sozialen) Bewegungen auf (wenngleich es nach wie vor Unterschiede gibt). Meines Erachtens sind damit im Gefolge der deutschen Einheit in Ostdeutschland Bewegungen entstanden, die mit dem theoretischen Konzept der Neuen Sozialen Bewegung angemessen beschrieben werden können. Die ostdeutschen Bewegungen scheinen Anschluß an die Entwicklung in Westeuropa gefunden zu haben, sie bringen neue, originelle Facetten in die Landschaft der deutschen sozialen Bewegungen ein, die sich dadurch grundlegend verändert hat. Infolge der häufigen Entwicklungsbrüche wird es freilich noch einige Zeit dauern, bis sich die ostdeutschen Bewegungen stabilisiert und ihren festen Platz in dem neuen Gefüge gefunden haben. Leipzig hat aber, wie es scheint, seine frühere Stellung als Hochburg sozialer Bewegungen wiedergewonnen.

5. Bewegungen und alternative Kommunalpolitik im Transformationsprozeß

In der Bundesrepublik begann Mitte der 80er Jahre im Gefolge der Mobilisierungsflaute nach den großen Demos der Friedensbewegung und den ersten Erfolgen grün-/alternativer Listen auf kommunaler Ebene eine Diskussion zu den Chancen und Möglichkeiten alternativer Kommunalpolitik (siehe Kostede 1983; die Beiträge in Bullmann/Gitschmann 1985; Bullmann/Gitschmann 1987). Diese Debatte war von Anfang an kontrovers: die neuen sozialen Bewegungen wurden von Beobachtern „zum Hoffnungsträger einer neuen kommunalen Sozialpolitik stilisiert (Kostede 1983) oder als Neuauflage konservativer Reprivatisierung der sozialen Probleme kritisiert“ (Rolke 1985, 168). In den letzten Jahren sind die Einschätzungen allerdings zunehmend vorsichtiger und abwägender geworden. Hartmut Häußermann dezidiert zwar, daß die Handlungsmöglichkeiten für neue soziale Bewegungen oder politische Initiativen auf kommunaler Ebene größer geworden sind, stellt aber infrage, ob dies als Prozeß der Demokratisierung, als Ausbau einer kommunalen Gegenmacht zu interpretieren ist. „Die Gemeinden als Einfallstor für eine ‚andere‘ Politik zu sehen, ..., geht an der Geschichte der Selbstverwaltung in Deutschland und an ihrer tatsächlichen Funktion im staatlichen System vorbei“ (Häußermann 1991, 80); „Weder gibt es Traditionen oder Leitbilder für eine ‚andere‘ Kommunalpolitik, noch existieren relevante politische Organisationen, die eine grundsätzlich andere Kommunalpolitik fordern könnten.“ (Häußermann 1991, 83)

Roland Roth hebt zwar die positiven Leistungen alternativer Kommunalvertretungen für die Bewegungsmilieus (Roth 1991, 177) und die neuen Institutionen hervor, spricht aber von einer „zunehmend ambivalenten Rolle“ der Bewegungen, die jetzt auf „Potentiale für Lösungsstrategien durchgemustert werden“ (etwa im Sinne der Subsidiarität in der Sozialpolitik der CDU (Roth 1991, 182).

In der DDR entwickelten bzw. verschärften sich Ende der 70er und in den 80er Jahren Problemlagen wie Umweltverschmutzung und -zerstörung sowie Stadtverfall, die z.T. in der Bundesrepublik die Entstehung der neuen sozialen Bewegungen hervorgerufen hatten. An Alternativen in der Stadtpolitik zu denken war zu dieser Zeit jedoch in jeder Hinsicht unmöglich. Zum einen verfügten die Kommunen im politischen System der DDR über keine Gestaltungs- und Entscheidungsmöglichkeiten, die dafür Spielräume geschaffen hätten (z.B. eigene Mittel und Kompetenzen) (siehe dazu Melzer 1991), zum anderen fehlten die politischen Akteure, die eine alternative Politik hätten formulieren können. Die oppositionellen Gruppen, die eine „andere“ Politik forderten, waren vorwiegend mit allgemein-politischen Themen beschäftigt und adressierten ihren

Protest an die oberste politische Ebene im Land. Erst mit dem stärkeren Aufkommen von Ökologiegruppen begann in der zweiten Hälfte der 80er Jahre die Beschäftigung mit kommunalpolitischen Themen.

In der Phase der Wende 1989/90 rückten mit und durch die Erringung demokratischer Freiheiten rasch auch regionale und kommunale Aufgaben in den Blick, so der Stop des Stadtverfalls und die Sanierung der umfangreichen Altbausubstanz, die Beseitigung der ökologischen Altlasten (insbesondere die Sanierung der Tagebaulandschaften im Süden von Leipzig), der Aufbau eines kommunalen Energieversorgungssystems u.a.m. Hier wurden in der Phase der Dialogveranstaltungen und Runden Tische z.T. sehr weitgehende Forderungen formuliert und konnten teilweise große Erfolge erzielt werden (Stop der Tagebaue, erfolgreiche Klage gegen den Stromvertrag, umfangreiche Fördermittel zur Stadtsanierung). Die Spielräume und Einflußmöglichkeiten für die (Bürger)-Bewegungen waren während der revolutionären Ereignisse am größten und nehmen seitdem, im Verlauf der Krise beschleunigt, ab. Das korreliert mit der abnehmenden politischen Gestaltungsmöglichkeiten der Kommunen: „Gerade in der Krise wurde die Selbständigkeit der Gemeinden am stärksten eingeschränkt" (Häußermann 1991, 72). Das gilt speziell für die ostdeutschen Kommunen, da diese durch den Zusammenbruch der Industrie in besonderem Maße von der Zuweisung von Bundes- und Landesmitteln abhängig geworden sind. Im Zuge der Krise verstärken sich Tendenzen der Privatisierung, Deregulierung und Flexibilisierung, wie sie in der Bundesrepublik bzw. den westlichen Bundesländern schon seit einer geraumen Zeit zu beobachten sind (siehe auch Häußermann 1991, 88).

Die unmittelbar nach der Wende aus grüner Perspektive entworfenen Vorstellungen von der „Deindustrialisierung als Ausgangspunkt einer neuen Entwicklungslogik, die nicht mehr auf der industriellen Massengüterproduktion beruht" (AG Kritischer Ökonomen 1991, 3f.), und die Ansatzpunkte für regionale und kommunale Strukturpolitik liefern sollte, haben sich inzwischen als unrealistisch erwiesen.

Mittlerweile ist auch die Euphorie der Anfangszeit abgeklungen und wird auch das kommunalpolitische Engagement nicht mehr von vornherein positiv gesehen. Es gibt inzwischen auch in der Bürgerbewegung die Erkenntnis, „daß es im gegenwärtigen System kaum eine unabhängige Kommunalpolitik gibt" (Läßig 1992, 4).

Zwar erhöhen die errungenen institutionellen Positionen (Umweltdezernat, verschiedene Amts- und Ressortleiter) die Einflußmöglichkeiten der Bewegungen auf kommunlpolitische Entscheidungen, auf der anderen Seite aber führt die Einbindung in politische Verantwortung zu Widersprüchlichkeiten bzw. Kompromissen und begrenzt damit von vornherein Erfolge. Das gilt insbesondere für eine große Koalition wie in Leipzig.

Die Themen der Bewegungen geraten außerdem immer mehr in die Gefahr, von den existenziellen „Brot-und Butter-Themen" an den Rand gedrängt zu werden. Aktuelle Meinungsumfragen zeigen, daß die Ostdeutschen z.B.

stärker dazu neigen, „ökologische Forderungen zugunsten eines raschen und durchgreifenden wirtschaftlichen Aufschwungs zurückzustellen" (Becker u.a. 1992, 125). Das zeigt sich daran, daß die Bevölkerung kaum noch zu mobilisieren ist und die Bewegungen damit ihre wichtigste Ressource vorerst verloren haben.

Zwar ist die Leipziger Kommunalpolitik immer noch stark von Bewegungseinflüssen geprägt, angesichts der durch die tiefe Strukturkrise in Ostdeutschland gesetzten ungünstigen Rahmenbedingungen verringern sich aber tendenziell die Chancen, sichtbare Erfolge zu erzielen. Daran werden auch mögliche Erfolge bei den Kommunalwahlen im nächsten Jahr und selbst eine neuerliche Beteiligung an einer Koalition nichts Grundsätzliches ändern.

Literaturverzeichnis

AG Kritischer Ökonomen und Politikwissenschaftler aus Ost und West, 1991: Aus der Not eine Tugend machen, in: Bündnis 2000, H. 25/ 1991

Becker, Ulrich/Becker, Horst/Ruhland, Walter, 1992: Zwischen Angst und Aufbruch. Das Lebensgefühl der Deutschen in Ost und West nach der Wiedervereinigung, Düsseldorf, Wien, New York, Moskau

Blanke, Bernhard/Benzler, Susanne (Hg.), 1991: Stadt und Staat, Opladen

Breitenborn, Uwe/Rink, Dieter, 1991: Die Leipziger Montagsdemos, Wandlungen einer basisdemokratischen Institution, in: Blätter für deutsche und internationale Politik, H. 5/1991

Bullmann, Udo/Gitschmann, Peter (Hg.), 1985: Kommune als Gegenmacht. Alternative Politik in Städten und Gemeinden, Hamburg

Bullmann, Udo/Gitschmann, Peter, 1987: Renaissance des Kommunalen? Zum Stand alternativer Kommunalpolitik und -wissenschaft, in: Das Argument 163/1987

Dietrich, Christian, 1991: Das Verhältnis Staat – Kirche in der DDR, Leipzig (unveröff. Man.)

Dohms, Silke, 1991: Die Friedensarbeit innerhalb der evangelischen Kirche in der DDR – bezogen auf das Gebiet des Stadtkreises Leipzig (Chronologie von 1960 – 1989), Leipzig (Fachschulabschlußarbeit)

Elvers, Wolfgang/Findeis, Hagen, 1990: Was ist aus den politisch alternativen Gruppen geworden? Eine soziologische Auswertung von Interviews mit ehemals führenden Vertretern in Leipzig und Berlin, Leipzig (Praktikumsarbeit)

Grabner,Wolf-Jürgen/Heinze, Christiane/Pollack, Detlef (Hg.) 1990: Leipzig im Oktober. Kirchen und alternative Gruppen im Umbruch der DDR. Analysen zur Wende, Berlin

Häußermann, Hartmut, 1991: Lokale Politik und Zentralstaat. Ist auf kommunaler Ebene eine eigenständige oder „alternative" Politik möglich? in: Heinelt/Wollmann 1991

Heinelt, Hubert/Wollmann, Hellmut (Hg.), 1991: Brennpunkt Stadt. Stadtpolitik und lokale Politikforschung in den 80er und 90er Jahren, Basel/Boston/Berlin

Hofmann, Michael/Rink, Dieter, 1990: Der Leipziger Aufbruch 1989. Zur Genesis einer Heldenstadt, in: Grabner/Heinze/Pollack 1990

Jordan, Carlo, 1991: Grüner Rückblick: Von der antistalinistischen Opposition zum ökologisch-basisdemokratischen Aufbruch, in: Albrecht, Susanne u.a. (Hg.): Stattbuch Ost, Berlin 1991

Knabe, Hubertus, 1988: Neue Soziale Bewegungen im Sozialismus. Zur Genesis alternativer politischer Orientierungen in der DDR, in: KZfSS, H. 3/1988

Kostede, Norbert, 1983: Die Zukunft der Stadt. Soziale Bewegungen vor Ort, Reinbek

Kühnel, Wolfgang, 1990: Scheinbar konfliktfrei aneinander vorbei. Eine Retrospektive auf die Generationsbeziehungen in den 80er Jahren in der DDR, in: PROKLA, H. 3/1990

Läßig, Jochen, 1992: Bürgerbewegung und Kommunalpolitik, in: QUER, H. 5/1992

Melzer, Helmut, 1991: Lokale Politikforschung in der DDR zwischen Zentralismus und kommunaler Selbstverwaltung, in: Heinelt/Wollmann 1991

Müller-Enbergs, Helmut/Schulz, Marianne/Wielgohs, Jan (Hg.), 1991: Von der Illegalität ins Parlament. Werdegang und Konzept der neuen Bürgerbewegungen, Berlin

Neues Forum Leipzig (Hg.), 1990: Jetzt oder nie – Demokratie! Leipzig

Nullmeier, Frank, 1989: Bewegung in der Institutionalisierungsdebatte? in: Forschungsjournal Neue Soziale Bewegungen, H. 3-4/ 1989

Pollack, Detlef, 1990: Sozialethisch engagierte Gruppen in der DDR. Eine religionssoziologische Untersuchung, in: ders. (Hg.): Die Legitimität der Freiheit. Politisch alternative Gruppen in der DDR unter dem Dach der Kirche, Frankfurt/Bern/New York/Paris

Poppe, Ulrike, 1990: Das kritische Potential der Gruppen in Kirche und Gesellschaft, in: Pollack 1990

Probst, Lothar, 1993: Ostdeutsche Bürgerbewegungen und Perspektiven der Demokratie. Entstehung, Bedeutung und Zukunft, Köln

Reich, Jens, 1991: Bürgerbewegungen und parlamentarisches Netzwerk, in: Blätter für deutsche und internationale Politik, H. 1/1991

Rolke, Lothar, 1985: Die Kommune als soziale „Experimentierbaustelle“, in: Bullmann/Gitschmann 1985

Roth, Roland, 1991: Städtische soziale Bewegungen und grün-alternative Kommunalpolitik, in: Heinelt/Wollmann 1991

Rucht, Dieter, 1982: Planung und Partizipation, München

Statistisches Landesamt Sachsen, 1991: Wahl zum 12. Deutschen Bundestag im Freistaat Sachsen am 2. Dezember 1990. Ergebnisse aus der repräsentativen Wahlstatistik, Dresden

Thaysen, Ulrich, 1990: Der Runde Tisch oder: Wo blieb das Volk? Opladen

Unterberg, Peter, 1991: „Wir sind erwachsen, Vater Staat!“ Vorgeschichte, Entstehung und Wirkung des Neuen Forum in Leipzig, Ruhr-Universität Bochum (Dipl.-Arbeit)

Wielgohs, Jan, 1991: Die Vereinigungen der Bürgerrechts-, Ökologie- und Frauenbewegungen im Wahljahr 1990. Dokumentation, in: Müller-Enbergs/Schulz/Wielgohs 1991

Wollmann, Hellmut, 1991: Kommunalpolitik und -verwaltung in Ostdeutschland: Institutionen und Handlungsmuster im „paradigmatischen“ Umbruch. Eine empirische Skizze, in: Blanke/Benzler 1991

Zander Helmut, 1989: Die Christen und die Friedensbewegungen in beiden deutschen Staaten. Beiträge zu einem Vergleich für die Jahre 1978-1987, Berlin

Petra Karrasch

Gewerkschaftliche und gewerkschaftsnahe Politikformen in und mit der Kommune – Leipziger Erfahrungen

1. Vorbemerkung

Die Diskussion um den Standort Deutschland befindet sich auf einem scheinbaren Höhepunkt. Darin wird deutlich, daß der internationale Wettbewerb nicht auf den Dienstleistungsmärkten, sondern vor allem auf den Industriemärkten entschieden wird. Die noch in den 80er Jahren vehement vertretene These vom Absterben der Industrien bei Ersatz durch den Dienstleistungssektor in den modernen Industriestaaten erweist sich spätestens heute als Irrtum.

Angesichts der nicht erkennbaren Wende in der Wirtschafts- und Arbeitsmarktentwicklung und einer unverkennbaren politischen Ratlosigkeit wächst der Druck auf Politiker, Gewerkschaften, Arbeitnehmer und gegenüber Initiativen, die eine ökologische Konversion der Wirtschaft favorisieren. Zum ersten Mal seit dem Krieg sind Sozialpartnerschaft und Mitbestimmung – Garanten des wirtschaftlichen Erfolgs und der Demokratie in Deutschland – bedroht.

Nach den jüngsten Gutachten des Sachverständigenrates wird 1994 kein nennenswertes Wirtschaftswachstum einsetzen. Die jetzt entstehende hohe Sockelarbeitslosigkeit wird vorsichtig als Zustand projiziert, der nicht temporäre, sondern womöglich Generationenerfahrung werden wird.

An der Basis, d. h. in den Kommunen und Regionen wächst aber der Wille, mit veränderten Zielen, Instrumenten, Handlungsformen und Bündnissen eigene Wege zur Lösung der Krise zu gehen. Die langsam sichtbar werdenden Zukunftsnöte der Kommunen und die noch diffuse Ahnung, daß die alten (importierten) Instrumente nicht mehr taugen, öffnet kommunale und regionale Politik für neue Akteure. Darin liegen nicht nur Chancen für die Demokratie, sondern auch für eine partizipatorische Wirtschafts-, Unternehmens- und Regionalpolitik. Von ihr werden die notwendigen Technologie-, Wettbewerbs- und Beschäftigungsschübe erwartet.

Die Schauplätze der wirtschaftlichen Probleme sind 1993 gesamtdeutsche geworden. Ostdeutsche Probleme von Industrie, Wissenschaft und Arbeitsmarkt verlieren in ihrer teilweise gegebenen Andersartigkeit und ihrem Stellenwert (kleine Unternehmen sterben leise) allmählich und dennoch auffällig in der gesamtdeutschen Krisensituation an Aufmerksamkeit. In der Diskussion um den Standort Deutschland bleibt Ostdeutschland ausgeklammert.

Ohne vergleichbare Lobby, ohne Konzepte und Instrumente zur Überwindung des Entwicklungsgefälles zwischen Ost und West (vor allem der Transferabhängigkeit), im Wissen darum, daß die von außen kommenden Impulse für Entwicklungen (vor allem für die Re-Industrialisierung) schwächer werden, beginnen sich Kommunen und Landkreise in Ostdeutschland für neue Entwicklungsansätze, -aktivitäten und -partnerschaften zu interessieren und zu öffnen. Sie beginnen, dem Beispiel der Staatsregierung Sachsens zu folgen, die seit 1990 Kommunikations- und Kooperationsformen mit den Gewerkschaften zur Lösung anstehender wirtschaftlicher und sozialer Fragen erprobt und praktiziert.

Die allmählich einsetzende Erkenntnis, daß die Probleme mit den klassischen Ordnungsinstrumenten und Allianzen von Interessengruppen nur begrenzt oder gar nicht lösbar sind, fordert in Städten, Gemeinden und Regionen neue Herangehensweisen heraus. Hier entstehen Chancen und erste Ansätze für Politikformen, die Reaktion darauf sind, daß die spezifischen Problemsituationen in Ostdeutschland nur mit spezifischen Instrumenten zu lösen sind; vor allem dann, wenn es darum geht, Städte und Gemeinden und Regionen aus dem Stigma des abhängigen, gestaltungsunfähigen (Konsumenten-)Marktes und der „verlängerten Werkbank“ herauszuführen.

Die zentrale Verursacher- und Adressatenebene für das Entstehen und Wirksamwerden neuer Politikformen ist die Wirtschaft, vor allem das produzierende Gewerbe, und in Abhängigkeit davon der Arbeitsmarkt.

2. *Die Stadtregion Leipzig zwischen wirtschaftlicher Verheißung und Ernüchterung*

Leipzig gilt als die boom-town des Ostens schlechthin. Vor allem der Immobilienmarkt spiegelt die in die Stadt und Stadtregion gesetzten wirtschaftlichen Erwartungen wider.

2.1. Der Dienstleistungsstandort

Der private und öffentliche Kapitalzufluß ist immens. Allein sechs Mrd. DM sind 1992 und 1993 jeweils in Bauvorhaben in der Stadt Leipzig geflossen. 1994 wird die Bauinvestitionssumme mehr als acht Mrd. DM betragen. Bis zum Jahre 2003 werden in der Stadtregion Leipzig allein für eine Reihe von Großprojekten (darunter die Neue Leipziger Messe, das Güterverkehrszentrum, die Flughafenerweiterung, die ICE-Anbindung, das Bio-Medizinische-Zentrum, die Medienstadt Leipzig) nahezu 100 Mrd. DM in direkte und indirekte Bauinvestitionen fließen, und dies spiegelt nur einen Teil der gesamten Investitionen wider (Karrasch 1993, 39).

Die Standort wird dadurch langfristig konkurrenzfähig, vor allem durch die Infrastruktur. Stadtgestalt und Stadtfunktionen gewinnen eine solche Attraktivität, daß Leipzig trotz fehlender Landschaftsqualitäten als Wohn- und Arbeitsort von westdeutschen und internationalen Pendlern bzw. Migranten akzeptiert und unter den ostdeutschen Städten präferiert wird. Mit 16.920 dieser Zuzüge seit 1991 steht Leipzig an der Spitze (Rat der Stadt Leipzig 1993, 6).

Die sogenannten Großprojekte orientieren sich nach Art und Größe an europäischen Wirtschaftsmetropolen mit einem überdurchschnittlich entwickelten Dienstleistungssektor und internationaler Ausrichtung. Grundmerkmale solcher Wirtschaftszentren sind:

- ein großer Arbeitsplatzbestand in einer hochdiversifizierten und auf Qualitätsprodukte ausgerichteten Industrie,
- enge lokale, regionale und internationale Verflechtungen zwischen Industrie, Dienstleistungen und Wissenschaft,
- eine exportorientierte Industrie und Dienstleistungswirtschaft,
- Ansiedlung internationaler Unternehmen,
- wachsende Arbeitsplatzangebote,
- hohes Kaufkraftpotential,
- Stadt- bzw. Agglomerationswachstum durch Wanderungsgewinne,
- Internationalisierungstendenzen in der Bevölkerungsstruktur,
- hohe Einpendlerquoten in die Kernstadt der Agglomeration,
- Vorhandensein eines internationalen Wirtschafts- und soziokulturellen Milieus.

Tatsächlich gehen nach Befragungen alle Träger der exponierten Investitionsprojekte davon aus, daß diese Merkmale die Stadt und Stadtregion Leipzig bis etwa zum Jahr 2000 in Quantität und Qualität kennzeichnen werden. Schließlich sind das die Grundbedingungen, unter denen sich die Investitionen bzw. Unternehmungen dauerhaft wirtschaftlich tragen.

Die Diskussion um den Handels-, Finanz-, Wissenschafts- und Kulturplatz Leipzig „vergaß" jedoch lange Zeit die Unverzichtbarkeit von Industrie. Mit der Entwicklung von Gewerbegebieten glaubte man die wichtigste Voraussetzung für erfolgversprechende Industrieneuansiedlungen internationaler Hochtechnologiefirmen geschaffen zu haben.

Die einigungsbedingte Konjunktur verwischte offensichtlich die heraufziehenden Probleme. Heute erscheint die Stadt Leipzig mit ihren vor allem der glanzvollen wirtschaftlichen Vergangenheit entlehnten Zukunftsprojekten als eine „Stadt ohne Gegenwart" (vgl. Danielzyk/Helbrecht 1991).

Der Widerspruch zwischen hohen Investitionszuflüssen (Investoren, Baufirmen und Zulieferfirmen sind westdeutscher oder internationaler Herkunft) und dem Absterben der regionalen Potentiale, die eine eigene Wertschöpfung sichern könnten, ist eklatant.

Die seit dem Frühjahr 1991 unübersehbaren Krisensymptome und Vorboten der Deindustrialisierung wurden bis zum Herbst 1992 auf kommunal-

und regionalpolitischer sowie auf Expertenebene ignoriert bzw. negiert. Ein realitätsgerechter Zusammenhang zwischen dem Niedergang der Industrie und den Visionen und Zukunftsprojekten wurde nicht hergestellt. In der Forderung nach einer sektoralen „Reparatur“ der regionalen Wirtschaft, gleichbedeutend mit der Stärkung des unterentwickelten Dienstleistungssektors, blieb der Stellenwert der Industrie unberücksichtigt. Die nicht zuletzt fahrlässig herbeigeführte Deindustrialisierung durch kommunal- und regionalpolitisches Stillhalten angesichts des Sterbens einheimischer Unternehmen bei gleichzeitiger Präferierung marktliberalistischer Ziele und Instrumente ist heute zu einem weit in die Zukunft hineinreichenden Entwicklungshemmnis geworden.

Mittlerweile ist eine „gesunde“ sektorale Struktur entstanden:

52% Beschäftigte im Dienstleistungsgewerbe
39% Beschäftigte im produzierenden Gewerbe
8% Beschäftigte im Baugewerbe
1% Beschäftigte im Primärsektor (Rat der Stadt Leipzig 1993, 7).

Das Oberzentrum Leipzig kann dauerhaft jedoch nur von den hinter den sektoralen Proportionen stehenden quantitativen und qualitativen Potentialen getragen werden. Die Diskrepanz zwischen Investitionsniveau und -struktur im Dienstleistungessektor und der Entwicklung des produzierenden Gewerbes initiiert ein zentrales Gestaltungsfeld in der Kommune: Die Wiederbelebung regionaler Wirtschaftskreisläufe. Durch sie soll die Existenz noch verbliebener industrieller Restpotentiale gesichert und eine Kopplung von kommunaler Wirtschafts-, Technologie- und Beschäftigungspolitik erreicht werden.

Noch ist die Gefahr groß, daß hunderte Milliarden DM Investitionen in die Region fließen (in zehn Jahren aber rapide abbrechen), ohne daß daraus Nachfrage-, Innovations-, Spezialisierungs- und Profilierungseffekte für die regionale Industrie und industrienahe Wissenschaft erzeugt werden können. Die Konjunkturlokomotive Bau zieht z.B. bis jetzt den falschen Zug, nämlich die westdeutsche Industrie.

2.2. Die Leipziger Industrie und Metallindustrie

Erst 1992, als die Leipziger Industrie bereits zu einer Mittelstandsindustrie mit einer durchschnittlichen Betriebsgröße von 163 Arbeitnehmern geschrumpft und 60% des ehemaligen Arbeitsplatzbestandes verloren waren, als eine Lawine von weiteren Liquidationen anstand, die Arbeitslosenquote weiterhin stieg und die neuen Gewerbegebiete kaum Ansiedlungsnachfrage durch produzierendes Gewerbe fanden, setzte eine beinahe jähe Umkehr in der Problemwahrnehmung und Wirtschaftspolitik der Stadt Leipzig ein. Sie ermöglichte die langsame Öffnung für neue (Krisen-)Partnerschaften.

Nunmehr wurde auch realisiert, daß z.B. die Leipziger Messe eine starke, innovationsfreudige regionale Industrie zu ihrer Entwicklung braucht, daß das Güterverkehrszentrum Güter aus der Region zum Umschlag braucht, daß sich die Flughafenerweiterung auf wachsende Geschäftsverkehre gründet, und daß schließlich von außen kommende starke industrielle Entwicklungsimpulse auf Jahre ausbleiben werden. Die Einsicht, daß Großinvestitionen wirtschaftlich nur dann tragfähig sein werden, wenn die Re-Industrialisierung gelingt und Wachstum einsetzt, breitet sich aus. Dem Erhalt und der Revitalisierung der industriellen Restpotentiale wird inzwischen ein hoher Stellenwert in der kommunalen Wirtschaftsförderung bzw. Bestandspflege zugemessen, der auch von der Stadtplanung und städtischen Baupolitik unterstützt wird.

Im Sommer 1993 hatte die Stadt Leipzig nur noch 19.117 Industriearbeitsplätze. Fast hunderttausend Industriearbeitsplätze mehr, insgesamt 109.153, gab es 1989. Das entspricht einem Verlust von 82,4% und steht in hoher Diskrepanz zu den bisherigen Industriepotentialen westdeutscher Städte: Stuttgart hat 126.000 Industriearbeitsplätze, Hannover 96.378, und Nürnberg hat 76.110 Industriearbeitsplätze.

Die Vernichtung von Industriearbeitsplätzen erfolgte in der Leipziger Region schneller und umfassender als in anderen Regionen, obwohl die Stadtregion einen industriellen Diversifikationsgrad besaß, der gesamtdeutsches Spitzenniveau darstellte. Vom derzeitigen Arbeitsplatzbestand gelten weitere 2.000 bis 3.000 Arbeitsplätze durch Sanierungs- und Rationalisierungsmaßnahmen als gefährdet. Das betrifft vor allem Betriebe über 250 Beschäftigte. Die derzeitige durchschnittliche Betriebsgröße in der Industrie liegt bei 126 Beschäftigten. Weiterhin muß mit Unternehmensliquidationen sowohl von Treuhandunternehmen als auch von privatisierten Unternehmen gerechnet werden.

Der größte Anteil des Arbeitsplatzverlustes entfiel und entfällt auf die Metallindustrie. 1989 stellte sie 72% der Industriearbeitsplätze der Leipziger Region. 1994 drohen diese auf ein Niveau unter 5.000 zu sinken. Das Industrieforschungspotential gilt als vernichtet. 1992 hatten die Unternehmen noch durchschnittlich sieben Mitarbeiter in der Produktentwicklung beschäftigt, 1993 ist diese Zahl halbiert.

Statistiken und Konjunkturberichterstattungen der Kammern über langsame Umsatzsteigerungen als Zeichen der wirtschaftlichen Aufwärtsentwicklung ignorieren die Tatsache, daß die Unternehmen zunehmend und z. T. ausschließlich von Montagetätigkeiten und Handel (auch in unternehmens- und branchenunspezifischen Geschäftsfeldern) existieren. Daher kann nicht mehr sicher abgeleitet werden, ob und in welchem Umfang sich Wertschöpfung aus Produktion dahinter verbirgt. Allein aus den Umsatzentwicklungen, die mit 9% über dem Niveau anderer ostdeutscher Städte und Regionen liegen, läßt sich nicht schlüssig auf wachsende Industrieproduktion schließen. Die Industriegewerkschaft Metall (IGM) hat seit 1990 auf diese Entwicklung hingewiesen und das politische Handeln von Kommunen und Gebietskörperschaften eingefordert. Sie selbst hat es geleistet, zunächst u.a. mit der Gründung von Beschäftigungsgesellschaften und später mit Aktivitäten zur Unternehmenssanierung, zur Innovationsförderung und zur Revitalisierung regionaler Wirtschaftskreisläufe.

Die Ansiedlungen von Unternehmen des produzierenden Gewerbes in Gewerbegebieten auf der grünen Wiese bleiben mittelfristig weit unter den ursprünglichen Erwartungen. Beschäftigungsexpansive Investitionen werden auf Jahre nicht erwartet. Ging man 1992 noch von 26.000 entstehenden Industriearbeitsplätzen in Gewerbegebieten aus (vgl. Gewerbegebietsatlas 1992), so werden heute nur noch etwa 4.000 als realisierbar angenommen. Da 76% der sich ansiedelnden Unternehmen in einer Betriebsgrößengruppe zwischen 25 und 50 Beschäftigten liegen, werden Reindustrialisierungseffekte marginal bleiben.

Heute sind die politisch Verantwortlichen in der Kommune aufgerüttelt von der eingetretenen Deindustrialisierung und der ausbleibenden Reindustrialisierung. Wie sehr die Projektion wirtschaftlicher Zukunftschancen der Stadt unter Negierung der Potentialvoraussetzungen und seiner Gefährdungen geschah, zeigen auch jüngste Prognosen zur Stadtentwicklung. Die Gesellschaft für Struktur- und Stadtforschung mbH Bonn – empirica – (vgl. Bundesministerium für Raumordnung, Bauwesen und Städtebau 1993, 48) prognostiziert für Leipzig einen Bevölkerungsrückgang bei gleichzeitiger Verschlechterung der Alters- und Sozialstruktur um rund 100.000 Einwohner bis zum Jahr 2000. Mit diesem Rückgang sinkt Leipzig nach dem Negativszenario auf eine Stadtgröße von 380.000 Einwohnern. Damit kann sie den Anspruch auf Metropolenbildung nicht mehr einlösen. Unter diesen Bedingungen sind Dienstleistungs- und Infrastrukturprojekte der erwarteten Art und Größe nicht zu erwarten.

Ungeachtet der kritischen Betrachtung bleibt in der Dynamik der Entfaltung des Dienstleistungsstandorts Leipzig eine Chance für die Wiederbelebung der Wirtschaft. Die Industrievernichtung einerseits und das Engagement der Industriegewerkschaft Metall (IGM) in Sachsen und Leipzig für die Fortführung und Erneuerung der Industrieunternehmen hat die Kommunalpolitik für industriepolitische Aktivitäten geöffnet. Angesichts der Erwartungen, Prognosen und Erfahrungen ist anzunehmen, daß Koordinierung und Zusammenarbeit zwischen Kommune/ Staat und Gewerkschaften zur Lösung wirtschaftlicher Fragen zunehmen werden.

Die spezifischen sächsischen Problemlösungsmodelle könnten sogar „exportfähig“ werden. In den vergangenen drei Jahren ist in der Leipziger Region eine Kompetenz in der Frage der Gestaltung des zweiten Arbeitsmarktes gewachsen – die Leipziger Region konnte absolut und relativ den höchsten Anteil an Stellen des zweiten Arbeitsmarktes in Sachsen binden (Kletzin 1992, 14) –, die angesichts der wachsenden Arbeitslosigkeit in Westdeutschland auch dort genutzt werden kann. Erste Beratungen westdeutscher Arbeitnehmervertretungen und Unternehmensführungen zur Gründung von Auffangmodellen des zweiten Arbeitsmarktes durch hiesige Akteure werden bereits nachgefragt.

Die Arbeitsplatz- und Industrievernichtung ist nicht mehr nur eine soziale, sondern eine strukturelle und regionale Frage, die über die Zukunftschancen der Stadt und Stadtregion bestimmt. Die Interessenvertretungs- und Mitbestimmungsfelder der Gewerkschaften werden mit der spezifischen Problemstruktur vielfältiger und komplizierter. Darauf wird die Strategie- und Reformdiskussion der

Gewerkschaften zu reagieren haben. Aktivitäten und Kompetenzaneignung auf unternehmens-, technologie-, wirtschafts-, kommunal- und regionalpolitischen Feldern stellt für die Gewerkschaften künftig eine der größten Herausforderungen dar.

3. Neue Akteure und Aktionsformen in der Stadt- und Regionalpolitik als Antwort auf ausbleibende Stabilisierung und Konsolidierung der Wirtschaft

Aus dem wirtschaftlichen Dilemma wachsen neue Formen politischer Beteiligung und Gestaltung. Der sächsische Ministerpräsident Biedenkopf stellte fest: „Politik alleine ist überfordert, die großen gesellschaftlichen Gruppen müssen mitmachen, ... die Gewerkschaften sind völlig unverzichtbar bei der Umsetzung der Strukturpolitik"(Die Mitbestimmung 9/1991). Die Gewerkschaften haben dabei besonders in Sachsen seit 1990 eine exponierte und innovative Rolle gespielt.

Die Kooperation von Staat, Politik, Gewerkschaften, Wissenschaft, Verwaltung und Unternehmen wird als sächsischer Konsens bezeichnet. Er setzte mit der Beteiligungen an institutionellen Aktivitäten – gegen Ausländerfeindlichkeit, die politische Gefahr von rechts und Arbeitslosigkeit (Aktion Gegenwehr) – neue Schwerpunkte. Besonders vorangetrieben wurden informelle Aktivitäten und Bündnisse, Institutionsgründungen und Beratungsaktivitäten mit wirtschaftlichen kommunal- und regionalorientierten Akzenten.

Die sächsischen Gewerkschaften, vor allem der DGB und die IGM, spielen eine Schrittmacherrolle. In den letzten drei Jahren wurden unternehmens- und wirtschaftsorientierte, kommunal- und regionalpolitisch orientierte gewerkschaftliche und gewerkschaftsnahe Initiativen und Beteiligungen immer wichtiger. Sie ergänzen sich mit der Politik des Freistaates Sachsen. Hier werden auch im Rahmen der gesamtdeutschen Gewerkschaftspolitik innovative Wege beschritten. Der Freistaat Sachsen geht zur Revitalisierung seiner Industrielandschaft, zur Erhaltung ihrer Unternehmenskerne und zur Dämpfung der Probleme aus Arbeitslosigkeit in Ostdeutschland beispielgebende Wege, z.B. mit der Gründung der Sächsische Aufbaubank, des Sächsischen Aufbauwerks, der Unterstützung der Beratungsagentur BASIS und der Gründung von ATLAS.

Durch die gewerkschaftlichen und gewerkschaftsnahen Aktivitäten ist ein Typ kommunal- und regionalzentrierter Aktivitäten entstanden, der sich in seiner Zielstellung, in seinen Inhalten, Handlungsfeldern und Interessenbündnissen von den zahlreichen Bürger-, Stadtteil- und Umweltinitiativen in der Stadt bzw. Region Leipzig unterscheidet. Ansatzpunkte für eine Zusammenarbeit mit Bürgerinitiativen in der Stadt bleiben bisher gering oder sind eher zufällig. Offensichtlich stellt sich infolge der Besetzung völlig verschiedener inhaltlicher Felder, unterschiedlicher Betroffenheit, aber auch völlig verschiedener Handlungsinstrumente, institutioneller Hintergründe und Durchsetzungschancen nicht zwangsläufig eine Interessen- und Handlungskonvergenz ein.

Hier wird eine Spezialisierung zwischen den gesellschaftlichen Gruppen manifest, die bisher nicht in Kooperation mündet. Die gewerkschaftlich orientierten Initiativen zielen auf Arbeitnehmerinteressen und auf die Interessen der von Arbeitslosigkeit Betroffenen. Sie beschäftigen sich mit den wirtschaftlichen Problemen von Unternehmen und Branchen, mit wirtschafts-, wissenschafts- und technologiepolitische Fragen in allen Politikebenen sowie kommunalen und regionalen Entwicklungsfragen, von der Wirtschafts-, über die Arbeitsmarktpolitik bis hin zu Einzelaspekten der Fachplanungen von Gemeinden, Landkreisen und Regionen.

Die Bürgerinitiativen agieren in den klassischen Feldern der sinnvollen Bewahrung, behutsamen Erneuerung und Entwicklung von Stadt und Umland sowie von Natur und Landschaft. Seit drei Jahren spielen Leipziger Stadtteilinitiativen wie Pro Plagwitz e.V. oder die Bürgerinitiativen Waldstraßenviertel e.V. und Musikviertel e.V. eine aktive Rolle. Gemeinsam bilden etwa 13 derartige Einzelinitiativen ein informelles Netzwerk, das von der Initiative Pro Leipzig e.V. (und der jüngst gegründeten Pro Leipzig consult GmbH) repräsentiert wird. Diese Dachorganisation stellt seit 1990 eine anerkannte, professionelle und kritische Begleitung kommunaler Stadtentwicklungsplanungen dar. Der Leipziger Ökolöwe e.V. repräsentiert als große Organisation ein erfolgreiches Netzwerk von Personen, Institutionen, Initiativen und Projekten im Umweltbereich. In informeller Anbindung an den Ökolöwen existiert ein Netzwerk von Initiativen und Vereinen mit Ausrichtung auf alternative (sprich biologische und ökologische) Formen von landwirtschaftlicher Produktion, Produktvermarktung und Bauen bis hin zu Kultur und sozialem Leben.

Die weitgehende Auslassung von Fragestellungen der lokalen und regionalen Wirtschaft in den Bürgerinitiativen hat Arbeitskontakte mit den gewerkschaftlich orientierten Initiativen wenn nicht verhindert, so doch nicht befördert. Ungeachtet dessen existieren potentielle Berührungspunkte, die in gemeinsame Interessen und Aktivitäten münden könnten. Sie liegen an der Schnittstelle von Stadt(teil)entwicklung, ökologischer Sanierung/ökologischem Umbau von Wirtschaft und Beschäftigungsförderung. Inwiefern die heterogenen Strukturen der Bürgerinitiativen und die großen Differenzen in Arbeitszielen, -kompetenzen und -methoden ein schnelles und stabiles Zusammengehen in Einzelfragen erlauben, um gemeinsam kommunale Politik zu fördern und mitzugestalten, ist jedoch völlig offen. Leipziger Beschäftigungsgesellschaften und das Sächsische Aufbauwerk in der Region sind am ehesten in der Lage, mit den o. g. Initiativen gemeinsame Projektansätze suchen.

3.1. Die Wissenschafts- und Beratungsagentur BASIS

Der ostdeutsche Transformationsprozeß erfordert zu seiner Bewältigung neue, in der Regel nicht erprobte industrie- und strukturpolitische Handlungsinstrumente. Dafür müssen sich sowohl Kommunen als auch Gewerkschaften Kompetenzen aneignen. Wissenschaftliche Beratung, die an den örtlichen Bedingungen und Erfordernissen ausgerichtet ist, ist dafür eine Voraussetzung.

Als Signal dafür, einen gewerkschaftlichen Verantwortungs- und Mitgestaltungsbeitrag in Sachsen leisten zu wollen, wurde im Frühjahr 1991 die „Beratungsstelle für arbeitsorientierte Strukturentwicklung in Sachsen e.V." (BASIS) gegründet. BASIS wurde von der Hans-Böckler-Stiftung initiiert, wird getragen von Einzelgewerkschaften und finanziert durch den Freistaat Sachsen sowie die Europäische Gemeinschaft. BASIS leistet mit seinem Hauptsitz in Dresden, dem Regionalbüro in Leipzig sowie drei weiteren Büros wissenschaftliche Beratungshilfe u.a. für Gewerkschaften, Betriebsräte, Kommunen, Beschäftigungsgesellschaften, Gebietskörperschaften sowie Klein- und Mittelunternehmen. Ziel ist die Unterstützung struktureller Entwicklungen in Industrie, Kommunen und Regionen durch Beratung und Förderung der Kooperationsbereitschaft von strukturpolitischen Akteuren wie kommunaler Wirtschaftsförderung, Kammern, Unternehmen, Arbeitsämtern und Gewerkschaften.

Zu den Aufgaben gehört die Aktivierung endogener Potentiale in Betrieben, Kommunen und in der Region zum Aufbau bzw. zur Verbreitung neuer Industriestrukturen und zur Schaffung neuer sowie Förderung vorhandener Arbeitsplätze. Der Wissenschafts- und Beratungsauftrag der Agentur richtet sich ferner auf die Schaffung von Entwicklungsvoraussetzungen für neue gewerbliche Beschäftigungsfelder. Die Orientierung auf regionale Bedarfe soll durch die Kooperation von Unternehmen und Institutionen vor Ort, vor allem bei der Erschließung neuer Märkte insbesondere des Umweltschutzes sowie durch verbesserten Transfer von Kenntnissen aus Forschung, Entwicklung und Lehre erreicht werden. Mit ihrer Spezialisierung auf Strukturentwicklung, Regionalentwicklung, die Entwicklung von Beschäftigungsprojekten und Finanzierungsberatung berührt BASIS direkt und indirekt kommunale Politikfelder. Seit 1993 bindet die Kommune das gewerkschaftsnahe Institut mit einer wachsenden Zahl von Aufgabenstellungen in die lokale und regionale Wirtschaftsförderung und Bestandspflege ein.

BASIS hatte im Frühjahr 1992 maßgeblichen Anteil daran, daß nach der Vorlage einer Studie zur Situation der Leipziger Metallindustrie ein politischer Diskussionsprozeß in der Region in Gang kam, dem wenige Monate später das Bekenntnis der Stadt Leipzig zu ihren angestammten Industrieunternehmen folgte. Die Analyse der verbliebenen Produktions- und Innovationspotentiale und das Aufzeigen der Konsequenzen für die gesamte Wirtschafts- und Regionalentwickung förderte die Abkehr von der einseitigen Orientierung der kommunalen Wirtschaftsförderungspolitik. Eine Abteilung Bestandspflege, die an der Schnittstelle zwischen Wirtschaftsförderung, Beschäftigungsförderung und Technologietransfer arbeitet, wurde gegründet. Wegen der bereits 1992 beginnenden Liquidationswelle unter den bedeutenden Leipziger Industrieunternehmen und klärungsbedürftiger Privatisierungsvorgänge begann die Kommune, Unternehmen zu unterstützen (informelle Netzwerke herstellen, Unterstützung bei Verhandlungen geben, Öffentlichkeit herstellen, öffentliche Auftragsvergabe fördern, bestandssichernde Grundstücksverkehrspolitik realisieren). Das geschah in enger Zusammenarbeit mit der IGM und mit Unterstützung von BASIS.

Als wichtigste Aufgabe der nahen Zukunft steht die gemeinsame Erarbeitung und Umsetzung von Modellen, die den zerstörten regionalen und überregionalen (sächsischen, sächsisch-thüringisch-anhaltinischen) Wirtschaftskreislauf reaktivieren. Dabei wird es darum gehen, regionale Unternehmen, Forschungsinstitute und ausgewählte Beschäftigungsinitiativen wieder zu Kooperations-, Liefer- und Absatzbündnissen zusammenzufügen und mit dem hohen öffentlichen und z.T. privaten Investitionsvolumen in der Stadtregion als Hauptnachfragefaktor zu verknüpfen.

Freilich setzte diese auf konzertiertes Handeln ausgerichtete Politik spät ein, nachdem die größten Potentialverluste bereits eingetreten waren. Dazu war der Lernprozeß nötig, daß kommunale und gewerkschaftliche Interessen durchaus kompatibel sind, daß Kommune und Gewerkschaften koordiniert verschiedenartige Instrumente zur Problemlösung, der Rettung von Unternehmen, einsetzen können, und daß ihre Verknüpfung zum Erfolg führen kann.

Jüngstes Beispiel ist die Fortführung der Leipziger Wälzlagerproduktion – ein Beitrag zur kommunalen Bestandspflege. Als im Frühjahr 1993 bekannt wurde, daß die FAG Kugelfischer AG Schweinfurt ihr ostdeutsches Tochterunternehmen, die DKFL GmbH Leipzig, mit vier Werken in Sachsen und Thüringen, im Interesse der Konzernsanierung drastisch verkleinern und schließlich liquidieren wollte, setzte eine engagierte Rettungsaktion ein, an der u.a. die Arbeitnehmer, die Betriebsräte, die IGM, die Kommune, das Regierungspräsidium, der Freistaat Sachsen und die Beratungsagentur BASIS Leipzig beteiligt waren.

BASIS erhielt vom Gesamtbetriebsrat in Abstimmung mit der IGM den Beratungsauftrag zur Erstellung eines neuen Unternehmenskonzeptes und zur operativen Begleitung des Neuaufbaus des Unternehmens aus der anstehenden Gesamtvollstreckung heraus. Der Beratungsauftrag begann mit der detaillierten Bewertung aller ökonomischen, rechtlichen und technischen Vorgänge im Konzern und in den Werken, die seit der Privatisierung sukzessive die Verschlechterung der Unternehmenssituation bewirkt hatten. Die Vorlage dieses Gutachtens bewirkte sofort die Erklärung von Kommune, Freistaat, Regierungspräsidium, IGM, von Arbeitnehmern und ihren Interessenvertretungen, einen Neuaufbau des Unternehmens anzugehen. Das neue Unternehmen sollte als eigenständiges ostdeutsches Industrieunternehmen in die sächsischen industriepolitischen Konzepte eingebunden werden

BASIS entwickelte gemeinsam mit einem vom Gesamtbetriebsrat benannten betrieblichen Arbeitskreis aus sachverständigen Mitarbeitern in zwei Monaten das neue Unternehmenskonzept. Hier wurde erstmals in der Region durch Mitarbeiterbeteiligung ein Unternehmen erfolgreich konzipiert und schließlich gegründet. Dieser partizipatorische Ansatz soll künftig auch in der Unternehmensführung und -organisation fortgesetzt werden. Das Unternehmen ist im September 1993 als ST Wälzlagerwerke GmbH gegründet worden und hat im November die Produktion aufgenommen. Gesellschafter des Unternehmens ist ein „Verein der DKFL – Arbeitnehmerinnen und Arbeitnehmer". Die Mitarbeiter des neuen Unternehmens bringen ihre Sozialplangelder als stille Beteiligung in das Unternehmen ein.

Die Kommune leistet neben umfangreicher politischer und operativer Unterstützung vor allem bei der Regelung der Fragen zum Erwerb der Liegenschaft Hilfestellung, der Freistaat Sachsen gewährt eine Landesbürgschaft für die anlaufende Produktion.

Das neue Unternehmen wird derzeitig zur Aufnahme in das ATLAS-Programm geprüft, denn einer endgültigen Privatisierung sollte noch eine Sanierungsphase vorausgehen.

3.2. ATLAS[1]

Wiederum unter Beteiligung der sächsischen Gewerkschaften kam 1992 ATLAS (Ausgesuchte Treuhandunternehmen vom Land angemeldet zur Sanierung) als Gründung des Freistaates in Absprache mit der Treuhandanstalt und unter Beteiligung von Unternehmen zustande. Bei der Unterstützung und Vorbereitung der Sanierung von sächsischen Industrieunternehmen nimmt ATLAS heute eine exponierte Stellung ein. ATLAS steht für ein Expertenteam, welches die Unternehmensevaluation zur Sanierungseignung durchführt und die Sanierung vorbereitet. Mit Hilfe staatlicher Förderung (Zugriffsmöglichkeiten des Freistaates) soll die Sanierung regional bedeutsamer Unternehmen (oftmals als Industriekerne bezeichnet) eingeleitet werden. Nach einer Vereinbarung mit der Treuhandanstalt ist dann der Weg geebnet für eine mehrjährige, bis zu fünf Jahren währende Sanierungsphase. Damit ist ein wichtiger Schritt der bereits 1991 durch die Staatsregierung geforderten Regionalisierung der Treuhandkompetenzen und ihres Sanierungsauftrages getan. ATLAS steht für den Versuch sächsischer Industriepolitik, Industrieunternehmen zu sanieren und mit ihnen das Fundament für die Erneuerung einer eigenständigen sächsischen Industrielandschaft zu legen.

In der Stadt Leipzig wurden sieben (im Regierungsbezirk achtzehn) bedeutende Industrieunternehmen in das sog. ATLAS-Programm aufgenommen. Wenn es gelingt, diese Unternehmen zu sanieren, liegt darin ein außerordentlich hoher Beitrag zur Dämpfung der Deindustrialisierung in der Stadt und Stadtregion Leipzig.

Die sächsische Staatsregierung geht davon aus, daß diese zur Sanierung anstehenden Industriekerne Motoren der regionalen Entwicklung sein können, wenn man die Sanierung zusätzlich mit regionaler Arbeitsmarktpolitik, Infra-

1 Obwohl das ATLAS-Programm keinen unmittelbaren kommunal- oder regionalpolitischen Bezug besitzt, so berührt es dennoch kommunale Wirtschafts- und Beschäftigungsinteressen.

strukturentwicklung und Stadtentwicklung verknüpft. Auf derartige fachliche, politische und institutionelle Integrationsleistungen sind jedoch die Kommunen, Landratsämter und Arbeitsämter bis heute kaum vorbereitet. Ressort- und institutionenübergreifende Kooperation und Integration sind dafür zwingende Voraussetzungen. Gewerkschaftliche und gewerkschaftsnahe Akteure weisen gerade darauf hin und setzen mit eigenen Aktivitäten Zeichen.[2]

Das Beispiel der Fortführung der ostdeutschen Wälzlagerproduktion zeigt, daß durch schnelles, engagiertes und koordiniertes Handelns verschiedenen Interessensgruppen in Betriebsrat, Gewerkschaft, Kommune, Land und Region ein Unternehmen am Markt entstehen konnte. Die Umstände der Unternehmensgründung und des Starts der Produktion waren teilweise extrem ungünstig, Folge der Strategie von Mutterunternehmen und Sequester. Das erste Unternehmenskonzept beinhaltete noch die Gründung eines Großbetriebes und Werksverbundes, der neue Wälzlagerhersteller hat die Produktion nach den Prämissen eines überarbeiteten Konzeptes aufgenommen. Ein ostdeutsches Mittelstandsunternehmen wird sich nun als Nischenanbieter auf dem Wälzlagermarkt profilieren. Die vorerst nicht zustandegekommene Verbundlösung bleibt offen und steht im Zuge der Sanierung des Unternehmens wieder zur Verhandlung.

Daß in der arbeits- bzw. arbeitnehmerorientierten Unternehmensberatung ein großes Betätigungsfeld liegt, zeigen die ständig zunehmenden Nachfragen sowohl privatisierter als auch nicht privatisierter Unternehmen. Sie sind inzwischen immer häufiger gekoppelt mit der Nachfrage von Kommunen oder Landratsämtern nach Unterstützung bei der Stabilisierung, Konsolidierung, Rettung oder beim Neuaufbau von Unternehmen. Das ist nicht zuletzt Ausdruck der (die politischen Lager übergreifenden) erworbenen Erfahrung und der Einsicht, daß eine allein an betriebswirtschaftlichen Fakten und an sog. marktwirtschaftlichen Realisierungsbedingungen ausgerichtete Unternehmens-, kommunale und regionale Wirtschaftspolitik in Ostdeutschland untauglich ist. Daß die klassischen Unternehmensberatungen angesichts der anstehenden Probleme von Unternehmen und Gesamtwirtschaft den Kommunen und Regionen immer weniger geeignete Lösungsansätze anbieten können, wird von den regionalen Akteuren immer deutlicher erkannt. Das macht den Weg frei für neue Partnerschaften und unkonventionelle Lösungsansätze.

Allerdings werden bis auf weiteres nicht die um höhere Innovationsraten ringenden Unternehmen Beratung benötigen, sondern in wirtschaftliche Bedrängnis geratene Unternehmen. Erst nach einer Phase der einfachen Existenzsicherung von Unternehmen werden Beratungsfelder wie Produkt- und Perso-

---

2 In der in diesen Tagen zur Gründung anstehenden „Regionalen Strukturentwicklungsgesellschaft Westsachsen GmbH“ könnten derartige Entwicklungs- und Koordinierungsaufgaben umgesetzt werden, vorausgesetzt, die Geschäftsfelder der GmbH sind in geeigneter Weise definiert und vorbereitet. In diesen Tagen wird auch die Veröffentlichung eines Wirtschaftsförderungskonzeptes für die Stadt Leipzig, erarbeitet durch Price Waterhouse, erwartet. Auch da bleibt abzuwarten, in welcher Art sich dort strukturpolitische und integrative Ansätze wiederfinden werden.

nalentwicklung, Arbeitsorganisationsmodelle, Technologietransfer eine wichtigere Rolle spielen. Die strategische Ausrichtung von BASIS nimmt darauf Bezug.

Kommunen und Landratsämter befinden sich in einem Prozeß der Öffnung gegenüber gewerkschaftlichen und gewerkschaftsnahen Akteuren bei der Erstellung von Regionalanalysen, Entwicklungsprogrammen und Leitbildern. Die übernommenen Instrumente und Ideologien haben nicht zur Abwendung des Zusammenbruchs von Industrieproduktion und Beschäftigung geführt. Von neuen Partnern mit anderen Problemlösungsansätzen wird nun (rettende) Hilfe erwartet.

So vergab ein Landratsamt den Auftrag, ein „Regionales Beschäftigungsförderkonzept" zu erstellen. In einem Modellprojekt soll ein mittelfristig praktizierbarer Handlungsrahmen für einzelne und integrierbare Prokjektentwicklungen, für Projektmanagement und -finanzierung sowie institutionelle Vernetzung in einer wirtschaftlich und räumlich extrem heterogenen Region vorgelegt werden. In einem Gemeinschaftsprojekt mit der Stadt Leipzig wurden Wege aufgezeigt, wie das regionale Qualifikationspotential nicht nur erhalten werden kann, sondern wie es im Interesse einer zukunftsorientierten Standortpolitik als Standortfaktor profiliert werden muß (vgl. Karrasch 1993).

Der Kompetenznachweis nach der Bearbeitung einer Reihe unterschiedlichster unternehmens-, wirtschafts-, beschäftigungs-, technologie- und regionalentwicklungsorientierter Aufgaben führte dazu, daß BASIS zunehmend Kompetenz auch von Nachfragern zugewiesen wird. Eine Entwicklung hin zu mehr lokaler und regionaler Kooperation und Kommunikation ist eingeleitet.

In engem Zusammenhang mit den BASIS-Aktivitäten zur regionalen Beschäftigungspolitik steht die Projektarbeit für und gemeinsam mit Beschäftigungsgesellschaften.

3.3. Qualifizierungs- und Beschäftigungsgesellschaften

Bereits 1991 im Frühjahr war gewiß, daß die bevorstehenden außergewöhnlichen Herausforderungen von Unternehmenssterben und Arbeitslosigkeit mit den herkömmlichen Instrumentarien des Arbeitsmarktes nicht zu lösen sind. Es war klar, daß auf lokaler Ebene Massen von Arbeitnehmern dauerhaft im zweiten Arbeitsmarkt zu integrieren sein werden.

Aus „entflochtenen", abgewickelten, geschrumpften und liquidierten Unternehmen gingen Beschäftigungsgesellschaften hervor. Das war möglich geworden auf Druck der Gewerkschaften. Nach dem Kompromiß (Rahmenvereinbarung) vom 17.7.1992 mit Treuhandanstalt und Arbeitgeberverbänden war der Weg frei für die Gründung von Gesellschaften zur Arbeitsförderung, Beschäftigung und Strukturentwicklung (ABS-Gesellschaften).

Von den Gewerkschaften wurde ein neuer Typ von Beschäftigungsgesellschaft angestrebt, der mittelfristig mit Dauerarbeitsplätzen einen Beitrag zur Erneuerung unternehmerischer und industrieller Strukturen in Kommune und

Region leisten kann. „Kopplung von Arbeitsmarktpolitik und regionaler Strukturpolitik“ hieß die Maxime. Die Beschäftigungsgesellschaften wurden neben anderen Funktionen technologie- und produktionsorientiert konzipiert, mit dem Fernziel, Kooperationspartner für die Herkunftsunternehmen zu sein, selbst Tochterunternehmen zu gründen bzw. Existenzgründungen zu fördern und als Profitcenter zu arbeiten. Immerhin repräsentierte noch 1992 die Beschäftigtenstruktur in den Beschäftigungsgesellschaften das gesamte(!) Qualifikations-, Berufs- und Kompetenzspektrum der regionalen Arbeitnehmerschaft. Der Sicherung der qualifikatorischen Ressourcen kam eine wichtige Bedeutung zu.

Der nur wenige Wochen nach der Rahmenvereinbarung einsetzende, permanente und bis heute anhaltende Wechsel der rechtlichen, finanziellen und politischen Rahmenbedingungen verhinderte eine solche Profilierung. Die Arbeitgeberseite sah in diesen Gesellschaften von Anfang an nur eine Notlösung und fürchtete eine wachsende Beteiligung und Einflußnahme der Gewerkschaften auf kommunale und regionale Politik. Dennoch sind die Beschäftigungsgesellschaften ein wichtiger und unverzichtbarer strukturpolitischer Faktor in Kommune und Region, auch wenn eine Reihe von Profilierungszielen nicht erreicht werden konnten und sich derzeitig eine „Marktbereinigung“ unter den Beschäftigungsgesellschaften vollzieht. Am Ende werden wenige Beschäftigungsgesellschaften überleben. Sie werden aufgrund ihrer Spezialisierung und der erreichten Professionalisierung (mit Produkten und anspruchsvollen Dienstleistungen) als wirtschaftsorientierte Beschäftigungsgesellschaften an der Schnittstelle von Kommunalentwicklung, Industrie/Dienstleistungswirtschaft und Beschäftigungs-/Qualifizierungsförderung weiterbestehen. Im Gegensatz bzw. in Ergänzung dazu existiert der kommunale ABM-Stützpunkt, der etwa 1.000 Mitarbeiter (Langzeitarbeitslose, marginale Gruppen) integriert und in seiner sozialen Orientierung (soziale Re-Integration) eine wichtige Rolle spielt.

Im April 1993 gab es 28 Beschäftigungsgesellschaften und vergleichbare Projektträger in der Leipziger Region (vgl. Aufbauwerk Regierungsbezirk 1993).

Im Differenzierungsprozeß der Leipziger Beschäftigungsgesellschaften treten zwei Gesellschaften hervor, die ihre wirtschaftliche und unternehmerische Spezialisierung, Profilierung und Professionalisierung am weitesten vorangetrieben haben: die BiB mbH Leipzig und die ABW mbH Leipzig. Hier werden zur Sicherung der Existenz, die von den unsicheren fiskalischen Rahmenbedingungen des zweiten Arbeitsmarktes partiell freigemacht werden muß, spezialisierte Geschäftsfelder aufgebaut, Gewinnziele verfolgt und Tochterunternehmen gegründet. In diesen Gesellschaften wird Personalentwicklung und Qualifizierung gefördert. Es entstehen dauerhafte Beschäftigungschancen.

Die BiB mbH (Bildungs- und Beschäftigungsgesellschaft mbH) ist aus dem TAKRAF-Konzern als überregionale Gesellschaft hervorgegangen und wurde im März 1991 gegründet. Sie integrierte in Spitzenzeiten bis zu 6.000 Arbeitnehmer. Heute umfaßt die Gesellschaft noch etwa 1.000 Arbeitnehmer, darunter rund 800 in ABM. Der Gesellschaft ist es gelungen, einen Spezialisierungspfad hin zur Stadtsanierung zu ebenen. Stadt(teil)sanierung ist eine Aufgabe, die in Leipzig eben erst beginnt und über Jahre ein immenses Arbeitsvolumen schaffen wird.

Auslöser dieser Entwicklung war die Nutzung einer denkmalgeschützten Industrieimmobilie in dem geschichtsträchtigen Industrie-Wohnquartier Plagwitz durch die BiB mbH (Karrasch 1992). Aus dieser Nutzung und der bereits laufenden Demontage, Altlastensanierung und baulichen Sanierung des attraktiven Standortes entstand die Idee, daraus einen Gründer- und Gewerbehof zu entwickeln. Die Kommune konnte sehr schnell vom Wert des Projekts für Stadtentwicklung und Wirtschaftsförderung überzeugt werden. Die enge Kooperation zwischen Beschäftigungsgesellschaft und Kommune mündete schließlich in den Erwerb der Liegenschaft, in die Entscheidung, das Projekt als kommunales Projekt zur Mittelstandsförderung zu realisieren, aber auf Vertragsbasis von der Beschäftigungsgesellschaft ausführen zu lassen. Einen besonderen Schub erhielt diese Zusammenarbeit durch den hohen Spekulationsdruck im Stadtteil. Der Kommune konnte durch die Beschäftigungsgesellschaft und mit Unterstützung eines von BASIS erstellten Gutachtens (vgl. Karrasch 1992) sehr schnell vermittelt werden, daß bei einer Beibehaltung der Mischgebietsausweisung des Stadtteils im Flächennutzungsplan eine der wenigen in der Stadt überhaupt vorhandenen und geeigneten Ansiedlungsflächen für das produzierende Gewerbe verloren gehen würde. Nach wenigen Wochen wurde der Flächennutzungsplan geändert. Die Stadtteilsanierungspläne wurden überarbeitet.

In den kommenden zwei Jahren entsteht an dem Standort ein kommunaler Gründer- und Gewerbehof, der maßgeblich durch die BiB mbH realisiert wird. Bereits nach der ersten Ausbauphase zeigte sich, daß es zum örtlichen Handwerk keinerlei Wettbewerbskollision geben muß. Handwerksbetriebe arbeiten nicht nur gemeinsam mit ABM-Mitarbeitern der BiB mbH am Projekt. Sie erhalten dadurch sichere und dem Volumen nach attraktive Aufträge. Sie können ihre Personal- und Kapazitätsengpässe durch zeitweise Integration von ABM-Personal ausgleichen oder auch nach vorausgegangener Zusammenarbeit und Qualifizierung ABM-Personal fest anstellen. ABM-Mitarbeiter erhalten Qualifizierungs- und Beschäftigungschancen in völlig neuen Tätigkeitsfeldern. Diese Herangehensweise hat sich für alle Beteiligten bewährt – eine Herangehensweise, die in Leipzig nahezu einzigartig ist. In anderen Kommunen und Kreisen wird nach wie vor das Konkurrenzverhältnis zwischen Handwerkern und ABM politisch thematisiert, obwohl dafür bei entsprechenden Übereinkünften und Kooperationen keine Grundlage besteht. In der in Leipzig demonstrierten Vereinbarkeit von ABM und Mittelstandssicherung liegt ein hoher (kommunal-) politischer Wert.

Handwerksbetriebe des Kammerbezirks Leipzig werden zu den künftigen Nutzern des Gewerbehofes zählen. Etwa 40% aller Leipziger Handwerksbetriebe sind von der Preisgabe ihres Standortes (Hinterhofentkernung, Emissionsschutzauflagen, Mietpreissteigerungen) bedroht. Für viele stellen die Gewerbegebiete auf der grünen Wiese aus Gründen der notwendigen Kundennähe, aber auch wegen des hohen Preisniveaus keine Alternative dar. Das ist ein wichtiger

Grund dafür, daß von Anfang an eine breite Allianz für das Projekt der Beschäftigungsgesellschaft in der Kommune vorhanden war.

Die BiB mbH erwirbt mit diesem Projekt eine unternehmerische Kompetenz in einem völlig neuen Geschäftsfeld (früher: Maschinen- und Anlagenbau). In der Bau- und Stadtsanierung kann die GmbH auch künftig angesiedelt bleiben. Der Stadtteil Plagwitz ist als eines der städtischen Sanierungsgebiete ein langfristiges Arbeitsfeld. Angesichts der Kapitalschwäche von ostdeutschen Hausbesitzern und der Finanzierungsmöglichkeiten im kommunalen Wohnungsbestand können auch künftig Kooperationsmodelle erwartet werden, die die Beschäftigungsgesellschaft an der Stadtsanierung beteiligen. Die Gründung einer Tochtergesellschaft, der bausateq GmbH, ist es eine wichtige Weichenstellung, künftig in Zusammenarbeit mit der Kommune und außerhalb der Kommune in der Stadtsanierung mit Einzel- und Paketlösungen tätig zu werden.

Mit dem Leipziger Gründer- und Gewerbehof wurde das erste anspruchsvolle Projekt einer integrierten Wirtschaftsförderung, Bestandspflege und Beschäftigungsförderung in der Stadt Leipzig umgesetzt, entstanden in der Zusammenarbeit von Kommune, Beschäftigungsgesellschaft und Gewerkschaft.

Die ABW mbH (Gesellschaft zur Arbeitsförderung, Beschäftigung und Weiterbildung Leipzig Mitte) ist hervorgegangen aus der Leipziger ORSTA-Hydraulik AG und beschäftigt etwa 800 Arbeitnehmer aus fünf Leipziger Großbetrieben. Anders als die BiB mbH verfolgt die ABW mbH eine Spezialisierung im Bereich von Renaturierung und Umweltschutz. Mit hohem Qualifizierungs- und externem Beratungseinsatz bis hinein in ingenieurwissenschaftliche, geologische, biotechnologische Spezialfelder wird an der Professionalisierung der Geschäftsfelder gearbeitet. Gewässer-, Deponie und Altlastensanierung prägen das Profil der Gesellschaft und werden ergänzt durch Stadtgrünprojekte und Aktivitäten zur Errichtung eines öko-technischen Bauhofes. Den Angebotsprofilen steht ein breites Spektrum kommunaler Aufgaben gegenüber. In ein nennenswertes Auftragsvolumen verwandelt es sich dann, wenn die Kommune erkennt, daß sie zwar eigene Finanzierungsbeiträge zu leisten hat, die Beschäftigungsgesellschaft als professionellen Projektanbieter und -entwickler aber gezielt im Interesse der kommunalen Kostensenkung, Struktur- und Beschäftigungsförderung nutzen kann. Kaum ein Unternehmen ist in der Lage, mit einem so schlanken Management zu existieren wie die Beschäftigungsgesellschaften. Die Voraussetzung, auch kommunale ökologische mit Beschäftigungsinteressen bündeln zu können und damit die Wirtschaftsstruktur zu fördern, ist gegeben.

Zur Unterstützung, Koordinierung und als Lobby der Aktivitäten der einzelnen Beschäftigungsgesellschaften wird auf Landesebene auch das Aufbauwerk Sachsen – eine Trägerstruktur der Gesellschaften für Arbeitsförderung, Beschäftigung und Strukturentwicklung im Freistaat Sachsen – mit seinen regionalen Niederlassungen tätig. Das Aufbauwerk ist eine Gemeinschaftsinitiative von Arbeitgeberverbänden, Gewerkschaften und öffentlicher Hand. In der Unterstützung der Arbeitsmarktpolitik hat es seine wichtigste Aufgabe gefunden. Die Einlösung des ursprünglichen Anspruchs, die Arbeitsmarktpolitik mit Regionalentwicklung, Infrastrukturentwicklung, Wirtschaftsförderung, wirtschaftlicher Strukturentwicklung, Wissenschafts- und Bildungspolitik zu verbinden, ist erst in Ansätzen erfüllt.

Dort, wo erfolgreiche Entwicklungen vorhanden sind, sind sie überwiegend in den dezentralen Strukturen der Beschäftigungsgesellschaften und anderer Projektträger entstanden. Das schließt die Suche nach eigenständigen Beiträgen bei den TGR durchaus ein, wie das Beispiel Leipzig zeigt. Die ARB GmbH Leipzig (TGR Leipzig) wird in Zukunft mit der Espenhainer Entwicklungs- und Sanierungsgesellschaft, der ESG GmbH, große Sanierungsprojekte im Leipziger Südraum im Programm „Böhlen 2000" realisieren. Der Leipziger Südraum ist die von Umweltzerstörung geprägte Kohle-, Energie- und Chemieregion.

3.4. Die Arbeitsloseninitiative der Gewerkschaften

Der gesellschaftliche Desintegrationsprozeß gewinnt immer mehr an Tempo, ohne daß bereits das volle Ausmaß an Verarmung, zerstörten Reintegrationschancen und kommunalen Lasten durch Langzeitarbeitslosigkeit bereits sichtbar wird. Jeder zehnte Bewohner Sachsens lebt heute an der Armutsgrenze (LVZ 13./14.11.1993). Wegen der ehemals hohen Industrialisierung und Bevölkerungsdichte ist der Freistaat Sachsen von der Sozialhilfebedürftigkeit seiner Bürger besonders betroffen.

Einerseits hat die Region Leipzig mit 3,8% (Leipziger Arbeitsmarkt, 10/1993) eine relativ niedrige Arbeitslosenrate, andererseits ist ein dramatischer Anstieg der Zahl der Sozialhilfeempfänger zu verzeichnen (Zunahme von 23,8% zwischen 1991 und 1992). Unter den ostdeutschen Städten ist die Dichte der Sozialhilfeempfänger in Leipzig am höchsten, allerdings noch nicht so hoch wie in westdeutschen Städten. Auf 1.000 Einwohner kommen derzeitig 47 Sozialhilfeempfänger (in Hannover sind es 99 und in Düsseldorf 69). Setzt sich der Abbau der arbeitsmarktpolitischen Instrumente fort- derzeitig beträgt die Unterbeschäftigungsquote 32% in der Region –, wird in drei Jahren das Niveau der westdeutschen Städte erreicht sein, ohne daß die Steuer- und Finanzkraft der Kommune nennenswert gewachsen ist oder Beschäftigungsmöglichkeiten auch bei erhöhter Mobilität entstehen. 70% der Sozialhilfebedürftigen geraten schon heute in Leipzig wegen Arbeitslosigkeit in den Sozialhilfebezug. In westdeutschen Städten ist diese Ursachennennung nur halb so groß.

Die Existenz des zweiten Arbeitsmarktes ist zu einem unumstößlichen Fakt geworden und wird es bleiben, trotz zahlreicher politischer Widerreden. In den nächsten zehn Jahren wird der erste Arbeitsmarkt weder in Ost- noch in Westdeutschland eine ausreichende Zahl von Arbeitsplätzen zur Verfügung stellen. Der zweite Arbeitsmarkt wird dann nicht nur eine temporäre Überbrückungsrolle zu spielen haben.

Seit 1990 haben die Gewerkschaften auf lokaler, regionaler, Landes- und Bundesebene immer wieder Weichen zur Bereitstellung und Qualifizierung arbeitsmarktpolitischer Instrumente gestellt.

Im zweiten Halbjahr 1990 setzten bereits die ersten großen Massenentlassungen ein. Der TAKRAF-Konzern Leipzig hatte zu diesem Zeitpunkt bereits 6.000 Mitarbeiter verloren. Im Frühjahr 1991 begann eine beispiellose Entlassungswelle in allen Unternehmen und Branchen der Region. Sie mündeten in heftigen Arbeitnehmerprotesten auf den Leipziger Montagsdemonstrationen im Februar 1991. Die Gewerkschaften standen an der Spitze dieser Proteste, an denen sich im März 1993 80.000 Menschen beteiligten. Für die TAKRAF AG war zu dem Zeitpunkt schon ein Gesamtarbeitsplatzverlust von 20.000 in Verhandlung. Das war der Auftakt zur Gründung von Beschäftigungsgesellschaften in vielen Leipziger Unternehmen. Die größten „Unternehmen" der Leipziger Metallindustrie sind ihre Beschäftigungsgesellschaften.

Die Mehrheit der ehemaligen gewerblichen Arbeitnehmer und Angestellten der Leipziger (Metall-)Industrie ist heute im zweiten Arbeitsmarkt (ABM, FuU, Kurzarbeit) beschäftigt, im Vorruhestand oder arbeitslos und damit ohne direkte betriebliche und gewerkschaftliche Anbindung; das bedeutet auch ohne bzw. mit nur eingeschränkter Interessenvertretung. Etwa 80% der ehemaligen Arbeitsplätze der Metallindustrie sind vernichtet. Diese Situation hat ein Nachdenken über die Praktizierung anderer, zusätzlicher gewerkschaftlicher Präsenz- und Vertretungsstrukturen in der Kommune hervorgerufen.

Gewerkschaftliche Arbeitslosenarbeit hat sich in Deutschland spät entwikkelt und war in der Vergangenheit eher unterrepräsentiert. Erst die Massenarbeitslosigkeit bzw. die hohe Unterbeschäftigungsquote in Ostdeutschland haben der Frage nach der Art, Zielrichtung, Arbeitsweise und Bedeutung gewerkschaftlicher Arbeitslosenarbeit in Kommune und Region einen neuen Stellenwert zugewiesen. Sozialpolitische Aktivitäten im kommunalen Umfeld werden zunehmend zu einer Aufgabe gewerkschaftlicher Interessenvertretung. Angesichts der ostdeutschen Entwicklung kann die von den Gewerkschaften lange Zeit mitgetragene Individualisierung von Arbeitslosigkeit nicht länger aufrechterhalten werden. Die Zeit einer exklusiven Interessenvertretung für Arbeitsplatzbesitzer ist vorbei.

Um Arbeitslose, aber auch Vorruheständler weiterhin in Gewerkschaftsarbeit einbinden zu können, wurden 1992 zunächst Begegnungs- und Beratungsstellen in den Leipziger Wohngebieten eingerichtet. 27 Sozialberater – selbst in ABM – begannen in Leipzig ihre Arbeit. Das Spektrum reicht von der Rechtsberatung über Unterstützung bei der Arbeitssuche, psychologische Betreuung bis hin zu der Funktion, Kontakt- und Kommunikationsorte bereitzustellen, ein Mittler zur Gewerkschaft zu sein. Die IGM Sachsen sieht die Schaffung eines flächendeckenden Beratungsangebots als wichtige Aufgabe im Sinne der Schaffung eines „zweiten Standbeines", der außerbetrieblichen Gewerkschaftsarbeit.

Eine enge Anbindung an die Strukturen des Arbeitslosenverbandes (ALV) wurde von Anfang an aus Gründen der Nähe dieses Verbandes zu SED (später PDS) und FDGB sowie die Gründungsumstände nicht in Betracht gezogen (Wolski-Prenger 1993, 44). Gute informelle Kontakte existierten allerdings von Anfang an zur kirchlichen Arbeitsloseninitiative bei der Nikolaikirche zu Leipzig, die selbst eine beachtliche Profilierung erfahren hat. Seit 1990 hat es in Leipzig immer wieder zu Fragen der Arbeitslosigkeit, des Sozialabbaus, der Demontage von sozialer Gerechtigkeit, der Ausländerfeindlichkeit und des Rechtsradikalismus enge Verbindungen und gemeinsame Aktivitäten zwischen DGB, IGM und Evangelischer Kirche gegeben, zuletzt bei den Montagsdemonstrationen im Frühjahr 1993.

1992 gründeten IGM, DGB und kirchliche Wohlfahrtsverbände unter dem Namen „Neue Arbeit Sachsen e.V." einen Verein zur Realisierung von Arbeitslosenarbeit, vor allem zur Qualifizierung von Arbeitslosen und als Lobby.

Als Konsequenz daraus, daß die Arbeitslosen aus der Industrie, die Beschäftigungsgesellschaften, daß Arbeitnehmer in Treuhand- und privatisierten Unternehmen von Liquidation und Entlassung bedroht sind und daß die einheimischen Unternehmen mit ihren Problemen in den etablierten Parteien und Stadtparlamentsfraktionen von CDU, F.D.P., SPD und Bündnis 90/Grünen keine angemessene politische Vertretung finden, wurde im Juni 1993 (Leipziger Volkszeitung v. 23.6.1993) eine eigene Liste zur Leipziger Kommunalwahl 1994 angekündigt. Das war ein Zeichen, dem der Aufschrei der Parteien im Parlament folgte. Nach jetzigem Verhandlungsstand werden die Parteien Listenplätze für Kandidaten offenhalten, die die Gewerkschaften vorschlagen.

Immer größere Bevölkerungs- und Arbeitnehmeranteile, und mit ihnen ganze wirtschaftliche und soziale Themenbereiche, bleiben aus parteipolitischen Programmen, Konzepten, Plänen und Entscheidungen in der kommunalen und regionalen Ebene ausgeklammert. Darin zeigt sich eine Diskrepanz zu den konstruktiven Ansätzen eines praktizierten Konsenses sowie einer wachsenden Kooperation zwischen Politikern, Verwaltungen, Institutionen, gewerkschaftlichen und gewerkschaftsnahen Akteuren.

4. *Schlußbemerkungen*

Trotz einiger Lichtblicke hat drei Jahre nach dem Zusammenbruch der DDR die wirtschaftliche Talfahrt noch kein Ende genommen. Es mangelt aber weniger an Ideen für neue Problemlösungen, sondern am politischen Willen, neue Wege zu beschreiten und dabei auch in Kauf zu nehmen, den Interessen der westdeutschen Industrie zu widersprechen (Gerlach/Kletzin 1993, 1). Nicht allein sogenannte marktwirtschaftsgerechte Instrumente können die anstehenden Probleme lösen. Vielmehr benötigen die spezifischen wirtschaftlichen und sozialen Aufgaben lokale und regionale Netzwerke von Akteuren, die mit einem Mix von Instrumenten zu neuen Lösungen finden.

Die Gewerkschaften und gewerkschaftsnahe Akteure konnten sich in den beiden letzten Jahren wachsende Mitsprache und Beteiligung bei direkten und indirekten kommunal- und regionalpolitischen Belangen sichern. Gewerkschaften und gewerkschaftsnahe Akteure haben in der Vergangenheit teilweise kommunales und regionales Krisenmanagement geleistet, vor allem dann, wenn andere zuständige Akteure die Anerkennung der Krisenerscheinungen und damit den eigenen Handlungsbeitrag verweigert haben.

Gewerkschaftliche und gewerkschaftsnahe Handlungs- und Problemlösungskompetenz wurde primär bei den spezifischen (ostdeutschen) wirtschaftlichen, industrie- und arbeitsmarktpolitischen Problemen bewiesen, von staatlichen Akteuren anerkannt und nachgefragt. Die Erprobung neuer Wege auf lokaler, regionaler und Landesebene kann nicht darüber hinwegtäuschen, daß diese Wege auf Bundesebene nicht mitgetragen werden. Sie besitzen auch für die Mehrheit der Kommunen und Regionen keine Allgemeingültigkeit. Immer wieder treten aus politischen Gründen Kontinuitätsbrüche auf und einzelne Problemfelder werden ganz ausgelassen. Die guten Erfahrungen in der Stadt Leipzig, eine „lokale konzertierte Aktion" anzubahnen und zu praktizieren – einzige Alternative, wenn eine Reindustrialisierung gelingen soll und die Folgen von Massen- und Langzeitarbeitslosigkeit gedämpft werden sollen –, wird so bereits im Landkreis Leipzig (mit Ausnahmen) nicht mehr mitgetragen. Gerade bei kleineren Gemeinden zeigt sich ein z.T. völlig anders geartetes Problembewußtsein. Dort dominieren Aktivitäten zu Gewerbegebietserschließungen und Gewerbeansiedlungen sowie Wohngebietserschließungen, ohne daß die wirtschaftlichen Zusammenhänge zur Industrieentwicklung und zur Entwicklung des Oberzentrums erkannt werden.

Die wirtschaftliche und Arbeitsmarktkrise ist eine Herausforderung an die Demokratiefähigkeit von Bürgern, Interessenvertretungen und von Behörden. Demokratiefähigkeit heißt in diesem Zusammenhang: Beteiligung einfordern, Beteiligung zulassen, Beteiligung praktizieren und zur Beteiligung qualifizieren. Die in den Politikebenen von Freistaat, Region und Stadt praktizierten Ansätze sind vielversprechend. Es sind Ansätze mit Erfolgen und weiteren Wegweisungen. Sie geben einen positiven Trend an. Sie sind allerdings keineswegs berechenbar. Die erzielten Erfolge sind Einzelerfolge. Auch wenn die Zahl erfolgreich realisierter Projekte wächst, so bleibt deren Integration als Ausdruck einer stabilen, veränderten Qualität regionaler Strukturentwicklung ungenügend.

In erster Linie handelt es sich um von den wirtschaftlichen und sozialen Realitäten erzwungene Krisenpartnerschaften. Staat und Politik öffnen sich für solche Partnerschaften in erster Linie zur Symptombekämpfung. Beispiel dafür sind die Beschäftigungsgesellschaften, die zahlreich gegründet wurden, um eine Brückenfunktion (Parkplatzfunktion) über ein angenommenes temporäres Beschäftigungstief hinweg zu schaffen. Die von den Gewerkschaften von Anfang an eingeforderte strukturpolitische Funktion, nämlich einen aktiven Beitrag zu Strukturwandel, Reindustrialisierung, Existenzgründung und Dynamisierung des regionalen Qualifikationspotentials zu leisten, wurde so nicht erfüllt. Der politische Wille zur Sicherung der notwendigen Rahmenbedingungen war und ist nicht gegeben.

Anders als heute viele Bürgerinitiativen konstatieren, daß sie keine oder nur marginale Interessen in der Kommune geltend machen können, haben gewerkschaftliche und gewerkschaftsnahe Initiativen jedoch die Erfahrung einer bedeutenden eigenen Gestaltungskraft gemacht. Die Erfahrung ist durchaus ambivalent, weil das Industriesterben nicht gestoppt ist und die Finanzierungsbedingungen für den zweiten Arbeitsmarkt immer schlechter geworden sind. Immer wieder bricht auch institutioneller Partikularismus integrative Strategien, so daß der politische Konsens über das Zusammenwirken von lokaler Wirtschafts-, Technologie- und Arbeitsmarktpolitik kaum handlungsorientiert und verläßlich hergestellt werden kann.

Gewerkschaftliche und gewerkschaftsnahe Initiativen haben inzwischen vielfach den Beweis erbracht, daß sie in schwierigen wirtschaftlichen und arbeitsmarktpolitischen Situationen sehr schnell, wirksam und kurzfristig Handlungspotential entwickeln können. Als Zukunftsaufgabe steht die Sicherung der Vernetzung und Verbindung mit langfristige Regionalinteressen.

In der Überwindung von Regionalegoismen, die mit der Gemeinde- und Gebietsreform in aller Schärfe zum Ausbruch gekommen sind und den regional existierenden Arbeitsmarkt und die regional existierende Wirtschaft in ihrer Entwicklung behindern, könnte eines der wichtigen Handlungsfelder der nahen Zukunft liegen. Ohne gesteuerte und organisierte Wiederbelebung der regionalen Wirtschaftskreisläufe und eines dynamischen regionalen Arbeitsmarktes wird der wirtschaftliche Aufschwung nicht eintreten.

Literatur

Aufbauwerk Regierungsbezirk Leipzig(Hrsg.), 1993: Beschäftigungsgesellschaften im Regierungsbezirk Leipzig. Ihre Erfahrungen, Probleme und Perspektiven, Leipzig

Arbeitsamt Leipzig(Hrsg.), 1993: Der Arbeitsmarkt im Oktober 1993, Leipzig 10/1993

Bundesministerium für Raumordnung, Bauwesen und Städtebau (Hrsg.), 1993: Zukunft Stadt 2000. Bericht der Kommission Zukunft Stadt 2000, Bonn

Danielzyk, R./Helbrecht, I., 1989: Ruhrgebiet: Region ohne Gegenwart? in: Wahrnehmungsgeographische Studien zur Regionalentwicklung, Heft 6, 1989

Gerlach, F., Kletzin, H., 1993: Industriepolitische Konferenz, in: BASIS-Report II/1993

Hankel, W., 1993: Die sieben Todsünden der Vereinigung. Wege aus dem Wirtschaftsdesaster, Berlin

Hans-Böckler-Stiftung (Hrsg.), 1992: Qualifizierungs- und Beschäftigungsgesellschaften in Ostdeutschland, in: Manuskripte 46

Industrie- und Handelskammer zu Leipzig (Hrsg.), 1992: Gewerbegebietsatlas, Leipzig

Karrasch, P. u. a., 1992: Chancen und Perspektiven der Leipziger Metallindustrie. Eine Momentaufnahme im März 1992, in: BASIS-Manuskripte 3, 1992

Karrasch, P., 1992: Der Gründer- und Gewerbehof der BiB mbH in Plagwitz. Standortanalyse, in: BASIS-Manuskripte 7, 1992

Karrasch, P. u. a., 1993: Regionale Wachstumsfelder und ihr Einfluß auf Fortbildung und Umschulung im Leipziger Raum unter besonderer Berücksichtigung des verarbeitenden Gewerbes, in: BASIS-Manuskripte 11, 1993

Kletzin, H. u. a., 1992: Entwicklung des Aufbauwerkes Sachsen. Erste Erfahrungen mit dem Aufbau einer Trägerstruktur der Gesellschaften für Arbeitsförderung, Beschäftigung und Strukturentwicklung im Freistaat Sachsen, in: BASIS-Manuskripte 5, 1992

Leipziger Volkszeitung vom 13./14. 11. 1993, S. 5: Jeder 10. Sachse lebt an der Armutsgrenze

Maier, F., 1988: Beschäftigungspolitik vor Ort. Die Politik der kleinen Schritte, Berlin 1988

„Mir nötigt großen Respekt ab, was die Betriebsräte hier leisten". Im Gespräch der sächsische Ministerpräsident K. Biedenkopf, in: Die Mitbestimmung 9/1993

Nolte, D./Ziegler, A., 1993: Deindustrialisierung in den ostdeutschen Bundesländern, in: WSI-Materialien Nr. 34, 1993

Rat der Stadt Leipzig (Hrsg.), 1993: Leipziger Statistik, 4/1993

Rat der Stadt Leipzig (Hrsg.), 1992: Wirtschaftsstandort Leipzig. Business Lokation Leipzig, Leipzig 1992

Wolski-Prenger, F., 1993: Arbeitslosenarbeit in den neuen Bundesländern. Eine Bilanz nach drei Jahren Massenarbeitslosigkeit, in: Aus Politik und Zeitgeschichte B 35/93, 27.8.1993

II. Neue Herausforderungen an die lokale Politik: Arbeit, Umwelt, Wohnen

Dieter Eißel

Problemfelder und Lösungskapazitäten in den Kommunen Ostdeutschlands

1. Probleme en masse

Mit dem Ende des zentralistische SED-Staates erhielten die ostdeutsche Städte und Gemeinden erstmals seit Ende der Weimarer Republik eine eigenverantwortliche Zuständigkeit für die Daseinsvorsorge ihrer Bürgerinnen und Bürger. Zeitgleich mit dem Transformationsprozeß von einer zentralistischen Kommandowirtschaft zu einem föderalen Rechtsstaat entließ der Staat seine Bürger aus der Bevormundung und verwies sie in hohem Maße auf die kommunale Selbstverwaltung (Bernet 1993: 27ff). Bei diesem schlagartigen Übergang zur sozialen Marktwirtschaft „wird mehr als deutlich, wie sehr der wirtschaftliche Neubeginn von der Leistungs- und Handlungsfähigkeit der kommunalen Verwaltung abhängt.(..) Ohne die Gemeinden und Kreise läuft nichts. Sie sind die Ansprechpartner für Investoren – und die Klagemauern für die Bürger" (Schneider 1993: 25). Die aufgetürmten und neu durch die Vereinigung hinzugekommenen Probleme sind dabei riesig.

Im Interesse der Wohnqualität, aber auch aus Gründen der Wirtschaftsförderung und Verbesserung des Umweltschutzes ist die marode Infrastruktur zu reparieren und zu modernisieren. Verfallene Bausubstanz bei Brücken, Straßen und Häusern, unzureichende und fehlende Telekommunikationssysteme, der schlechte Zustand der Trinkwasserqualität und Abwasseranlagen verdeutlichen, daß schon diese technischen und baulichen Infrastrukturmaßnahmen die Kommunen vor enorme Aufgaben stellen. Gewässerverunreinigung, die Luftverschmutzung, die ökologischen Altlasten sind im Osten ungleich höher (Petschow 1993: 137ff). Diese Aufgaben schnell anzupacken, ist dabei nicht nur eine Frage der Umwelt- und Lebensqualität in den neuen Bundesländern, sondern auch eine wichtige wirtschaftliche Vorleistung für den Wiederaufbau. „Die Modernisierung der Infrastruktur erhöht (...) nicht nur den Wohnwert, sondern gilt auch als Voraussetzung für eine erfolgversprechende Wirtschaftsförderung, das heißt den Erhalt und die Ansiedlung von Dienstleistungs- und Produktionsbetrieben" (Schneider 1993: 21).

Ebenso dringlich wie umfangreich ist die jetzt den Kommunen übertragene Aufgabe der Klärung der offenen Vermögensfragen, deren Nicht-Lösung ein wesentliches Investitionshemmnis darstellt. Die von Städten und Kreisen im Auftrage des Staates eingerichteten Ämter für offene Vermögensfragen haben mehr als 2 Millionen Vorgänge zu bearbeiten. Im Unterschied zum Westen gehört auch über ein Drittel der Neubauten nach dem Krieg (Plattenbau) gemeinnützigen Genossenschaften und den Kommunen. Dies hat auch erhebliche finanzielle Folgen (vgl. den Beitrag von Bardelmann/Steinert in diesem Band). „Im Ergebnis des Einigungsvertrages sind etwa 2,7 Millionen Wohnungen in deren Besitz übergegangen, gleichzeitig wurden diese jedoch auch mit rund 52 Mrd. DM Altschulden belastet“ (Schneider 1993: 22).

Die ehemaligen DDR-Städte haben nach dem Zusammenbruch der Massenorganisationen und Betriebe zusätzliche, neue Aufgaben übernommen. Da im Unterschied zum Westen soziale kirchliche Einrichtungen und Organisationen der freien Wohlfahrtspflege kaum vorhanden sind, werden jetzt Jugendherbergen, Jugendbegegnungsstätten, Sozialeinrichtungen, Kindergärten, Kulturhäuser von den Kommunen betreut. Dies schließt auch die Übernahme des Personals mit ein. Neu hinzugekommen ist auch die Aufgabe für Gemeinde und Kreise, die Schulträgerschaft zu übernehmen. „Die durch den Rückzug des Staates und von Betrieben aus dem kulturellen Bereich entstandene Lücke soll durch die Gemeinden und Kreise geschlossen werden“ (Schneider 1993: 22).

Neben der Erblast kommandowirtschaftlicher Strukturen traten als Morgengabe der westlichen Konsummuster nach der Vereinigung eine rasant ansteigende individuelle Motorisierung zu Lasten des Öffentlichen Personennahverkehrs und wachsende Abfallberge als neue, auch kommunal zu bearbeitende Probleme hinzu.

In gesellschaftlicher Hinsicht sind es jedoch vor allem die Probleme der Massenarbeitslosigkeit, deren psychosoziale, finanzielle und ökonomische Folgen, welche die ostdeutschen Kommunen insgesamt vor Herausforderungen in herkulesschem Ausmaß stellen. Wofür die westdeutschen Kommmunen Jahrzehnte der Entwicklung hatten, soll nun in Ostdeutschland sehr rasch geschehen, und das mit nicht ausreichenden Mitteln. Nach Überstülpung eines neuen Rechtssystems und der Geltung bisher unbekannter Verfahrensrichtlinien und Durchführungsbestimmungen, steht in den kommunalen Ämtern in der Regel ein für diese Aufgaben nicht geschultes Personal zur Verfügung. Zweitens sollen die Kommunen nahezu ohne eigene Finanzmittel, die nach herrschender Meinung unverzichtbarer Bestandteil der grundgesetzlichen Garantie (Art.28) der kommunalen Eigenverantwortlichkeit sind, tätig werden. Skizzieren wir die kommunalen Problemen von Umwelt und Arbeit im Detail.

2. *Eine Skizze der kommunalen Umweltaufgaben*

Die Bevölkerung in den einzelnen Regionen des neuen Gesamtdeutschlands beansprucht zu Recht auch in Übereinstimmung mit den Vorschriften des Grundgesetzes und des Raumordnungsgesetzes von 1965 eine Gleichwertigkeit der Arbeits-, Lebens- und Umweltbedingungen in der Bundesrepublik Deutschland.

Die Staatsverträge von 1990 hatten unter anderem auch die schnelle Umsetzung und Verwirklichung einer deutschen Umweltunion zum Ziel. So heißt es, spätestens bis zum Jahr 2000 soll das bestehende Umweltgefälle zwischen beiden Teilen Deutschlands auf hohem Niveau vollständig ausgeglichen werden. Und in Art. 34 des Einigungsvertrages wird genauer definiert, was unter hohem Niveau zu verstehen ist: „Die Einheitlichkeit der ökologischen Lebensverhältnisse auf hohem, mindestens jedoch dem in der Bundesrepublik Deutschland erreichten Niveau zu fördern". Letztlich wurde auch das in den alten Bundesländern geltende Umweltrecht auf die neuen Länder übertragen. Wie sieht die Lage aus?

Zunächst zur Frage der Wasserqualität:

Folgt man den Darstellungen eines Berichts des Institutes für Umweltschutz (1990), dann waren nach der Vereinigung zum Beispiel 42% der Wasserläufe und 24% der stehenden Gewässer stark belastet und für die Trinkwasseraufbereitung nicht mehr nutzbar. Nur nach aufwendiger und komplizierter Technologie ließen sich 36% bzw. 54% verwenden. Insgesamt sind dem Bericht zufolge nur 3% der Wasserläufe und der stehenden Gewässer ökologisch gesund.

Welche Herausforderungen für die Kommunen entstehen, zeigt sich laut Institutsbericht daran, daß 9,6 Mill. Einwohner in den neuen Ländern zeitweise oder ständig qualitativ beeinträchtigtes Trinkwasser erhalten. Dabei ist zu berücksichtigen, daß in der ehemaligen DDR pro Kopf und Jahr nur 540 Kubikmeter verbraucht wurden, während in Westdeutschland zur gleichen Zeit mehr als das Dreifache, nämlich 1.890 Kubikmeter verbraucht wurden. Es zeigt sich also, daß mit steigenden Konsummöglichkeiten und der Anpassung an den Standard Westdeutschlands ein zusätzlicher Bedarf an Trinkwasserversorgung entsteht. Hinsichtlich der Einleitung und Klärung von Abwässern macht der Bericht darauf aufmerksam, daß 95% der Industrieabwässer nicht ausreichend behandelt in die Gewässer und die Abwässer von 11,7 Mill. Einwohnern in weitgehend verrottete öffentliche Kanalisationssystemen eingeleitet werden (Bundesminister für Umwelt 1990). Die Kläranlagen sind dabei nur teilweise funktionstüchtig. Problematisch ist auch, daß in den 1.100 kommunalen Kläranlagen Klärschlamm anfällt, der trotz der hohen Schwermetallbelastung zu 65% in der Landwirtschaft verwendet wird (Zimmermann 1992: 5). Auch die intensive Landwirtschaftsnutzung in der DDR, die hohe Gülleverwendung, der Pflanzenschutzmittel- und Mineraldüngereinsatz haben zu erheblichen Problemen des Grundwassers, der Flüsse und Seen geführt.

Die Luft ist einem kaum besseren Zustand. Hohe Emissionen von Schwefeldioxyd und die Belastungen durch Staubniederschlag sind vor allem Folge der Braunkohleverbrennung und lassen das Atmen in der Heizperiode zur Qual werden. Anhand der, im Vergleich zu Westdeutschland rund doppelt so hohen Waldschäden in Ostdeutschland läßt sich verdeutlichen, wie belastend die Luftverschmutzung in Ostdeutschland zu Anfang dieses Jahrzehnts war. Zwar verläuft der Umstellungsprozeß der Wohnungsheizungen auf einen emissionsärmeren Energieträger rasant. Hinzukommt, daß infolge der Stillegung großer Werke die Emissionen generell verringert wurden, was zwar schmerzhaft für den Arbeitsmarkt ist, aber immerhin die Luft erheblich entlastet hat. Auf der anderen Seite hat die Talfahrt des ÖPNV bei gleichzeitiger Zunahme des PKW-Verkehrs auf Westniveau die Emissionsbilanz wieder verschlechtert.

Auch diese Lage trifft die Kommunen in vielfacher Hinsicht: Es gilt u.a., den öffentlichen Personennahverkehr aufrechtzuerhalten und wieder attraktiv zu machen, weil er eine bessere Ökologiebilanz aufweist als der Individualverkehr mit Pkw. In der Regel bedeutet dies für die Kommunen größere rote Zahlen, weil die städtischen Straßenbahnen und Busse sich kaum betriebswirtschaftlich auszahlen. Dringlich ist auch weiterhin die Umstellung der lokalen Energieversorgung, wobei die schnelle Übernahme der Versorgung durch die großen westdeutschen Elektrizitätsversorgungs-Unternehmen (EVU) und die mehrheitlich abgeschlossenen langen Vertragsbindungen der Kommunen eine Barriere für intelligente sanfte Energiewege darstellen, die vor Ort (siehe etwa Freiburg, Saarbrücken) entwickelt werden können.

Zu diesen z.T. relativ neuen Herausforderungen kommen erhebliche Altlastenprobleme. Eine erste Bestandsaufnahme sprach von nahezu 30.000 Verdachtsflächen, wovon bisher ca. 2.500 Flächen als Altlast eingestuft worden sind (Bundesminister für Umwelt u.a. 1990: 32). Allein in diesem Bereich sind die Kommunen gefordert, den Behörden neu zu etablieren, die den Vollzugsdefizit in der Umweltverwaltung beseitigen. Im Detail geht es um die Aufarbeitung und die Erhebung der Daten der über 27.000 Verdachtsflächen, die dort zu erfassenden Altlasten und um einen sachgemäßen Umgang mit umweltgefährdenden Stoffen. Nicht zuletzt im Abfallbereich zeigt sich, daß die Kommunen parallel zu den von Westdeutschland übernommenen Konsummustern bei gleichzeitiger Zerstörung des DDR-üblichen Recyclingsystems erhebliche Probleme haben, eine geordnete Entsorgung sicherzustellen, d.h. zusätzliche Deponien zu finden oder andere Formen der Abfallbeseitigung zu erreichen. Zur Zeit existieren ca. 10.000 wilde Müllkippen ohne die üblichen Standards. Auch bei den überwiegend betriebseigenen Industriemülldeponien darf man Umweltrisiken unterstellen.

Das Aktionsprogramm, das der Bundesumweltminister im Februar 1991 mit dem Titel „Ökologischer Aufbau" vorlegte (Bundesminister für Umwelt u.a. 1991), fordert unter anderem, für einen großen Teil der festgestellten Altlastflächen Sofortmaßnahmen einzuleiten. Mit Priorität will der Bundesumweltminister die Sanierung von 35 kommunalen und 24 industriellen Kläranlagen im Elbeinzugsgebiet fördern. Zudem geht es um den Bau von 27 Kläranlagen an der Ostsee und im Einzugsgebiet von Oder-Neiße. Als vordringlich wird auch der Neubau von 632 Kilometern und die Sanierung von rund 5.000 Kilometern Hauptsammlern gesehen etc.

Die Kosten dieser gewaltigen Sanierungsaufgaben in den neuen Ländern sind nachvollziehbar enorm. Eine Untersuchung des Ifo-Instituts (Sprenger/Adler/Ackerbauer 1991) schätzt den Bedarf für Investitionen in den neuen Bundesländern bis zum Jahr 2000 auf rund 211 Milliarden DM, wenn die Zielsetzung des Umweltunionsvertrages, das bestehende Gefälle zwischen Ost und West auszugleichen, erreicht werden soll. Wenn man die Betriebskosten der Umweltschutzanlagen noch dazu addiert, müssen die Investitionen pro Jahr im Durchschnitt auf jeden Fall höher als 21 Milliarden DM sein.

Derartige Summen können nur durch eine solidarische Hilfe der wohlhabenderen alten Bundesländer mitfinanziert werden. Hierzu wurden schon entsprechende Überlegungen angestellt. „Weil die neuen Länder durch die Altlasten besonders mit Ausgaben belastet sein werden, ist der Vorschlag überlegenswert, in einen neugestalteten Länderfinanzausgleich zweckgebundene Zuweisungen mit Eigenbeteiligung einzubauen" (Dieckmann 1992: 60).

3. Der Zusammenbruch des Arbeitsmarktes und seine Folgen für die Kommunen

Die schlagartige Öffnung der DDR-Ökonomie für den Weltmarkt durch die Währungsunion vom 1.7.1990 und der enorme Strukturwandel, der einmalig in der Wirtschaftsgeschichte ist, haben zu einer immensen Vernichtung der Arbeitsplätze beigetragen.

Der schnelle Anschluß Ostdeutschlands an das Wirtschaftsgebiet Westdeutschlands mit einer Währungsreform, die sich nicht an den Produktivitätsunterschieden orientierte, brachte die Unternehmen im Osten unmittelbar in eine ruinöse Konkurrenzsituation (Hickel 1993: 71ff). Die DDR-Industrie war unter diesen Bedingungen und angesichts der veralteten technischen Standards dem Wettbewerb nicht gewachsen und brach auf breiter Front zusammen. Hinzu kamen Besonderheiten: Die relativ hohe Verzahnung mit den ehemaligen RGW-Staaten und die Exporte in diese osteuropäischen Länder wurden wegen deren Zahlungsschwierigkeiten abgeschmolzen, ohne daß vermehrte Westexporte diesen Niedergang auffangen konnten.

Hinzu kamen erhebliche Absatzverluste im eigenen Markt. Zumindest in der Anfangsphase lehnte die ostdeutsche Bevölkerung in hohem Maße eigene Produkte ab und kaufte Waren aus dem Westen, wohl z.T. aufgrund gelungener West-TV-Produktwerbung. Spiegelbildlich zu den steigenden Auslastungsgraden der westdeutschen Konsumgüterindustrie versiegte aus diesen Gründen der heimische Absatzmarkt und damit die Beschäftigung in den entsprechenden ostdeutschen Branchen.

Neuansiedlungen und Investitionen fanden in nicht ausreichendem Maße statt. Insgesamt führte diese Entwicklung dazu, daß rund drei Jahre nach Öffnung der Mauer die Zahl der Erwerbstätigen von 9,7 Millionen auf 6,1 Millionen gesunken war. Das Bruttoinlandsprodukt schrumpfte um 40% und die Industrieproduktion sogar um zwei Drittel des Ausgangswertes (Eißel 1993).

Diese Talfahrt der Industriebetriebe ist jedoch nicht nur Folge von harten ökonomischen Fakten, wie etwa veraltete Anlagen und Maschinen und daher unzureichende Wettbewerbsfähigkeit, sondern auch Ergebnis von Einwirkungen der (überwiegend westdeutschen) Konkurrenten, welche die „Gunst der Stunde“ nutzten. Bei der Privatisierung bzw. beim Verkauf von Treuhandunternehmen wurden in der Regel zunächst Entflechtungen vorgenommen, die Dienstleistungen ausgegrenzt und die Fertigungstiefe reduziert. Entgegen ursprünglicher Kaufabsichten wurde diese Aufsplitterung von der westdeutschen Konkurrenz zum Anlaß genommen, die lukrativen Betriebsteile, z.B. die Vertriebsabteilung (inklusive Kundenkartei), Auslandsvertretungen, Serviceteams, das Forschungszentrum u.a. in ihre Hände zu bekommen. Der Kernbetrieb bliebt sich selbst bzw. in Treuhandbesitz überlassen. „Daraus ergab sich für das Unternehmen eine existenzbedrohende Situation. Das Vertriebssystem mußte erst wieder aufgebaut und eine eigenständige Forschungsbasis geschaffen werden. Zudem mußten Geschäftsbeziehungen zu den Zuliefern neu hergestellt werden“ (DIW/IfW 1992: 482). Ob eine ganze Region- wie Ostdeutschland ohne Verarbeitendes Gewerbe eine wirtschaftliche Zukunft haben kann- z.B. lediglich als Dienstleistungszentrum in Mitteleuropa- ist zu bezweifeln.

Ohne industriellen Kern mit einem neu zu schaffenden Kranz von regionalen Zulieferern und auch entsprechenden Dienstleistungsunternehmen wird der Aufschwung nicht zu schaffen sein. „Nur ein produktiver industrieller Kern einschließlich einer bedeutsamen Investitionsgüterproduktion kann eine miteinander verflochtene und differenzierte Struktur von Zulieferern, industriellen KMU (kleine und mittlere Unternehmen DE), produktionsorientierten Dienstleistern, Bauunternehmen, aber auch Handwerk, personenbezogene Dienstleistungen und Handel um sich herum aufbauen“ (Becker 1992: 467f).

Vor diesem Hintergrund sind Abwanderungen in den Westen- auch wenn sie den Arbeitsmarkt in Ostdeutschland entlasten sollten – bedenklich, weil das Vorhandensein von ausreichend qualifizierten Fachkräften ein ganz entscheidender Standortfaktor ist. Die Kommunen müssen aus diesen Gründen vor allem die Instrumente des Zweiten Arbeitsmarktes offensiv nutzen, um die Arbeitskräfte, die man ja für den Wiederaufbau benötigt, zu halten. Ostdeutschland darf nicht zu einem Mezzogiorno werden. Die Trends sehen allerdings nicht positiv aus.

Vom IV.Quartal 1989 bis Ende 1993 wurden rund 3 Millionen Arbeitsplätze bzw ein Drittel vernichtet. Der Einbruch wäre ohne die aktiven Maßnahmen der Arbeitsmarktpolitik noch stärker ausgefallen. Im Jahresdurchschnitt 1992 waren allein 388.000 Besehäftigte in ABM. Schon dies zeigt, daß die Statistik der registrierten Arbeitslosigkeit geschönt ist, weil ohne die Maßnahmen der Arbeitsförderung, d.h. ohne Arbeitsbeschaffungsmaßnahmen, Fortbildung und Umschulung, Vorruhestand und Altersübergang und ohne bezahlte Kurzarbeit die offizielle Zahl der noch Erwerbstätigen weitaus geringer wäre. Immerhin betrug die Zahl der von arbeitsmarktpolitischen Maßnahmen Betroffenen im Mai 1993 zusammen rund 1,6 Million (bzw. 27% der Erwerbstätigen), deren weitere Finanzierung durch den Staat im Zuge der Sparmaßnahmen durchaus gefährdet sein könnte. In diesem Fall würde die Arbeitslosenquote auf über 40% schnellen (Eißel 1993).

Die Erwartung, daß diese Arbeitsverluste kurzfristig durch die Entstehung neuer Arbeitsplätze, durch Ansiedlung von Unternehmen und durch Existenzgründer ausgeglichen werden könnten, ist in absehbarer Zeit illusorisch. Der Aufstieg aus der Talsohle wird schwierig und lang. Angesichts der niedrigen Produktivität von rund einem Drittel im Vergleich zu Westdeutschland müßte sich die Produktion in Ostdeutschland verdreifachen, um die ursprüngliche Zahl der Industriearbeitsplätze wieder zu erreichen. Dies erfordert sicherlich einen Anpassungsprozeß von Jahrzehnten, wenn er überhaupt gelingt (Becker 1992: 462).

Angesichts des desolaten und auch noch unterschiedlichen Entwicklungstempos der Wirtschaft und des Niedergangs des Arbeitsmarktes in Ostdeutschland gibt es Modellrechnungen, die zeigen, daß das regionale Entwicklungsgefälle zwischen Ost- und Westdeutschland bei einem realen Wachstum des BSP in Westdeutschland von 2% pro Jahr und in Ostdeutschland von 7% erst in 20 Jahren beseitigt sein würde (Ziegler 1992: 730f).

„Der Optimismus der Anfangszeit von Wirtschaftsunion und deutscher Vereinigung ist gewichen. Die vorschnellen Hoffnungen auf ein zweites deutsches (Markt-)Wirtschaftswunder erweisen sich rückblickend eher als Hindernis und unnötige Verzögerung auf dem Weg, geeignete und der einzigartigen Situation angemessene wirtschafts- und sozialpolitische Konzepte zu entwerfen“ (Wiedemeyer 1992: 185).

Daß der desolate Zustand der ostdeutschen Wirtschaft chronisch und strukturell bedingt ist, wird zögerlich auch durch Regierung und liberale Wirtschaftswissenschaftler erkannt (Beywl u.a. 1993: 31). Inzwischen hat auch die EG alle neuen Bundesländer als „Ziel-1-Regionen“, d.h. als Regionen mit erheblichem Entwicklungsrückstand anerkannt. Thüringen z.B. liegt, was die gegenwärtige Wirtschaftsstärke betrifft, auf gleicher Stufe wie die ärmsten Regionen in Griechenland. An der Erhöhung der Regionalfonds für den Zeitraum von 1994 bis 1999 soll auch Ostdeutschland mit rund 27 Mrd DM partizipieren (EG-Kommission 1993).

Damit ist auch eine zentrale Aufgabe kommunaler Wirtschaftsförderung im Visier. Um eine regionale Modernisierung der Wirtschaft in Gang zu setzen, ist auch die Kommune aufgerufen, eine aktive Moderatorenrolle zu übernehmen, die zunächst einmal darin besteht, alle gesellschaftlichen Akteure in diesem Feld zusammenzubringen, weil nur gemeinsam aussichtsreiche und akzeptierte strukturpolitische Interventionsstrategien entworfen und umgesetzt werden können.

Ein erfolgreicher ökonomischer Regionalisierungsprozeß, der sich dem Ziel der regionalen Modernisierung verschreibt und zugleich die Herausforderungen von Arbeit und Umwelt ernstnimmt, ist an mehrere Bedingungen gebunden: Zum einen geht es darum, möglichst kostenlos oder kostengünstig die motivationalen Handlungsressourcen in der Region zu mobilisieren. Bezogen auf Ostdeutschland werden die Kommunen hierbei auf „Notstandskoalitionen“ mit den neuen Bundesländern angewiesen sein, die vom Finanzmangel der Länderzentralen, dem Problembewußtsein der Regionen und dem unabweisbaren Problemanfall auf regionaler Ebene zusammengehalten werden (Sturm 1994). Ganz entscheidend kommt es auf örtlicher und regionaler Ebene darauf an, ob es gelingt, in dieser totalen Umbruchsituation eine Vernetzung von Institutionen, Finanzinstrumentarien und Regulierungswerken entstehen zu lassen, die dauerhaft in eine neue Kultur der Beziehungen zwischen Kommunen, Staat, Unternehmen, ArbeitnehmerInnen und Gewerkschaften, Wissenschaft und Bürgerbewegungen mündet (Reissert/Schwegler-Rohmeis 1992: 128). Insgesamt steht dabei aus meiner Sicht eine aktive Arbeitsmarktpolitik im Mittelpunkt.

Schon aus sozialen Gründen sind die Kommunen gefordert, den Angebotsdruck auf dem Arbeitsmarkt zu mildern und Beschäftigung außerhalb der regulären Arbeitsplätze anzubieten. An ihre Adresse richtet sich zunächst der Druck und die Erwartung der arbeitslos gewordenen Bevölkerung. Mit der massenhaften Einrichtung von kommunalen Arbeitsbeschaffungsstellen kann auf diese Bedürfnisse reagiert werden. „Die Groß-ABM und Arbeitsfördergesellschaften tragen mit Sicherheit dazu bei, daß im Vergleich zu den alten Bundesländern in sehr breitem Ausmaß das politische Schlagwort ‚Beschäftigung statt Arbeitslosigkeitsfinanzierung‘ umgesetzt wird. Damit wird eine sozialpsychologisch relevante Funktion (Statuserhalt) der Arbeitsmarktförderung enorm aufgewertet“ (Reissert/Schwegler-Rohmeis 1992: 127).

Die Kommunen haben jedoch auch ein Eigeninteresse daran, qualifizierte Arbeitskräfte vor Ort zu halten, um damit über einen wesentlichen Standortfaktor zu verfügen, der bei der Neuansiedlung entscheidend ist (Reissert/Schwegler-Rohmeis 1992: 113f). Es geht im einzelnen darum, das know-how der Beschäftigten in der Region zu erhalten und auch die Forschungs- und Entwicklungsabteilungen der zusammenbrechenden Betriebe über eine lange Durststrecke in der Region zu halten. Erst dies kann Voraussetzung sein und schaffen, um später Neuansiedlungen oder einen Ausbau oder Wiederaufbau der vorhandenen Strukturen zu erreichen. Eine engagiert vor Ort betriebene Arbeitsmarktförderung kommt der Standortqualität der Region oder eines Betriebes entgegen. Ohne diese innovativen Bedingungen ist der Kampf um die Zukunft schon von vornherein verloren.

Ein besonderes Problem in Ostdeutschland stellt die sehr hohe Erwerbslosigkeit von Frauen dar. Sicherlich sind auch im Westen die Frauen überproportional von Arbeitslosigkeit betroffen. In der ehemaligen DDR gab es jedoch eine andere Frauen-Erwerbsbiografie. Die Erwerbstätigkeit von Frauen, auch von Müttern kleiner Kinder, war in der DDR vor der Wende gesellschaftliche Norm. Auch heute noch zeigt sich, daß die gesellschaftliche Akzeptanz der Frauenerwerbstätigkeit zwar in beiden deutschen Teilen sehr hoch ist, in den neuen Ländern aber noch etwas ausgeprägter (Kistler u.a. 1993: 42). Weit über 90% der Frauen waren erwerbstätig. Sie trugen damit nicht nur zum Unterhalt der Familie bei, sondern waren in ihren Kommunikationsstrukturen auch in weit höherem Maße als im Westen in die Berufswelt eingebunden. Beides hat sicherlich dazu beigetragen, daß der Verlust dieser Erwerbs- und Kontaktmöglichkeiten jetzt besonders schmerzlich wahrgenommen wird. „In allen Bereichen von Wirtschaft und Gesellschaft läuft heute ein enormer Verdrängungswettbewerb der Ost-Frauen durch Männer aus Ost- und Westdeutschland, teils auch durch Frauen aus den alten Bundesländern" (Bertram 1993: 32).

Diese Lage der ostdeutschen Frauen stellt damit an die kommunale Beschäftigungspolitik eine hohe Aufgabe. Dies gilt zunächst einmal für das Angebot an Betreuungseinrichtungen für Kinder.

Mit dem Zusammenbruch der Mehrzahl der ostdeutschen Betriebe und der Übernahme eines der Marktwirtschaft entsprechenden betrieblichen Rechnungswesens wurden die Zahlungen der Betriebe an Kinderhorte und Kindergärten eingestellt. Die Verantwortung für diese Einrichtungen und auch das dort beschäftigte Personal, aber auch für die Schulträgerschaft, für Kultur- und Freizeiteinrichtungen, für Jugendstätten, wurde nach Rückzug des Staates und der Betriebe jetzt den Kommunen übertragen.

Eine der Folgen war eine unvergleichlich hohe Belastung der kommunalen Personalausgaben. Die entsprechende Quote liegt z.Zt. rund 50% über dem westdeutschen Durchschnitt. Angesichts der Finanzmisere der Kommunen ist es zwar sozial nicht akzeptabel, aber nachvollziehbar, daß bei diesem Übergang ein Großteil der Kapazitäten beseitigt wurde. Man kann davon ausgehen, daß bis Ende 1992 z.B. die Zahl der Kindereinrichtungen um etwa 50% zurückgegangen ist. Die Kommunen sind angesichts ihrer Finanzprobleme vielleicht noch nicht einmal in großer Sorge über diese Entwicklung: je stärker die Frauen sich aus der Rolle der Erwerbsarbeit herausdrängen lassen, um so geringer ist der Druck zur Aufrechterhaltung der Kinderbetreuungseinrichtungen.

Insbesondere alleinerziehende Frauen finden die notwendigen gesellschaftlichen Rahmenbedingungen für ihre Erwerbsarbeit nicht mehr vor. Statt einer Verbesserung der Lage, ist eher von einer Verschlechterung auszugehen. „Es deutet also alles darauf hin, daß der breite Abbau von Kinderbetreuungseinrichtungen in den neuen Ländern weiter gehen wird" (Kistler u.a. 1993: 51).

Die gegenwärtig beobachtbare und eher sich langanhaltend verfestigende Benachteiligung der Frauen auf dem Arbeitsmarkt wird die ostdeutschen Frauen auch psychologisch beeinträchtigen. Umfragen zeigen, daß im Gegensatz zu früher die ostdeutschen Frauen nicht mehr so selbstbewußt, forsch und durchsetzungsfähig sind, sondern daß man beobachten kann, daß sie öffentlich fast verstummt sind durch Belastungen, Ängste, Desorientierungen oder auch Hoffnungen. Ihre beruflichen Enttäuschungen äußern sich eher in Zukunftsängsten als in Frustration (wie bei Männern) oder in Wut. Das belegen mehrere Untersuchungen. „Andererseits ist aber der Berufsanspruch so vehement, sind die mit dem Abschieben ins Hausfrauendasein entstehenden Schwierigkeiten so groß, als daß Frauen keine Auswege finden müßten. Gegenwärtig suchen sie solche vor allem gemeinsam mit dem Mann, nicht gegen ihn" (Bertram 1993: 36).

Die Finanzmisere darf nicht dazu führen, die Kommunen aus der sozialen Verantwortung zu entlassen. In Ost und auch in West muß die kommunale Verpflichtung zur Schaffung ausreichender Kinderbetreuungseinrichtungen als wichtige Voraussetzung für die Arbeitsaufnahme von Frauen – insbesondere auch alleinerziehenden – mit Kindern weiter Anspruch bleiben. Wer die Emanzipation der Frauen ernst meint, darf diese wesentliche Verschlechterung der Arbeitsmarktchancen von Frauen nicht kampflos hinnehmen. Zusätzlich kann auch die kommunalen Gestaltung der Arbeitsmarktpolitik selbst bei gezielter Förderung die feststellbare Benachteiligung von Frauen auf dem ersten und dem zweiten Arbeitsmarkt mildern. Insgesamt zeigt sich, daß gerade auf kommunaler Ebene die Frage der Gleichberechtigung zwischen Mann und Frau sich neu und verstärkt stellt. Man wird in diesem Falle – wie auch generell bei Forderungen nach mehr Chancengerechtigkeit – jedoch nicht umhinkommen, auf das Argument der leeren Kassen einzugehen, nicht zuletzt deshalb, weil dieses häufig als Totschlagargument benutzt wird.

4. *Zur Lage der Kommunalfinanzen in Ostdeutschland*

Die Aussicht der ostdeutschen Kommunalfinanzen ist in der Tat äußerst prekär:

„Der Weg zur Finanzhoheit wird für die ostdeutschen Kommunen länger und komplizierter werden, als dies in den ersten Jahren nach der deutschen Vereinigung erhofft wurde. Die Gemeinden der ostdeutschen Bundesländer werden auf längere Zeit

- nur mit geringen Einnahmen aus Steuern und Gebühren rechnen können,
- sehr begrenzte Ausgabenspielräume haben und insbesondere bei den konsumtiven Ausgaben erheblich einsparen müssen,
- hohe Zuweisungen benötigen und damit Einschränkungen ihrer eigenen Entscheidungsfreiheit hinnehmen müssen und
- dennoch in erheblichem Maße auf Kredite angewiesen sein, folglich zunehmende Schuldendienstlasten zu tragen haben.“

(Hunstock/Ohmert 1993: 405)

Wie sich die Entwicklung der kommunalen Einnahmen und Ausgaben im Detail darstellt, zeigt die folgende Tabelle (s.S. 133).

Da die Absolutzahlen der ostdeutschen Kommunen nicht ohne weiteres ein anschauliches Bild vermitteln, soll eine Gegenüberstellung der Finanzen pro Einwohner im Ost-West-Vergleich insbesondere das Ausmaß der Schwäche an originären Einnahmen verdeutlichen.

Aufgrund des Niedergangs der ostdeutschen Wirtschaft besteht ein beträchtliches Gefälle in der Steuerkraft zwischen Ost- und Westdeutschland. Während im Durchschnitt des Jahres 1992 die alten Bundesländer insgesamt über Steuereinnahmen von 3 633 DM je Einwohner verfügten, erreichten die Steuererträge der neuen Länder nur 1 545 DM pro Kopf. Hierbei ist die Umschichtungswirkung durch die Verteilung der Umsatzsteuern entsprechend der Einwohnerzahl schon berücksichtigt.

Tabelle 1: Einnahmen und Ausgaben der ostdeutschen Kommunen 1991-1995 in Mrd DM

	1991	1992	1993*	1994*	1995*
I. Einnahmen	44,79	49,33	51	54	57
Steuern (netto)	2,22	4,3	5,1	6,4	7,3
darunter:					
Gewst.(netto)	0,44	0,75	0,9	1,2	1,6
Anteil an ESt	0,99	2,4	3,0	3,7	4,0
Grundst.	0,92	1,0	1,2	1,5	1,7
Gebühren	2,87	3,7	4,0	4,4	5,3
Zuweisungen v. Bd/Land	33,59	30,96	31,1	31,9	32,8
darunter:					
für Invest.	10,02	9,43	9,8	10	10
nachrichtl.:					
Nettokreditaufnahme-	6,15	6,0	5,0	4,1	3,8
II. Ausgaben	43,3	56,78	61,3	65,6	70,3
Personal	15,36	19,50	21,4	22,6	23,3
lfd. Sachaufw.	9,47	10,29	10,8	11,2	11,6
soziale Leist.	1,94	4,10	5,3	6,9	9,3
Sachinvest.	12,07	18,31	18,7	19,3	20,0
Zinsen	0,20	0,54	1,2	1,5	1,8

* Schätzungen

Quellen: für 1991/92: Karrenberg/Münstermann 1993: 152 und BMF (Hg): Finanzbericht 1994, S.159/160;
1993, 1994 und 1995 Prognosen überwiegend aufgrund DIW-Berechnungen von Hunstock/Ohmert 1993: 405-411, z.T. Schätzungen des BMF 1993: 242-245 und nach Teichmann/Vesper 1993: 482; z.T. eigene Schätzungen

Tabelle 2: Kommunalfinanzen 1992 im Ost-West-Vergleich DM je Einwohner

	OST	WEST	Ost in %
Einnahmen	3240	3554	91,2
Steuern	291	1366	21,3
Gebühren	251	498	50,4
lfd. Zuweisungen Bd/Ld	1417	810	174,8
Investitionszuweisungen	691	199	347,1
sonst. Einahmen	590	680	86,7
Ausgaben	3896	3741	104,1
Personal	1365	981	139,1
Sachaufwand	707	674	104,9
soz. Leistungen	281	660	42,6
Zinsen	41	160	25,6
Sachinvestitionen	1255	785	159,8

Quelle: Gemeindefinanzbericht 1993, S. 66; DIW-Wochenbericht 30/93, S.407

Der Gemeindevergleich zwischen Ost und West fällt noch deutlicher aus: An Steueraufkommen pro Kopf hatten die ostdeutschen Kommunen nur 291 DM zur Verfügung, während im Westen dieser Betrag mit 1366 DM das 4,5-fache betrug. Auch 1993 werden den ostdeutschen Ländern und Gemeinden voraussichtlich insgesamt 34,9 Mrd DM (darunter aus den Gemeinschaftssteuern schätzungsweise 31,2 Mrd DM), das sind nur 5,3% der Gesamtsumme, zustehen.

Die Ertragsschwäche der ostdeutschen Wirtschaft und die Aussetzung der Gewerbekapitalsteuer in den ostdeutschen Kommunen lassen die Einnahmen der wichtigen, autonom gestaltbaren Gewerbesteuer gegenwärtig bei unter 50,– DM je Einwohner, während im westdeutschen Vergleich etwa 600,– DM je Einwohner an Gewerbesteuern eingenommen wurden.

Angesichts der sehr niedrigen originären Einnahmen der ostdeutschen Kommunen ist auch der Spielraum für die Gestaltung von Ausgaben äußerst gering. Dabei gibt es Belastungen von der Ausgabenseite, die in Ostdeutschland eine Besonderheit darstellen. Dies trifft insbesondere den weitaus höheren Personalstand als in westdeutschen Kommunen. Während für die Kernverwaltungen vergleichsweise wenig Personal eingesetzt wird und zum Teil sogar Personalbedarf besteht, ist vor allem bei den sozialen Einrichtungen und den Versorgungsbetrieben die Beschäftigtenzahl weitaus höher als in Westdeutschland. Dies liegt vor allem daran, daß sich kaum private oder gemeinnützige Träger für Sozialeinrichtungen, wie z.B. Kindertagesstätten, finden lassen (Hunstock/Ohmert 1993: 406). 1992 gaben die ostdeutschen Kommunen pro Einwohner 1.365,– DM für Personalausgaben aus; in westdeutschen Kommunen lag dieser Betrag bei nur 981,– DM. Ein Spielraum für Personalabbau ist dabei schwierig und auch aus arbeitsmarktpolitischen Gründen nicht wünschenswert.

Die kommunalen Haushalte werden von der Ausgabenseite in Zukunft auch durch die Aufwendungen für soziale Leistungen, insbesondere für Sozialhilfe stärker in Anspruch genommen werden als bisher. Vor allem, wenn die Leistungen des AFG allmählich fortfallen, werden die betroffenen Leistungsempfänger auf die Sozialleistungen der Kommune angewiesen sein. Schon jetzt zeigt sich, daß mit dem Abbau von AB-Maßnahmen und mit der Abnahme von Anspruchsberechtigung hinsichtlich Arbeitslosenunterstützung der Kreis der Sozialhilfeempfänger wächst. Man kann, wie das DIW, mit einer jährlichen Zuwachsraten für soziale Leistungen von rund 30% rechnen. Ein weiteres Problem stellt die Finanzierung der notwendigen Sachinvestitionen dar. Nach internen Berechnungen des DIW betrug das staatliche Bruttoanlagevermögen je Einwohner im Jahre 1989 in Ostdeutschland mit 5.000,– DM nur knapp 40% des westdeutschen Wertes von 13.000,– DM (Görnig 1992: 28). Um einen annähernden Gleichstand in der Ausstattung zu erreichen und eine zureichende Infrastruktur auch in den ostdeutschen Kommunen zu schaffen, müßten die realen Investitionen daher jährlich erheblich gesteigert werden. Nach überschlägigen Schätzungen muß in der nächsten Zeit damit gerechnet werden, daß pro Jahr rund 200 Mrd DM an Investitions- und Finanzbedarf besteht (Priewe/Hickel 1991:123; Hickel 1993: 98).

Angesichts dieser Zahlen wird klar, daß die eigenen Steuereinnahmen der ostdeutschen Länder und Gemeinden bei weitem nicht ausreichen können, um die enormen Herausforderungen zu finanzieren. Weder die sozialen (sozusagen passiven) Folgekosten des Niedergangs der Wirtschaft, noch die notwendigen vielschichtigen Infrastrukturvorleistungen für einen Neuaufbau lassen sich aus eigner Kraft bezahlen. Besonders die Ost-Kommunen stehen vor dem Problem, nur einen Bruchteil der notwendigen Maßnahmen der ökologischen Sanierungen (z.B. Bau von Klärstufen nach Westniveau, Verbesserung der Trinkwasserversorgung, Stadterneuerung, Altlastenbeseitigung im Abfallbereich u.a.m.), die ihnen nach bundesdeutscher Rechtsauffasung als eigenständige Aufgabe obliegen, auch nur annähernd allein bewältigen zu können. Zusätzlich bestehen noch erhebliche Risiken in der Wohnungswirtschaft: „Ungelöst und damit ein erhebliches Risiko für die ostdeutschen Kommunalhaushalte ab 1994 ist nach wie vor das Problem der sogenannten Altschulden der Wohnungswirtschaft nach Ablauf des dreijährigen Moratoriums. Ohne Lösung dieses Problems ergäbe sich eine völlig untragbare Verschuldung der ostdeutschen Kommunen" (Karrenberg/ Münstermann 1993: 69).

Mit eigenen Mitteln lassen sich in etwa nur ein Drittel der notwendigen Ausgaben decken. Das heißt, fast zwei Drittel der Ausgaben mußten bisher die ostdeutschen Gemeinden durch Zuweisungen und Kredite finanzieren. In Westdeutschland kamen die Gemeinden infolge ihrer besseren Finanzkraft dagegen auf nur knapp ein Drittel. An dieser Konstellation dürfte sich mittelfristig wenig ändern. Die Selbstverwaltungsgarantie des Artikel 28 des Grundgesetzes bleibt angesichts dieser Verhältnisse Makulatur.

Die ostdeutschen Länder werden kaum die Möglichkeit haben, zur Sicherung und Deckung des kommunalen Finanzbedarfs ihrer Kommunen beizutragen. Daher sind die Erwartungen an die Bundesseite gerichtet. Angesichts der allgemeinen Finanznot auch des Bundes ist aber damit zu rechnen, daß die Zuschüsse vom Bund auch nur mager fließen werden. „Das Zusammenfallen von Anpassungskrise in Ostdeutschland und Rezession in Westdeutschland hat den Druck auf die öffentlichen Haushalte verschärft: Konjunkturbedingte Einnahmeverluste und Mehrausgaben vergrößern die Haushaltslöcher „(Teichmann/ Vesper 1993: 477). „Zweifellos befindet sich die Finanzpolitik in einem Dilemma. Die gesamtwirtschaftliche Lage erfordert eigentlich ein entschlossenes Gegensteuern. Angesichts des relativ starken Anstiegs der Staatsverschuldung droht ihr aber die Luft auszugehen. Bisher hat die Finanzpolitik noch tieferes Abgleiten in die Rezession verhindert. Dieser Stabilisierungseffekt wurde mit vergleichsweise hohen Defiziten erkauft. Ob diese Defizite – wie vielfach befürchtet – den Zinsrückgang auf den Kapitalmärkten behindern, ist in der heutigen Situation zu verneinen. (...) Mit jeder kreditfinanzierten Ausgabe trägt der Staat zur Erhöhung der privaten Einkommen und Nachfrage bei, mit jeder Ausgabenkürzung vermindert er sie. Deshalb verspricht Gegensteuern des Staates in der Rezession mehr Erfolg als prozyklisches Verhalten. Die Erfolgschancen einer solchen Strategie werden allerdings vergrößert, wenn die Zentralbank mitzieht und so die möglichen Zinswirkungen einer höheren Güter- und Geldnachfrage mildert; ein Mehr an Geld wirkt nicht inflationär, wenn dadurch die Wachstumsdynamik der Wirtschaft gestärkt wird" (Teichmann/ Vesper 1993: 487)

Daß eine solche keynesianische Botschaft die Bereitschaft und Akzeptanz zu weiterhin hohen Transferleistungen begünstigen könnte, ist leider mehr als zweifelhaft. Laut Umfragen sehen sich jetzt schon die Westdeutschen in steigendem Maße als „Verlierer" der Vereinigung, was wohl damit zusammenhängt, daß die Masse der westdeutschen Bevölkerung zur Kasse gebeten wird. 1993 werden über 160 Mrd DM aus öffentlichen Kassen an Ostdeutschland fließen. Neben einer enorm gestiegenen Staatsverschuldung stiegen auch die Massensteuern. 1992 wurden bereits über 36% aller Steuereinnahmen von den Lohnsteuerzahlern eingebracht. Auf die Dauer könnte der unabdingbar notwendige Transfer nach Ostdeutschland aber auch dort eine negative Haltung bewirken, die auf der underdog-Rolle des Almosenempfängers beruht, aus der die Ostdeutschen verständlicherweise herauskommen wollen.

Gibt es folglich unter dem Strich nur düstere Aussichten? Existieren überhaupt keine Ressourcen, welche die ostdeutschen Bürgerinnen und Bürger in die kommunal zu organisierende Wiederaufbauarbeit als eigene Leistung einbringen können? Damit stellt sich die Frage nach der organisatorischen Kraft der Kommunen.

5. *Zur politisch-institutionellen Lage und zivilgesellschaftlichen Kraft in Städten und Gemeinden*

Selten in der Geschichte waren die Herausforderungen und auch Möglichkeiten politischer, wirtschaftlicher und kultureller Art auf kommunaler Ebene so groß, wie seit dem Sturz des SED-Regimes im Oktober 1989. Neben einer zivilgesellschaftlichen Aufbruchstimmung, die sich mit Elan auf die Bewältigung der neuen Aufgaben stürzte, gab es jedoch zugleich erhebliche institutionelle Engpässe und auch sozialpsychologische Barrieren auf kommunaler Ebene, die einer schnellen Transformation im Wege standen.

Bei der Umgestaltung und dem Neuaufbau der Kommunalverwaltungen in der ehemaligen DDR konnte man nicht auf vorhandene tragfähige Strukturen und ein umfangreiches Potential an Selbstverwaltungstradition und kommunaler Verwaltungserfahrung zurückgreifen. „Vielmehr ist seit mehr als zwei Generationen die kommunale Selbstverwaltung auf dem Gebiet der früheren DDR systematisch ausgehöhlt worden, so daß die ehrenamtlichen Kommunalpolitiker und die hauptamtlichen Kommunalbediensteten nicht auf entsprechende Erfahrungen der Selbstverwaltung auf kommunaler Ebene in einem föderalen Staat zurückgreifen können" (Scheytt 1992: 23).

Gleichzeitig werden die Kommunen mit einer ungeheuren Flut von Verordnungen und Gesetzen zur Angleichung der Rechtsverhältnisse überschüttet und sollen dies mit dem vorhandenen Personal umsetzen. Sicherlich gibt es weniger quantitative Engpässe. So gibt es in vielen Personalbereichen eine Überbesetzung: dies trifft vor allem die Übernahme von betrieblichen Einrichtungen, andererseits gibt es, wie z.B. in den Bauämtern, eine erhebliche Unterbesetzung. Qualifizierte Mitarbeiterinnen und Mitarbeiter werden jedoch von der Wirtschaft abgeworben, die höhere Gehälter zahlen können als die Kommunen. Erhebliche Probleme entstehen auch durch drohende Entlassungen, die politische Vorbelastung von Mitarbeitern und Mitarbeiterinnen, Verständigungsschwierigkeiten zwischen ost- und westdeutschen Kollegen und die Notwendigkeit zu tiefgreifenden Änderungen in den Denk- und Arbeitsweisen der ostdeutschen Stadtverwaltungen. Derartige Probleme stehen einer vernünftigen und kontinuierlichen Arbeit im Wege (Scheytt 1992: 35ff).

Jenseits der institutionellen und materiellen Ausstattung der Gemeinden Ostdeutschlands, die sozusagen als Instrumente zur Bearbeitung der enormen Probleme zur Verfügung stehen, ist auch die zivilgesellschaftliche regionale Kraft ins Visier zu nehmen. Gibt es in dieser Hinsicht Pluspunkte im Osten? Hat die neu aufgeblühte politische Kultur der runden Tische und die breitere Beteilung von Bürgergruppen an der Administration eine Ressource geschaffen, die nicht nur unter Akzeptanzaspekten eine eher symbolische Kraft, sondern eine materiell wirksame organisatorische Kraft darstellt, die es erlaubt, schneller und bedürfnisorientiert die Aufgaben zu bewältigen? Oder hat die seit 1933 bis 1945 und danach bis 1989 unter zwei unterschiedlichen, aber autoritären Regimes langanhaltende Phase der Erosion des bürgerlichen und individuellen Subjekts die sozialpsychische Struktur derart zugerichtet, daß eine erforderliche kommunale Eigenständigkeit, die ja auf der Idee des souveränen bürgerlichen Individuums beruht, verlorenging?

Westliche Erfahrungen in die Beurteilung derartiger Strukturen einbringen zu wollen, ist nicht unproblematisch. Zunächst einmal sollte man beachten, daß die Bürgerbewegungen in der Ex-DDR nicht ohne weiteres mit den städtischen Bürgerinitiativen im Westen vergleichbar sind. Thematisch sind sie umfassender und auch generell politisch engagiert. Dies gibt denn auch Anlaß für eine optimistische Sicht:

„Eine Allianz der städtischen Planungs- und Umweltverantwortlichen mit diesen Bürgerbewegungen bedeutet vielfach eine Kooperation mit dem auch kommunalpolitisch engagierten Teil der Bevölkerung, der mittlerweile geschärftes Umweltbewußtsein bewiesen hat, wie nicht nur Fahrraddemonstrationen, Sitzblockaden gegen Straßenneubau und andere Aktionen bewiesen haben. So erscheint die Hoffnung nicht ganz unberechtigt, daß trotz derzeitiger Wild-West-Manieren bewahrte und behutsame, umwelt- und sozialverträgliche Stadterneuerung in den Städten und Gemeinden der Ex-DDR eine Chance hat" (Schaller 1991: 51).

Die Veränderung der Rechtsverfassung der ostdeutschen Kommunen sollte diesen bürgernahen Partizipationschancen gleichfalls zum Durchbruch verhelfen. Mit der Einführung der Kommunalverfassung am 17.5.1990 sollte den Kommunen und vor allen Dingen den dort lebenden Bürgern mehr Gelegenheit zu einer unmittelbaren Mitwirkung gegeben werden. Dahinter verbarg sich auch die Vorstellung, daß die kommunale Ebene zu einer Schule der Demokratie werde. Nicht zuletzt steht hinter den Kommunalreformen stets der Anspruch, daß vor Ort entwickelte Strategien gegenstandsnahe Lösungen zur Bewältigung des Alltags eher und effizienter möglich machen. Nach den Kommunalwahlen vom 6. Mai 1990 fanden sich viele in der ehemaligen DDR in Opposition stehenden Gruppen in der Kommunalpolitik wieder. Kommunalpolitische Führungsaufgaben von Landräten, von Bürgermeistern, Dezernenten, Gemeindevertretervorstehern, Fraktionsvorsitzende und anderen mehr, fielen Männern und Frauen zu, die zum Teil in der Phase der Runden Tische bereits Erfahrungen gesammelt hatten. Neu entstandene Bürgerbewegungen und umgewandelte Blockparteien hatten nun Zugang zu den neuen Ämtern auf kommunaler Ebene. Die neuen Führungskräfte, die zum Teil mit dem traditionellen Mitarbeiterstamm umzugehen hatten, konnten ein neues Element direkter Demokratie darstellen. So ist zu beobachten, daß am Anfang der Wiedervereinigung viele sehr spontan getroffene Entscheidungen vor Ort anfielen, die kaum Rücksicht auf bestehendes Recht und die Verwaltungspraxis des Westens nahmen. Inzwischen ist auch hier eine sogenannte Normalisierung eingetreten. Man kann davon ausgehen, daß im Gegensatz zu den Anfängen inzwischen ein weithin üblicher Verwaltungsgang auch in Ostdeutschland möglich ist.

Man sollte jedoch die positiven Ansätze nicht überschätzen. „Die dritte große radikale Veränderung des politischen Systems in der Geschichte Deutschlands in diesem Jahrhundert kam so überraschend, daß die etablierten politischen und wirtschaftlichen Gruppen zunächst ratlos und dann konzeptionslos die Entwicklung verfolgten. In dieser Zeit entstanden eine Reihe kommunaler Projekte, die von Personen jenseits der großen Organisationen entwickelt wurden und die noch heute existieren. Da sie freilich in der Regel von großen Institutionen finanziert werden, hängt auch ihr weiteres Schicksal davon ab, ob die bislang tolerierte Eigenständigkeit in Zukunft gewährleistet sein wird. Der Entwicklung in den ‚neuen Bundesländern' käme dies sicherlich zugute" (Erd 1992: 21).

Eine Zwischenbilanz sieht in dieser Hinsicht eher betrüblich aus. So ist entgegen den ursprünglichen Zielsetzungen, mit Ende der DDR eine neue föderale Struktur in Ostdeutschland zu schaffen, die den einzelnen Regionen weitgehende Autonomie zuspricht, inzwischen ein institutioneller Zentralismus eingetreten. „Neben dem institutionellen Zentralismus, den die Treuhand verkörpert, hat sich im ökonomischen Modernisierungsprozeß Ostdeutschlands ein zentralisierender Zirkel herausgebildet, der mechanistisch und in Makrodimensionen wirkt. Die Finanzierung der wirtschaftlichen Umstrukturierung, bspw. in Gestalt des Fonds ‚Deutsche Einheit' oder des Solidarpaktes bezieht sich auf das Gesamtkonstrukt Ex-DDR, das so ökonomisch nicht überwunden, sondern als Referenzrahmen immer neu rekonstruiert wird" (Sturm 1994).

Diese Tendenzen zur Re-Zentralisierung und Aushöhlung der kommunalen Autonomie könnten sich z.T. durch spezifische psychosoziale Erblasten verstärken: „Neben verfallenem Wohnraum, bewußt zerstörter (bürgerlicher) Kultur, hoffnungslos veralteter Infrastruktur und verrotteter Umwelt ist der psychisch tief verankerte Stalinismus eine der schrecklichsten Folgen, die das alte Regime hinterlassen hat. Ihn zu beseitigen, ist weitaus schwieriger als Häuser zu renovieren oder Fabriken neu zu bauen. Und der Stalinismus in den Seelen der Menschen produziert tagtäglich Widerstände, wo Phantasie gefragt ist. Gerade im Bereich kommunaler Politik läßt sich dies beobachten. Es sind zunächst Ängste vor Entlassung, die Beschäftigte im kommunalen Bereich gegenüber neuen Projekten abweisend reagieren lassen. In jedem Fremden sehen sie ihren potentiellen Nachfolger. Da dieses Problem als massenhaftes Phänomen existiert, lassen sich alten kommunale Seilschaften rasch gegenüber Neuankömmlingen mobilisieren, um geplante Projekte zu erschweren oder zu verhindern" (Erd 1992: 20). Auf den Städten lastet also das schwere Erbe des Zentralismus. Noch immer zeigt sich, daß Verwaltung und Personal zum großen Teil auf zentralistische Entscheidungsstrukturen eingestellt sind.

Gleichzeitig ist es eine mangelnde personelle Kontinuität, die eine kommunale Kooperation erschwert. Projekte, die von qualifizierten Personen (z.B. Dezernenten) begonnen wurden, können nicht fortgeführt werden, weil die poitische Vergangenheit (z.B. Kooperation mit der Stasi) die Betreffenden einholt. Auf diese Weise wird eine zügige und kontinuierliche Bearbeitung von Konzepten und Projekten erschwert. Die Gesamtbeurteilung muß vor diesem Hintergrund ambivalent ausfallen. Sicherlich gab und gibt es noch – allerdings eher residual – neue ermutigende Initiativen des bürgerlichen Engagements, deren Kreativität auch auf Westdeutschland ausstrahlen könnten. Unter dem Strich ist der Alltag in dieser Hinsicht jedoch eher grauer geworden.

Literatur

Becker, Harald 1992: Wirtschaft in den neuen Bundesländern. Strukturwandel und Neuaufbau, in: Deutschland-Archiv, Mai

Bernet, Wolfgang 1993: Gemeinden und Gemeinderecht im Regimewandel. Von der DDR zu den neuen Bundesländern, in: Aus Politik und Zeitgeschichte B 36/93

Bertram, Barbara 1993: Zur Entwicklung der sozialen Geschlechterverhältnisse in den neuen Bundesländern, in: Aus Politik und Zeitgeschichte B 6/93

Beywl, Wolfgang/Helmstädter, Wolfgang/Wiedemeyer, Michael 1993: In die beschäftigungspolitische Abseitsfalle? Die Gesellschaften zur Arbeitsförderung, Beschäftigung und Strukturentwicklung in den neuen Bundesländern, in: Aus Politik und Zeitgeschichte B 35/93

Bundesminister der Finanzen (BMF) (Hg): Finanzbericht 1994, Bonn 1993

Bundesminister für Umwelt, Naturschutz und Reaktorsicherheit 1990: Eckwerte der ökologischen Sanierung und Entwicklung in den neuen Ländern, Bonn

Bundesminister für Umwelt u.a. 1991: Nationale Solidaritätsaktion Ökologischer Aufbau: Arbeitsplatzsicherung durch Umweltsanierung in den fünf neuen Ländern, Pressemitteilung 7/91

Dieckmann, Berend 1992: Umsetzungsprobleme marktwirtschaftlicher Umweltpolitik in den neuen Ländern am Beispiel Altlasten, in: Christof Rühl (Hg): Konsolidierung des Binnenmarktes in den neuen Ländern, in: Probleme der Einheit, Band 6, Marburg

DIW, HWWA, ifo-Institut, IfW, RWI 1992: Die Lage der Weltwirtschaft und der deutschen Wirtschaft im Herbst 1991, in: DIW-Wochenbericht 44/92

DIW/IfW 1992: Gesamtwirtschaftliche und unternehmerische Anpassungsprozesse in Ostdeutschland, 6.Bericht, in: DIW-Wochenbericht 39/92

Eißel, Dieter 1993: Strukturen und Perspektiven der Wirtschaft Ostdeutschlands, in: ders. (Hg): Wirtschaftsstandort Ostdeutschland, Marburg

Erd, Rainer 1992: Neue Politikräume auf kommunaler Ebene, in: Christof Rühl (Hg), Institutionelle Reorganisation in den neuen Ländern. Selbstverwaltung zwischen Markt und Zentralstaat, Probleme der Einheit Band 5, Marburg

Görnig, Martin 1992: Szenarien der Wirtschaftsentwicklung in Deutschland bis zum Jahre 2000, DIW-Diskussionspapier Nr. 46, Berlin

Hickel, Rudolf 1993: Sozial-ökonomische Strategien zur Transformation Ostdeutschlands, in: ders. u.a.(Hg): Umverteilen, Köln

Hunstock, Diethelm und Ohmert, Ines 1993: Zur Entwicklung der Finanzlage der ostdeutschen Kommunen, in: DIW-Wochenbericht 30/93

Institut für Umweltschutz (Hg) 1990: Umweltbericht der DDR. Informationen zur Analyse der Umweltbedingungen in der DDR und zu weiteren Maßnahmen, Berlin (Ost)

Karrenberg, Hanns und Münstermann, Engelbert 1993: Gemeindefinanzbericht 1993, in: Der Städtetag Heft 2

Kistler, Ernst/Jaufmann, Dieter/Pfaff, Anita B. 1993: Die Wiedervereinigung der deutschen Männer braucht keine Frauen... Frauen als Wendeverliererinnen?, in: Aus Politik und Zeitgeschichte B 6/93

Kommission der Europäischen Gemeinschaften, 1993: Strukturfonds der Gemeinschaft 1994-1999. Verordnungstexte und Erläuterungen, Luxemburg

Petschow, Ulrich 1993: Ökologische Sanierung und struktureller Umbau in den neuen Bundesländern, in: Rudolf Hickel, Ernst-Ulrich Huster, Heribert Kohl (Hg), Umverteilen. Schritte zur sozialen und wirtschatlichen Einheit Deutschlands, Köln

Priewe, Jan/Hickel,Rudolf 1991: Der Preis der Einheit. Bilanz und Perspektive der deutschen Vereinigng, Frankfurt

Reissert, Bernd/Schwegler-Rohmeis, Wolfgang 1992: Chancen und Grenzen kommunaler Arbeitsmarktpolitik in den neuen Ländern, in: Christoph Rühl (Hg), Institutionelle Reorganisation in den neuen Ländern. Selbstverwaltung zwischen Markt und Zentralstaat. Probleme der Einheit Band 5, Marburg

Schaller, Thomas 1991: Wild-West im Osten. Kaum Chancen für eine geplante Stadtentwicklung, in: Alternative Kommunalpolitik (AKP) Heft 2

Scheytt, Oliver 1992: Reorganisation der kommunalen Selbstverwaltung, in: Christoph Rühl (Hg): Institutionelle Reorganisation in den neuen Ländern. Selbstverwaltung zwischen Markt und Zentralstaat, Probleme der Einheit Band 5, Marburg

Schneider, Herbert 1993: Der Aufbau der Kommunalverwaltung und der kommunalen Selbstverwaltung in den neuen Bundesländern, in: Aus Politik und Zeitgeschichte, B 36/93

Sprenger, Rolf-Ulrich/Ulrich Adler/Johann Ackerbauer 1991: Umweltschutz in den neuen Bundesländern, Ifo-Studien zur Umweltökonomie Band 16, München

Sturm, Roland 1994: Integration ohne Dezentralisierung: Die ökonomische Modernisierung der ostdeutschen Länder, in: Udo Bullmann (Hg), Die Politik der dritten Ebene. Regionen im Prozeß der EG-Integration, Opladen

Teichmann, Dieter und Vesper, Dieter 1993: Öffentliche Haushalte 1993/94: Kurswechsel löst Finanzierungsprobleme nicht, in: DIW-Wochenbericht 35/93

Wegner, Eckhard (Hg) 1992: Finanzausgleich im vereinten Deutschland, Probleme der Einheit Band 9, Marburg

Wiedemeyer, Horst, F.M. 1992: Arbeitslosigkeit – ein Dauerproblem im vereinten Deutschland? Dimensionen, Ursachen, Strategien, Opladen

Ziegler, Astrid 1992: Angleichung der Lebensbedingungen zwischen den ost- und westdeutschen Regionen als Herausforderung der Strukturpolitik, in: WSI-Mitteilungen 11

Zimmermann, Klaus 1992: Umweltpolitische Perspektiven in den neuen Ländern, in: Aus Politik und Zeitgeschichte, B 39-40/92

Josef Bardelmann/Timo Steinert

Probleme der ostdeutschen Wohnungswirtschaft: Das Beispiel der Erfurter Wohnungsbaugenossenschaft „Zukunft“

1. Wohnen – Grundlage des sozialen Friedens und Kernbereich der deutsch-deutschen Vereinigung

Bereits vor der Vereinigung der beiden deutschen Staaten war für die Altbundesrepublik ein dramatischer Wohnungsmangel feststellbar, der als eine der zentralen Ursachen sozialen Neids und Unfriedens ausgemacht wurde. Nach der Vereinigung fehlten in den Altbundesländern ca. 2,5 Mill. Wohnungen und in den neuen Bundesländern eine weitere Million Wohnungen. Gleichzeitig steigt die Zahl der von Obdachlosigkeit betroffenen Personen an. Für die gesamte Bundesrepublik gehen Schätzungen von weit über einer Million Fällen aus (Riege 1992: 194). Aber auch für Familien und Einzelpersonen, die nicht derart gravierend von der Wohnungsnot betroffen sind, stellen die aufgrund des knappen Angebotes unaufhaltsam steigenden Mieten eine erhebliche Belastung dar. Gerade für die Bezieher der unteren und mittleren Einkommensgruppen machen die Ausgaben für Wohnen zwischen 30-50% ihres Gesamteinkommens aus.

Die Ursachen für die enorme Verschlechterung der Angebotsseite am Mietwohnungsmarkt hat in Westdeutschland zahlreiche Ursachen. Neben einer rasant ansteigenden Verteuerung von Bauland in den letzten Jahren, die als Nebeneffekt zur Hortung von Bauland zu reinen Spekulationszwecken führte und einem langwierigen Genehmigungsverfahren durch die Kommunen, war es vor allem die wohnungspolitische Ausrichtung der Bundespolitik, die auf eine Selbstregulierung des Marktes setzend ihre Fördermaßnahmen vornehmlich auf das Gebiet der Eigentumsbildung orientierte. Hervorzuheben sind hier der Totalabbruch der Förderung des sozialen Mietwohnungsbaus von 1986 bis 1988 (Holtmann/Killisch 1993: 3) und die auch danach nur vergleichsweise geringen Anstrengungen in diesem Bereich, die steuerlichen Förderung auf den Erwerb von Altbaubestand in Verbindung mit erleichterten Bedingungen für die Umwandlung von Miet- in Eigentumswohnungen, die Abschaffung des Wohnungsgemeinnützigkeitsgesetzes 1990 u.a.m.

Die Situation auf dem Wohnungsmarkt der fünf neuen Länder stellt sich ähnlich angespannt wie in der Altbundesrepublik dar, wenn auch hier Ursachen, Ausmaße und Rahmenbedingungen zwangsläufig andere sind. Festzuhalten aber bleibt, daß angesicht der eingangs erwähnten Zahlen, eines Trends der keineswegs auf eine schnelle und umfassende Änderung schließen läßt, eher eine nochmalige Verschlechterung der Angebotsseite auf dem Wohnungsmarkt durch eine anhaltende Tendenz zur Haushaltsneugründung (Einpersonenhaushalte mit steigenden Anforderungen an die Wohnungsgröße) und dem Eintritt der geburtenstarken Jahrgänge in den Wohnungsmarkt, zu erwarten ist. Die Verknappung preiswerten Mietwohnraumes und der zunehmende Konkurrenzkampf um denselben wird bereits bestehenden sozialen Unfrieden weiter schüren, das Auseinanderklaffen der Gesellschaft weiter vorantreiben und nicht zu letzt für viele Ostdeutsche eines der wichtigsten Beurteilungskriterien für den Prozeß der Vereingigung sein.

Für den überwiegenden Teil der ostdeutschen Bevölkerung erhält die Frage von qualitativ und finanziell akzeptablen Wohnraum in einer Zeit umfassender Veränderung und im Kontext der zwar schlechten und oft unzureichenden aber doch sicher gewährleisteten Wohnungsversorgung in ihrer Vergangenheit eine besondere Tragweite, die im Westen in ihrer Bedeutung so gut wie nicht wahrgenommen wird.

1.1. Die Ausgangssituation in den neuen Bundesländern

Die Situation der Wohnungswirtschaft auf dem Gebiet der ehemaligen DDR stellt auch heute eine erhebliche Herausforderung dar. Zwar war die quantitative Ausgangslage 1989 in den heutigen neuen Bundesländern bezüglich der Versorgung mit Wohnraum nicht gravierend unterschiedlich: dem Bürger West standen zu diesem Zeitpunkt etwa 36 dem Bürger Ost 28 Quadratmeter Wohnraum im Durchschnitt zur Verfügung. 1990 betrug diese Ausstattung pro 1000 Einwohner in den fünf neuen Ländern sogar 438 Wohnungen im Gegensatz zu 421 Wohnungen in Westdeutschland, zur Verfügung (Holtmann/Killisch 1993: 2ff sowie Statistisches Bundesamt 1992: 260) Die staatlich festgesetzten DDR-Mieten, die im volkseigenen Wohnungsneubau bei ca. 1 Mark und im Altbaubereich noch wesentlich darunter lagen, waren nie kostendeckend, was dazu führte, daß über beträchtliche Subventionen der Neubau, die Betriebskosten und Reparaturkosten gestützt werden mußten, soweit es sich dabei um staatliche bzw. staatlich verwaltete Wohnungen handelte. Zur Lösung des Wohnungsproblems, von der Führung der DDR als eines der Hauptziele deklariert, wurde eine Strategie entworfen, die auf kostengünstigen Neubau in Form von kompakten Schlafstädten in Block- bzw. Plattenbauweise bei gleichzeitiger Vernachlässigung der in den Innenstädten vorhanden Altbausubstanz zielte. Das führte zum einen zu riesigen anonymen Wohngebieten, die in vielen Belangen der Versorgung und städtischen Infrastruktur wie Geschäften, Dienstleistungs- und Gastronomiebetrieben, kulturelle Einrichtungen u.a.m. nur mindestbedarfsdeckend ausgestattet waren und zum anderen zu einem zunehmenden Verfall der Altbausubstanz, für die noch nicht einmal ansatzweise in ausreichendem Umfang Sanierungs- und Modernisierungsmittel zur Verfügung standen. Von etwa 7 Mill. vorhandenen Wohnungen sind 1,5 Mill. dringend sanierungsbedürftig und 0,5 Mill. stehen leer (Holtmann/Killisch 1993: 2ff sowie Bartholomai/Melzer 1990: 377ff). Private Hausbesitzer, von denen es beim Altbaubestand vornehmlich in den kleinen und mittleren Städten noch eine größere Anzahl gab, zogen bei größeren Wohngebäuden nicht selten eine kostenlose Abtretung an den Staat vor, um der aus den nicht kostendeckenden Mieten entstehenden Belastung zu entgehen.

Etwas anders geartet war die Situation im ländlichen Raum, wo aufgrund der überkommenen Gebäude- und Siedlungsstruktur Häuser und Höfe zumeist von einer Besitzerfamilie bewohnt wurden, die den Erhalt gewährleisteten.

Die Neubauwohnungen, die ab Mitte der sechziger Jahre vorwiegend in Blockbauweise und ab 1970 hauptsächlich in Plattenbauweise – beides machte 1985 einen Anteil von 82% am Gesamtwohnungsbau der DDR aus (MfSWV Brandenburg 1992: 9), wiesen qualitativ im Vergleich zu den Wohnbedingungen im Altbaubestand zwar beträchtliche Verbesserungen auf – insbesondere die Ausstattung der sanitären Anlagen und Heizungen verbesserten sich wesentlich – allerdings waren aber auch bei ihnen von Anfang an gravierende Verarbeitungsmängel feststellbar, die schon nach relativ kurzen Standzeiten zu Reparaturleistungen zwangen.

Der Gesamtverband der Wohnungswirtschaft e.V. schätzt heute durchschnittlich für die von seinen Mitgliedsunternehmen in Ostdeutschland verwalteten 3,5 Mill. Wohnungen, die sich aus Alt- und Neubaubestand zusammensetzen, einen durchschnittlichen Investitionsaufwand von 80.000 DM (GdW 1993: 6) pro Wohnung für notwendige Modernisierungs- und Instandsetzungsarbeiten.

Zusätzlich zu der an sich schon enormen Aufgabendimension haben die ostdeutschen Wohnungsunternehmen aber noch mit einer Reihe vereinigungsbedingter Probleme zu kämpfen. Generell läßt sich für alle neuen Bundesländer unabhängig von den jeweiligen speziellen lokalen und regionalen Bedingungen im wesentlichen ein Dreierblock dieser Probleme feststellen.

Da wäre zum ersten das Investitionshindernis Nummer eins in Ostdeutschland, das auch auf die Situation der Wohnungswirtschaft erhebliche Auswirkungen hat: das Prinzip „Rückgabe vor Entschädigung" und die ungeklärten Eigentumsrechte. Allerdings wurde und wird sowohl für Investitionen im wirtschaftlichen Bereich wie auch für die im Wohnungsbau bereits an Lösungen gearbeitet, die dieses Prinzip vermutlich demnächst vom Kopf auf die Füße stellen werden.

Als zweites sind die Belastungen durch die Altschulden zu nennen. Nach der Währungsreform und der Anpassung des Besitzrechts standen die ehemaligen Wohnungsbauunternehmen der DDR plötzlich mit enormen Altschulden – die aber bei der Organisation der Ex-DDR-Volkswirtschaft als reine „Schreibschulden" verstanden wurden – da. Die Abtragung dieser Schulden belastet die Gesellschaften und Unternehmen heute übermäßig.

Und als letztes ist die Mietpreisentwicklung festzuhalten. Die alten DDR-Mieten, die noch nicht einmal ansatzweise kostendeckend waren, müssen angehoben werden. Allerdings führt dieser Prozeß zu einer Reihe von Widerständen auf Seiten der Mieter bzw. wird von der Politik, die zu Recht soziale Spannungen befürchtet, verzögert. Zum einen ist eine Anpassung der Mieten an die westdeutschen Standards aufgrund der noch immer erheblich niedrigeren Einkommen im Osten nur schrittweise zu vollziehen. Zum anderen erwarten die Mieter natürlich bei sich anpassenden Mieten auch eine vergleichbare Wohnqualität wie in den Altbundesländern. Daß diese aber in zerstörten Innenstädten und den in Plattenbauweise errichteten Schlafstädten nur mit riesigen Investitionssummen geschaffen werden kann zu denen eben auch die Mieten einen entscheidenden Anteil beitragen müssen, liegt auf der Hand.

Der überwiegende Anteil der in Plattenbauweise errichteten Wohnobjekte, die zumeist geballt in regelrechten Trabantenstädten zusammengefaßt waren und die sich vor der Vereinigung zu einem Großteil im Besitz und der Verwaltung von Arbeiterwohnungsgenossenschaften (AWG) oder Betrieben und Kombinaten befanden, befindet sich heute im Besitz von Wohnungsgenossenschaften. Nicht zuletzt der überdurchschnittliche Anteil von Objekten in Plattenbauweise stellt diese Genossenschaften neben den allgemeingültigen Problemen vor zusätzliche Schwierigkeiten, die im Folgendem exemplarisch am Beispiel der Erfurter Wohnungsbaugenossenschaft dargestellt werden sollen.

2. *„Es muß funktionieren, wo sollen wir sonst hinkommen“*[1] .– *Die Erfurter Wohnungsbaugenossenschaft „Zukunft“* –

Die Wohnungssituation in Erfurt-Stadt ist, obwohl es sich um eine Landeshauptstadt handelt, exemplarisch für die gesamte Wohnungsmisere in den neuen Ländern. Den 204.912 Einwohnern der Stadt Erfurt standen am 31.12.1991 96.155 Wohnungen zur Verfügung (Statistisches Landesamt Thüringen 1993: 39 und 388f)[2].

Die Struktur der ostdeutschen Wohnungswirtschaft und damit auch die Erfurt's ist dabei im Unterschied zu der Situation in Westdeutschland wesentlich von kommunale Wohnungsbaugesellschaften und Wohnungsbaugenossenschaften geprägt. 1990 waren in Thüringen 32,4 % des gesamten Wohnungseigentums im kommunalen Besitz, 15,3 % im genossenschaftlichen sowie 52,3 % im privaten oder sonstigen Besitz (Statistisches Landesamt Thüringen 1993: 387)[3]. Dies zeigt die Bedeutung kommunaler und genossenschaftlicher Träger

---

1 Zitat aus einem Interview mit Herrn Eisentraut, Vorstandsvorsitzender der Erfurter Wohnungsbaugenossenschaft „Zukunft", das am 11. Juni 1993 in Erfurt geführt wurde.

2 Zum Vergleich am 31.12.1990 standen 208.989 Erfurtern 96.155 Wohnungen zur Verfügung, so daß im Jahre 1991 kein Wohnungszuwachs erfolgte und sich die Wohnungssituation nur durch Abwanderung „verbesserte"(Statistisches Landesamt Thüringen 1991,25 und 167f)

3 Neuere Zahlen existieren nicht.

bei der Bereitstellung ausreichenden Wohnraumes, was sich auch in den Neubauzahlen für Thüringen im Jahr 1990 widerspiegelt[4]. Diese Zahlen verschieben sich nochmals in städtischen Ballungsgebieten zum Nachteil der privaten Besitzer. So sind jetzt noch in Erfurt ca. 50% der Wohnungsbestandes unter der Verwaltung der „Kommunalen Wohnungsbaugesellschaft Erfurt", 30% unter der Verwaltung der drei Erfurter Wohungsbaugenossenschaften und 20% im privaten Besitz. Die Wohnungsbaugenossenschaft (WBG) „Zukunft" ist eine der drei Erfurter Genossenschaften[5]. Der überwiegende Teil ihre Wohnobjekte liegt im Norden Erfurts. Sie besitzt und verwaltet gegenwärtig 7322 Wohnungen mit insgesamt ca. 400.000 qm² Wohnfläche. Der Wohnungsbestand stammt aus den Jahren 1920 bis 1981 und ist zu 80% in der industriellen Block- oder Plattenbauweise erstellt worden. Darunter befinden sich Großobjekte mit bis zu über 560 Wohnungen.

Obgleich gegenwärtig ca. 10.000 Wohnungssuchende im Wohnungsamt Erfurt registriert sind, sieht sich die WBG seit der Vereinigung außer stande, durch Neubauten den aktuellen Wohnungsbedarf zu senken. Auch mittelfristig ist die WBG nach Auskunft ihres Vorstandsvorsitzenden nicht in der Lage, Neubauprojekte in nennenswerter Zahl zu beginnen. Statt dessen haben die Vereinigung von Ost und West, sowie Vereinbarungen im Solidarpakt wohnungspolitische Bedingungen geschaffen, bei denen die ostdeutschen Wohnungsbaugesellschaften und besonders die Wohnungsbaugenossenschaften um ihre Existenz bangen müssen. Eines der größten Probleme für die WBG „Zukunft" stellen die Altschulden sowie die Altschuldenregelung dar.

2.1. Altschulden – der Anfang vom Ende?

Mit der Vereinigung wurden auch der Genossenschaft „Zukunft" Schulden aus der DDR- Zeit überschrieben. Die Schulden, die zu DDR-Zeiten Staatsschulden waren und die durch die Vorgaben der staatlichen Wohnungspolitik und hier insbesondere der Subventionierung der Mieten entstanden, wurden nach der Vereinigung den nun eigenverantwortlichen, markt- und betriebswirtschaftlichen Regeln unterworfenen Gesellschaften und Genossenschaften im Verhältnis 2:1 (Wechselverhältnis durch die Währungsunion 2 Mark = eine Deutsche Mark für den Bereich der Altschulden) als Belastung auferlegt. Somit tritt hier nicht der Staat als Rechtsnachfolger und Schuldner ein, sondern die WBG's. Die WBG „Zukunft" hat gegenwärtig Altschulden in Höhe von über 75 Millionen DM, was mehr als ein Drittel des gesamten Kapitalwertes der Genossenschaft[6] ausmacht. Als Reaktion der Bundesregierung wurde eine Alt-

---

[4] 1990 waren von 9880 gebauten Wohnungen nur 1419 inividuelle Eigenheimbauwohnungen; entspricht 14,4 % (Statistisches Bundesamt 1992: 260).

[5] Desweiteren gibt es in Erfurt-Mitte die WBG „Erfurt" sowie in Erfurt-Süd die WBG „Einheit".

[6] Grund und Boden sind augenblicklich noch nicht im Besitz der WBG.

schuldenregelung erlassen, die ab Mitte 1995 eine Kappung der Schulden auf 150,–DM pro qm² Wohnfläche vorsieht[7]. Die über diesen Betrag liegenden Schulden und die bis dahin anfallenden Schuldzinsen werden zwar vom Bund übernommen, dennoch muß die WBG insgesamt ca. 60 Millionen DM (400.000 qm² x 150,-DM) aus ihren Mitteln zur Altschuldentilgung aufbringen.

An diese Altschuldenregelung ist eine Privatisierungklausel gebunden, die jeden Wohnungsunternehmer verpflichtet mindestens 15% seines Wohnungsbestandes in den nächsten 10 Jahren zu privatisieren. Dabei müssen bis Ende 1994 20% des Verkaufserlöses zur Tilgung der Altschulden abgeführt werden. Der abzuführende Anteil vom Verkaufserlös erhöht sich bis auf 90% wenn die Wohnungen erst im Zeitraum zwischen 2001 und Ende 2003 verkauft werden. Die WBG „Zukunft" müßte 1100 Wohnungen privatisieren, um diesen Vorgaben zu entsprechen. Dabei darf die Genossenschaft nicht an Dritte sondern nur an Genossenschaftsmitglieder verkaufen, wie es das Genossenschaftsgesetz vorsieht.

Desweiteren sind, wie bereits erwähnt, 80% der Wohnungen der WBG in der industriellen Plattenbauweise erstellt. Diese Wohnungen sind faktisch nicht zu verkaufen[8]. Die Größe der Objekte – teilweise mehrere hundert Wohnungen pro Bau – und die damit eingeschränkte Wohnqualität der Wohnungen wie auch des Wohnumfeldes, die schlechte Wohnungsausstattung, Umgestaltungsgrenzen die sich aus der Plattenbauweise ergeben – z. B. Zuschnitt der Räume – und die unklaren Folgekosten für mögliche Eigentümer sind nur einige der Gründe für die Schwierigkeiten bei einem Verkauf dieser Wohnungen. Potentielle Käufer von Eigentumswohnungen in den neuen Bundesländern, von denen es bedingt durch die gegenwärtige Einkommenssituation wenige geben dürfte, erwarten attraktivere Wohnbedingungen als die dargestellten. Die WBG wird somit große Schwierigkeiten haben, die Auflagen zur Altschuldenregelung zu erfüllen. Eine finanzielle Entlastung aus den Verkaufserlösen erweist sich aufgrund dieser Fakten als rein fiktive Größe. Gelingt es ihr doch, so verbleiben in Ihrem Besitz fast nur noch Plattenbauwohnungen, wobei der Gesamtwohnungsbestand dringend sanierungs- und modernisierungsbedürftig ist.

2.2. Sanierungsbedarf – ein Faß ohne Boden?

1991 hat die WBG 17 Millionen DM in Instandhaltung und Hausbewirtschaftung investiert. Ihren akute Sanierungsbedarf schätzt die Wohnbau auf ca. 120 Millionen DM; nimmt man hingegen die durchschnittlichen Investitionskosten

---

[7] Bezüglich der Regelungen des Bundes verweisen wir auf die Abschrift der Presseinformation des Bundesministeriums für Raumordnung, Bauwesen und Städtebau vom 25.05.1993.

[8] Zitat aus dem Interview mit Herrn Eisentraut vom 11.Juni 1993: „Allen Veröffentlichungen, denen widerspreche ich auch. Ich habe zur Stunde nicht einen Antrag hier vorliegen von einem Genossenschaftler, der seine Plattenbauwohnung kaufen möchte; nicht einen Antrag."

von ca 80.000 DM pro Wohnung, die der Gesamtverband der Wohnungswirtschaft (GdW 1993: 6) erwartet, als Grundlage, so ergibt sich für die WBG ein Finanzierungsbedarf von einer halben Milliarde DM. Damit wären in etwa westdeutsche Wohnstandards erreicht, sofern dies bei Wohnhäusern mit über 500 Wohnungen überhaupt möglich ist. Für eine vollständige Sanierung und Modernisierung des Bestands an industriellen Wohnbauten (Plattenbau) sprechen aber sowohl Zeit- wie auch Kostengründe. Zum einen wäre es bei Wohnungsneubau als Ersatz für die bestehenden Plattenbauobjekte völlig unmöglich, den vorhandenen dringenden Bedarf kurzfristig zu decken, zum anderen bieten Modernisierung und Instandsetzung erhebliche Kostenvorteile.

Das Ministerium für Stadtentwicklung, Wohnen und Verkehr des Landes Brandenburg legt für die Instandsetzung und Moderinisierung der industriellen Wohnbauten in Brandenburg 850,–DM pro qm^2 Wohnfläche zugrunde, bei einem vollständigen Neubau der Wohnungen im Standard des sozialen Wohnungsbaus in den neuen Ländern hingegen 2600 DM pro qm^2[9]. Die gegenwärtigen jährlichen Finanzmittel, die der WBG zur flexiblen Verfügung stehen belaufen sich auf ca. 15-18 Millionen DM. Eine Alternative zu Sanierungsmaßnahmen und somit am Erhalt der bestehenden Bausubstanz ist nicht gegeben. Doch selbst der dringende Sanierungsbedarf droht an den mangelnden eigenen Finanzmittel und Kreditmöglichkeiten zu scheitern.

2.3. Woher nur das viele Geld nehmen?

Die Kreditanstalt für Wiederaufbau wird ihr Kreditvolumen von 30 auf 60 Mrd. DM vergrößern. Ebenfalls wird eine Kreditbürgschaft in Höhe von 6 Mrd. DM als Überbrückungsmöglichkeit für Unternehmen mit fehlender Grundbucheintragung gewährleistet (BMfRBS 1993). Auch auf dem Kapitalmarkt können die WBG's Kredite aufnehmen. Jedoch sind Ihnen genauso wie der Wohnbau „Zukunft“ Grenzen gesetzt, da letztendlich die Kredite abgezahlt werden müssen und ab 1995 die Rückzahlung der Altschulden beginnt.

2.4. Nichts geht ohne Grund und Boden.

Erschwerend kommt hinzu, daß der Genossenschaft „Zukunft“ ohne Bürgschaften durch den Magistrat der Stadt Erfurt und des Landes Thüringen, keine Kredite gewährt werden können. Der Wohnungsbaugenossenschaft fehlt die Grundbucheintragung über den Besitz des Grund und Bodens, auf dem die

---

[9] Der Anteil an industriellen errichteten Wohnbauten der WBG „Zukunft“ liegt bei 80%, was einer qm^2-Zahl von ca. 320.000 entspricht. Die Kosten für deren Modernisierung und Instandsetzung betragen ca. 270 Millionen DM. Für die Förderung einer vergleichbaren Wohnungsfläche im sozialen Wohnungsneubau müßten ca. 830 Millionen DM aufgebracht werden. Angaben zum Kostenaufwand pro qm^2 entnommen aus: (MfSWV-Brandenburg 1992, 16)

Wohnungen stehen. Während der DDR-Zeit war der Grund und Boden im Besitz des Staates. Nun muß es von der Kommune gekauft werden oder, sofern Rückgabeanträge Dritter existieren, eine gerichtliche Lösung gefunden werden. Die Übertragung des Grund und Bodens an die Genossenschaften erfolgt über eine Ausgleichszahlung (BMfRBS 1993) an die Kommunen. Diese Ausgleichszahlung richtet sich nach der Größe der Stadt. In Gemeinden bis 30.000 Einwohner ist ein Ausgleich in Höhe von 1,–DM pro qm^2 zu entrichten; bei Gemeinden bis 100.000 Einwohner 2,–DM pro qm^2 und bei Gemeinden über 100.000 Einwohnern 3,–DM pro qm^2. Auch hier kommen auf die WBG finanzielle Belastungen zu, die letztendlich durch eigene Mittel über die Mieteinnahmen finanziert werden müssen.

2.5. Mieteinnahmen und Mietentwicklung

Gegenwärtig liegt der durchschnittliche Mietspiegel in der WBG „Zukunft" bei 4,20 DM Kaltmiete plus 4,10 DM Umlagen, so daß pro qm^2 eine Miete von 8,30 DM zu bezahlen ist. Dies erscheint nicht viel. Jedoch lag die Miete vor dem 1.10.91 bei 0,90 DM pro qm^2

Mietentwicklung in den der WBG „Zukunft"

DDR- Zeiten:	0,90 Mark pro qm^2 Kaltmiete
01.10.91:	1. Grundmietenerhöhung um 1,20 DM = 2,10 Kalt
01.01.93:	2. Grundmietenerhöhung Sockelbetrag 1,20 DM plus (3 x 0,30 DM) 0,30 DM für ordentliche Fenster 0,30 DM für ordentliche Fassade 0,30 DM für ein ordentliches Dach = 4,20 DM pro qm^2 kalt
1.1.94: 3.	Grundmietenerhöhung 2 x 0,30 DM für die ordentliche Beschaffenheit des Treppenhauses sowie der Sanitär- und Elektroinstallation.
1.Juli 1995	Erhöhung der Miete um 1,–DM pro qm^2 zur Altschuldentilgung.

Durch die Anhebung von Löhnen und Gehältern, steigende Verwaltungskosten sowie die Notwendigkeit der Abzahlung der Mittel für den Bodenaufkauf werden die Nebenkosten zunehmend größer und zum weiteren Anstieg der Mietpreise beitragen.

Ab Mitte 1995 sind Freimietpreise anvisiert, die in der Größenordnung von 8 bis 10,–DM kalt pro qm^2 einzuordnen sind.

Diese rasante Mietentwicklung ergibt sich durch die Notwendigkeit der WBG's, die Mieteinnahmen zu erhöhen, um überhaupt den Sanierungs-und Altschuldenanforderungen gerecht zu werden. Die zu erwartende Mieterhöhung am 1. Juli 1995 um 1,–DM pro qm^2 dient ausschließlich der Altschuldentilgung. Die WBG's können aber nicht unendlich an der Mietschraube drehen. Schon jetzt steigt die Zahl der Wohngeldempfänger und -berechtigten (Frick/Lahmann 1991: 401 sowie Frick/Lahmann 1993, 287ff). Eine Verfünffachung der Miete seit der Vereinigung bis Mitte 1995 bleibt nicht ohne soziale

Folgen. Die anhaltende Massenarbeitslosigkeit in den fünf neuen Ländern, das niedrigere Lohnniveau bei annähernd gleichen Lebenshaltungskosten und ein geringerer Wohnstandard in den ostdeutschen Wohnungen setzen der weiteren Mieterhöhung Grenzen. Es erscheint zudem widersinnig, daß die Folgen der sozialistischen Planwirtschaft und die Fehler der Vereinigung im Wohnungsbereich durch die ostdeutschen Mieter getragen werden sollen.

3. Wohin soll das alles führen?

Angesichts der Relationen von Mieteinnahmen und Finanzbedarf z.B. bei der WBG „Zukunft", erscheint eine schnell spürbare Veränderung des Wohnstandards ausgeschlossen. Eine angemessene Reaktion auf den wachsenden Wohnungsbedarf (Bartholomai/Melzer 1990: 377ff) ist nicht möglich. Die Investitionsmittel für den Neubaubereich sind auf Jahre durch die Altschuldentilgung, den Ankauf von Grund und Boden und den Sanierungsbedarf zum Erhalt der bestehenden Bausubstanz gebunden. Die Plattenbauten der ostdeutschen Großstädte werden auch weiterhin das Stadtbild prägen. Die Liste der Wohnungssuchenden in Erfurt wird sich vorerst nicht verringern. Statt dessen zeichnet sich folgende Entwicklung ab: Die finanzkräftigen Mieter werden versuchen, die Wohnungen der Trabantenstädte zu verlassen und die sozial Schwachen werden dort verbleiben. Die Trabantenstädte werden die sozialen Brennpunkte der Zukunft werden. Das Ausmaß der Probleme zeigt, daß die Leistungen des Bundes völlig unzureichend sind, vielmehr ist die Belastung der Wohnungswirtschaft durch die Altschulden kontraproduktiv. Es scheint, daß der soziale „Sprengstoff Wohnung" eher noch zunehmen wird und der Verteilungskampf ungeahnte Dimensionen annehmen kann, wenn nicht jetzt entschieden gegengesteuert wird. Die Wohnungsversorgung und die Entwicklung der Mietpreise werden ein wichtiger Gradmesser für die soziale Akzeptanz der Vereinigung sein.

Neben der Forcierung des Sozialen Wohnungsbaus für die gesamte Bundesrepublik, muß die ostdeutsche Wohnungswirtschaft eine weitere Verbesserung der Regelungen zur Altschuldentilgung sowie als neues wohnungspolitisches Instrument einen vierten Förderweg erhalten, der ähnlich wie die Förderung im sozialen Wohnungsneubau, eine staatliche Förderung für Instandsetzung und Modernisierung des Wohnungbestandes – und hier insbesondere auch der in industrieller Bauweise errichteten Wohnbauten – vorsieht.

Literaturverzeichnis

Bartholomai, Bernd/Melzer, Manfred. 1990: Bauwirtschaft und Wohnungswirtschaft in der DDR – Lage und Perspektiven, in: Deutsches Institut für Wirtschaftsforschung (DIW), DIW-Wochenbericht 28/90 Seite 377-385

Bundesministerium für Raumordung, Bauwesen und Städtebau (BMfRBS)(Hg) 1993: Jetzt sind die Unternehmen in der Verantwortung, Abschrift der Presseinformation des BMfRBS vom 25.5.1993

Frick, Joachim./Lahmann, Hubert. 1991: Wohnungssituation und Wohnkosten von Privathaushalten in Ostdeutschland. in: DIW-Wochenbericht, Heft 28/91, Seite 396-402

Frick, Joachim/Lahmann, Hubert.1993: Aktuelle Tendenzen der Wohnkosten und der Wohnungsmodernisierung bei ostdeutschen Privathaushalten, in: DIW-Wochenbericht 20/93 , Seite 287-292

Gesamtverband der Wohnungswirtschaft e.V. (GdW) (Hg.) 1993: Für gutes, sicheres und vielfältiges Wohnen in ganz Deutschland, Rede von Senator a.D. Jürgen Steinert vom 28.10.93 in Erfurt

Holtmann, Everhard/Killisch, Winfried, 1993: Wohnungspolitik im Geeinten Deutschland. Problemlagen und Entwicklungsperspektiven, in: Aus Politik und Zeitgeschichte/ Beilage zur Wochenzeitung Das Parlament, B 8-9/93

Hamann, Andreas, 1993: Ein Sprengsatz im Trabantenviertel, in: AUSBLICK Zeitung der Gewerkschaft Handel, Banken und Verkehr, Nr. 2/93

Ministerium für Stadtentwicklung, Wohnen und Verkehr Brandenburg (MfSWV-Brandenburg) (Hg) 1992: Modernisierung und Instandsetzung in industrieller Bauweise errichteter Wohnbauten, Schriftreihe Heft 3, Potsdam

Riege, Marlo 1992: Die neue Wohnungsnot, in: Horst Schmitthenner (Hg.): Zwischen Krise und Solidarität, Hamburg

Statistisches Bundesamt (Hg) 1992: Statistisches Jahrbuch 1992 für die Bundesrepublik Deutschland, S. 258-261, Wiesbaden

Statistisches Landesamt Thüringen (Hg) 1992: Statistisches Jahrbuch für Thüringen 1991, Erfurt

Statistisches Landesamt Thüringen (Hg) 1993: Statistisches Jahrbuch, Ausgabe 1993, Erfurt

Wohnungswirtschaftliche Informationen, Herausgeber: Gesamtverband der Wohnungswirtschaft e.V., Heft 19 vom 13.5.1993

Timo Steinert

ABS-Gesellschaften. Entwicklungszentren oder Abstellgleis ?

1. Vorwort

Wenn es um die Ebene lokaler Politik bei der Durchsetzung des Vereinigungsprozeßes in den neuen Bundesländern geht, spielen die Bereiche der Beschäftigungs- und Wirtschaftspolitik sicherlich eine zentrale Rolle. Zwar sind die Möglichkeiten lokaler Einflußnahme auf diesen Gebieten eingeschränkt und von bundes- und landespolitischen Vorgaben weitestgehend geprägt, doch erweist sich gerade auch im Kontext der nicht selten aus Praxisferne resultierenden Fehler derselben, das Vorgehen lokaler Akteure als bedeutsam. Ein arbeitsmarktpolitisches und wirtschaftspolitisches Instrument, für das sich erst auf den zweiten Blick ein Zusammenhang zur lokalen Ebene herstellt, sind die zahlreichen in den neuen Ländern entstandenen Gesellschaften für Arbeitsförderung, Beschäftigung un Strukturentwicklung (ABS).

Die ersten dieser Gesellschaften, die viele Parallelen zu den westdeutschen Beschäftigungs- und Qualifizierungsgesellschaften aufweisen, wurden – bereits bevor ihre Akzeptanz bundes- und landespolitisch durchgesetzt war – gegründet und dies nicht zuletzt aus den konkreten, lokalen Erfordernissen und unter starker Beteiligung lokaler Entscheidungsträger.

2. Gesellschaften für Arbeitsförderung, Beschäftigung und Strukturentwicklung (ABS) in den neuen Bundesländern

Die Vorraussetzungen und Bedingungen wie auch die Anforderungen an Beschäftigungs- und Qualifizierungsgesellschaften in den neuen Ländern unterscheiden sich wesentlich von denen in den Altbundesländern. Wo immer in den letzten Jahren in den Altbundesländern Beschäftigungs- und Qualifizierungsgesellschaften entstanden, gab es zwar ebenfalls hohe Arbeitslosenzahlen, oft auch Beschäftigungskrisen durch das Zusammenbrechen von monolithisch ausgerichteten Produktionsstrukturen einer Branche in einer ganzen Region; aber – und dies nun im Unterschied zu den neuen Ländern – stets auch eine funktionierende Infrastruktur, ein bereits existierendes und funktionierendes soziales Netz, die verschiedensten Institutionen, Einrichtungen und Interessensverbände, die sich mit den Auswirkungen und den Maßnahmen gegen die Krisen beschäftigten. Und die strukturellen Krisen in Westdeutschland führten zwischenzeitlich ebenfalls zur Bedrohung bzw. zum Abbau von Arbeitsplätzen in erheblichen Dimensionen, waren aber nie so branchenübergreifend, flächendeckend und millionenfach wie heute auf dem Gebiet der fünf neuen Länder. Doch nicht nur der Umfang und gesellschaftliche und wirtschaftliche Rahmenbedingungen stellen sich grundsätzlich anders dar; es erweitert sich darüber hinaus auch anerkannt der Ansatz, der Akteursrahmen und die rechtlichen und finanziellen Möglichkeiten.

Obwohl anfänglich sowohl die Bundesregierung, die Bundesanstalt für Arbeit, die Treuhandanstalt wie auch die Arbeitgeberverbände den Beschäftigungs- und Qualifizierungsgesellschaften eher ablehnend gegenüber standen, kam es unter dem Druck der Wirtschafts- und Arbeitsmarktentwicklung, dem zunehmenden Engagement der Betroffenen und Gewerkschaften und auf Grund fehlender Alternativen zu einer Korrektur dieser Position.

Zwar waren bereits im Vorfeld der Vereinigung in Erwartung einer angespannten, wirtschaftlichen Lage in Ostdeutschland zusätzliche Maßnahmen vereinbart worden. So wurde das Arbeitsförderungsgesetz vom 15. Juli 1969 um einige wichtige Passagen, geltend für das Gebiet der ehemaligen DDR, erweitert. Im Einzelnen handelte es sich dabei um Maßnahmen wie: Förderung überbetrieblicher Ausbildung, Möglichkeiten der Förderung von Arbeitsbeschaffungsmaßnahmen bis 100%, die teilweise Förderung der Sachmittelausstattung bzw., die Vergabe von zinsgünstigen Krediten zur Finanzierung der Sachmittelausstattung von ABM-Stellen, ein Kurzarbeitergeld auch bei betrieblichen Strukturveränderungen und Altersübergangsgeld ab 57[1] Jahren. Doch erwiesen sich diese Maßnahmen als nicht ausreichend angesichts der Ausmaße der Wirtschafts- und vor allem auch Beschäftigungskrise in den neuen Ländern.

Der erwähnte Positionswechsel gegenüber Beschäftigungs- und Qualifizierungsgesellschaften manifestierte sich am deutlichsten in den „Rahmenvereinbarungen zur Bildung von Gesellschaften zur Arbeitsförderung, Beschäftigung und Strukturentwicklung“ vom 17. Juni 1991[2]. Diese Rahmenvereinbarungen belegen nicht nur ein Umschwenken auf Seiten der Treuhandanstalt, der Länder und der Arbeitgeberverbände sondern letztlich auch ein Einlenken auf der bundespolitischen Ebene[3].

Die in den Rahmenvereinbarungen angestrebte Einrichtung von Trägergesellschaften auf Landes- und Regionalebene[4] zur Koordinierung und Betreuung der einzelnen Gesellschaften läßt bereits das von den Unterzeichnenden ange-

1 Quelle: Anlage I zum Einigungsvertrag, Kap. VIII, 249, Abs.: 1. Beck 1990 B.II, S.528.

2 Quelle: Treuhand Informationen Nr. 3/4 91, S. 20-22.

3 Laut Einigungsvertrag – Kap.VI, Art. 25, Abs. 1 – obliegt dem Bundesminister für Finanzen die Fach- und Rechtsauf-sicht; sowie nach Kap. VI Art. 25, Abs.2: Werden der Vor-sitzende und die Mitglieder des Verwaltungsrates außer den fünf Vertretern der neuen Länder von der Bundesregierung bestimmt. Vgl.: Beck 1990 B.II S.152.

4 Trägergesellschaften Land (TGL) und Trägergesellschaft Region (TGR). Rahmenvereinbarungen Absatz I u. II. In: Treuhand Informationen 3/4 91, S.20-22.

nommen Ausmaß erkennen und ist im Vergleich zur westdeutschen Praxis als folgerichtiger, qualitativer Sprung nach vorn anzusehen.

Auch die Festschreibung eines Auftrages zur Strukturentwicklung -sicherlich die bedeutendste qualitative Neuerung – stellt einen offiziellen Kompetenzzuwachs dar; insbesondere der Schlußsatz der Präambel der Rahmenvereinbarungen:“ Es ist anzustreben, daß aus den ABS Neugründungen von Unternehmen hervorgehen.“(Treuhandanstalt 1991, S. 20-22) erhöht nicht nur die Anforderungen sondern müßte auch die Förderung von Produktentwicklung, Bedarfs- und Potentialanalysen, Projekten zur Altlastensanierung und Verbesserung der lokalen Infrastruktur und der Standortattraktivität bis hin zur Schaffung von Marketing- und Mangagementansätzen einschließen. Beschäftigungs- und Qualifizierungsgesellschaften in den Altbundesländern stießen spätestens an diesem Punkt immer wieder auf erhebliche Widerstände (Bullmann 1991, S.270ff). Wie weit dieser Ansatz in der Praxis tatsächlich über bloße Qualifizierung und Umschulung von Arbeitskräften, wie sie auch in der Vergangenheit durch die meisten BQGs in Westdeutschland geleistet wurden, hinausgeht und wie er gehandhabt und gefördert wird, ist eine der zentralen Fragen bei der Untersuchung der Realität von ABS-Gesellschaften in Thüringen.

Die Einbeziehung der Möglichkeiten einer Weiterzahlung von Kurzarbeitergeld bei ABS-Gesellschaften[5], die direkt aus dem Betriebszusammenhang hervorgehen, stellte einen befristeten Zusatz zu dem laut Einigungsvertrag[6] vereinbarten Auslaufen von Kurzarbeitergeld für Beschäftigte von Betriebe mit einigungsbedingten Strukturproblemen zum 31.12.1991 dar und ist insofern erwähnenswert als er diese Möglichkeit im Rahmen von BQGs einräumt. Ein Umstand, der bei der Praxisuntersuchung der ABS-Gesellschaften sowohl in positiver wie aber auch in gewisser Weise in negativer Hinsicht aufzugreifen sein wird.

Im Wesentlichen als Folge der erweiterten Möglichkeiten im Rahmen des Arbeitsförderungsgesetzes für das Gebiet der ehemaligen DDR, wurden in der Startphase ein erheblicher Anteil der Stelle von ABS-Gesellschaften über ABM-Mittel finanziert; unter anderem auch ABM für ABM, das heißt: Arbeitsbeschaffungsmaßnahmen die die Konzeption, Koordinierung, Organisation und Verwaltung von ABM-Stellen und Projekten übernahmen.

Als ein weiterer Unterschied gegenüber den Beschäftigungs- und Qualifizierungsgesellschaften in den Altbundesländern ist die ebenfalls in den Rahmenvereinbarungen vertraglich festgehaltene Förderung beziehungsweise Unterstützung der ABS-Gesellschaften durch die Treuhandanstalt sowie die Beteiligung der Arbeitgeberverbände anzusehen.

Gleichzeitig muß aber an dieser Stelle auch auf die ersten Einschränkungen hingewiesens werden, die sich ebenfalls aus dem Vertragstext der Rahmenver-

---

5 Rahmenvereinbarungen Absatz III/3. Auf drei Monate befristet, längstens jedoch bis zum 31.10.90. In: Treuhand Informationen 3/4 91, S.20-22.

6 Anlage II zum Einigungsvertrag, Kap. VIII, Sachgebiet E, Abschnitt III. Vgl.: Beck 1990, B.2 S.797.

einbarungen erschließen lassen. So wird beispielsweise für die Räume und Immobilien, die die Treuhandanstalt zur Verfügung stellt, eine Vermietung in Betracht gezogen; „... an der unteren Grenze der marktüblichen Bedingungen." (Treuhandanstalt 1991, S. 22). Nur dürften selbst diese Mieten für die ABS eine nennenswerte Belastung bedeuten. Kostenfrei werden Objekte nur überlassen wenn: „... in absehbarer Zeit keine Verwertung des Objektes möglich ist." (Treuhandanstalt 1991, S. 22). Die Frage wie eine Entscheidung der Treuhandanstalt bezüglich einer Immobilie bei einer Abwägung zwischen beschäftigungswirksamer ABS-Initiative und einem möglichen, nicht beschäftigungswirksamen, Verkauf ausfällt, stellt sich damit nicht. Eine Auflösung von bestehenden Miet- oder Nutzungsverträgen mit ABS zum Zweck des Verkaufs, scheint zumindest gegenwärtig, bei der im Schnitt vorgegebenen Laufzeit von ursprünglich zwei Jahren, für die meisten ABS noch kein Problem zu sein, könnte aber bei der notwendigen und absehbaren, zeitlichen Verlängerung der Projekte durchaus zu einem solchen werden.

Auch die vereinbarte Personalkostenunterstützung für das Management durch die THA für lediglich sechs Monate müßte unter den gegebenen Umständen dieser selbst als fragwürdig erscheinen. Der Zeitraum der Kostenunterstützung dürfte kaum die Aufbauphase decken.

Die in diesem Zusammenhang auftauchende Frage ist nicht nur für den Spezialfall „Flächennutzung von Treuhandobjekten durch ABS" oder Personalkostenzuschüsse von Bedeutung sondern ist von genereller Natur: Werden die anfänglich für einen eng begrenzten Zeitraum geplanten Gesellschaften zu einem längerfristigen Bestand befähigt oder dienen die Rahmenvereinbarungen lediglich dazu, der Treuhand eine kostengünstige und schnelle Möglichkeit zur Abwicklung ihrer sozialen Verantwortung zu schaffen. Es besteht zumindest die Gefahr, daß die Gesellschaften von Teilen der Unterzeichnenden als billige Parkplätze für Beschäftigte, die nicht in den Arbeitslosenstatistiken auftauchen, betrachtet werden und das darüber hinaus im Falle eines Scheiterns des Modells ABS – welches bei gleichzeitiger ungenügender und halbherziger Unterstützung vorprogrammiert wäre – diesem die gesamte Verantwortung zugeschoben werden könnte.

Ansonsten gelten für die ABS-Gesellschaften in den neuen Bundesländern von ihrem Aufbau und der Finanzierung her ähnliche Muster wie für bereits bestehen Projekte in den Altbundesländern[7].

3. ABS-Gesellschaften in Thüringen.

Einleitend ist darauf hinzuweisen, daß alle der Untersuchung zugrundeliegenden Zahlenangaben lediglich als Orientierungshilfen betrachtet werden können.

7 Vgl. dazu Bosch 1991 und Bullmann 1991

Trotz einer Fülle von Institutionen[8], die sich mit der Erfassung und Aufarbeitung der auf ABS in Thüringen bezogenen Daten beschäftigen und einer großen Anzahl von eigenen Untersuchungsergebnissen, war es frühzeitig zu bemerken, daß einer verbindlichen Aufstellung Grenzen gesetzt sind. Diese liegen zum einen in der sich immer noch ständig verändernden Gesamtzahl von ABS und zum anderen in den starken, kurzfristigen Schwankungen der internen Zahlen derselben (z.B. Gesamtbeschäftigtenzahl, Kurzarbeiterzahl, Qualifizierungsmaßnahmen u.a.), die im Wesen dieser Gesellschaften liegen. Neben diesen quasi immanenten Schwankungspotentialen sind es aber auch die sich ständig ändernden Förderungsbedingungen, beispielsweise von seiten der Bundesanstalt für Arbeit bezüglich der Vorgaben für die ABM-Förderung, die laufende Verschiebungen bedingen. Zu bestimmten Teilbereichen war es darüber hinaus nicht möglich, überhaupt Angaben zu erhalten. So waren Zahlen bezüglich des Frauenanteils in vielen Gesellschaften noch nicht erhoben.

Aufgrund dieser starken und sehr kurzfristigen Schwankungen und Unsicherheiten, sei ausdrücklich noch einmal darauf hingewiesen, daß die hier verwendeten Angaben sich auf das erste Quartal 1992 beziehen.

Trotz der aufgetretenen erheblichen Problemen, lassen sich auf Grundlage des vorliegenden Materials einige wichtige und für die weitere Arbeit der ABS-Gesellschaften wesentliche Schlußfolgerungen ziehen.

3.1. Die quantitative Dimension

Die deutlichste Präsentation der unterschiedliche Situation von ostdeutschen ABS-Gesellschaften und westdeutschen Beschäftigungsgesellschaften finden sich im quantitativen Umfang. So ergab sich allein für Thüringen eine Gesamtzahl von 41 belegten Gesellschaften. Davon machten 35 Gesellschaften Angaben zu ihren Beschäftigtenzahl, die sich insgesamt auf knapp 20.000 (19.795) belief.

Der Anteil an Arbeitsbeschaffungsmaßnahmen bezifferte sich für diese 35 ABS-Gesellschaften auf ca. 22% (4475). Der Kurzarbeiteranteil lag mit 3911 Personen = 20% in einer ähnlichen Größenordnung, Angaben zu diesem Bereich wurden allerdings lediglich von einem Drittel der Gesellschaften gemacht. Es kann davon ausgegangen werden, daß der tatsächliche Kurzarbeiteranteil zu diesem Zeitpunkt eher noch höher lag, wobei kleinere und eher kommunal ausgerichtete Gesellschaften meist über keinen Kurzarbeiteranteil verfügen. Bedingt durch die zeitlich begrenzte Kurzarbeiterreglung für ABS-Gesellschaften ist auch bei einem weiteren Anstieg der Gesamtzahl der Gesellschaften, mit dem für 1992/93 unter Berücksichtigung der weiteren wirtschaftlichen Entwicklung durchaus gerechnet werden kann, eine wesentliche Erhöhung der Gesamtbeschäftigtenzahl eher nicht zu erwarten.

---

8 Material vom DGB Thüringen, der IG Metall Thüringen und den Sozial- und dem Wirtschaftsminsiterium von Thüringen

Den im weiteren folgenden Angaben zum Frauenanteil, dem Verwaltungsanteil von ABS sowie den jugendlichen bzw. älteren Beschäftigten in ABS, liegen lediglich Daten von zwölf Gesellschaften zugrunde[9]. Der Frauenanteil liegt mit 1349 Personen ziemlich genau bei einem Sechstel (17%). Frauen sind damit in den ABS-Gesellschaften Thüringens deutlich unterrepräsentiert. Es ist zwar einschränkend festzustellen, daß es sich bei einigen der Erhebungsgesellschaften um Branchenbetriebe mit typischen Männerberufen handelt; so beispielsweise die ABS Wismut Ostthüringen, die allein 5204 Beschäftigte vorwiegend aus dem ehemaligen Bergbaubereich vertritt, doch wären selbst bei einem doppelt so hohen Frauenanteil in ABS diese, gemessen an ihrer Arbeitslosenquote von 65%[10] in Thüringen, immer noch stark unterbeteiligt. Die Gründe für die schwache Beteiligung von Frauen an ABS sind vornehmlich in der Ausrichtung des Beschäftigungssektors der Gesellschaften zu suchen. Ein großer Anteil der ABM-Projekte aber auch der Umschulungs- und Qualifizierungsangebote ist im Baugewerbe, Baunebengewerbe, im Sanierungsbereich u. ä. angesiedelt, welche eher auf Männer als Beschäftigte zielen.

Der Anteil von jugendlichen und älteren Beschäftigten[11] mit 13% und 17% liegt für beide Gruppen nicht übermäßig hoch. Ein Durchschlagen von Jugendarbeitslosigkeit auf die ABS-Gesellschaften ist bisher noch nicht festzustellen, was aber vermutlich auf die Tatsachen zurückzuführen ist, daß einerseits viele Gesellschaften aus direkten Betriebszusammenhängen hervorgegangen sind und das anderseits die Qualifizierungsangebote in den ABS-Gesellschaften noch stark auf Weiterqualifizierung und Umschulung, aufbauend auf bereits vorhandene Berufsabschlüsse, die Schulabgänger ohne Lehrstelle eben noch nicht vorweisen können, zielen. Angesichts der zunehmenden Entindustrialisierung Ostdeutschlands und dem damit einhergehenden Verlust von Lehrstellenangeboten könnte hier aber für die ABS-Gesellschaften zukünftig ein weiterer Arbeitsschwerpunkt liegen.

Der bei der Untersuchung ermittelte Verwaltungsanteil der Gesellschaften von lediglich 3% erscheint unrealistisch. Dieser niedrige Wert ist vermutlich auf zwei Ursachen zurückzuführen. Gesellschaften mit einem sehr hohen Kurzarbeiteranteil (darunter auch „Kurzarbeit null") dürften nur einen relativ geringen Verwaltungsanteil aufweisen und damit prozentual die Angaben für den Verwaltungsbereich nach unten drücken. Daneben bestehen offensichtlich Zuordnungsschwierigkeiten dergestalt, daß die Frage ob z.B. Projektplanungsgruppen, Projektleitung u.o.ä. mit ihren vielfältigen organisatorischen und eben oft auch verwaltungstechnischen Aufgaben ganz oder anteilig zur Verwaltung gehören oder nicht, nur schwer und mit großen Überschneidungspotentialen zu beantworten ist. Der tatsächliche Verwaltungsanteil dürfte höher als drei Prozent liegen, was aber angesichts des noch nicht abgeschlossenen eigenen Auf-

---

9 Deren Gesamtbeschäftigtenzahl von 7870 Personen ist für die folgenden Angaben = 100 % gesetzt

10 Angaben des DGB- Thüringen

11 jugendliche Beschäftigte bis 25, ältere Beschäftigte ab 50 Jahren

baus, der internen Umstrukturierung und der externen Probleme mit denen sich die Gesellschaften auseinandersetzen müssen, andernfalls auch eher verwunderlich wäre.

3.2. Qualitative Bewertung. Typen und Konzepte

Bei der Erfassung der ABS-Gesellschaften in Thüringen war ein offensichtlicher Definitionsbedarf für derartige Gesellschaften und Projekte festzustellen. Die Palette der vorhandenen Typen, Ansätze und Konzepte ist derartig breitgefächert, daß es mitunter schwer fällt, genau zu sagen ob es sich im Einzelfall noch um eine ABS handelt. So waren – in Ausnahmen – Gesellschaften feststellbar, die zwar nach ihrem Eigenverständnis durchaus ABS darstellen aber die Elemente von Beschäftigung, Qualifizierung und Strukturentwicklung nur bedingt und ausschnittsweise aufwiesen. Es traten beispielsweise Gesellschaften auf, die eine reine Beratung für die Projektion von ABM ohne eigene Beschäftigung (abgesehen vom Beratungspersonal) und Qualifizierung[12] durchführten. Anderseits wurden auch Gesellschaften ermittelt, die sich ausschließlich mit der Koordinierung und Vermittlung von Qualifizierungsangeboten[13] befaßten, wobei anzumerken ist, daß sicherlich beide geschilderten Ansätze durchaus sinnvoll sein und je nach lokalen bzw. branchenbedingten Gegebenheiten eine notwendige und richtige Ergänzung des vorhandenen beschäftigungspolitischen Instrumentariums beinhalten können.

Abgesehen von diesen Ausnahmen war für die Menge der ABS-Gesellschaften in Thüringen eine Grobtypisierung in drei Gruppen zu ermitteln.

Die zahlenmäßig kleinste Gruppe, die allerdings nicht unwesentliche Beschäftigtenzahlen aufwies, soll als „Überbrückungsgesellschaften"[14] bezeichnet werden. Sie bilden das organisatorische Gerüst für die zeitlich begrenzte Übernahme von Kurzarbeitern und weisen in der Regel nur geringe Aktivitäten in den Bereichen Beschäftigung, Qualifizierung und Strukturentwicklung auf. Strukturpolitisch machen diese Gesellschaften wie die Übernahme von Kurzarbeit in ABS-Gesellschaften nur bedingt Sinn. Nur in Betrieben für die eine etwaige kurzfristige Wiederbelebung in Aussicht steht sollten über diese Regelung Arbeitskräftestämme erhalten werden. Subjektiv kann sich zwar im Einzelfall die Einkommenssituation der Betroffenen noch einmal geringfügig verbessern, gleichzeitig wird aber eine notwendige Umorientierung verzögert. Zukünftig ist für diese Gesellschaften anzunehmen, daß sie, bei Abbau der Kurzarbeit, Beschäftigung und Qualifizierung forcieren oder aber, nach Auslauf der befristeten Kurzarbeitsregelung, sich auflösen, womit der Typ der „Überbrückungsgesellschaften" bis Ende 1992/Anfang 1993 vermutlich ganz verschwunden sein dürfte.

---

12 siehe dazu: Tabelle, Anhang Nr. 3
13 Ebenda, Nr. 1
14 Ebenda, Nr. 5

Den zweiten Typ stellen die oftmals kleineren und im eher kommunalen Kontext gegründeten Gesellschaften dar. Sie setzen den Schwerpunkt ihrer Arbeit im Beschäftigungsbereich, in dem Sanierungsprojekte „vor Ort“ dominieren, führen aber auch Qualifizierungsmaßnahmen durch. Die Projekte entstehen meist in enger Zusammenarbeit mit Kommunen und Landkreisen und basieren nicht selten auf deren direkten Aufträgen. Der Beitrag dieses Typs zum Bereich der Strukturentwicklung setzt sich vornehmlich aus den aus diesen Projekten resultierenden Verbesserungen der lokalen Infrastruktur (inklusive Sanierung) und damit letztlich einer Erhöhung der Standortattraktivität sowie einer Verbesserung des Qualifizierungsniveaus ihrer Beschäftigten zusammen. Im Unterschied zu kommunalen oder regionalen Beschäftigungsgesellschaften in den Altbundesländer spielen bei der Finanzierung dieser Gesellschaften Mittel aus „Hilfe zur Arbeit“ bisher kaum eine Rolle. Scheinbar ist von Seiten der Sozialhilfeträger die Möglichkeit dieser Finanzierung noch nicht weiter beachtet worden.

Als letzter Typ sind die großen, regional organisierten und oft aus einem Betrieb oder dem Zusammenschluß mehrerer Betriebe hervorgegangenen Gesellschaften[15], wie die ERFEGAU, ORTEGAU oder STEGAU. In ihnen scheint es noch am ehesten zu gelingen alle drei „Standbeine“ von ABS umzusetzen. Sie weisen neben Qualifizierungs- und Beschäftigungsmaßnahmen, meist auch Aktivitäten im Forschungs- und Entwicklungsbereich (Produkt- und Produktionsinnovationen) und teilweise auch im Bereich der eigenorganisierten, aktiven Investorensuche auf. Es ist allerdings darauf hinzuweisen, daß diese Gesellschaften auf grund ihres Aufbaus, der eine Übernahme der personellen Restbestände[16] der ehemaligen Forschungs- und Entwicklungsabteilungen (FuE) der eingegliederten Betriebe einschloß, über einen Vorteil verfügen, der bei Typ eins und zwei in der Regel so nicht gegeben war.

Die Installation oder auch bloße Weiterführung derartiger innovativer Bereiche, stößt aber seit Beginn des Jahres 1992 mehr und mehr auf Schwierigkeiten bei der Genehmigung als Arbeitsbeschaffungsmaßnahmen durch die Arbeitsämter. Zwar sind die Argumente der Arbeitsämter verständlich, die keinen direkten Förderzusammenhang über das Arbeitsförderungsgesetz für diese Projekte sehen, doch führt dies unter Berücksichtigung der Sonderbedingungen in den neuen Ländern und dem strukturentwickelnden Auftrag von ABS zu einem Widerspruch. Ein Widerspruch der in seinen Folgen besonders offensichtlich wird im Qualifizierungsbereich.

---

15 Ebenda, Nr.2

16 Dieser Begriff enthält keine qualitative Wertung, er entspricht vielmehr insoweit der Realität als es die FuU-Abteilungen waren, in denen nach der Vereinigung besonders in Treuhandbetrieben schnell und umfassend Personal abgebaut wurde.

4. Qualifizierung in ABS

Das Hauptproblem dort ergibt sich aus den immer noch unklaren zukünftigen Anforderungen an die lokalen bzw. regionalen Arbeitsmärkte. Nur wo verbindliche Zielsetzungen zur Struktur einer Region oder besser noch konkrete Informationen über die Ansiedlung von Wirtschaftsunternehmen vorliegen, kann zielgerichtet und sinnvoll qualifiziert werden. Im Bereich der ABS-Gesellschaften in Thüringen wird diesen Problem am günstigsten von Gesellschaften mit eigenen Innovationsabteilungen und einer eigenen gezielten Investorensuche bewältigt; beispielsweise der ERFEGAU und der STEGAU. Über ihre Forschungs- und Entwicklungsabteilungen sind sie, unter direkter Ausnutzung bestehender Kapazitäten, in der Lage zusätzliche Ansiedlungsanreize zu schaffen bzw. eine erfolgversprechende Aussiedlung eigener Teilbereiche in die Privatwirtschaft vorzubereiten. Auch die Eigeninitiative von ABS-Gesellschaften bei der Investorensuche und Betreuung erscheint sinnvoll. Praxisnah sind sie noch am ehesten in der Lage existierende oder nichtexistierunde Potentiale vor Ort einzuschätzen und darzustellen.

Generell läßt sich für den Qualifizierungsbereich in ABS in Thüringen festhalten, das sich unter den Eindruck der oben erwähnten Orientierungslosigkeit vier Richtungen als dominierend herausgebildet haben. Neben der mengenmäßig am stärksten vertretenen Qualifizierungsmaßnahme, dem Grundkurs 41 a nach Arbeitsförderungsgesetz, sind Maßnahmen im kaufmännischen und Verwaltungsbereich, in den Bau- und Baunebenberufen sowie im Garten- und Landschaftsbau/pflege und Umweltsicherung/ Umweltschutz, die deutlich favorisierten Ausbildungs- bzw. Umschulungsrichtungen. Grundsätzlich ist für diese Richtungen auch ein Bedarf in Thüringen nachzuweisen. Anzumerken ist aber, daß es sich bei der derzeitigen Baukonjunktur um ein zeitlich begrenztes Phänomen handelt, so das ein Überangebot an qualifizierten Beschäftigen in diesem Bereich zumindest längerfristig zu erneuten Problemen bei der Arbeitsvermittlung führen könnte. Dasselbe gilt bei der derzeitigen Größenordnung der angestrebten Qualifizierungsmaßnahmen auch für Garten- und Landschaftbau/ Pflege.

Bedenklich stimmt vor allem, daß Ausbildungsangebote im gewerblich-technischen Bereich, soweit es sich nicht um Berufe handelt, die im Zusammenhang mit dem Baugewerbe auftauchen, deutlich unterrepräsentiert sind.

Auch läßt sich für den Qualifizierungsbereich festhalten, daß noch immer nicht alle ABS-Gesellschaften die Notwendigkeit eines von den Industrie- und Handelskammern anerkannten Abschlusses in ihren Maßnahmen umsetzen. Das Interesse vieler Gesellschaften, die noch nicht als Bildungsträger arbeiten, diesen Status zuerkannt zu bekommen, ist aus ihrer Sicht zwar verständlich, macht aber bei einem bestehenden Überangebot von Bildungsträger nur bei einer verstärkten Berücksichtigung der qualitativen Seite der Bildungsmaßnahmen Sinn; bzw. sollten eine eigene Trägerschaft insbesondere dort gefördert werden, wo bestehende Innovationsansätze oder anstehende Ansiedlungen zu verzeichnen sind.

Abschließend sei noch auf einen Qualifizierungseffekt hingewiesen, der als solcher oft unberücksichtigt bleibt. Sowohl die Führungsebene wie auch das mittlere Management ist bei ABS-Gesellschaften fast ausschließlich mit Ostdeutschen besetzt, die hier eine Probemöglichkeit der Betriebsführung erhalten, welche unter den erschwerten Bedingungen zusammenbrechender Betriebe und der Zielsetzung von Umstrukturierung, Ansiedlung und Ausgründung sicherlich zahlreiche Erfahrungen vermittelt.

Eine weitere und genauere Untersuchung der Qualifizierungsprofile und der möglichen Innovationspotentiale von ABS-Gesellschaften erscheint auch zukünftig wichtig und wünschenswert.

5. *Fazit*

Gegen die Tätigkeit von ABS-Gesellschaften wurden und werden zahlreiche Kritikpunkte ins Feld geführt, von denen zumindest ein Teil auch durchaus berechtigt sein kann. Wichtigstes Argument für die ABS-Gesellschaften aber bleibt die erhebliche Arbeitslosenzahl bei nach wie vor anhaltenden Beschäftigungsabbau gerade auch im verarbeitenden Gewerbe[17]. Privatwirtschaftliche Initiativen für eine Wiederbelebung des Arbeitsmarktes waren und sind, wie die Zahlen der letzten Monate und Jahre beweisen, nicht ausreichend und kurzfristige gravierde Impulse von dieser Seite sind unrealistisch. Ein entschiedener Einsatz der arbeitsmarktpolitischen Instrumente und hier auch und besonders der ABS-Gesellschaften ist unumgänglich und dies nicht nur im Interesse der von Arbeitslosigkeit Betroffenen.

Für Branchen und Regionen in denen momentan ein Abbau bzw. eine stagnierende Entwicklung festzustellen ist, können ABS-Gesellschaften eine überbrückende und mindestbestandssichernde Funktion wahrnehmen. Darüber hinaus können sie aber auch eine aktive, strukturentwickelnde Rolle spielen. Angesichts der momentanen Situation gilt es nicht mehr nur, industrielle Kerne zu bewahren sondern vor allem, die bereits vielfach vernichteten innovativen Bereiche zu erhalten, auszubauen oder neu zu schaffen. Einige ABS-Gesellschaften wären, wie das Beispiel Thüringen zeigt, geeignet, Basis solcher Innovationspotentiale zu sein. Voraussetzungen ist ein längerfristig gewährleisteter, finanzieller und organisatorisch-personeller Ausbau in diese Richtung. Die verstärkte Einbeziehung des Wissenschaftsbetriebes, beispielsweise über Förderprogramme, die an eine Kooperationspflicht mit ostdeutschen Betrieben, ABS u.o.a. gekoppelt sind, wäre an dieser Stelle ein möglicher Schritt. Über diesen Weg

---

17 Rückgang der Beschäftigten im verarbeitenden Gewerbe in Thüringen von Jan. 1991 bis Dez. 1992 279.000 Stellen = 66% DGB Thüringen – Abt. Wirtschafts- u. Strukturpolitik 11.3.93

ließen sich auch Probleme in der Qualifizierung besser lösen, die im übrigen nicht ABS spezifisch sind. Im Qualifizierungsbereich sind Verbesserungen durch die in Entstehung begriffen Strukturpläne zu erwarten sowie durch eine engere Zusammenarbeit mit den Arbeitsämtern, den Industrie- und Handelskammern aber auch Technologie- und Innovationszentren und durch den Ausbau der Beratungs- und Betreuungsfunktion der Trägergesellschaften auf Landes- bzw. Regional- oder Branchenebene. Verbessert werden könnte die Situation aber auch über eine stärkere Akzeptanz und Einbeziehung der in den Gesellschaften vorhanden Erfahrungen und Kenntnisse.

Der wiederholt kritisierte Konkurrenzdruck von ABS auf kleine und mittelständische Betriebe läßt sich in dieser Form zumindest für die befragten Gesellschaften in Thüringen nicht belegen. Viele der gerade von Kommunen im Sanierungsbereich vergebenen Aufträge wären ohne eine Teilfinanzierung über Zuschüsse für diese kaum bezahlbar, würden also den privaten Markt entweder gar nicht oder erst mit großer zeitlicher Verzögerung erreichen. Gerade aber der Sanierungsbereich bietet reale Chancen für ABS mit den dort gewonnenen Erfahrungen eine Überführung in den privatwirtschaftlichen Bereich entweder als Gesellschaft oder zumindest über die Qualifizierungen für ihre Beschäftigten zu erreichen.

Und für die Kommunen stellt die schnelle und preisgünstige Verbesserung von infrastrukturellen Bedingungen letztlich eine Verbesserung der lokalen Standortbedingungen dar. Daneben ist in diesem Zusammenhang auf die externe beschäftigungsschaffende Wirkung von ABS-Gesellschaften über ihren eigenen Rahmen hinaus hinzuweisen. Oft gehören die Gesellschaften zu den größten lokalen Beschäftigungsträgern und schaffen direkt oder indirekt Folgebeschäftigung[18]. Darüber hinaus entlasten nicht über die Folgen von Arbeitslosigkeit in soziale Notlagen abrutschende Bürgerinnen und Bürger die Kommunen auch finanziell. ABS-Gesellschaften stellen mit diesem Aspekt für die Kommunen und Landkreise als Träger der Sozialhilfebelastung also auch einen Vorbeugefaktor dar. Kommunen ziehen aber auch anderweitig Nutzen aus den von ihnen oft mitinitiierten und getragenen Gesellschaften. Besonders deutlich wird dies am Beispiel der „Erfurter Gesellschaft für Arbeit und Umwelt". Die unter Beteiligung der Stadt gegründete Gesellschaft erhält Kernbereiche der Forschung und Produktion aus dem Elektotechnischen Bereich, die dem Raum Erfurt ansonsten verloren gegangen wären. Die Erhaltung eines Beschäftigtenstammes und die Fortführung von Teilen der Forschungs- und Entwicklungsabteilungen bedeutet für die Stadt ein erhebliches Plus bei dem Versuch eines Wiederaufbaus von elektrotechnischen Fertigungsstätten. Aber auch Leistungen wie die Ausbildung von Verkehrsplaner laufen in einer engen Zusammenarbeit

18 Das IAB schätzt für ABM-Stellen in den neuen Ländern einen indirekten Beschäftigungseffekt von 40%, IAB 1.10/15.10 1992 S.4. Bei 65000 ABM-Stellen 1992 für Thüringen von denen 11% in ABS angesiedelt sind ergeben sich allein aus diesem Zusammenhang nach dem Schlüssel des IAB ca. 3000 Stellen.

mit der Kommune und orientieren sich an deren Bedarf[19]. Angesichts dieser Fakten ist es nicht verwunderlich, das es neben den Gewerkschaften und den Belegschaften der Betriebe auch viele Kommunen waren, die sich frühzeitig für ABS-Gesellschaften einsetzten und politischen Druck für deren Erhalt und Förderung ausübten.

Nicht vergessen werden darf bei der Diskussion um ABS der subjektive Moment der betroffenen Beschäftigten. Im Unterschied zur Arbeitslosigkeit ist die Weiterbeschäftigung und Qualifizierung für die Betroffenen eine wesentlich stärker motivierende und perspektivische Variante. Gerade auch unter Berücksichtigung der Vergangenheit in der DDR, einer sehr intensiven Arbeitsplatzbindung und einer Fixierung der sozialen Kontakte auf das Kollektiv und das betriebliche Umfeld, hilft dieser Ansatz bei der Eingliederung in die neue gesellschaftliche Realität und stellt einen weniger gravierenden Bruch dar. Das ohnehin angegriffene Selbstwertgefühl und die sich ebenfalls in Veränderung befindlichen Inhalte des sozialen Prestige und Gefüges, werden weniger stark belastet. Individuelle Arbeits- und Lebenserfahrungen können bewahrt und stückweise ausgebaut werden.

Fassen wir abschließend zusammen: ABS-Gesellschaften sind in der gegenwärtigen Situation im Hinblick auf den beschäftigungspolitischen Aspekt des wirtschaftlichen Umbaus in den fünf neuen Ländern kaum zu ersetzen. Sie können eine überbrückende und bestandssichernde Funktion wahrnehmen und in bestimmten Branchen in den Markt hinüberwachsen oder aber verbesserte Bedingungen für den Markt schaffen. Bei konsequenten Ausbau der strukturentwickelnden Komponenten können sie sich zur Basis innovativer Zentren entwickeln. Und sie sind aus der Sicht der Betroffenen für einen sozial verträglicheren und abgefederten Integrationsprozeß geeigneter.

Je nach den lokalen Gegebenheiten sind dabei die Zielsetzungen für die einzelnen Gesellschaften zu differenzieren. Die bisherige praktische Umsetzung von ABS in den fünf neuen Ländern schöpft die Möglichkeiten dieses arbeitsmarktpolitischen Instrumentes nur ansatzweise aus. Diesbezügliche Verbesserungen sind aber besonders mit einer nochmaligen, umfassenden Neupositionierung des Stellenwertes von ABS und der damit einhergehenden entscheidenden Verbesserung der Rahmen- und Förderbedingungen verbunden.

19 Vgl.: Tabelle, Anhang Nr. 2

Anhang

Tabelle: Beispiele von ABS-Gesellschaften in Thüringen

Name	Anschrift/ Gründung Org.form Gesellschaft.	Teilnehmer ABM FU KuG Ges.	Qualifizierungsleistungen, Produkt u. Produktions-innovationen
1. Erfurter Qualifizierungs-gesellschaft d. Handels mbH	0-5010 Erfurt Iderhoffstr.4 22.05.1991 GmbH Thüringer Technikhandel	6 871	vermittelt und berät bei Qualifizierung keine eigenen ABM-Projekte, keine Bildungsträgerschaft
2. ERFEGAU Erfurter Entwicklungs-gesell. f. Arbeit und Umwelt	0-5023 Erfurt Rudolfstr. 57 25. Nov. 1991 GmbH Stadt Erfurt mehrere Betriebe	370 120 446 816	Qualifizierung: Verkehrsplaner techn.-gewerbl. Maschinenbereich Innovation: Grundlagenforschung Soft/Hardware intelligente Sensorik, Mode Investorenbetreuung
3. Förder- und Beschäf-tigungsgesell-schaft	0-5300 Weimar Kromsdorfer-Str.15 14.01.1991 e.V.	6 6	Keine Beschäftigung Keine Qualifizierung Angestrebt: Beratung f. Qualifizierung u.ABM
4. OTEGAU Ostthüringer Entwicklungsgesell-schaft Arbeit u. Umwelt	0-6500 Gera Kepplerstr. 100 GmbH IG Metall mehrere Betriebe	125 295 421	Qualifizierung: Management, Büro, Verwaltung, EDV Inno.: Optik Elektronik, Werkzeug- u.Textilmaschinen Forschungsabteilung: 98 Personen
5. Sondershausener Arbeitsbeschaffungs gesellschaft	0-5400 Sondershausen Frankenhäuser-Str. 64 GmbH Rechtanwaltsbüro P.Hummenkuhl	13 760 813	geringe Qualifizierung in Verwaltung, Büro kaum Beschäftigung, keine Innovation

Alle Angaben wurden entnommen aus: Aufstellung des DGB-Landesvorstandes Thüringen, Abteilung Wirtschaft- und Strukturpolitik „ABS-Gesellschaften in Thüringen" vom 27.3.1992.

Literatur

Arbeitsgruppe Alternative Wirtschaftspolitik (Hrsg.) 1991: Gegen Massenarbeitslosigkeit und Chaos. 16. Memorandum zur Wirtschaftspolitik, Köln

Arbeitsgruppe Alternative Wirtschaftspolitik (Hrsg.) 1992: Gegen den ökonomischen Niedergang. Industriepolitik in Ostdeutschland. 17. Memorandum zur Wirtschaftspolitik, Köln

Blaschke, Dieter, 1992 u.a.: Der Arbeitsmarkt in den neuen Ländern.

Zischenbilanz und Herausforderung, in: Mitteilungen aus der Arbeitsmarkt und Berufsforschung, 2/92, S.119-135

Beratungsstelle für arbeitsorientierte Strukturentwicklung in Sachsen e.V. BASIS (Hrsg.) 1991:Beschäftigungs- Qualifizierungs- und Entwicklungsgesellschaft Leipzig-Süd mbH. Erste Schritte und Erfahrungen, Leipzig

Bullmann, Udo 1991: Kommunale Strategien gegen Massenarbeitslosigkeit, Opladen

Bosch, Gerhard 1991: Qualifizieren statt entlassen. Beschäftigungspläne in der Praxis, Opladen

Bosch, Gerhard / Horst Neumann (Hrsg.) 1991: Beschäftigungsplan und Beschäftigungsgesellschaft, Köln

Deutsches Institut für Wirtschaftsforschung DIW (Hrsg.) 1991:

Gesamtwirtschaftliche und unternehmerische Anpassungsprozesse in Ostdeutschland, in: DIW-Wochenbericht, 52/92, S.709-740

Hans-Böckler-Stiftung (Hrsg.) 1991: Beschäftigungsorientierte und umweltverträgliche Strukturpolitik am Beispiel der Wirtschaftsregion Leipzig, HBS Manuskripte Nr.29, Bremen

Institut für Arbeitsmarkt- und Berufsforschung (Hrsg.) 1992: Berichte des IAB, 1.10/15.10 92

Klauder, Wolfgang/Kühlewind, Gerhard 1991: Arbeitsmarkttendenzen und Arbeitsmarktpolitik in der Bundesrepublik in den neunziger Jahren, in: Aus Politik und Zeitgeschichte, B 34-35/91

Krumrey, Hennig 1992: Aufschwung Ost. Märchen oder Modell, Frankfurt a.M.

Kühl, Jürgen 1991: Chronik der Arbeitsmarktpolitik, in: Mitteilungen aus der Arbeitsmarkt und Berufsforschung, Nr.1/91

Kühl, Jürgen/Schäfer, Reinhard/Wahse, Jürgen 1991: Beschäftigungsperspektiven von Treuhandunternehmen, in: Mitteilungen aus der Arbeitsmarkt- und Berufsforschung, Nr. 3/91

Müller, Christa 1992: Beschäftigungsgesellschaften, Bonn

Reis, Claus (Hrsg.) 1988: Die „Hilfe zur Arbeit" im Spannungsfeld von Sozialhilfe und lokalen Beschäftigungsinitiativen, Frankfurt a.M.: Verein für öffentliche und private Fürsorge

Statistisches Bundesamt (Hrsg.) 1992: Zur wirtschaftlichen und sozialen Lage in den neuen Bundesländern Nr.: 11/92 Stuttgart

Statistisches Landesamt Thüringen i.G. Referat Öffentlichkeitsarbeit (Hrsg.) 1991: Statistisches Jahrbuch Thüringen 1991, Erfurt

Stern, Klaus / Bruno Schmidt-Bleibtreu (Hrsg.) 1990: Verträge und Rechtsakte zur deutschen Einheit, Band 2: Einigungs- und Wahlvertrag München

Stern, Klaus / Bruno Bleibtreu (Hrsg.) 1990: Verträge und Rechtsakte zur deutschen Einheit, Band 3: Zwei-plus-Vier-Vertrag. Partnerschaftsvertrag. EG-Maßnahmenpaket, München

Treuhandanstalt (Hrsg.) 1991: Treuhand-Informationen, 3/4 91

Karsten McGovern

Kommunale Umweltpolitik in den neuen Bundesländern: Innovationsbedarf und Umsetzungsprobleme

1. Einleitung

Kommunale Umweltpolitik steht wie alle Politiken im Territorium der ehemaligen DDR unter dem Vorzeichen eines weitreichenden gesellschaftlichen Transformationsprozesses. Die Bedeutung der lokalen Ebene als Steuerungsinstanz ist dabei gerade angesichts einer Lähmung und Überlastung zentralistischer Politik (auch in Folge der Wiedervereinigung) ausdrücklich hervorzuheben. Inwieweit jedoch in den Kommunen Potentiale vorhanden sind, um den enormen Anforderungen bestehender und aller Voraussicht nach zunehmender Umweltprobleme gewachsen zu sein, ist das Hauptthema des folgenden Beitrages.[1]

Zunächst werde ich auf einige Bedingungen für die lokale Politik eingehen, die durch die umfassende gesellschaftliche Transformation bestimmt sind (Abschnitt 2). Daran schließt sich eine kurze Übersicht über den Informationsstand, die Informationspolitik zur Umweltsituation und die Trends in der Entwicklung der Umweltnutzung an (Abschnitt 3). Wichtigstes Handlungsfeld der kommunalen Umweltpolitik sind die Konflikte zwischen Umweltschutzzielen und anderen Zielen kommunaler Politik. Deshalb werden nachfolgend beispielhaft einige typische Konflikte aufgezeigt (Abschnitt 4). Anschließend werden Aspekte der Problembearbeitungskapazität der Umweltverwaltung und der umweltpolitischen Akteure beschrieben. Dabei orientiere ich mich zum einen an den institutionellen Arrangements, worunter ich die gesetzlichen und rechtlichen Grundlagen verstehe sowie die jeweilige Organisation des Umweltschutzes (Abschnitt 5), zum zweiten an der Nutzung des gegebenen Instrumentariums und der Formulierung von politischen Programmen (Abschnitt 6) und schließlich an den Akteuren (innerhalb und außerhalb des politisch-administrativen Systems) und deren Handlungskapazitäten (Abschnitt 7). Zum Schluß werden Anforderungen und Herausforderungen für die Akteure vor Ort zusammengefaßt.

Die folgenden Aussagen verstehen sich als Trendaussagen und sind von daher prüfungsbedürftige Hypothesen. Das empirische Material entnahm ich drei generellen Quellen: Erstens stichprobenhaften Auswertungen von Tages-

1 Der Text entstand im Rahmen der Vorbereitung eines Forschungsprojektes zum Thema „Interessenformierung und Aushandlungsprozesse bei der Entwicklung strukturpolitischer Konzepte".

zeitungen und kommunalen Fachzeitschriften[2], zweitens Daten vorhandener Studien zur Kommunalpolitik und drittens Materialien aus einer vorangegangenen Forschungsarbeit (McGovern 1992), die ich nochmals ausgewertet und durch einige Leitfadeninterviews mit Fachleuten (AmtsleiterInnen, BeraterInnen, UmweltpolitikerInnen, insgesamt fünf Personen) und Gesprächen mit BeobachterInnen ergänzt habe.

2. *Lokale Politik im Transformationsprozeß*

Die NBL nehmen im Vergleich mit den anderen Transformationsgesellschaften in Osteuropa durch den Anschluß an die BRD eine besondere Stellung ein (Wiesenthal 1991). Der „Absturz in die Moderne" wird zwar in vielerlei Hinsicht durch die deutsche Einheit abgemildert, ist jedoch hinsichtlich des Tempos und der Tiefe der Umbrüche keinesfalls zu unterschätzen. Der wirtschaftliche, soziale und politische Veränderungsprozeß, der seit 1989 auf dem Gebiet der ehemaligen DDR stattfindet, bedeutet für die kommunale Politik eine fast vollständige Umwandlung der Rahmenbedingungen (Wollmann 1991). Für die wirtschaftlichen Verhältnisse charakteristisch ist, daß durch die Wirtschafts- und Währungsunion das Tempo des ökonomischen Umbruchs beschleunigt wurde. Die Betriebe wurden von heute auf morgen der internationalen Konkurrenz ausgesetzt, verloren infolge des Zusammenbruchs in den ehemaligen RGW-Ländern Abnehmermärkte und konnten in dem entstehenden Umstellungsdilemma (Syben u.a. 1991) keine neuen Märkte erschließen (vgl. statt vieler anderer Heidenreich 1993). Die Folgen sind Betriebsstillegungen, Massenentlassungen und schließlich, wenn strukturpolitische Maßnahmen ausbleiben oder fehlschlagen, eine drohende „passive Sanierung" von ganzen Regionen.

Für die Kommunen bedeutet dies, daß sozialpolitische Themenstellungen ohne Aufschub auf die Tagesordnung kommen: schlagartiger Anstieg der Arbeitslosigkeit, Arbeitsmarkt- und Beschäftigungspolitik, Jugend- und Sozialhilfe, zunehmende Gewaltbereitschaft, Wohnungsnot etc. Für die daraus resultierenden kommunalen Aufgaben müßte jedoch zumindest eine funktionsfähige Verwaltung vorhanden sein. Der Reorganisation dieser Verwaltungen stehen aber noch erhebliche, beschränkende Randbedingungen entgegen. Ein Großteil der MitarbeiterInnen in den Verwaltungen haben massive Erfahrungsmängel in fast allen Bereichen der westdeutschen Verwaltungspraxis. Der häufig erfolgte Austausch der führenden Verwaltungskräfte verstärkt die resultierenden Unsicherheiten noch zusätzlich. Beispielsweise waren es bei der Aufstellung der ersten kommunalen Haushalte häufig Fachleute aus westdeutschen Kommunen

---

2 Es handelt sich um die Publikationen Alternative Kommunalpolitik, Demokratische Gemeinde, Der Gemeinderat, Kommunale Briefe für Ökologie, Kommunalpolitische Blätter, Der Landkreis, Das Rathaus, Umwelt Kommunal.

(aus Partnerstädten, im Rahmen der Verwaltungshilfe westdeutscher Länder abgestellt), die die Feder führten.

Neben den Qualifikationsproblemen haben es die Verwaltungen mit rechtlichen Sonderbedingungen zu tun, die auch westdeutsche ExpertInnen überfordern dürften. An oberster Stelle steht hier die Eigentumsproblematik mit dem Grundsatz der Rückgabe vor Entschädigung. Es drängt sich der Verdacht auf, daß diejenigen Kommunen heute Vorteile haben, die hier in Zeiten des „wilden Ostens" Fakten schufen und sich nur am Rande um eine Umsetzung rechtlicher Maßstäbe bemühten. Die Funktionsprobleme beim Aufbau der Landesverwaltungen tragen dazu bei, daß solche Auswüchse kaum verhindert werden. Gleichzeitig fehlen an anderer Stelle die fachliche Zuarbeit und Koordinationsleistung der Landespolitik. Allgemein läßt sich feststellen, daß nicht nur die Länder unzureichende Zuarbeit leisten, sondern auch Verbände, Vereine, Parteien nur geringe Inputs (im Sinne von Ideen, Kritik, Hinweisen etc.) geben (vgl. Abschnitt 7).

Die erheblichste Beschränkung kommunaler Autonomie und der Übernahme freiwilliger Selbstverwaltungsaufgaben (auch im Bereich der Umweltpolitik) stellt die desolate Finanzsituation der meisten ostdeutschen Kommunen dar (Karrenberg/Münstermann 1993). Eine Aufblähung der Stellenpläne durch die frühere Übernahme von Personal aus volkseigenen Betrieben verhindert heute eine bessere Ausstattung der Fachämter. Ausbleibende Eigeneinnahmen in Gestalt von Gewerbe- und Grundsteuern können auch die enormen Transferleistungen nicht ausgleichen, besonders, wenn diese in Form des „goldenen Zügels", worunter an Zwecke gebundene Zuweisungen zu verstehen sind, erfolgen. Dennoch zeigen sich Unterschiede bei der Ausgestaltung kommunaler Politik, die aus den Rahmenbedingungen nicht erklärbar scheinen. Der deutliche institutionelle Bruch und der Austausch der Eliten haben auch für die Zukunft einige Besonderheiten des politischen Systems mit sich gebracht, die in spezifischen Verhaltensweisen und Orientierungen der Akteure ihren Ausdruck finden (vgl. Abschnitt 7).

So ließ die durchgreifende Transformation in den neuen Bundesländern nur wenig Raum für die Ausbildung von Interessenbewußtsein und handlungsfähigen Kollektividentitäten, was sich in der schwachen Repräsentation ostdeutscher Interessen in der Parteien- und Verbändelandschaft zeigt. Paradoxerweise scheint jedoch dieser Mangel dazu beizutragen, daß zunehmend die Kommune und die dort formulierten Zukunftsaufgaben als Identifikationsmöglichkeiten wahrgenommen werden. Von Vorteil ist dabei, daß die Gemeinden und kreisfreien Städte nach der Wende die einzigen einigermaßen funktionsfähigen Organisationen waren, die in den Augen der Bevölkerung für das Gemeinwohl und die Wahrung der eigenen Interessen eintraten. Die Herausbildung von lokaler Identität ist auch die Grundlage für die vielfach beobachtete Neigung kommunaler PolitikerInnen, sich gegen zentralistische Eingriffe zu wehren.

Die Tendenz zu einem ausgeprägten „Lokalbewußtsein" birgt einerseits die Chance, daß es zur Ausbildung einer eigenständigen Identität kommt, wodurch gemeinsame Kraftanstrengungen möglich werden, die eventuell das „Ausbluten“ der Regionen verhindern und die Verfolgung langfristiger politischer Zielsetzungen erlauben.[3] Andererseits liegen darin aber auch Gefahren. Koordinationsaufgaben mit anderen Kommunen, den Ländern usw. könnten durch Abschottungstendenzen gegenüber fremder Einflußnahme erschwert werden. Das würde auch regionale Umweltschutzbelange gefährden. Der sogenannte „Wildwuchs“ – womit insbesondere die Gewerbegebietsausweisung weit über Bedarf gemeint ist – stellt schon heute eine im Verhältnis zu den ökonomischen Gewinnen unverhältnismäßige Inanspruchnahme von Natur- und Landschaft dar.

Die Frage, wie lokale Egoismen bei gleichzeitiger Beibehaltung von Identifikationsmöglichkeiten überwunden werden können, ist damit eine erhebliche Herausforderung für die kommunale und natürlich auch die Landespolitik. Potentiale für die erforderliche Koordination sind insbesondere bei den Akteuren vor Ort zu suchen. Die Möglichkeiten der Verwaltungen sind jedoch aufgrund der ständigen Überlastung und eingeschränkten finanziellen Ressourcen auch in der Wahrnehmung solcher „freiwilligen“ Aufgaben sehr eingeschränkt.

3. *Umweltsituation*

3.1. *Informationsstand und Informationspolitik*

Nach der Wende war es vor allem die Bürgerbewegung, die Daten zur Umwelt der Öffentlichkeit zugänglich machte (Umweltreport DDR 1990). Die rigide Informationspolitik der SED-Führung hatte den Zugang zu solchen Daten seit den 70er Jahren zunehmend verhindert. Rückblickend betrachtet, dürfte darin eine wichtige Legitimationsbasis für die Bürgerbewegung liegen. Diese konnte sich, indem sie die Zustände kritisierte und auch die kapitalistische Alternative nicht unverschont ließ, jene moralische Autorität aneignen, die ihr zumindest teilweise die Führungsfunktion bei der Wende bescherte.

In Bezug auf die Zugänglichkeit der Daten von Seiten der Öffentlichkeit, so bemängeln Naturschutz- und Umweltverbände, ist jedoch eine Einschränkung – durch Einführung der westdeutschen Rechtsinstitutionen – im Verhältnis zu der Zeit der „Runden Tische“ zu konstatieren (Kunert 1992). Hier ist es die ambitionierte Informationspolitik einiger Kommunen (insbesondere in den Zentren der Bürgerbewegung), die Defizite aus Sicht der Verbände zumindest lokal ausgleicht. Erkennbar wird dies an den zum Teil sehr ambitionierten Umweltberichten (beispielsweise in Dresden, Leipzig), frühzeitig eingerichteten Umweltbüros (z.B. in Erfurt) und dem Bestreben, Umweltinformationssysteme aufzubauen. Der Informationszugang ist insofern lokal als recht gut zu

3 Elander/ Gustafson (1993) machen zudem auf die grundlegende Bedeutung lokaler Identitäten für die Entstehung der Civil society aufmerksam.

beurteilen und stellt in diesen Fällen nur ein geringes Hemmnis umweltpolitisch ambitionierter Politik dar.

Bei der Quantität und Qualität der Kenntnisse über Umweltbelastungen sind jedoch deutliche Defizite erkennbar. Davon auszunehmen sind Einzelfälle und der Bereich der Altlastenerfassung. Im Raum Bitterfeld etwa ist eine fast flächendeckende Erfassung der Altlasten und Altlastenverdachtsflächen, insbesondere auch auf dem Betriebsgelände der Chemie AG, den kommunalen Behörden zur Auswertung verfügbar (Hille u.a. 1992). In einigen Städten sind detaillierte Daten zur Situation in Sanierungsgebieten erhoben worden (z.B. für Leipzig-Plagwitz, vgl. Bauermeister u.a. 1992).

3.2. Trends der Umweltnutzung

Die Umweltsituation in der DDR ist gekennzeichnet gewesen durch Muster industrieller Umweltverschmutzung wie sie auch in anderen Industrieländern aufgetreten sind (Umweltreport DDR 1990). Im internationalen Vergleich auffallend ist, daß die DDR zu den Ländern gehörte, die es nicht schafften, Entkopplungseffekte zwischen Energieverbrauch und Wirtschaftswachstum in den 70er Jahren herzustellen (Mez 1992).

Für kommunale Belastungen bedeutsam ist die räumliche Konzentration einzelner Industrien und Branchen durch die Struktur- und Ansiedlungspolitik. Somit kommt es lokal zu erheblichen Umweltproblemen (vgl. Umweltreport DDR 1990, siehe auch Umweltberichte der Länder). Besonders betroffen sind die Standorte der Metallindustrie (wie etwa Brandenburg, Hennigsdorf, Eisenhüttenstadt), der Chemieindustrie (Leipzig/Bitterfeld/Halle/Merseburg), des Braunkohletagebaus (Lausitz, Sachsen-Anhalt) und des Uranbergbaus (Deutsch-Sowjetische Wismut SDAG). In anderen Gebieten und teilweise auch direkt nebenan finden sich Biotope, unzerstörte Landschaften und eine große Artenvielfalt. Beispielhaft wird diese Gleichzeitigkeit von industrieller Belastung und unzerstörtem Naturraum in der Region Dessau/Halle unter dem Titel „industrielles Gartenreich" als regionalpolitisches Leitbild vorgeschlagen. Die niedrigen Wachstumsraten und die Einschränkung der Freizügigkeit haben den Zersiedlungsgrad zugunsten dieser Landschaften sehr gering gehalten (Raumordnungsbericht 1991).

Flächendeckend ökologiebelastend hingegen wirkte sich die Energiepolitik der DDR aus. Die Ausbeutung der besonders schwefelhaltigen Braunkohle, welche seit dem Ölschock als Hauptenergieträger – vor allem beim Hausbrand – fungierte, führte zu teilweise extremen Schwefelbelastungen der Luft. Die DDR hatte hier den internationalen Spitzenplatz eingenommen (Mez 1992).

Kommunale Belange werden weiterhin durch die Wasserarmut der DDR und die gleichzeitig starke Belastung der Flüsse durch Landwirtschaft und industrielle Abwasserlasten berührt. Hinzu kommt das marode und sanierungsbedürftige Trinkwasser- und Abwassersystem. Die Kosten für die Reparatur sind immens, wobei hier der finanzielle Transfer aus dem Westen die Sanierung in besonders gefährdeten Bereichen schon frühzeitig ermöglichte bzw. ermöglicht.

Lokale Risiken gehen von den z.T. massiven Altlastenproblemen aus. Der Umgang mit diesen Risiken ist besonders schwierig, wenn es sich um ehemalige Rüstungsstandorte handelt, da diese außerhalb der kommunalen Zuständigkeit liegen, aber erhebliche Gefahren für die umliegenden Gemeinden darstellen. Altlasten werden häufig als zentrales Investitionshindernis gesehen. Da die Kommunen von sich aus eine Sanierung nicht vornehmen können, wird deshalb bei der Bodenbevorratung auf die Erschließung von Außenbereichen gesetzt.

Im Vergleich mit Westdeutschland zeigt sich, daß das Thema „Investitionshindernis Altlast" viel häufiger zu hören ist. Liegt dies nun an einer reichlicheren Zahl von Altlasten oder an der Tatsache, daß diese in den neuen Bundesländern z.T. schon weit genauer erfaßt wurden? Im Raumordnungsbericht 1991 (Bundesminsterium für Raumordnung, Bauwesen und Städtebau 1991) liegen etwa für Bayern zwar genaue Zahlen vor (2874 Altablagerungen), diese sind jedoch angesichts der Schätzungen für Baden-Württemberg (zwischen 17.000-26.000 Altablagerungen) als unrealistisch anzusehen. In den neuen Ländern sind augenscheinlich weitaus präzisere Zahlen (etwa im Bereich der Rüstungsaltlasten) vorhanden als in einigen westdeutschen Regionen (z.B. Bayern).

Daß in Ostdeutschland das Thema Altlasten größere Aktualität erlangt, ist sicherlich durch die Aufmerksamkeit für Ansiedlungsaktivitäten zu erklären. Allerdings dürfte ein Unterschied zwischen West- und Ostkommunen noch darin bestehen, daß in westdeutschen Kommunen ein drohender Imageverlust durch Bekanntwerden von Altlasten schneller und effektiver bekämpft wird. Das Argument der schlechten Standortqualität kann damit zum Teil als Folge der Schwäche kommunaler Imageförderung im Osten angesehen werden und wirft außerdem ein Licht auf die ungünstige Wettbewerbssituation ostdeutscher Kommunen.

Neuere Trends der Umweltnutzung verweisen auf eine Verschiebung der Verschmutzungsmuster. Die recht schnelle Angleichung an westdeutsche Konsummuster und die enorm angestiegene Motorisierung haben erstens zu einer Überlastung der Müllentsorgungskapazitäten geführt und die Gefahr von Wilddeponien, Schaffung neuer Altstandorte etc. erhöht sowie zweitens einen Anstieg der Luftbelastung im Bereich der Stickoxide und des Kohlendioxids verursacht. Mit den Folgen von örtlichem Sommer- und Wintersmog, den daraus resultierenden Gesundheitsgefährdungen und einem weiterhin hohen Beitrag zur globalen Klimakatastrophe.

Zu befürchten ist, daß umweltpolitische Gratiseffekte durch Maßnahmen der technischen Modernisierung (sogenannte End-of-pipe-Technologien) und durch Schließung von Produktionsanlagen langfristig – wie in allen Industrieländern mit vorwiegend nachsorgendem Umweltschutz (Jänicke 1993) – durch Mengeneffekte absorbiert werden. Der Effekt einer medialen Verschiebung (vgl. Petschow 1992) tritt hinzu: Durch nachsorgende Technologien werden

Schadstoffe etwa aus der Luft ausgefiltert, die dann in Form von Filterstäuben wiederum Umweltrisiken darstellen.

Erhebliche Probleme dürften Zersiedlungstendenzen in den Ballungsräumen mit sich bringen sowie die ungehemmte Ausweisung von Gewerbegebieten. Seit 1990 wurden in den neuen Bundesländern mehr Hektar Gewerbefläche neu ausgewiesen als in allen westdeutschen Ländern seit 1950! Die Wirkungen einer entsprechend großflächigen Versiegelung des Bodens und der damit einhergehenden Zunahme von Verkehrsströmen beeinträchtigen die Ökologie des Raumes erheblich. Da die Beeinträchtigungen jedoch wenig kausale Zusammenhänge aufweisen und auch in zeitlicher Hinsicht verzögert auftreten, sind sie nur schwer im politischen Tagesgeschäft zu berücksichtigen.

4. Konfliktfelder

4.1. Verteilungskonflikte

Betrachtet man den Bereich der Sanierung von Umweltschäden und der Abwendung weiterer Gefährdungen (Altlasten, Abwasser-, Trinkwassersystem, Öffentlicher Nahverkehr etc.) so dürfte es relevant sein, inwieweit die einzelnen Kommunen ihre Problematik auf Landes- und Bundesebene deutlich machen und Hilfestellungen einfordern. Daß es hierbei regionale Verteilungskonflikte gibt, wird deutlich, wenn man das Engagement der Bundesregierung in der Region Halle/Leipzig/Bitterfeld (Plassmann 1992) mit dem Engagement im Braunkohleabbaugebiet Lausitz vergleicht. Im einen Fall wurde ein umfassendes Sanierungsprogramm aufgelegt, im anderen Fall sind bislang keine derart weitreichenden Programme zu erkennen. Ungeklärt ist folglich auch die Energieversorgungsproblematik, die mindestens ebenso große strukturpolitische Bedeutung haben dürfte, wie die Sanierung der chemischen Industrie für Sachsen-Anhalt.

Ob es den Umweltverwaltungen gelingt, neben dem laufenden Verwaltungsbetrieb derartige Mobilisierungsstrategien zu verfolgen, hängt entscheidend davon ab, welche Bedeutung dem Umweltschutz innerhalb der Verwaltung und der kommunalen Politik beigemessen wird. Je nachdem können interne Ressourcen (Stellenplan, neue Haushaltsposten etc.) gebunden werden oder sie gehen verloren.

Die Herausforderungen kommunaler Politik bei der Sanierung von Umweltschäden liegen somit einerseits im regionalen Wettbewerb um Bundes- und Landesmittel und andererseits in der Durchsetzungsfähigkeit des Umweltschutzes gegenüber anderen kommunalen Zielsetzungen.

4.2. Vorsorgende Politik im Konflikt

Die eigentliche Herausforderung der kommunalen Umweltpolitik in Zukunft liegt jedoch nicht ausschließlich in der Sanierung von Umweltschäden und der Verbesserung der Infrastruktur, sondern in der Vorsorge und Vermeidung weiterer Schädigungen. Diese These wird auf der programmatischen Ebene von vielen kommunalen Parteigliederungen in den neuen Bundesländern geteilt. Das Konfliktfeld betrifft somit, wie auch in den alten Ländern, die Ausformung von Einzelmaßnahmen in den jeweiligen Politikfeldern mit Umweltwirkungen: Verkehr, Energie, Wirtschaftsförderung, Stadtplanung, Wohnungspolitik, Landwirtschaft u.a. In all diesen Bereichen ausreichende Detailkenntnisse zu gewinnen und für die angemessene Durchsetzung von Umweltbelangen in den aktuellen Planungs- und Investitionsprozessen zu sorgen, ist eine der zentralen Herausforderungen für die umweltpolitisch ambitionierten Akteure vor Ort. Im folgenden werden einige der häufigeren Konfliktfälle kurz charakterisiert.

Der Konflikt um den sogenannten Stromvertrag zwischen einigen großen westdeutschen Energieversorgern und der ehemaligen DDR-Regierung wurde vielerorts zu einem wichtigen Thema. Den Kommunen ging es dabei vorrangig um die Erschließung finanzieller Einnahmequellen durch die Rekommunalisierung der Energieversorgung. Der Konflikt zwischen einer als umweltverträglich eingeschätzten, dezentralen Energieversorgung und einer zentralen Versorgungsstruktur war zwar zweitrangig aber nicht ohne Belang. Dies verweist darauf, daß Umweltschutzargumente dann durchsetzungsfähig sind, wenn es zu Interessenkoalitionen mit anderen Zielen der Kommune kommt. Nunmehr stellt sich die Frage, ob bei der konkreten Ausgestaltung kommunaler Energiepolitik das Umweltschutzargument wieder Verbündete haben wird.

Daß der Umweltschutz gegen finanzielle Erwägungen zu unterliegen droht, wo er keinen Verbündeten hat, zeigt sich bei der Frage, welche Betreibermodelle in den Bereichen Energie, Müll und Wasser gewählt werden. Hier liegen vorsorgende Elemente insbesondere in der Möglichkeit einer marktförmigen Abgabenpolitik. Dazu müßten die Kommunen sich Eingriffsmöglichkeiten erhalten. Die Frage, ob hierzu private Betreibermodelle per se untauglich sind, kann hier nicht abschließend geklärt werden. Nur ein Hinweis: Es zeigt sich etwa in Saarbrücken, daß private Energieversorger durchaus eine auf Energieeinsparung ausgerichtete Politik betreiben können, öffentliche Betreiber hingegen weisen oft starke Status-quo-Neigungen auf. Ein Aspekt, der besonders im Bereich der Energieversorgung und Müllentsorgung relevant wird, da auch hier Betreiber zunächst kein Interesse zu haben scheinen, das Energieangebot und die Müllmenge zu reduzieren.

Einer der öffentlich am stärksten thematisierten Konflikte liegt im Bereich der Verkehrspolitik. Hier sind es insbesondere die Nachfragestrukturen, die Umweltschutz zu einem unterlegenen Thema machen. Nach der Wende schnellten die Neuzulassungen von PKWs massiv in die Höhe, was allerorten zu erheblichen Verkehrsproblemen und anhaltenden Umweltbelastungen führte.

Gleichzeitig wird der öffentliche Personennahverkehr (ÖPNV) für die Kommunen zu einer großen Kostenbelastung. Umweltpolitik steht hier vor einer doppelten Herausforderung: Einerseits geht es darum, Mobilitätsbedürfnisse zu befriedigen und den notwendig entstehenden Konflikt mit diesen Interessen zu bewältigen: d.h. für andere Verkehrslösungen zu mobilisieren. Andererseits heißt es, im Ressortkonflikt gegen Verkehrsplanungen und den goldenen Zügel der Bundesverkehrspolitik, die trotz gegenteiliger Bekundungen deutlich zugunsten des Straßenverkehrsausbaus ausfällt, zu bestehen. Der Druck wird sich noch erhöhen, wenn im Zuge der Regionalisierung des ÖPNV die finanziellen Mittel knapper werden. Die bundespolitische Weichenstellung erschwert hier in besonderer Form die Durchsetzungsfähigkeit langfristig angelegter Verkehrskonzepte auf kommunaler Ebene, da sie die Interessengegner mit dem Standardargument knapper Kassen ausstattet. Hinzu treten Argumente des für die wirtschaftliche Entwicklung notwendigen Ausbaus der Verkehrswege. Da der öffentliche Verkehr nur mittel- oder langfristig die Nachfrage decken kann, wird der Straße regelmäßig der Vorzug gegeben.

4.3. Konfliktfeld Umweltschutz kontra wirtschaftliches Wachstum

In den neuen Bundesländern spielt der wahrgenommene Konflikt zwischen Umweltschutz und wirtschaftlichem Wachstum eine zentrale Rolle in vielen Entscheidungen. Arbeitslosigkeit und daraus folgende soziale Probleme werden regelmäßig als Argument dafür verwandt, alles zu tun, um wirtschaftliches Wachstum zu fördern. Von einigen Fällen ist aber auch bekannt geworden, daß das Bemühen vorhanden war, Umweltschutzbelange zu berücksichtigen.

Die Dilemmasituation für die kommunalen Akteure will ich an zwei Entscheidungssituationen illustrieren: (1) an gewerblichen Ansiedlungen auf neu zu erschließenden Gewerbegebieten, mit den Folgen von vermehrten Verkehrsströmen, Flächenversiegelungen etc. und (2) an Bemühungen um den Erhalt von Betrieben, die nur langfristig die Fähigkeit zur ökologischen Modernisierung erlangen können. In beiden Konfliktfällen sind eine ganze Reihe von ökologisch und sozial relevanten Folgen absehbar. Die Akteure müssen schwierige Abwägungsentscheidungen treffen und operieren unter hoher Unsicherheit.

Im ersten Fall kann die Umweltseite zumeist (außer vielleicht im Falle des Tourismus) nur auf langfristig sich lohnende Entscheidungsalternativen verweisen. Bei Ablehnung von Maßnahmen, die der Wirtschaftsförderung dienlich zu sein versprechen, sind gleichzeitig hohe „politische“ Kosten zu befürchten. Dies resultiert daraus, daß bei langfristigen Entwicklungsstrategien an eine Verbesserung des Arbeitsplatzangebots in der nächsten Zeit – auch aufgrund der wirtschaftlichen Rezession – nicht zu denken ist. Die politischen Gegner können somit bei der nächsten Wahl recht behalten, wenn sie prophezeien, daß Umweltschutz Arbeitsplätze kostet. Die andere Seite hingegen kann mit relativ geringen politischen Kosten kurzfristige ökonomische Gewinne versprechen, die in Form von Bauprojekten und Investitionen etc. relativ bald belegbar sind.

Springt ein Investor ab, entsprechen die Interpretationsmuster zumeist externer Attribution (etwa schlechten Weltmarktbedingungen, gegen die man vor Ort schließlich nichts tun könne), die höchst plausibel sind. Folgen, wie die Zersiedlung der Landschaft, die Umnutzung der zur Verfügung gestellten Flächen, die „Ausblutung" der Innenstädte etc. entziehen sich entweder der Möglichkeit einer einfachen schlagkräftigen Argumentation, die in der politischen Arena durchsetzungsfähig ist, oder werden schlichtweg nicht wahrgenommen.

Im zweiten Fall des Erhalts von Betrieben haben die Kommunen zwar kaum Einflußmöglichkeiten, da hier entweder die Treuhand eingreift oder das Land mit strukturpolitischen Maßnahmen zu Hilfe kommt. Dennoch ist es ein wichtiges Thema kommunaler Politik, bei dem jedoch Umweltschutz kaum thematisiert wird. Das Argument einer vielleicht ökologisch sinnvollen Schließung von Betrieben findet kaum politischen Ausdruck, weil die sozialen Interessen allemal höher rangieren. Auch hier besteht das Problem in dem Dilemma, daß mit dem Verweis auf andere Entwicklungsmöglichkeiten nicht mehr als nur ein langfristiger Nutzen für die betroffene Gemeinde in Aussicht gestellt wird. Der Erhalt des Betriebes bedeutet jedoch stets einen konkreten kurzfristigen Vorteil. Daß die scheinbar günstige Kurzfristbilanz bei genauer Betrachtung und im Zeitverlauf ganz anders aussieht, belegen die erheblichen Entwicklungsschwierigkeiten alter Industriestandorte (Häußermann 1992)

Die Konfliktfälle zeigen, daß Umweltschutz nur dann gute Chancen zur Durchsetzung hat, wenn finanzielle Interessen an seine Seite treten. In allen anderen Fällen dominieren kurzfristige Nutzenerwägungen die Entscheidungen. Diese Dilemmasituation kann nur aufgelöst werden, wenn den Kommunen mehr finanzieller Spielraum zukommt. Aber selbst dann bestehen erhebliche Herausforderungen der kommunalen Umweltpolitik darin, Politikkonzepte zu entwickeln und durchzusetzen, die der Langfristperspektive den Vorzug geben.

5. *Institutionalisierung und Organisation kommunalen Umweltschutzes*

Hat die Institutionalisierung des westdeutschen Verwaltungs- und Rechtssystems (mit einigen ostdeutschen Überbleibseln, vgl. Wollmann 1991, Seibel u.a. 1993) eine gute Grundlage für die Entwicklung alternativer Problemlösungen geschaffen? Dagegen spricht zweierlei. Erstens kam es zur Etablierung jener Ressorttrennung, die in Westdeutschland tendenziell zur Abwertung von Querschnittsthemen wie dem des Umweltschutzes führt. Umweltschutz wird nicht sofort mitgedacht, sondern erst nach der Vorbereitung von anders ausgerichteten Entscheidungen eingefordert. Die bestehenden Formen der Integration von Naturschutz etwa bei der Bauleitplanung, die ja quasi automatisiert erledigt werden sollen, können auch Blockaden für neue innovative Formen umweltpolitischer Intervention sein. Zu nennen ist etwa die Einführung von Mediationsverfahren als zusätzliche Möglichkeit zur Schlichtung von Umweltstreitigkeiten, die u.a. daran scheitern kann, daß die vorhandenen Institutionen zur Wahrung des Umweltschutzes als Vertreter von „Status-quo Interessen" (zum Begriff vgl. Prittwitz 1993) auftreten könnten.

Zweitens werden die Ansätze eines informell rationalisierten Verwaltungshandelns (ressortübergreifende Abstimmungen, informelle Kontakte, offenes Lernklima etc.) durch die Einführung formeller Verwaltungsroutinen abgewertet. Hierbei spielt auch die westdeutsche Verwaltungshilfe eine Rolle. Zwar hat sich diese als hilfreich beim Aufbau der Verwaltungen erwiesen (insbesondere im Bereich der Qualifikation der MitarbeiterInnen und der Organisation des Verwaltungsablaufes). Aber der Transfer westlicher Deutungsmuster stellt sich ebensooft als hinderlich für Neuerungen heraus. Ich möchte die These wagen, daß viele Ideen der Nachwendezeit, die durchaus zu einer effektiven Verwaltung beigetragen hätten, unter den (runden) Tisch fielen, da westdeutsche Deutungsmuster sich allzu rasch durchsetzten.

Westdeutsche Standards spielten auch bei der Festlegung der Verwaltungsgliederung eine große Rolle. Die Kommunen orientierten sich sehr häufig an Ratschlägen ihrer jeweiligen Partnergemeinden und westdeutschen BeraterInnen sowie an den Vorschlägen der Kommunalen Gemeinschaftsstelle für Verwaltungsvereinfachung (KGSt). Auffällig erscheint mir die Neigung, eine im Verhältnis zur Größe der Gemeinde oder des Kreises relativ hohe Anzahl von Dezernaten einzurichten. Eine Tatsache, die bei den anstehenden und schon durchgeführten Kreis- und Gemeindegebietsreformen nicht unwesentlichen Konfliktstoff in sich birgt. Für die Umweltpolitik jedoch ist diese Neigung positiv zu beurteilen, da sehr häufig Umweltdezernate und eigene Umweltämter standardmäßig eingeführt wurden[4]. Die wesentlichen Triebkräfte dafür sind in den politischen Bedingungen zur Zeit des Aufbaus der Kommunalverwaltungen zu sehen. In nicht wenigen Fällen sind die Verwaltungsorganisationen direkt durch VertreterInnen der Bürgerbewegung in dieser Hinsicht festgelegt worden.

Umweltschutz hat durch die breite Etablierung von Fachverwaltungen eine auf lange Sicht Gleichrangigkeit versprechende Bedeutung im kommunalen Aufgabenspektrum erhalten. Für den Bereich der Einflußnahme auf andere Politikfelder wirken jedoch die Ressorttrennung und die Dominanz bürokratischer Verwaltungsarbeit restriktiv. Der Ausbau und Erhalt eigener Ansätze informellen Verwaltungshandelns ist für flexible Anpassungsleistungen an sich verändernde Außenbedingungen eine wichtige Aufgabe der Verwaltungspolitik.

4 Dies zeigen Daten, die das DIFU laut einem nicht veröffentlichten Bericht neben der laufenden Beratungstätigkeit erhoben hat.

6. Instrumente und Programme

Die umfassende Institutionalisierung des Verwaltungs- und Rechtssystems verschafft den ostdeutschen Kommunen prinzipiell die Möglichkeit, dieselben Instrumente kommunaler Umweltpolitik zu nutzen, wie sie in den westdeutschen Ländern angewendet werden. Einschränkend muß jedoch auf die Institutionalisierung von Umweltämtern auf Kreisebene als Sonderbehörden der Länder (außer Brandenburg und Thüringen) hingewiesen werden (Seele 1992). In diesen Fällen ist die Nutzung des Instrumentariums der kommunalen Kontrolle entzogen.

Grob lassen sich die Instrumentarien in Ordnungsaufgaben (Vollzug der Umweltgesetze), Planungsaufgaben (Bauleitplanung, ökologische Stadtentwicklungsplanung), eigenes Verwaltungshandeln (Beschaffung) sowie Information und Beratung aufteilen (Wollmann 1990).

6.1. Anwendung und Vollzug des Umweltrechts

Im Bereich der Ordnungsaufgaben zeigen sich auch für die neuen Bundesländer deutliche Vollzugsdefizite. Die Übertragung des Rechtssystems mußte, wo es doch schon in den alten Ländern Probleme macht (Schink 1993), bei vollkommen unzureichender Verwaltungsausstattung erhebliche Schwierigkeiten mit sich bringen. Ausstattungsprobleme der Ämter, Qualifikationsdefizite des Personals, Unübersichtlichkeit der räumlichen und wirtschaftlichen Entwicklung erweisen sich für die unteren Wasser- und Naturschutzbehörden als äußerst hinderlich.

Selbst wenn die Verwaltungen auf Rechtsverstöße aufmerksam werden, sind ihnen oft wegen der geringen finanziellen und personellen Ausstattung der Ämter die Hände gebunden. Vereinzelt versuchen Kommunen, mit einer Art Umweltpolizei (mit Ehrenamtlichen und ABM-Kräften) auszuhelfen, die zumindest Rechtsverstöße (z.B. Wilddeponieren) ahnden soll und darin wohl auch erfolgreich ist. Offen zutage treten die Vollzugsdefizite auch im Bereich der Baugenehmigungen. Häufig ist von illegalen Gewerbenutzungen zu hören, die dann – weil es wirtschaftlich nicht tragbar wäre, den Abriß zu verlangen – im nachhinein genehmigt werden. Ganz abgesehen von einer Vielzahl von Eingriffen und Risiken durch unzulässige private Nutzungen. Ein besonderes Problem ist etwa die Umstellung von Kohle auf Öl als Energieträger, die häufig zu einer unsachgemäßen Aufstellung von Öltanks führt.

Die Situation im Bereich Verwaltung ist folglich noch immer durch weiteren Qualifizierungsbedarf und die Notwendigkeit gekennzeichnet, die Fachämter finanziell und personell besser auszustatten. Da selbst bei besserer Ausstattung, wie die alten Länder zeigen, Vollzugsdefizite eintreten, liegt die Herausforderung in der extensiven Nutzung und der Weiterentwicklung des vorhandenen Instrumentariums.

6.2. Planung

Im Bereich der Bauleitplanung treten eklatante Probleme auf, da in den meisten Gemeinden keine Flächennutzungspläne (FNP) vorhanden sind. In vielen Fällen müssen Provisorien für Abhilfe sorgen. Ob dadurch jedoch die Rechtsverbindlichkeit der Planungen erreicht wird, ist fraglich. Die zuständigen Ämter sind wegen Ausstattungs- und fachlicher Mängel mit der Aufgabe, einen FNP zu erstellen, oft überfordert. Als Folge kommt es z.B. zu Straßenbauvorhaben ohne formelle Genehmigung (Spiegel Nr.7/93).

Trotzdem – und das ist der Verdienst vieler engagierter VerwaltungsmitarbeiterInnen – werden in einzelnen Kommunen auch ökologische Standards festgelegt und durchgesetzt. Dies zeigt sich etwa bei der Stadtplanung, wenn es darum geht, Freiflächen mit einzuplanen, Straßenzüge auf historischem Niveau zu erhalten und bei der Ausweisung von Gewerbegebieten natur- und landschaftsschützende Maßnahmen durchzuführen. Gelegentlich besteht allerdings die Tendenz, Investoren in die Planung einzubeziehen, womit die Unabhängigkeit der Prüfung und Normsetzung verlorengeht.

Nachteilig wirken sich auch die Ressorttrennungen aus, sofern Bauleitplanung und Umweltschutz nicht in einem Dezernat integriert sind. Insbesondere zeigt sich dies bei der Anwendung von Umweltverträglichkeitsuntersuchungen und -prüfungen (UVU/UVP). Selbst dort, wo diese durch die Umweltämter eingefordert werden, können sie häufig erst nach entsprechendem Planungsvorlauf im federführenden Amt ansetzen. Eine sachgerechte Abwägung unter Alternativen ist dann kaum mehr durchzusetzen.

Dies gilt auch für die Planung von Abfallentsorgungseinrichtungen und Abwassersanierungskonzepten. Vielerorts besteht die Tendenz, ohne Alternativenprüfung private Investoren mit den Planungsaufgaben zu betrauen. Nachfolgend eingeforderte UVPs wären bei ablehnendem Votum starkem Widerstand ausgesetzt. Von den Betreibern selbst durchgeführte UVPs müssen mit äußerster Vorsicht behandelt werden. Gerüchte besagen, daß dabei die Kommunen „reihenweise über den Tisch gezogen" wurden (Kommunale Briefe 13/91).

6.3. Verwaltungshandeln

Die Möglichkeiten der Kommune, durch die öffentliche Auftragsvergabe (ausgenommen Investitionen in Umweltschutzinfrastruktur) bzw. im Bereich der Beschaffung Umweltschutz zu fördern, werden, meiner Kenntnis nach, kaum angewandt. Dabei könnte eine gezielte Förderung ökologischen Bauens, bestimmter Energieversorgungsstrukturen und der Verwendung umweltschonender Güter beträchtliche Wirkung haben.

Für die Sanierung und Erfassung von Umweltschäden wurde vielerorts der Einsatz von ABM-Kräften über Beschäftigungsgesellschaften organisiert. Die Aufgabenbereiche betreffen in der Regel nur die Erfassung und Sicherung von

Altlasten, für die Sanierung fehlt die technische und fachliche Ausstattung. Insgesamt stellen solche Formen kommunaler Beschäftigungspolitik auch einen wichtigen Beitrag zur Sicherung der Standortqualität dar, da Arbeitskräfte in der Region verbleiben und sich weiterqualifizieren können.

6.4. Beratung und Information

Gerade die vielen Fälle unsachgemäßer Bautätigkeit, „wilder" gewerblicher Ansiedlung etc. lassen sich nur mit einem erheblichen Aufwand an Zeit und Geld kontrollieren. Der Versuch, dies mit ordnungsrechtlichen Mitteln und Sanktionen (Umweltpolizei) durchzusetzen, stößt nicht nur aus Kapazitätsgründen an enge Grenzen, sondern auch wegen der Angewiesenheit auf die freiwillige Kooperation Privater in den Bereichen Konsum und Produktion. Deshalb gilt der Einsatz von Beratung und Information als eines der Aufgabenfelder des Umweltschutzes, in denen kommunale Politik viel leisten kann.

Hier schlägt jedoch der finanzielle Mangel voll durch. Die Aktivitäten der Kommunen sind äußerst beschränkt. Positive Ansätze wie Umweltbüros, die z.T. mit Umweltverbänden gemeinsam betrieben werden, sind regelmäßig den kurzfristigen ABM unterworfen, oft von Kürzungen bedroht und können fast nie aus kommunalen Mitteln gestützt werden. Eigenständige Aufklärungsarbeiten sind aufgrund von Personalknappheit ebenfalls eingeschränkt. Allerdings werden in vielen Kommunen Energie- und Abfallberatungen eingerichtet oder unterstützt.

Insbesondere im gewerblichen Bereich bestehen erhebliche Möglichkeiten für die Kommunen. Im Zusammenhang mit der Ausweisung von Gewerbegebieten können Anreize geschaffen werden, gleichzeitig Umweltdienstleistungen zu etablieren oder selbst beratend einzugreifen. Dabei ergeben sich auch Möglichkeiten der sinnvollen Zusammenarbeit mit Privaten (Public Private Partnership).

6.5. Durchwursteln oder Strukturreform?

In der Diskussion um eine ökologische Modernisierung des Staates (vgl. Prittwitz 1993) wird, auf der Basis vorliegender Forschungen, angenommen, daß die Steuerungskapazitäten des Staates für die Lösung der ökologischen Frage (die im Kern auch eine Frage des Erhalts des Wohlfahrtsstaates ist) derzeit nicht ausreichen.

Ein sich in vielen Politikfeldern abzeichnender Lösungsansatz gegen das staatliche Steuerungsversagen wird in der Hinwendung zu dezentralen Arrangements der Steuerung und Selbstorganisation gesehen. Insofern hätte, sollte sich dies durchsetzen, die kommunale Ebene auch in der Umweltpolitik eine ihrer wichtigsten Aufgaben.

Es stellt sich allerdings die Frage, ob in solchen Überlegungen die Problemlösungskapazitäten der Kommunen nicht maßlos überschätzt werden. Das entscheidende Problem einer ökologischen Modernisierung des Staates ist ja die Gleichzeitigkeit von Dezentralisierung, in Form der Zuweisung „neuer" Kompetenzen, und die Kontinuität der „alten" kommunalpolitischen Rahmenbedingungen. Dezentralisierung allein reicht nicht zu Leistungsgewinnen, es sei denn im Kontext einer kommunalen Strukturreform (die nicht alleine durch Verschiebung von Finanzen und Kompetenzen zu erfolgen hätte, sondern maßgeblich von einer Klärung des politischen Konzepts mit den Akteuren vor Ort abhängig ist). Bislang dominieren jedoch inkrementalistische Politikmuster, die auch als Durchwursteln bezeichnet werden. Daß diese für eine ökologisch verträgliche Entwicklung nicht ausreichen, zeigt sich u.a. in den oben kurz dargestellten Vollzugsdefiziten und der begrenzten Wirkung einer planerischen Vorsorge. Umweltrecht, das im Bereich der Raumplanung überwiegend „nachträglich" funktioniert, lenkt ja nicht die wirtschaftliche Entwicklung in eine Richtung, die in einem umfassenden Sinne ökologisch verträglich ist, sondern verhindert nur die Beeinträchtigung von Ökosystemen vor Ort bzw. schafft bestenfalls Ausgleich für eingetretene Zerstörungen. Alternative Entwicklungswege (wie sie in der Regionalwissenschaft unter den Stichworten endogene Potentiale, ökologische Regionalentwicklung etc. diskutiert werden) erfordern aber einen umfassenderen Zugriff. Dies würde bedeuten, in sachlicher Hinsicht vielfältige Aspekte zu berücksichtigen, in zeitlicher Hinsicht einen langfristigen Horizont zu bedenken und in sozialer Hinsicht alle Gruppen miteinzubeziehen, die von der Politik betroffen werden. Das mir vorliegende Material zeigt nur ganz vereinzelt Ansätze einer solchen umfassenden Programmentwicklung auf kommunaler Ebene. Es dominieren eindeutig Ad-hoc-Lösungen, ohne daß diese in umfassendere Konzepte eingebunden wären.

Allerdings gibt es auch Ausnahmen. So hat sich z.B. ein ganzes Dorf das Leitbild einer ökologischen Entwicklung gegeben und in diesem Rahmen nicht unbeträchtliche Erfolge erzielt. Als Beispiel für den Versuch einer eigenständigen, ökologischen Regionalentwicklung sind die Pläne für das „industrielle Gartenreich" zu nennen, in welchen, ähnlich der IBA Emscherpark, architektonische mit strukturpolitischen Konzepten verbunden werden sollen.

Im Bereich des Fremdenverkehrs gibt es sehr häufig die Orientierung am Leitbild des „sanften" Tourismus, wobei aber die Konkretisierung und Durchsetzung gegenüber anderen Planungen nicht durch langfristige Konzepte gesichert scheint. Ansonsten bestehen zwar häufig Absichten, bei Gewerbeansiedlungen auch ökologische Fragen zu berücksichtigen, ohne daß jedoch der Versuch gemacht würde, diese Ziele herunterzudeklinieren auf Kriterien, die für Entscheidungen bindend sind. Dennoch sind hier vorbildliche Ausnahmen zu finden (so z.B. in Schwerin, vgl. Kommunale Briefe für Ökologie 12/92).

Es sind also nur Ansätze für ökologisch sensible Strukturreformen, die sich derzeit in Erprobung befinden. Dabei bieten die immer noch nicht vollausgereifte Verwaltungsstruktur, die anzutreffende Offenheit für Neuerungen und eine Tendenz zu korporatistischen Politikmustern (Kleinfeld 1993, siehe auch Abschnitt 7.3) Chancen, daß diese Ansätze sich vermehren. Es hängt wesentlich von Initiativen der Akteure vor Ort ab, inwieweit das kommunalpolitische System in der laufenden Konsolidierungsphase offenbleibt für Neuerungen und damit auch für in sachlicher, zeitlicher und sozialer Hinsicht weiter reichende Politikkonzepte.

7. *Akteurkapazitäten: Herausforderungen für die Problemlösungsfähigkeit kommunaler Umweltpolitik*

In der Politikwissenschaft wird die These vertreten (Prittwitz 1993), daß es nur dann zu einer Bearbeitung von Umweltproblemen durch das politisch-administrative System kommt, wenn einerseits die Kapazitäten zur Bearbeitung vorhanden sind und anderseits entsprechende Inputs von intermediären Akteuren geleistet werden (konkret: Proteste der Bevölkerung, Aktivitäten der Umweltverbände etc.). Hinsichtlich der Kapazitäten ist die Ausgangslage, wie die vorangehenden Ausführungen zeigen, unterschiedlich zu beurteilen. Zum einen bestehen Möglichkeiten besonders im Bereich der Sanierung, zum anderen lassen offenkundige Dilemmasituationen insbesondere vorsorgende Politiken als schwer durchsetzbar erscheinen. Dennoch zeigen einige Beispiele, daß kommunale Akteure im Prinzip in der Lage sind, mit Kreativität und Beharrlichkeit auch langfristige Ziele zu verfolgen. Im abschließenden Abschnitt wird der Frage nachgegangen, wer die umweltpolitischen Entscheidungen trifft und welche Rolle dabei Verbände, Parteien und Verwaltungen spielen. Zunächst wende ich mich den Umweltverbänden zu.

7.1. *Kontrolle und Rationalitätsgewinne durch die Umweltbewegung?*

Im Falle der Umweltpolitik sind es die Umweltverbände, die für das politisch administrative System die Funktion erfüllen können, auf Problemlagen aufmerksam zu machen und Problemlösungen einzufordern. Auf kommunaler Ebene sind es auch einzelne BürgerInnen, die ein Thema auf die politische Tagesordnung zu bringen verstehen. In aller Regel bedarf es dazu jedoch eines höheren Grades an Organisiertheit, besonders wenn es um die Einforderung von Lösungen geht.

Aus Sicht der kommunalen Umweltverwaltungen sind Umweltverbände jedoch nicht nur nutzbare Ressourcen, sondern häufig auch KritikerInnen, die es der Verwaltung schwer machen. Verschärfen sich solche Konflikte, kommt es nicht selten zur Abschottung der Verwaltungen und zur Enttäuschung bei den Verbänden. Im Interesse einer möglichst umfassenden Berücksichtigung aller wichtigen Kriterien, wäre aber die Beteiligung von Umweltverbänden auch für verantwortliches Verwaltungshandeln von Vorteil. Durch Heranziehung externen Sachverstandes kann nicht nur der Rationalitätsgehalt von Maßnahmen verbessert, sondern auch ihre Durchführung (Implementation) erleichtert werden.

Wie stellt sich nun die Beteiligung und Mobilisierungsfähigkeit der Umweltverbände in den NBL im Rahmen der kommunalen Politik dar? Zunächst ist zu konstatieren, daß die Umweltverbände der DDR und der neuen Bundesländer von der Entstehung her mit der Bürgerbewegung zusammenhängen, in deren Rahmen viele Mitglieder rekrutiert wurden. Dies bedeutet heute tendenziell eine Schwächung der aktiven Mitgliederschaft, da dieses Personal mittlerweile entweder parteipolitisch aktiv ist oder im Zuge des Austausches der Eliten in den Verwaltungen Plätze eingenommen hat.

Hinzukommt, daß im gesamten Spektrum organisierter Interessenvertretung ein Rückzug ins Private beobachtet wird, was sich auch bei der Rekrutierung neuer Mitglieder negativ bemerkbar macht. Dies läßt sich deutlich an der Mitgliederentwicklung der u.a. aus der Umweltbewegung hervorgegangen politischen Parteien und Bewegungen Neues Forum und Bündnis 90 erkennen (für Frankfurt/Oder vgl. Möller 1992). Vielfach werden Ohnmachtsgefühle (Kasek/Halbing/Schauer u.a. 1991) ausgemacht und ein damit einhergehender, „Potentialschwund im Bereich der ehrenamtlichen politischen Tätigkeit" (Poldrack 1993:75) prognostiziert.

Die Umweltgruppen haben neben dem Problem der Kapazitätsüberlastung in Folge des Rückzugs aktiver Mitglieder mit dem Problem der abnehmenden Zustimmung in der Bevölkerung zum Umweltschutz als wichtigem Ziel der Politik zu tun (IPOS 1992). Insbesondere dürfte sich dies auf konkrete Konflikte auf der kommunalen Ebene auswirken, in denen etwa Naturschutz häufig als Bremser gegenüber Investitionen dargestellt wird.

Die politische Entscheidungsarena ist jedoch bei vielen Themen nur durch geringe Aufmerksamkeit der Öffentlichkeit geprägt. Schließlich ist der Rückzug ins Private nicht nur eine Sache, die die Umweltverbände trifft. Die Umweltverbände verlieren durch den Rückgang der Umweltschutzpräferenzen zwar einerseits Rückhalt in der Bevölkerung und damit die Möglichkeit, Proteste zu mobilisieren, andererseits brauchen sie kaum mit starkem Gegenwind durch konkurrierende Interessenorganisationen zu rechnen.

Eine weitere Einschränkung der Funktionsfähigkeit der Umweltbewegung als Kontrollfaktor und Ressource ist die Tatsache, daß die konzeptionellen Köpfe der Bewegung häufig in die Politik und Administration gegangen sind. Besteht ein weiterhin enger Kontakt zwischen den Akteuren, so kann dies zwar für gemeinsame Aktionen genutzt werden, trägt jedoch wegen des Erfahrungsvorsprungs der Hauptamtlichen dazu bei, daß kaum neue Inputs (in Form von Kritik, Vorschlägen etc.) erfolgen und nur noch verminderte Aufmerksamkeit für das Handeln der Mandatsträger besteht. Wo solche personellen Verschränkungen nicht bestehen, läßt sich kaum mehr Aktivität ausmachen. Hier macht sich auch fehlende Vertrautheit im Umgang mit Verwaltungen und (westdeutschen) staatlichen Institutionen bemerkbar.

Insgesamt stellt sich die Umweltbewegung als wenig handlungsfähig dar und fällt als Ressource – für Rationalitätsgewinne – und Kontrollfaktor politischer Praxis für die kommunale Umweltpolitik fast vollständig aus (ob die Situation in Westdeutschland wesentlich günstiger ist, sei dahingestellt). Es liegt auf der Hand, daß die aktiven Mitglieder kaum die Hauptschuld an der Misere tragen. Der Zustand der Organisationen macht es Neulingen schwer, Zugang zu finden. Es läßt sich z.B. kaum eine Anreizstruktur schaffen, die zur ehrenamtlichen Mitarbeit anregt (z.B. durch sozialen, ideellen „Prozeß-Nutzen"). Den Umweltverwaltungen wäre zu empfehlen, die Bewegungen durch erleichterte Einblicke und geeignete Formen der Beteiligung einzubinden, um insbesondere ihr kritisches Potential für den Konflikt mit anderen Ressorts zu wahren. Vielleicht entstünden dadurch auch Anreize für passive und neue Mitglieder, sich zu engagieren und die selbstwahrgenommene Ohnmacht zu überwinden.

7.2. Konkurrierende Interessen als Hindernis bei der Durchsetzung von Umweltschutz?

Wenn die Umweltbewegung der Umweltpolitik nicht zu herausragenden Leistungen verhelfen kann, ist letztere dann konkurrierenden Interessen hilflos unterworfen? Auch für diese Frage gilt im Prinzip, daß die Handlungsfähigkeit von Interessenorganisationen auf kommunaler Ebene transformationsbedingt nur schwach ausgeprägt ist. Auf den Konflikt mit wirtschaftlichen Interessen bezogen, sind es vornehmlich einzelne Investoren oder Investorengruppen, die ihre Interessen (soweit die kommunalen Akteure diese nicht als Suche nach Spekulationsgewinnen auffassen) in den politischen Prozeß mit Erfolg einspeisen. Wirtschafts- bzw. Unternehmerverbände, die auf einzelne Regelungen direkt Einfluß nehmen, sind nur selten vertreten. Auch sind die politischen Parteien weit weniger personell (oder auch ideell) mit bestimmten Verbänden verflochten, als daß Verbandsinteressen auf diesem Weg Eingang in die Politik finden könnten. Das bedeutet alles in allem, daß die derzeitige Schwäche der Umweltinteressen kaum einem sogenannten ökologischen „roll back" (Petschow 1992) der Wirtschaftsinteressen zugeschrieben werden kann, sondern unmittelbar auf die Schwäche ihrer Protagonisten zurückgeführt werden muß. Deren Schwäche trägt aber nicht unbedingt zur Stärke ihrer Gegenspieler bei.

7.3. Zielformulierung und Kontrolle durch die Parteiendemokratie?

Schon für die westdeutschen Kommunalparlamente ist die These der Zielformulierung durch die Parteien mehrfach angezweifelt worden. Einerseits wird bei der kommunalen Selbstverwaltung gar kein Spielraum zur Formulierung politischer Ziele gesehen und eine Zielformulierung normativ abgelehnt, wobei die Funktion der Vertretung daher allein in der Kontrolle der Verwaltung liegt. Andererseits wird von Praktikern darauf verwiesen, daß die ehrenamtliche politische Vertretung mit der Abarbeitung der Vorgaben aus der Verwaltung ihre Kapazitäten meist erschöpft hätte und deshalb nicht zu mehr in der Lage sei, als zu einem Durchwursteln. Ziele würden zwar formuliert, blieben zumeist aber sehr allgemein gehalten, d.h. für die Verwaltungspraxis kaum sinnvoll anwendbar. Die eigentliche Zielformulierung und Entscheidungsfindung lägen bei sogenannten „Vorentscheidern" (Naßmacher/Naßmacher 1979), womit zumeist die politische Verwaltungsführung, vielfach aber auch in Sachfragen kompetente Verwaltungsangestellte gemeint sind.

Der Auffassung, daß die Zielformulierung im Bereich der kommunalen Umweltpolitik nicht Aufgabe der Gemeinde-/Kreisvertretung sei, ist jedoch ausdrücklich zu widersprechen. Insbesondere die Aufgaben der Kontrolle kann die politische Vertretung nur dann sinnvoll übernehmen, wenn klare und auf konkrete Entscheidungssituationen herunterdeklinierte politische Ziele formuliert sind. Ohne Zielvorgaben besteht die Gefahr, sich an Einzelfragen abzuarbeiten und von der Verwaltung mit Vorlagen überfrachtet zu werden.

Anzunehmen, die Ziele seien aus den gesetzlichen Vorgaben und den daraus resultierenden Aufgaben kausal abzuleiten, ist jedoch angesichts der Interpretationsvielfalt und der konkurrierenden Zielvorgaben (etwa zwischen naturschutzrechtlicher Eingriffsregelung und Bautätigkeit, vgl. Schink 1993:7) an der Praxis vorbeigedacht. Konkurrierende Zielvorstellungen werden tagtäglich in den Verwaltungen gegeneinander abgewogen, eine Kontrolle dieser Abwägungsentscheidungen ist nur durch eine Zielformulierung im Sinne geordneter Präferenzen möglich. Die politischen Vertretungen dabei außen vor lassen zu wollen, weil man ihnen die nötige Sachkenntnis nicht zutraut, ist höchst fragwürdig und unter dem Gesichtspunkt demokratischer Prinzipien abzulehnen.

Der problematische Gehalt der Frage, ob die Vertretungen Ziele formulieren sollten, besteht in den neuen Bundesländern jedoch in einem anderen Aspekt: Sind die Parteien in den Kommunen der neuen Bundesländer dieser Aufgabe, d.h. der Kontrolle der Verwaltung, gewachsen? Eine generelle Antwort ist kaum möglich. Bei der Betrachtung der lokalen Parteiensysteme zeigen sich jedoch Besonderheiten, die im Zusammenhang mit dem gesellschaftlichen Transformationsprozeß gesehen werden müssen und zumindest teilweise Aufschluß in der Frage bringen können. In den neuen Bundesländern kam es zu einer relativ weitgehenden Übertragung des westdeutschen Parteiensystems, ohne daß dort die entsprechenden Parteienidentifikationen vorhanden waren. Damit erscheint die Wählerschaft als weniger an die Parteien gebunden und außerdem nur schwach parteipolitisch mobilisierbar.

Die Kommunalwahlen von 1990 standen unter dem Eindruck der Wende und brachten an fast allen Orten den Austausch der Elite. Auffällig sind die Wahlausgänge der im engeren Sinne „ostdeutschen" Parteien. Die Parteien der Bürgerbewegung (Neues Forum, Bündnis90, Grüne, Demokratischer Aufbruch etc.) konnten ihre Führungsrolle in der Wendezeit nicht nutzen und landeten sogar häufig unter 5%. Die PDS konnte zwar auf kommunaler Ebene vom vorhandenen Legitimationsvorschuß einzelner Persönlichkeiten profitieren und einen beachtlichen Teil einstiger SED-Mitglieder mobilisieren, blieb aber mit durchschnittlich 15% (an manchen Orten auch über 20%) der Stimmen meist in der Opposition.

Die Bemühungen um Mehrheitsbildung waren vielerorts davon geprägt, eine breite Koalition gegen die PDS zu bilden. Dies führte häufig zu der Situation, daß die PDS einzige Oppositionspartei wurde. Die Abgrenzung gegen die PDS ist jedoch nicht das einzige Motiv für große Koalitionen. Die Koalitionsbildung wird mit dem Argument gerechtfertigt, daß die Größe der anstehenden Aufgaben ein breites Bündnis erfordern würde. Aus der Distanz betrachtet könnte man auch sagen, daß die erhebliche Unsicherheit der kommunalpolitischen Situation ein zentraler Anlaß war, mit möglichst vielen Parteien Verantwortung zu teilen.

In diesem Zusammenhang erwähnenswert ist, daß die lokalen Parteigliederungen nicht jene für westdeutsche Verhältnisse typische Konkurrenzorientierung aufweisen. Dies zeigt sich besonders deutlich beim Abstimmungsverhalten. Koalitionen bringen kaum Fraktionsdisziplin auf. Einzelne VertreterInnen entscheiden, wie häufig zu hören ist, nach „Sachlage“ und weniger nach politischem Kalkül. So kam es oft zum Ausdruck inhaltlicher Übereinstimmungen quer über die Fraktionsgrenzen. Die thematische Offenheit der Parteien begünstigte „große“ Koalitionsbildungen.

Der Zerfall der Bündnisse, der mit der einsetzenden thematischen Ausdifferenzierung und mit dem Bemühen um Parteiprofilierung vor den Kommunalwahlen 1994 zu erklären ist, ist noch nicht so weit fortgeschritten, daß die Konkordanzorientierung schon verlustig gegangen wäre. Eine plausible These ist, daß die politische Kultur in den Kommunal- und Länderparlamenten noch über viele Jahre hinweg Eigenheiten aufweisen wird, die aus der Gemeinschaftserfahrung der Nachwendezeit sowie aus analogen Prägungen zur Zeit des DDR-Systems erwachsen sind. Eine weitere Eigenheit, die sich daraus ergibt, ist die Neigung zu korporatistischen Politikmustern (Kleinfeld 1993). Dabei wird an die Tradition der „Runden Tische“ angeschlossen.

Politisches Durchsetzungsvermögen, Sachkenntnis und konzeptionelle Innovationsfähigkeit innerhalb der Parteien sind in hohem Maße abhängig von Einzelpersonen. Dabei dürfte sich der Einfluß der in der Verwaltung Tätigen als dominant erweisen. Es mangelt ja auch unter den Parteiaktiven an der nötigen Erfahrung im Umgang mit der Verwaltung. Zwar wird oft Kritik an der Verwaltungspraxis formuliert, diese verliert sich jedoch in der Undurchsichtigkeit der Verwaltungstätigkeit und kann durch das Argument „Sachzwänge“ schnell abgebügelt werden. Die wahrgenommene Diskrepanz zwischen dem, was man politisch für unbedingt notwendig hält, und dem, was durchsetzbar zu sein scheint, führt zu Ohnmachtsgefühlen und motiviert zum Rückzug aus der Politik. Den Parteien fehlt es an geeigneten Gegenstrategien, um Ohnmachtsgefühle und Frustrationen durch positive Erfahrungen, insbesondere des Nutzens persönlichen Engagements, auszugleichen.

Erschwerend kommt hinzu, daß die Handlungskapazitäten der einzelnen Mitglieder denkbar schlecht sind. Die Unsicherheit der eigenen Lebenssituation, die neuen Anforderungen durch Beruf und veränderte sozio-ökonomische Verhältnisse führen zu einer psychischen Belastungssituation, die kaum Zeit und Kraft läßt für die ehrenamtliche Vertretungstätigkeit. Die Überlastung der Aktiven läßt wenig Raum für inhaltliche Auseinandersetzungen mit den z.T. unbekannten Themen, aus welchen eventuell Ideen und Motive für die politische Arbeit erwachsen könnten.

Insgesamt sind die Voraussetzungen für die Entwicklung von Zielvorstellungen und umfassenderen Politikkonzepten denkbar ungünstig. Es verwundert daher nicht, daß das Durchwursteln dominiert und es nur ganz selten zu konzeptioneller Arbeit in den Parteien kommt. Aus der Schwäche der Parteien resultiert, daß die Verwaltungen keiner effektiven Kontrolle unterzogen werden, und es an konkreten Zielformulierungen, die eine Kontrolle besonders in Bezug auf konkurrierende Zielsetzungen erlauben würde, fehlt.

Abhilfe und mögliche Chancen bieten die verbreiteten korporatistischen Politikmuster und die Reste der allgemeinen Konkordanzorientierung. Sie mögen u.U. kollektive Lernprozesse ermöglichen, die auch im Hinblick auf die Entwicklungschancen von umfassenderen Politikkonzepten wirksam sein können.

7.4. Vorentscheidungen durch die Verwaltungsspitze

In Bezug auf die kommunale Politik – dies wurde bereits angeschnitten – wird für die alten Länder vielfach davon ausgegangen, daß die politischen Vertretungen bei der Ausgestaltung von Entscheidungen und der Formulierung von konkreteren Zielen der Politik kaum eine Rolle spielen. Als empirischer Befund kann dies für die NBL nur unterstrichen werden. Die geschilderten Beschränkungen der Handlungskapazitäten verleihen den hauptamtlichen Amtsträgern einen sehr großen Einfluß. Dabei konzentriert sich der Kreis der VorentscheiderInnen fast ausschließlich auf die Verwaltung. Haben in den westdeutschen Kommunen bestimmte ParteipolitikerInnen oder Honoratioren noch erhebliche Bedeutung, trifft dies für die ostdeutschen Kommunen kaum zu, es sei denn, man setzt ihnen die vielerorts recht „starken" westdeutschen BeraterInnen gleich.

Ein weiteres Kennzeichen der Konzentration von Entscheidungsmacht liegt darin, daß für konzeptionelle Aufgaben häufig Einzelpersonen (zumeist DezernentInnen und AmtsleiterInnen) Planung und Durchführung übernehmen. Für die Durchsetzung bestimmter Ziele gegenüber konkurrierenden Zielen innerhalb der Verwaltung spielt das Geschick dieser Personen eine große Rolle. Selbstverständlich sind deren Möglichkeiten institutionell beschränkt, wodurch keine allzu weit reichenden Alleingänge möglich sind. Für eine Erneuerung der Politik und für über das Pflichtmaß hinausgehende Aktivitäten aber sind es besonders diese Personen, die den Ton angeben.

Das bedeutet in einigen Städten, daß ambitionierte AmtsleiterInnen oder DezernentInnen eine ausgesprochen engagierte Umweltpolitik verfolgen und im Sinne des Umweltschutzes für eine gute Etablierung ihres Bereiches in der Verwaltung gesorgt haben. In anderen Kommunen kommt es zu Lähmungserscheinungen und einer strukturellen Schwächung der Umweltpolitik. Weitere Gefahren liegen in der Abschottung auch erfolgreicher UmweltpolitikerInnen, die, wenn es um die Sicherung ihrer Einflußsphäre geht, zu Bremsern werden können.

Die Dominanz der Verwaltung bedeutet ein generelles Risiko für die Durchsetzung von Umweltschutz. Demokratiedefizite und Effizienzprobleme tragen zu einer Politik des Durchwurstelns bei, bei der Umweltschutz zwar verbal vertreten, in der Abwägung jedoch anderen Zielen untergeordnet wird.

8. *Anforderungen und Herausforderungen für die Akteure*

Die restriktiven Rahmenbedingungen für die kommunale Selbstverwaltung in Folge des umfassenden gesellschaftlichen Transformationsprozesses und des Anschlusses an Westdeutschland engen den Handlungsspielraum vor Ort massiv ein. Daraus resultieren enorme Anforderungen an die Verwaltungen bei gleichzeitig stark eingeschränkten Kapazitäten, so daß stets nur einige der in großer Zahl vorliegenden dringenden Aufgaben erledigt werden können.

Erste Anzeichen einer Ausprägung lokaler Identitäten stellen sich als Chance dar, Ohnmachtsgefühle und Politikverdrossenheit zu vermindern, bergen jedoch auch die Gefahr lokaler Egoismen, die die Koordination mit anderen Kommunen und den Ländern im Bereich des Umweltschutzes gefährden. Eine wichtige Herausforderung für die kommunalen wie auch für die landespolitischen Akteure besteht deshalb gerade darin, Vermittlungsarbeit zu leisten. Als überwiegend nützlich erweisen sich vereinzelt vorhandene korporatistische Politikmuster auf Landesebene.

Angesichts der erheblichen Umweltprobleme, die schon im Bereich der Sanierung die Kapazitäten der Bearbeitung übersteigen, scheinen neue Problemlösungsformen (insbesondere für die Durchsetzung von Umweltschutz als Querschnittsthema) für die neuen Bundesländer erforderlich. Betrachtet man jedoch die einzelnen Konfliktfelder und spezifische Dilemmasituationen, in denen die kommunalen Akteure stecken, so wird deutlich, daß kompetente Akteure fehlen, die eine Lanze für vorsorgende Umweltpolitik brechen könnten.

Dazu trägt bei, daß bei der Institutionalisierung des westdeutschen Verwaltungs- und Rechtssystems auch die strikte Ressorttrennung und die für Verwaltungen typische Orientierung an Routineangelegenheiten und -verfahren übertragen wurden. Gleichwohl bieten informelle Formen des Verwaltungshandelns und ressortübergreifende Abstimmungen, die angesichts der Reibungsverluste bei der Übertragung des Verwaltungssystems entstanden sind, positive Ansatzpunkte. Die entscheidende Anforderung an das Institutionensystem wird durch die Frage bezeichnet, ob sich dieses gegenüber Neuerungen, wie etwa querschnittorientierten Zielen als nachgiebig und formbar erweist. Für die Aufgabe, neue Problemlösungsformen finden zu müssen, stellt sich der Erhalt der informellen Bearbeitungsmuster als wichtige Herausforderung dar.

Bei der Anwendung des umweltpolitischen Instrumentariums sind es besonders die Vollzugsprobleme des Umweltrechts, die eine Abwendung weiterer Gefährdungen nicht einfach erscheinen lassen. Die dennoch vorhandenen Ansätze etwa im Bereich der Erfassung von Umweltschäden, Information der Bevölkerung, Beratungsleistungen, Leitbilder für die lokale Entwicklung etc. verweisen auf die Kreativität einzelner kommunaler Akteure (VorentscheiderInnen), in einer durch restriktive Rahmenbedingungen geprägten Situation Neuerungen in der Politik durchzusetzen.

Insgesamt zeigen die vorläufigen Befunde zu den Akteurkapazitäten, daß die Verwaltungen eindeutig die Politik dominieren. Die demokratische Kontrolle ist nur in geringem Maße ausgeprägt und – woraufhin das Argument eigentlich zielt – bringt keine Rationalitätsgewinne für das Verwaltungshandeln hervor. Dies macht die Durchsetzung von Umweltschutz gegenüber anderen Interessen zu einer Sache, die von der Fähigkeit der VorentscheiderInnen abhängt. Gleichzeitig birgt es die Gefahr der Abschottung gegenüber externen kognitiven Ressourcen. Bei einer Zunahme solcher Konfliktsituationen würden sich auch die bestehenden Mobilisierungsdefizite vergrößern, wodurch die Durchsetzung von Umweltschutz gegen konkurrierende Zielsetzungen erschwert würde. Die entscheidenden Fragen sind, (1) ob und ggf. wie Parteien und Umweltbewegung in die Lage kommen, sich stärker als bisher in den politischen Prozeß einzubringen, und (2) inwieweit die Verwaltungspolitik motiviert und flexibel genug ist, auf externe Sachkenntnis und Unterstützungspotentiale zurückzugreifen.

Literatur

Arbeitsgruppe Ökologische Wirtschaftspolitik (Hg.), 1992: Ökologische Probleme regionaler Strukturpolitik. Probleme und Lösungsmöglichkeiten nach der Vereinigung (Probleme der Einheit Band 7). Marburg: Metropolis

Bauermeister, Ute/ Ranneberg, Martina/ Dermietzel, Jürgen, 1992: Umwelt- und Energiestudie zum Sanierungsgebiet Plagwitz. Analyse und Umweltbelastung – Emissionsschwerpunkte – Schwerpunkte störender Nutzung – Entlastungsmaßnahmen. Studie im Auftrag des Umweltamtes Leipzig. Umweltinstitut Leipzig e.V. Leipzig

Bundesministerium für Raumordnung, Bauwesen und Städtebau, 1991: Raumordnungsbericht 1991. Bonn

Elander, Ingmar/ Gustafson, Mattias, 1993: The re-emergence of local self-government in Central Europe. Some notes on the first experience. European Journal of Political Research, 23 (3), 295-322

Häußermann, Hartmut (Hg.), 1992: Ökonomie und Politik in alten Industrieregionen Europas. Basel: Birkhäuser

Heidenreich, Martin, 1993: Vom volkseigenen Betrieb zum Unternehmen. Transformationsprobleme betrieblicher Produkt-, Organisations- und Personalprobleme in Ostdeutschland. Kölner Zeitschrift für Soziologie und Sozialpsychologie, 45 (1), 76-96

Hille, Josef/Ruske, Ralf/Scholz, Roland/Walkow, Fred (Hg.), 1992: Bitterfeld: Modellhafte ökologische Bestandsaufnahme einer kontaminierten Industrieregion; Beiträge der ersten Bitterfelder Umweltkonferenz. Berlin: Erich Schmidt

Institut für praxisorientierte Sozialforschung (IPOS), 1992: Einstellungen zu Fragen des Umweltschutzes 1992. Ergebnisse jeweils einer repräsentativen Bevölkerungsumfrage in den alten und neuen Bundesländern. Mannheim

Jänicke, Martin, 1993: Ökologische und politische Modernisierung in entwickelten Industriegesellschaften. In: Prittwitz, a.a.0., 15-30

Karrenberg, Hanns/Münstermann, Engelbert, 1993: Gemeindefinanzbericht 1993: Städtische Finanzen '93 – Vor dem Kurswechsel., in: der städtetag 2/93, 60-153

Kasek, L./Halbing, F./Schauer, H./Twardowski, U./Wenzel, C., 1991: Umweltbefragung: Schüler, Lehrer, Eltern. Umweltinstitut Leipzig e.V. Leipzig

Kleinfeld, Ralf, 1992: Interessenvermittlung im Förderalismus. Die vernachlässigte Rolle der Landesebene. In: Eichener, V./Kleinfeld, R./Pollack, D./Schmid, J./ Schubert, K.: Organisierte Interessen in Ostdeutschland. Band 1. Marburg: Metropolis, 73-133

Kunert, Christine, 1992: Umweltverträglichkeitsprüfung in Raumordnung und Landesplanung – Anspruch und Wirklichkeit in den neuen Bundesländern. In: Arbeitsgruppe Ökologische Wirtschaftspolitik, a.a.O., 91-103

McGovern, Karsten, 1992: Ökologieorientierte kommunale Gewerbepolitik – Umsetzungsprobleme in Brandenburg/Havel. In: Arbeitsgruppe Ökologische Wirtschaftspolitik, a.a.O., 189-226

Mez, Lutz, 1992: Energiebedingte Umweltbelastung in der ehemaligen DDR: Perspektive der neuen Bundesländer. In: Jahrbuch Ökologie 1993. München: Beck, 54-62

Möller, Bärbel, 1993: Regionale Organisationsstruktur und soziopolitische Interessenvermittlung von Parteien und politischen Bewegungen im Stadtraum Frankfurt/Oder. BISS Forschungsheft 1/1993, 55-102

Naßmacher, Hiltrud, Naßmacher, Karl-Heinz, 1979: Kommunalpolitik in der Bundesrepublik: Möglichkeiten und Grenzen. Opladen: Leske+Budrich

Petschow, Ulrich, 1992: Vom Regen in die Traufe. Die Umweltsituation in den neuen Bundesländern: Fakten und Trends. Alternative Kommunalpolitik 1/92, 57-60

Plassmann, Eberhard, 1992: Ökologisches Sanierungs- und Entwicklungskonzept für den Raum Halle/Leipzig/Bitterfeld/Merseburg. In: Jahrbuch Ökologie 1993. München: Beck, 75-83

Poldrack, Horst, 1993: Soziales Engagement im Umbruch: zur Situation in den neuen Bundesländern (Institut für sozialwissenschaftliche Analysen und Beratung Köln-Leipzig, Nr.18). Köln, Leipzig: ISAB-Verlag

Prittwitz, Volker von (Hg.), 1993: Umweltpolitik als Modernisierungsprozeß. Politikwissenschaftliche Umweltforschung und -lehre in der Bundesrepublik. Opladen: Leske+Budrich

Schink, Alexander, 1993: Vollzugsdefizite im kommunalen Umweltschutz – Bestandsaufnahme – Ursachen – Lösungsvorschläge. Zeitschrift für Umweltrecht 1/93, 1-10

Seele, Günter, 1992: Einheit der Verwaltung auf der Kreisstufe in den neuen Bundesländern. der landkreis 10/92, 511-516

Seibel, Wolfgang/Benz, Arthur/Mäding, Heinrich (Hg.), 1993: Verwaltungsreform und Verwaltungspolitik im Prozeß der deutschen Einigung. Baden-Baden: Nomos

Syben, Gerd/ Tügel, Annagret / Warich, Gerd/ Zoll, Dietmar, 1991: Das Umstellungsdilemma. Der Strukturwandel der Bauwirtschaft in den neuen Bundesländern am Beispiel der Region Frankfurt/Oder. Hrsg. vom Progress Institut für Wirtschaftsforschung GmbH. Bremen

Umweltreport DDR, 1990: Umweltreport DDR. Bilanz der Zerstörung. Kosten der Sanierung. Strategien für den ökologischen Umbau. Eine Studie des Instituts für Ökologische Wirtschaftsforschung. Hrsg. von Ulrich Petschow, Jürgen Meyerhoff, Claus Thomasberger. Frankfurt/Main: S. Fischer

Wiesenthal, Helmut, 1991: Absturz in die Moderne. Der Sonderstatus der DDR in den Transformationsprozessen Osteuropas. ZeS-Arbeitspapier 8/91. Zentrum für Sozialpolitik, Universität Bremen

Wollmann, Hellmut, 1990: Politik- und Verwaltungsinnovation in den Kommunen? – Eine Bilanz kommunaler Sozial- und Umweltschutzpolitik. In: Ellwein, Thomas/ Hesse, Joachim Jens/Mayntz, Renate/Scharpf, Fritz (Hg.): Jahrbuch zur Staats- und Verwaltungswissenschaft. Band 4. Baden-Baden: Nomos, 69-112

Wollmann, Hellmut, 1991: Kommunalpolitik und -verwaltung in Ostdeutschland: Institutionen und Handlungsmuster im „paradigmatischen" Umbruch. Eine empirische Skizze, in: Blanke, Bernhard (Hg.): Staat und Stadt. Systematische, vergleichende und problemorientierte Analysen „dezentraler" Politik. PVS-Sonderheft 22/91. Opladen: Westdeutscher Verlag, 237258

III. Der institutionelle Umbau: Westmodelle in ostdeutscher Wirklichkeit

Udo Bullmann/Wito Schwanengel

Zur Transformation territorialer Politikstrukturen. Landes- und Kommunalverwaltungen in den neuen Bundesländern[1]

1. Einleitung

Der Um- und Neuaufbau der Verwaltungsgliederungen in den ostdeutschen Bundesländern wird häufig als die entscheidende Voraussetzung für eine wirtschaftliche Wiederbelebung angesehen. Doch bleibt die Rolle einer funktionierenden Administration nicht auf den ökonomischen Aspekt allein beschränkt. Als wichtige Schnittstelle zwischen Politik und Alltagsleben müssen Verwaltungsdefizite wie umgekehrt administrative Leistungsfähigkeit für alle Bevölkerungsteile in den vielfältigsten Dimensionen spürbar werden. Weder die Wohnungsversorgung noch elementare Dienstleistungen wie die Belieferung mit Strom, Gas und Wasser oder die Entsorgungswirtschaft können ohne intakte Verwaltungsstrukturen funktionieren.

Dem politischen Institutionensystem auf landespolitischer wie auf kommunaler Ebene und den damit verbundenen Administrationen kommt deswegen im gegenwärtigen Transformationsprozeß eine Schlüsselrolle zu. Dies gilt für die materielle Grundversorgung und ökonomische Perspektive der Bevölkerung Ostdeutschlands ebenso wie für deren neu erworbene Rechte auf demokratische Selbstbestimmung und gesellschaftliche Teilhabe. Das politische System der Bundesrepublik, das die jungen Länder mit ihrem Beitritt übernommen haben, muß sich nicht nur durch die Bundesebene legitimieren. Daneben werden gerade auch die näher liegenden politischen Institutionen Ostdeutschlands auf ihre Problemlösungskompetenz wie auf ihre demokratische Transparenz hin gemessen werden.

Die im Umbau befindliche kommunale Politikebene wie die neu geschaffenen Länder rücken damit in den Brennpunkt der Beobachtung. Können die neuerlich kumulierenden ökonomischen, ökologischen und sozialen Probleme

---

1 Dem nachstehenden Beitrag kommt gleich in doppelter Hinsicht ein bewußt experimenteller Charakter zu. Der Um- und Aufbau der Landes- und Kommunalpolitik in den neuen Ländern soll hier – entlang der Ausbildungs- und Tätigkeitsprofile der Autoren – aus politologischem wie aus verwaltungswissenschaftlichem Blickwinkel verfolgt werden. Der politische Prozeß wird dabei gleichzeitig aus Sicht eines ostdeutschen wie eines westdeutschen Wissenschaftlers eingeschätzt. Der Gesamtanlage des vorliegenden Buchs entsprechend ist der Beitrag dabei eher in einer politikwissenschaftlichen Darstellungsform verfaßt.

trotz der gewaltigen Umstellungsanforderungen bewältigt werden? Wie effizient und demokratisch fällt dabei der im Eiltempo vollzogene politisch-institutionelle Neuaufbau aus? Werden westliche Politikstrukturen und Bearbeitungsmuster dabei einfach übergestülpt oder entstehen vor dem spezifisch ostdeutschen Hintergrund auch entsprechend eigene Ausprägungen der Kommunal- und Landespolitik, die in der im rasanten Umbruch befindlichen EX-DDR neue demokratische Identität vermitteln können?

Die hier skizzierte umfassende Aufgabe läßt sich allerdings sicherlich nicht auf dem Wege eines lediglich einseitigen Institutionentransfers bewältigen. Die Transformation „vom zentralen Verwaltungsstaat in die dezentrale Demokratie" (König 1991) ist vielmehr ein hoch komplexer Vorgang, der nicht nur die Übertragung von institutionellen Gliederungsprinzipien und Rechtsnormen berührt. Soll der in der Literatur beklagte „Rechtsnihilismus" der alten DDR nicht durch einen westlichen „Rechtskolonialismus" (Roggemann 1993) auf brüchiger Grundlage ersetzt werden, muß es sich um organisch wachsende Umstellungsprozesse handeln, die die Einstellungen und Sichtweisen der Menschen innerhalb wie außerhalb des politisch-administrativen Institutionengefüges miteinbeziehen. Der Aufbau der dezentralen Politik und Verwaltung wird sich dabei angesichts des obwaltenden Problemdrucks von Anfang an mit hohen Effizienzerwartungen konfrontiert sehen. Gleichzeitig darf nicht in Vergessenheit geraten, was Ausgangspunkt der ostdeutschen Veränderungen war. Die Menschen revoltierten im Herbst 1989 gegen ein politisches System, das nicht nur mit ökonomischen Versorgungsmängeln, sondern ebenfalls mit zentralen Demokratieblockaden ausgestattet war. Ein „Mehr" an demokratischer Gestaltbarkeit mit einem „Mehr" an politisch-administrativer Effizienz zu vereinen und nicht hinter letzterem zurücktreten zu lassen, wird daher ein Kernproblem des notwendig auf einen längeren Zeitraum angelegten Umbauprozesses in den fünf neuen Bundesländern werden.

2. *Die Ausgangsbedingungen*

Die Probleme beim Aufbau neuer politisch-institutioneller und administrativer Strukturen können nicht losgelöst von den in mehr als 40 Jahren der alten DDR geschaffenen Voraussetzungen beurteilt werden. Hier wurde in der ersten Umbauphase gemeinhin unterschätzt, daß die erforderlich gewordene Verwaltungsreform zu ebenso tiefgreifenden Umwälzungen wie der wirtschaftliche Strukturwandel führen würde (Pitschas 1993). Die Notwendigkeit zum umfassenden Umbau eines weiteren maßgeblichen gesellschaftlichen Teilsystems sollte aber die Menschen in Ostdeutschland nicht einfach nur mit einer Reihe zusätzlicher Schwierigkeiten konfrontieren. Wirtschaft und Verwaltung sind vielmehr korrespondierende und aufeinander ausgerichtete Funktionsbereiche der Gesellschaft, in denen abrupte und gleichzeitige Systemwechsel mit erheblichen Transformationsrisiken einhergehen (Lehmbruch 1993).

Die Hauptunterschiede zum inzwischen übertragenen westdeutschen Verwaltungssystem waren hierbei insbesondere in den folgenden Bereichen auszumachen:

Die Idee der Gewaltenteilung wurde ebenso wie die Vorstellung einer eigenverantwortlichen Selbstverwaltung oder Selbstregierung territorialer Gliederungen im Grundsatz abgelehnt. Statt dessen setzte man bewußt auf die Einheitlichkeit und Unteilbarkeit der Staatsmacht im Sinne des „demokratischen Zentralismus". Dies bedingte eine einheitliche staatliche Verwaltung mit starker hierarchischer Kontrolle und Subordination der nachgeordneten Staatsorgane. Die DDR war in 15 Bezirke (inkl. Ost-Berlin) gegliedert, die wiederum in 38 Stadtkreise (darunter 11 Stadtbezirke von Ost-Berlin) und 189 Landkreise aufgeteilt waren. Die unterste Verwaltungsebene wurde von über 7.500 kreisangehörigen Städten und Gemeinden gebildet. Zwar enthielt Art. 139 der Verfassung der DDR von 1949 noch das Selbstverwaltungsrecht der Gemeinden und Gemeindeverbände, doch wurden die Kommunen recht frühzeitig (1947/48) rechtlich und faktisch in das zentralistische Staatsgefüge als „örtliche Organe der Staatsmacht" eingegliedert (Bernet 1990), so daß es sich bei dieser Verfassungsbestimmung eher um einen Akt politischer Reputierlichkeit als um eine institutionelle Garantie im Sinne des Art. 127 Weimarer Reichsverfassung handelte. Demgemäß normierte Art. 41 der Verfassung der DDR von 1968 die „Eigenverantwortung" der Städte, Gemeinden und Gemeindeverbände nur „im Rahmen zentraler staatlicher Leitung und Planung". Die Formulierung, daß „Eingriffe in ihre Rechte... nur auf Grundlage von Gesetzen erfolgen" könnten, traf nicht die Realität der lokalen Staatsorgane (Neckel 1992) in dem durch die SED und die Blockparteien beherrschten politischen System. Mit dem Verdikt gegen die Rechtsstaatlichkeit und die Konstituierung des Begriffs von der „sozialistischen Gesetzlichkeit" (Art. 86 Verfassung der DDR) denaturierte das Recht zum Instrument für die „von oben nach unten" vollzogene Durchsetzung von (Partei-)Politik. Rechtlicher Ausdruck dafür war § 1 des „Gesetzes über die örtlichen Volksvertretungen" von 1985, der die Stellung der Kommunen im dirigistischen Leitungs- und Planungssystem auf die verbindliche Grundlage des demokratischen Zentralismus stellte, was seine Ausprägung in der „doppelten Unterstellung" der örtlichen Ebenen und ihrer Verwaltung fand (§ 9 GÖV). Dabei war die Unterordnung der jeweiligen örtlichen Sektoralverwaltung unter die per Akklamation „gewählte" Volksvertretung infolge der Dominanz des Apparates eher formal. So wurde die Tagungsleitung vom „Rat" als kollektiver Verwaltungsspitze und dabei insbesondere von dessen Vorsitzenden, der zugleich Mitglied des örtlichen hauptamtlichen SED-Apparates war, beherrscht. Dominant war die Kontrolle und Steuerung durch die nächsthöhere Ebene (einschließlich der Ministerien), wobei sich gerade die „Bezirke" als Rückgrat des Systems unterhalb der zentralen Ebene eine starke Stellung erwarben, die bis heute in die aktuelle Debatte um die Struktur der Verwaltungsgliederung hineinwirkt (Schwanengel 1992: 23ff.; Hoffmann 1992).

Mit der weitläufigen Vermischung von exekutiver und dezisiver Aufgabenwahrnehmung im vertikal-hierarchisch aufgebauten System „vollziehend-verfügender Tätigkeit" ging notwendigerweise eine Unterentwicklung des Prinzips legalistischer Steuerung einher. Hier beendete die Übernahme des sowjetischen Staatsrechtsmodells im Jahr 1952 die schon vorher durch den Faschismus unterbrochene Entwicklungslinie klassisch-europäischer „Verwaltungsrechtskultur" (König 1991). Die DDR-Formel „mit Recht leiten" darf daher nicht dahingehend mißverstanden werden, daß eine in Form und Inhalt an Recht und Gesetz gebundenes Verwaltungshandeln westlichen Musters existiert hätte. So war das Verwaltungsrecht nach einem Verdikt Walter Ulbrichts auf der Babelsberger Konferenz 1958 vielmehr in einer für die Weiterentwicklung des politischen Systems bedeutungsvollen Entscheidung als fundamentaler Eingriff in die allkompetente Herrschaft der parteistaatlichen Führung abgeschafft worden. Zwar hatte es seit den 60er Jahren häufig neue Versuche gegeben, dem Recht wieder generell eine größere Bedeutung beizumessen, da die Beziehungen zwischen Staat und Bürger sowie unter den Wirtschaftseinheiten und staatlichen Leitungsorganen selbst immer vielfältiger geworden waren. Doch konnten auch die Gesetze der 60er Jahre[2] dem grundlegenden Dilemma nur in Teilen abhelfen. Das Recht wurde stärker als etatistischer Steuerungs-, nicht jedoch als legitimierter gesellschaftlicher Regelungsmechanismus genutzt, indem es ausdifferenziert wurde und zusätzliche Bereiche der Gesellschaft rechtsförmigen Verfahren unterzogen wurden. Dies setzte sich in den 70er Jahren mit der Einführung des Zivilgesetzbuches (1975) sowie mit der Novelle des Arbeitsgesetzbuches (1977) weiter fort.

Die Rechtsanwendung durch die Verwaltung blieb allerdings im Kern Transmissionsmechanismus der politischen Führung und insofern auch obrigkeitlicher Willkür anheimgestellt. Der Gedanke des subjektiven öffentlichen Rechts und des Individualrechtsschutzes blieben der Verwaltung der DDR ebenso fremd wie unabhängige Verwaltungskontrollen durch demokratisch gewählte Parlamente, Rechnungshöfe und Verwaltungsgerichte (Glaeßner 1993; Seibel 1993). Symptomatisch dafür war, daß nach Liquidierung der Verwaltungsgerichtsbarkeit 1952 erst 1989, nach zaghaften Ansätzen in der Wissenschaft und nach internationalem Druck, eine Verwaltungsgerichtsbarkeit wieder eingeführt wurde, die jedoch keine nennenswerte praktische Relevanz erlangte. Zwischenzeitlich wurde das sogenannte „Eingabenrecht" favorisiert. Dies diente aber vor allem der Kanalisierung von Kritik, ohne daß es im Sinne des hergebrachten Petitionsrecht als ein Recht des Bürgers gegen den Staat verstanden wurde.

---

2 Als solche sind das Gesetzbuch der Arbeit (1961, Ergänzung 1965, Neufassung 1977), das Jugendgesetz (1964, Novelle 1974), das Familiengsetzbuch (1965) sowie das Gesetz über das einheitliche sozialistische Bildungssystem (1965) anzusehen. Zur differenzierteren Regulierung des Wirtschaftslebens wurden eine Vielzahl rechtlicher Normen im Zusammenhang mit dem „Neuen ökonomischen System der Planung und Leitung der Volkswirtschaft" (NÖS, 1963) erlassen, die vorrangig die Beziehungen zwischen Betrieben und staatlichen Leitungsinstanzen betrafen, vgl. Glaeßner 1993.

Dahinter wiesen sowohl der Zuständigkeitsbereich als auch die Ausbildung und Handlungsorientierung in der dezentralen Verwaltung Ostdeutschlands erhebliche Unterschiede zur westdeutschen Situation auf. So wurde eine breite Palette von Aufgaben, die in der Bundesrepublik der kommunalen Selbstverwaltung obliegen, in der DDR durch volkseigene Betriebe wahrgenommen. Hierzu gehörten etwa die Bereitstellung von Kultur- und Sozialeinrichtungen, Teile der Gesundheitsfürsorge sowie Ver- und Entsorgungsaufgaben. Andere öffentliche Aufgaben wie z.B. Planung und Datenverarbeitung waren den Bezirken zur Erledigung zugewiesen. Umgekehrt waren den Kommunen im Osten Deutschlands aber auch Bereiche übertragen, die in Westdeutschland überwiegend als Teil des Unternehmenssektors angesehen werden (wie die Versorgung mit Konsumgütern, Sortiments- und Preiskontrollen im Handel, Gewährleistung der betrieblichen Gemeinschaftsverpflegung, Versorgung der ortsansässigen Bevölkerung mit Reparatur- und Dienstleistungen, vgl. Scheytt 1992: 26). Das Hauptgewicht der Verwaltungstätigkeit lag dabei bei den Bezirken und Kreisen bzw. kreisfreien Städten. Deren Verwaltungen waren demzufolge personell besser ausgestattet als die der kreisangehörigen Städte und Gemeinden, die zum Teil wie die überwiegende Zahl der 1.694 Gemeinden Thüringens nur 2 bis 4 Beschäftigte aufwiesen (Wollmann/Jaedicke 1993: 105).

In der Administration selbst herrschten die Prinzipien der vertikal hierarchisierten Kaderverwaltung vor. Bei der Rekrutierung des Verwaltungspersonals kam dem Aspekt der politisch-ideologischen Zuverlässigkeit eine erhebliche Bedeutung zu. Die Mitarbeiter waren häufig geschult in der Beschlußlage der SED sowie in weltanschaulichen Grundsatzfragen des Marxismus-Leninismus, ohne dabei über eine umfassende Verwaltungsfachausbildung zu verfügen. Strukturell waren für sie in ihrer Amtsausübung zentrale Anweisungen vorrangig, zum anderen aber auch Beschlüsse der Parteiorgane, die in Gestalt der jeweiligen dezentralen Organisationen nicht selten den „Durchgriff" auf Entscheidungen der jeweiligen Verwaltungsebene hatten. Das Ergebnis dieser Parallelität und Vermischung von Parteiapparat und administrativer Tätigkeit kann auch als „konsultativer Autoritarismus" und „Kommandoverwaltung" (König 1993) bezeichnet werden, in dem nicht die Gesetzmäßigkeit und Regelgebundenheit der Administration, sondern letztlich die Definitionsmacht der Parteiorgane das System öffentlicher Aufgabenwahrnehmung dominierte. Der politisch-administrativen Arbeit mangelte es sowohl an einem klaren Aufgabenzuschnitt in Abgrenzung zu anderen gesellschaftlichen Sphären als auch, was die allgemeine Verwaltungstätigkeit anbelangte, an einem fachlich fundierten Berufsbild des öffentlichen Dienstes. Nach Ansicht mancher westdeutscher Autoren war hier „politisierte Inkompetenz" (Derlien 1993) am Werke, die sicherlich aufgrund der hierarchisierten Verfahrensabläufe und komplizierten Rückvergewisserungsprozesse in konkreten Entscheidungssituationen dazu beitrug, Verantwortungsverlagerungen „nach oben" vorzunehmen. Die Verwaltungsstrukturen selbst mußten für das alte DDR-System auf diese Weise zu Stagnationsursachen und Innovationsblockaden werden (Glaeßner 1993).

Diese strukturelle Betrachtung darf allerdings nicht darüber hinwegtäuschen, daß in der örtlichen DDR-Verwaltung trotz fehlender allgemeiner administrativer Professionalisierung und rechtsstaatlich-demokratischer Fundierung der kommunalen Selbstverwaltung in vielen Bereichen auch erfolgreich Aufgaben wahrgenommen wurden und eine unter den gegebenen Umständen vielfach alternativlose Mängelverwaltung organisiert wurde. So hatten die Stadt- und Lankreise sowie die kreisangehörigen Städte und Gemeinden etwa im Feld der Wirtschaftsförderung und -lenkung eine solche Komplexität an Aufgaben wahrzunehmen (vom Einzelhandel über die örtlichen Bauaufgaben bis zum Betrieb der Poliklinik), daß diese gar nicht ohne eine gewisse – häufig auch auf informellem Wege hergestellte – Autonomie von der zentralistischen Staatswirtschaft zu erfüllen gewesen wären. Gerade in den für die Kommunalverwaltung der DDR bedeutsamen Bereichen wie Verkehrsplanung, Raumordnung und Gesundheitswesen verfügten die Beschäftigten im Unterschied zum allgemeinen Verwaltungsdienst über entsprechende Fachausbildungen und mußten in der Regel als Expertinnen und Experten mit kumuliertem Erfahrungswissen angesehen werden. Beiträge, die sich dieser Ambivalenz der kommunalen DDR-Geschichte widmen, weisen denn auch auf die zum Teil vorhandene „doppelte Realität“ hin, die weite Teile der Verwaltungspraxis kennzeichnete. So waren die örtlichen Verwaltungsorgane häufig damit befaßt, „die Starrheit der zentralisierten Strukturen durch dezentrale und lokale Handlungsnetzwerke und Formen des Natural- und Dienstleistungstausches aufzuweichen und flexibler zu machen“ (Wollmann/Jaedicke 1993: 104). Die lokalen Verwaltungsorgane hatten etwa gemäß ihres gesetzlichen Auftrages entlang zahlreicher Schnittstellen mit den regional ansässigen Betrieben aller Ebenen zu kooperieren, um die problematischen Folgen der zentralen Planwirtschaft zu mildern. Dies war häufig auch nur durch eine Ausdehnung „informeller Grauzonen“ zu bewerkstelligen. In der Diskussion um die personelle Ausstattung der Kommunalverwaltungen im Übergang wird denn auch die Frage aufgeworfen, ob die vor diesem Hintergrund der DDR-Erfordernisse insbesondere im Bereich des technischen Personals erworbenen „Skills“ des ostdeutschen Verwaltungspersonals nicht auch für den Aufbau einer modernen Leistungs- und „Aktionsverwaltung“ benötigt würden, wie sie sich allerdings auch im Westen erst langsam durchzusetzen beginnt (Wollmann/Jaedicke 1993: 112).

3. *Die neuen Länder im Bund*

Mit der Auflösung der alten DDR-Bezirksstruktur und dem Beitritt Ostberlins sowie den noch auf Entscheid der Volkskammer im Juli 1990 wiederbegründeten Ländern Brandenburg, Mecklenburg-Vorpommern, Sachsen, Sachsen-Anhalt und Thüringen wurden im Oktober des gleichen Jahres die entscheidenden Weichen für die politische und administrative Reorganisation in Ostdeutschland gestellt. Rechtssystem und Finanzverfassung der alten Bundesrepublik wurden

– mit einigen Übergangsregelungen – durch den Einigungsvertrag vom September 1990 auf die ehemalige DDR übertragen. Damit erlangte auch das Recht der Europäischen Gemeinschaft auf dem Gebiet der Ex-DDR Gültigkeit.

Von der Neuzuordnung einzelner Gemeinden und Landkreise abgesehen enstanden die ostdeutschen Länder im wesentlichen in den Grenzen, in denen sie bereits von 1946 bis zu ihrer Auflösung 1952 in der Sowjetischen Besatzungszone bzw. der späteren DDR existiert hatten. Dieser Rückgriff auf ehemals existierende Staatsstrukturen stand im Widerspruch zu anderen Neugliederungsmodellen, die in der Umbruchphase des Jahres 1990 gehandelt wurden. So hatte das letzte DDR-Kabinett de Maizière vorübergehend die Reduktion auf drei bzw. vier ostdeutsche Länder diskutiert (Sturm 1991). Westdeutsche Kommentatoren erinnerten an die Neugliederungsdebatte der 70er Jahre in der Bundesrepublik und hätten sich unter Anknüpfung an die Vorschläge der Ernst-Kommission (Sachverständigenkommission 1973) auch eine Westdeutschland miteinbeziehende Reform vorstellen können. So plädierte der Hamburger Bundessenator Horst Gobrecht etwa für eine Lösung, die neben den bereits bestehenden Bundesländern NordrheinWestfalen, Bayern und Baden-Württemberg im Westen Zusammenschlüsse von Hamburg, Bremen und Niedersachsen zu einem Nordstaat sowie von Hessen, Rheinland-Pfalz und dem Saarland zu einem Südweststaat vorsah. In Ostdeutschland wären nach diesem Ansatz nur zwei Länder gebildet worden, Mecklenburg-Vorpommern zusammen mit Brandenburg und Berlin sowie Sachsen vereint mit Sachsen-Anhalt und Thüringen (Gobrecht 1990; Frankfurter Rundschau v. 21.4.1990). Befürworter dieser umfangreicheren Neugliederungspläne führten zugunsten ihrer Vorstellungen an, die neue Bundesrepublik müsse im Hinblick auf das zusammenwachsende Europa über an Fläche und Einwohnerzahl einigermaßen gleich große Gliedstaaten verfügen, deren wirtschaftliche Eigenständigkeit sichergestellt sei.

Die Entscheidung des Jahres 1990 zur Länderabgrenzung entlang der Linien der Nachkriegszeit hat allerdings Fakten geschaffen, die nicht unerheblich einer in der Wendezeit erstarkten Identifikation mit dem räumlich-landsmannschaftlichen Substrat dieser Länder geschuldet waren. Letzteres erweist sich heute u.a. darin, daß sich Sachsen und Thüringen als „Freistaat" verstehen. So wollte man mit der Titulierung Thüringens als „Freistaat" neben der Betonung staatlichen Selbstbewußtseins verfassungsrechtliche Kontinuität, aber auch Diskontinuität dokumentieren: Kontinuität namentlich zur Verfassung des Jahres 1921, die Thüringen als „Freistaat und Glied des deutschen Reichs" umschrieb; Diskontinuität im Rousseau'schen und Wieland'schen Sinne als auf Freiheit gegründetem Staat (und damit in bewußter Abkehr von der Thüringer Nachkriegskonstellation von 1946). Mit weiterem Zeitverzug und den hinter der getroffenen Entscheidung erreichten Aufbauleistungen kann die Frage der Länderneugliederung deshalb (mit Ausnahme des in Aussicht genommenen Zusammenschlusses von Berlin und Brandenburg) als gegenwärtig nicht mehr aktuell betrachtet werden.

Die föderale Landkarte Deutschlands hat damit Änderungen um Bundesländer erfahren, die gemessen an Indikatoren wie Bevölkerungszahl und -dichte im unteren Bereich der gesamten Ländergruppe liegen. Allein Sachsen kann (mit 4,9 Mio. Einwohnern) zu den Ländern mit mittlerer Bevölkerungsgröße gerechnet werden. Sachsen-Anhalt (3 Mio.), Thüringen (2,5 Mio.), Brandenburg (2,6 Mio.) und Mecklenburg-Vorpommern (2 Mio.) liegen an oder unter der 3-Millionen-Grenze; ein Bereich, in dem von den westlichen Flächenländern nur Schleswig-Holstein (2,6 Mio.) und das Saarland (1,1 Mio.) angesiedelt sind. Beträgt die durchschnittliche Bevölkerungsdichte in den alten Bundesländern 244 Einwohner pro km^2, so liegt die der meisten ostdeutschen Länder erheblich unter dieser Marge. Auf den km^2 Landesfläche entfallen nämlich nur in Sachsen 267, in Thüringen 165, in Sachsen-Anhalt 145, in Brandenburg 91 und in Mecklenburg-Vorpommern 82 Einwohner (Andersen/Woyke 1993: 653).

Von entscheidender Bedeutung sind dabei aber die wirtschaftlichen Probleme, unter denen die neuen Länder nach dem Wegfall der Ostmärkte und ihrer Eingliederung in die Bundesrepublik bis auf weiteres leiden werden. Kumulierende Massenarbeitslosigkeit und weggebrochene Industriestrukturen kennzeichnen hier die aktuelle Situation, deren grundlegender Wandel trotz der bisher erheblichen bundesstaatlichen Finanztransfers, der neuen Hilfen von seiten der Europäischen Union und der für 1995 vorgesehenen vollen Integration Ostdeutschlands in den innerstaatlichen Finanzausgleich noch Jahrzehnte in Anspruch nehmen wird (Eißel 1993).

Eine Ausprägung des Bundesstaatsprinzips ist auch die Mitwirkung der Länder bei der Gesetzgebung des Bundes durch den Bundesrat. Als Medium des Ländereinflusses ist er heute das Organ, in dem die bundesstaatliche Ordnung einen wesentlichen Teil ihrer Wirksamkeit entfaltet (nicht zuletzt über den neugefaßten Art. 23 Grundgesetz). Eine der in diesem Zusammenhang heftigst umstrittenen Fragen war die Änderung des Vertretungsschlüssels, die auf Drängen der großen (westdeutschen) Länder vorgenommen wurde. Auch nach der alten, inzwischen geänderten Regelung des Art. 51 II GG wären die ehemaligen DDR-Länder (ohne Berlin) nur auf knapp weniger als ein Drittel der Sitze gekommen, hätten also bei Einigkeit aller übrigen Länder selbst in Verfassungsfragen überstimmt werden können. Dennoch insistierten die vier bevölkerungsreichsten Bundesländer Nordrhein-Westfalen, Bayern, Baden-Württemberg und Niedersachsen, zum Teil gegen finanzielle Zugeständnisse, auf einer Verfassungsänderung, die ihnen selbst mit weiterhin über ein Drittel der Gesamtstimmenzahl im Bundesrat erneut die Sperrminorität sichern sollte. Angesichts der schwierigen ökonomischen Perspektive der ostdeutschen wie ebenfalls einiger westdeutscher Gliedstaaten befürchteten sie die Schwächung des deutschen Föderalismus durch eine sich anbahnende „Zwangsinteressengemeinschaft“ der ärmeren Länder mit dem Bund. Bei nunmehr 68 Sitzen beträgt die Veto-Position für verfassungsändernde Gesetze 23 Stimmen. Die „vier Großen“ konnten sich letztlich, wenn auch in einem Kompromiß, durchsetzen und verfügen zusammen über 24 Sitze, wohingegen den ostdeutschen Ländern insgesamt nur 19 zufallen. Sie benötigten deshalb westdeutsche Partner für eine etwaige Blockadepolitik, was aber ohnehin in der Regel ein Überspielen der parteipolitischen Ausrichtung von Länderinteressen voraussetzt (Sturm 1991).

Für den deutschen Föderalismus insgesamt stellt der politische und ökonomische Umbau in den fünf neuen Ländern zweifelsohne die größte Herausforderung seit der unmittelbaren Nachkriegsperiode dar. Die Veränderungen, die aus dem Integrationsprozeß für das in der alten Bundesrepublik gewachsene und sensibel ausbalancierte Verhältnis zwischen Bund und Ländern resultieren, können aber noch nicht vollends übersehen werden. Wissenschaftliche Beobachter konstatieren gegenwärtig ein Zusammenfallen von Bund-Länder-Konflikten um die Zentralisierung oder Dezentralisierung von Aufgaben mit Verteilungsauseinandersetzungen zwischen den Ländern selbst als das eigentlich Neue in der Entwicklung des deutschen Bundesstaates nach der Einheit (Benz 1993: 458). Sie befürchten für Deutschland den Weg in einen „asymmetrischen Föderalismus" der zwei Geschwindigkeiten, in dem nur noch die großen und finanzstarken Länder zu einer eigenen Infrastruktur- und Entwicklungspolitik befähigt sein könnten, während in den strukturschwachen Regionen, vor allem Ostdeutschlands, das Gewicht und der „Durchgriff" des Bundes unaufhörlich steigt (Benz 1993: 460). Andere Stimmen sehen die neuen Länder trotz extrem schwieriger Startbedingungen und teils widriger Rahmenentscheidungen nicht ohne eigene Gestaltungschancen und betonen stärker den Zwang wie die Möglichkeit zur Entfaltung eigener bedürfnis- wie potentialadäquater Strategien (vgl. Sturm 1994 sowie den Beitrag von Dieter Eißel in diesem Band.).

4. Der Umbau der dezentralen Politikstrukturen

4.1. Der Aufbau der Landesverwaltungen

In den fünf neuen Ländern Ostdeutschlands wurden nach den Wahlen vom 14. Oktober 1990 Landtage konstituiert und Landesregierungen gebildet. Seither können die jungen Bundesländer den mit dem Ländereinführungsgesetz der DDR-Volkskammer beschrittenen Weg fortsetzen und unter Bezug auf bundesdeutsches Recht durch eigene Rechtssetzung den verfassungsrechtlichen Rahmen zum Aufbau und zur Weiterentwicklung ihrer politisch-administrativen Strukturen selbst ausschöpfen. So haben sich inzwischen alle neuen Länder eine eigene Landesverfassung gegeben, deren jüngste in Thüringen nach ihrer Annahme auf der Wartburg am 25. Oktober 1993 mit dem 30.10.1993 vorläufig in Kraft trat und zusammen mit der Landtagswahl im Oktober 1994 zur Legitimation durch Volksentscheid ansteht. In der Zwischenzeit mußten nach der Auflösung des zentralen Regierungsapparats der alten DDR und seiner wichtigsten dezentralen Steuerungsinstanz, den Bezirksregierungen, die politischen Institutionen und Administrationen auf Landesebene völlig neu aufgebaut werden.

Für die prinzipiell in Kontinuität weiter existierende kommunale Ebene galt zunächst die gemeinsame Kommunalverfassung der Volkskammer vom 17. Mai 1990, die auf der Basis einer Auswertung der verschiedenartigen westdeutschen Verfassungstypen erarbeitet worden war. Ebenfalls im Mai 1990 fanden die ersten freien Wahlen in den Kommunen statt, die fast überall völlig neue Personen in wichtige Entscheiderrollen brachten (vgl. den Beitrag von Christoph Boock in diesem Band). Gebiets- und Funktionalreformen werden in den einzelnen Ländern gegenwärtig gerade vorgenommen.

Landes- und Kommunalpolitik in den jungen Ländern haben damit sowohl für den politisch-institutionellen Neuaufbau wie für die inhaltliche Ausrichtung ihrer Politik selbst die Verantwortung übernommen, auch wenn das nicht ohne erhebliche von Außen (und Innen) gesetzte Anfangsbelastungen geschieht. So beeinflußt etwa die Art der Regelung eigentumsrechtlicher Fragen von Bundesseite aus die Fähigkeit zum Aufbau einer dezentralen Wohnungs-, Energie- und Infrastrukturpolitik nach wie vor erheblich (vgl. den Beitrag von Theo Schiller, Petra Paulus und Andreas Klages in diesem Band). Die administrative Reorganisation wird stark geprägt durch die westdeutsche Verwaltungshilfe, die neben ihren Verdiensten zum Teil eben dabei auch die „schwarzen Flecken" der westdeutschen Praxis dupliziert (vgl. den Beitrag von Dieter Grunow in diesem Buch). Zwischen Bundesland und kommunaler Ebene sowie unter den verschiedenen Häusern einer Landesregierung kommt es vielfach zu unterschiedlichen Sichtweisen auf zentrale Wirtschafts- und Beschäftigungsprobleme, mit dem Ergebnis von Reibungsverlusten und programmatisch-strategischen Defiziten, wie sie aber aus der westdeutschen Praxis ebenfalls bekannt sind (vgl. den Beitrag von Alexander Meyer in diesem Band).

Daneben spiegeln die Politik- und Verwaltungsprofile, die in Ostdeutschland entstehen, natürlich auch die stil- und strukturbildenden, mitunter parteipolitisch geprägten Einflüsse der jeweiligen westdeutschen Partnerländer wider. Deshalb soll die regionale Aufteilung nochmals in Erinnerung gerufen werden, die die Innenminister der westlichen Bundesländer für die Verwaltungskooperation mit den ostdeutschen Ländern anläßlich einer Konferenz im Juni 1990 beschlossen hatten[3], wenn auch festzuhalten gilt, daß diese in ihrer praktischen Realisierung einigen Wandlungen unterlag:

Alte Bundesländer	Neue Bundesländer
Schleswig-Holstein/Hamburg Bremen/Nordrhein-Westfalen	Mecklenburg-Vorpommern (Bezirke Schwerin, Rostock, Neubrandenburg)
Hamburg	Dresden (Stadt und Region)
Niedersachsen	Sachsen-Anhalt (Bezirke Magdeburg, Halle, eingeschränkt: Schwerin, Erfurt)
Nordrhein-Westfalen	Brandenburg (Bezirke Cottbus,

3 Angaben nach Scheytt 1992: 41

	Frankfurt/Oder, Potsdam)
Hessen/Rheinland-Pfalz/ Bayern	Thüringen
Baden-Württemberg/Bayern	Sachsen (Bezirke Chemnitz, Dresden, Leipzig)
Nordrhein-Westfalen	Stadt Leipzig und Umgebung

Dennoch darf beim Verwaltungsum- und -aufbau in Ostdeutschland nicht einfach auf standardisierte westdeutsche Importlösungen geschlossen werden. Die wichtigsten Entscheidungen, die während der ersten Legislaturperiode zur politisch-administrativen Reorganisation in den neuen Bundesländern anstanden, zeigen vielmehr, daß die ostdeutschen Länder ihre Politik- und Organisationsmodelle eben nicht umstandslos aus den westdeutschenden Ländern übernehmen. Einflüsse der westdeutschen Partnerländer vermischen sich hier mit ostdeutschen Besonderheiten und Lageinterpretationen, die sowohl vom spezifischen Problemdruck als auch von der jeweiligen parteipolitischen Konstellation in der ostdeutschen Gebietskörperschaft geprägt werden. Auf diese Weise entsteht ein vielfältiges und differenziertes Bild einer neuen politischen Institutionenlandschaft in Ostdeutschland, in der Gemeinsamkeiten unter den Ostländern wie auch zu den westlichen Partnerländern existieren. Letztlich werden beim institutionellen und politisch-administrativen Neuaufbau in den fünf Bundesländern jedoch jeweils unikate Lösungen herausgebildet, die einen singulären landesspezifischen Rahmen für Politik und Verwaltung vorgeben (Goetz 1993).

In allen ostdeutschen Bundesländern ist der Prozeß der Verfassungserarbeitung in der Zeit zwischen 1992 und 1994 abgeschlossen worden. In Sachsen (26. Mai 1992) und in Sachsen-Anhalt (16. Juli 1992) wurde die Verfassung durch Beschluß des Parlaments verabschiedet, in Brandenburg trat sie nach Beschluß des Landtags (14. April 1992) und zusätzlichem Volksentscheid (14. Juni 1992, 94% Ja-Stimmen) in Kraft. Die Entwürfe wurden durchgängig von breiten Parlamentsmehrheiten getragen. Dabei trat die Frage der Normierung von Staatszielen als eine der wichtigen Fragen bei der Verfassungsgebung in den Vordergrund, ohne daß sie auf die neuen Länder reduzierbar wäre. Eine verstärkte Zielorientierung erfolgte auch in zahlreichen Verfassungen der alten Bundesländer (z.B. hinsichtlich des Schutzes der Umwelt oder der Förderung der rechtlichen und tatsächlichen Gleichstellung von Männern und Frauen) und auch im Einigungsvertrag (Art. 4 und 5) wurde die Verpflichtung festgehalten, sich mit der Ergänzung des Grundgesetzes durch Aufnahme von Staatszielbestimmungen zu beschäftigen. Demgemäß kann bei der Normenkategorie der Staatszielbestimmungen von einer typischen Erscheinung des modernen Verfassungsstaats gesprochen werden (Sommermann 1993: 74).

Während die Empfehlungen zur Revision des Grundgesetzes durch die „Gemeinsame Verfassungskommission“ nur die Aufnahme der Staatsziele „Umweltschutz“ und „Rechte ethnischer Minderheiten“ sowie eine Verpflichtung des Staates, an der Beseitigung von faktischen Ungleichheiten mitzuwirken vorsehen, zeichnen sich die neuen Länderverfassungen durch eine – mehr oder weniger große – Ausdifferenzierung grundlegender Normen und programmatischer Direktiven für den Staat aus. So sprechen sie sich für eine Förderung und Sicherung der tatsächlichen Gleichstellung von Mann und Frau und die Förderung von Kindertagesstätten aus und enthalten durchgängig die – mitunter heftig umstrittene – Ausdifferenzierung des Sozialstaatsprinzips durch die Aufnahme des Rechts auf Arbeit und Wohnung sowie das – eher auf breiter Basis anerkannte – Staatsziel des Umweltschutzes. Darüber hinaus gibt es eine Vielzahl unterschiedlicher Wertentscheidungen (so z.B. Tierschutz, Förderung der Erwachsenenbildung, von Kunst, Brauchtum und Denkmalschutz sowie Begabten- und Sportförderung. Von juristischer Seite wird hier häufig auf die Gefahr verwiesen, daß eine Ausweitung von Staatszielbestimmungen – sollen diese nicht nur als unverbindliche Programmsätze, sondern als verbindliche Handlungspflichten des Staates interpretiert werden – in der Verfassungswirklichkeit zu Kollissionen bei der Realisierung führen könnten. Darüber hinaus enthalten die Landesverfassungen weitere interessante Nuancen im Grundrechtsbereich, beispielsweise hinsichtlich eines datenschutzrechtlichen Auskunftsanspruchs, das Recht auf Auskunft über den eigenen Lebensbereich betreffende Umweltdaten, des gleichen Zugangs zu öffentlichen Bildungseinrichtungen oder der Garantie des öffentlich-rechtlichen Rundfunks. Diese eigenen Grundrechtskataloge sind nicht zuletzt Ausdruck des Willens, eine umfassende Freiheitsgarantie als Integrationsfaktor nach Jahrzehnten der Diktatur zu schaffen. Während die brandenburgische Verfassung diesen Staatsziel- und Grundrechtskatalog am breitesten anlegt, bildet die Mecklenburgische Verfassung das Gegenstück einer eher schmaleren und dichter ans Grundgesetz angepaßten Vorlage. Gemeinsam ist den Verfassungstexten der Ausbau eines dreistufigen Plebiszits (Volksinitiative, Volksbegehren, Volksentscheid), das sich an ähnlichen Regelungen in der Schleswig-Holsteinischen Landesverfassung orientiert. Die Quoren, gerade für die mittlere Entscheidungsstufe des Volksbegehrens, differieren hier von Land zu Land (zwischen 4,1% in Brandenburg und 14,3% in Sachsen-Anhalt), liegen aber niedriger als in den meisten Westländern, die größtenteils mehr als 15% verlangen[4].

Der Aufbau der Landesverwaltungen und die spätere Regierungsorganisation auf Landesebene wurde von westlichen Beratern schon vor dem Ländereinführungsgesetz vom 22. Juli 1990 vorbereitend unterstützt. Koordinierungsausschüsse zur Vorbereitung der Landesgründung waren wie in Sachsen in die Räte der Bezirke eingebunden, bei denen das Spektrum des „Runden Tisches" die alte SED-Verwaltungsspitze verdrängt hatte, oder wurden wie in Thüringen bewußt bezirksunabhängig konzipiert. Bereits in dieser Vorbereitungsphase kam es zu einer organisatorischen Aufgliederung von Fachaufgaben, die von ressortorientiert aufgegliederten Arbeitsstäben betreut wurden. Vom Zeitpunkt des

4 Die Quoren für das Volksbegehren in den alten Bundesländern betragen nur in Schleswig-Holstein 5% und in Bayern 10%; in Baden-Württemberg dagegen 16% und in Bremen, Hessen, Nordrhein-Westfalen, Rheinland-Pfalz und dem Saarland 20% der Wahlberechtigten, vgl. Feddersen 1992: 998.

Beitritts der neuen Länder am 3. Oktober 1990 bis zur Bildung von Landesregierungen setzte der Einigungsvertrag vom 20. September 1990 in den Ländern Landessprecher und auf der Bezirksebene Regierungsbevollmächtigte zur Fortführung der Aufgabenwahrnehmung in Bundesverantwortung ein. Nach der Bildung von gewählten Landtagen konnten landesrechtliche Regelungen in Form von vorläufigen Organisationsgesetzen bzw. Landesstatuten die Zeit bis zum Inkrafttreten der Landesverfassungen überbrücken. Im Vergleich der verschiedenen landesgesetzlichen Regelungen zeichneten sich zwar Übereinstimmungen in den organisatorischen Grundsätzen ab, doch wurde auch schon bald das Bestreben nach landesspezifischen Unterschieden deutlich. Waren zu den gemeinsamen Grundsätzen etwa die Richtlinienkompetenz der Ministerpräsidenten und deren grundsätzliche Personalhoheit zur Ernennung und Entlassung von Landesbediensteten zu zählen, so gab es bezüglich der Rolle des Landtags bei der Bestellung bzw. Entlassung von Ministern bereits Differenzierungen (Hauschild 1991). Staatsorganisatorische Unterschiede, etwa das Innenverhältnis der Regierung betreffend (Festlegung der Geschäftsbereiche, z. B.), finden sich auch in den späteren Landesverfassungen wieder. Auch weichen beispielsweise die Wahlperioden der Landtage in ihrer Dauer voneinander ab. Die Wahlbürgerschaft in Mecklenburg-Vorpommern und Sachsen-Anhalt wählt ihre Abgeordneten für 4 Jahre, während die Landesverfassungen von Brandenburg, Thüringen und Sachsen eine 5-jährige Legislaturperiode für ihr Landesparlament festlegen.

Zum eigentlichen Feld pluralistischer Gestaltung sollten aber die „vertikale“ Politikstruktur der Landesverwaltung und die Entscheidung über die Kommunalordnungen werden. Keine Regelung der Staatsorganisation auf Landesebene wurde hier so streitig diskutiert wie die Frage der Bildung staatlicher Mittelinstanzen. So hatte sich der Gesamtvorstand der kommunalen Spitzenverbände schon frühzeitig gegen die Bildung von Mittelbehörden ausgesprochen, da man durch sie eine Einschränkung des kommunalen Aufgabenbestands befürchtete (Entschließung 1990). Der Neuaufbau in Ostdeutschland war in der Tat, nach der Kommunalwahl vom Mai 1990, von unten begonnen worden. In den Städten, Kreisen und Gemeinden existierten bereits demokratisch legitimierte Vertretungen zu einem Zeitpunkt, als es die Landesregierungen noch gar nicht gab. Die seinerzeit noch vorhandenen Bezirksverwaltungen repräsentierten die alten obrigkeitsstaatlichen DDR-Bezirke, die zwar nach der Wende keine faktische Aufsichts- und Kontrollfunktion mehr wahrnahmen, aber dennoch als ihr vormaliges „administratives Rückgrat“ die Tradition des alten Systems verkörperten. Als nun – auch unter dem Einfluß der Berater westlicher Partnerländer – Überlegungen zum Umbau der alten Bezirksverwaltungen zu neuen Bezirksregierungen westlichen Zuschnitts in Gang kamen, brachen vielerorts erhebliche Proteste von seiten ostdeutscher Landes- und Kommunalpolitiker, insbesondere von neu gewählten Landräten aus. (Hoffmann 1992: 691f.).

Über die historisch bedingten Ressentiments hinaus wurden dabei als Argumente gegen die Einrichtung der neuen Mittelinstanzen vor allem deren mangelnde parlamentarische Kontrolle wie die vermutete Beeinträchtigung der kommunalen Selbstverwaltung durch Aufsichtsfunktionen der Bezirksregierungen angeführt. Die Befürworter einer Einrichtung von mittelinstanzlichen Regierungspräsidien hielten dagegen, daß die Bezirksebenen weder über eigene Haushalte noch über originäre Entscheidungsspielräume verfügten. Ihre Dezernate seien unmittelbar den entsprechenden Fachressorts, die Regierungspräsidien insgesamt den jeweiligen Innenministerien unterstellt, so daß ihre Arbeit auch der vollen Kontrolle durch die Landtage unterliege. Die ohnehin unentbehrliche Kommunalaufsicht sei besser ortsnah als zentral in der Landeshauptstadt auszuüben, da hier auch am ehesten Beratungsfunktionen wahrgenommen werden könnten. Die Behörde mit Bündelungsfunktion und Regionalbezug repräsentiere die Einheitlichkeit der Verwaltung und könne sich gerade in einer schwierigen Aufbausituation als Partner für komplexe Problemlösungen profilieren (Schwanengel 1992: 23ff.; Hoffmann 1992: 695).

Was sich zunächst als rein technisch-bürokratische Frage ausnahm, die Etablierung einer zwei- oder dreizügigen Landesverwaltung, wurde vor diesem Hintergrund zu einem Politikum im Innenverhältnis zwischen den beteiligten Akteuren. Die jeweilige landespolitische Lösung des Problems mußte institutionalisierte Formen für das Zusammenwirken zwischen Land und Kommunen definieren und damit den Wirkungsbereich und Kommunikationsstil der beiden Ebenen stark beeinflussen. Zur Beantwortung der hier zutage getretenen Kontroverse schlugen die neuen Länder denn auch deutlich unterschiedliche Wege ein. Als kleinstes ostdeutsches Bundesland hatte sich Mecklenburg-Vorpommern schon schnell – ähnlich wie Schleswig-Holstein im Westen – gegen die Einrichtung einer Mittelinstanz entschieden. Brandenburg als relativ großes Flächenland folgte diesem Weg und richtete ebenfalls eine zweistufige Landesverwaltung ein. An Stelle einer Mittelinstanz wurden zusätzliche Verwaltungsaufgaben auf Kreise und kreisfreie Städte delegiert und 21 zentrale Sonderbehörden (Landesoberbehörden) geschaffen, die die Ministerien als oberste Landesbehörden entlasten sollten (Lörler 1992). Sachsen (in Chemnitz, Leipzig und Dresden) sowie Sachsen-Anhalt (in Magdeburg, Halle und Dessau) schufen dagegen jeweils drei Regierungsbezirke, die zwischen Herbst 1990 und Frühjahr 1991 aufgebaut wurden. Seit Mitte 1991 sind die Behörden als in Gänze arbeitsfähig zu bezeichnen und besonders mit den Bereichen Kommunalaufsicht (Haushalt), Raumordnung, Wirtschaftsförderung, Umwelt- und Naturschutz sowie Agrarwirtschaft befaßt. Profilieren konnten sie sich hier bisher insbesondere in Fragen der regionalen Wirtschafts(ansiedlungs)politik und der koordinierten Programmabwicklung (Investitionspauschale). Die überwiegende Unterbringung in den Gebäuden der alten DDR-Bezirksverwaltungen sowie die teilweise Identität der Mitarbeiterschaft wird dabei von führenden Beamten der neuen Mittelebene als belastende Anfangshürde eingeschätzt, die jedoch mit der Zeit überwunden werden konnte. So habe sich die anfängliche Skepsis bis hin zum Widerstand vielerorts bereits in kommunale Zustimmung zur neuen Mittelinstanz verkehrt (Hoffmann 1992).

Das Bundesland Thüringen ging in der Frage der räumlichen Regierungsorganisation einen dritten Weg und richtete eine zentrale mittelinstanzliche Behörde in Gestalt des Landesverwaltungsamtes in Weimar ein. Sie soll fast alle herkömmlichen Aufgaben von Bezirksregierungen übernehmen. Da man befürchtete, daß bei einer einheitlichen Landesbehörde aber der typische Regionalbezug fehlen und das Amt ansonsten auch leicht eine kritische Größe erreichen könnte, wurden gleichzeitig drei Außenstellen für Nordthüringen (Sondershausen), Südthüringen (Meiningen) und Ostthüringen (Stadtroda) geschaffen und diesen noch je eine „Außenstelle Umwelt" in Suhl, Gera und Erfurt zugeordnet. Die regionalen Außenstellen sollten jeweils für ihr Gebiet als Bündelungsbehörden fungieren und alle fachlichen Aufgaben des Landesverwaltungsamtes (mit Ausnahme der zentralbehördlichen Dienste) wahrnehmen. Kritiker bezeichneten diese Lösung, die nach mehreren Anläufen der Landesregierung zur Schaffung von Regierungspräsidien als Kompromiß zustandekam, denn auch als die Einrichtung einer „großen Bezirksregierung" mit drei „kleineren Bezirksregierungen" (Schwanengel 1992). Vor dem Hintergrund dieser Kritik, der anderslautenden Empfehlung der Sachverständigenkommission und in der Praxis auftretender Vollzugsdefizite wurden die Außenstellen inzwischen aufgelöst. Mit der Konsolidierung des Landesverwaltungsamtes, bestehend aus sechs Fach- und einer Zentralabteilung mit etwa 900 Mitarbeitern, ist die Diskussion und Kritik an diesem „vermittelnden Weg" zwischen zweistufigem und klassisch dreistufigem Verwaltungsaufbau aber nicht beendet. So stehen heute vor allem zwei Themenbereiche in der Diskussion. Einerseits geht es um den Aufgabenkreis des Landesverwaltungsamtes, wobei neben einer Präzisierung bestimmter Aufgaben eine weitgehende Verlagerung auf die Landkreisebene gefordert wird. Andererseits geht es um die Existenz etlicher, aus dem Landesverwaltungsamt ausgegliederter Sonderbehörden, deren Zahl vielfach als zu hoch angesehen wird.

Angesichts der weitgehend in der Literatur vertretenen Auffassung von der Sinnhaftigkeit der Regierungspräsidien und der Tatsache, daß der Behördenaufbau und die ihn prägenden Behördenkategorien im Interesse einer stabilen und funktionsfähigen Verwaltung nicht häufigen Organisationsänderungen unterworfen werden dürfen, wird die so ins Leben gerufene Instanz trotz ihrer Defizite künftig sicherlich eine Schlüsselrolle an der Schnittstelle zwischen Landes- und Kommunalpolitik einnehmen. In ihrer Aufgabenbeschreibung fehlte allerdings vorübergehend die Funktion der „Aufsicht über Gemeinden und Gemeindeverbände", die ihr im ursprünglichen Entwurf zur Errichtung der Behörde noch beigemessen war und insbesondere von seiten der Landkreise stark kritisiert wurde – und inzwischen wieder eingefügt worden ist. Die Thüringer Landesregierung sah aber alleine schon die Notwendigkeit eines „administrativen Puffers" für Tausende von Widerspruchsverfahren, die sonst notgedrungen bei den Ministerien landen und deren Arbeit weitgehend blockieren würden. Der Verband der Wirtschaft Thüringens begrüßte die Errichtung der Behörde und knüpfte hieran vor allem die Hoffnung auf raschere Entscheidungen über die vom Bund bereitgestellten Geldmittel (Schwanengel 1992: 28).

4.2. Die Kommunalverfassungen

Mit der in der Volkskammer am 17. Mai 1990 verabschiedeten Kommunalverfassung wurde die Dezentralisierung der Politik und Verwaltungsstrukturen eingeleitet. Gemeinden und Kreise erhielten wieder den Status einer kommunalen Gebietskörperschaft, den sie trotz der demokratischen Gemeindeordnung für die SBZ von 1946 bereits Ende der 40er Jahre wieder verloren hatten[5]. Aus der Eigenschaft der kommunalen Selbstverwaltungskörperschaft leitet sich die Befugnis zu einer eigenverantwortlichen Aufgabenwahrnehmung ab, die nicht mehr der uneingeschränkten Weisungsbefugnis übergeordneter Ebenen unterliegen darf. Nach altem DDR-Recht war zuvor juristische Person allein der Rat, und dies auch nur, um Vertragsabschlußkompetenzen begründen zu können. Das Ländereinführungsgesetz vom 22. Juli 1990 vervollständigte die neue Rechtsposition der Kommunen, indem es den Gemeinden das Recht zuerkannte, alle Angelegenheiten der örtlichen Gemeinschaft im Rahmen der Gesetze in eigener Verantwortung zu regeln. Das Recht der kommunalen Selbstverwaltung wurde ebenso den Kreisen eingeräumt (Hauschild 1991: 223, 227).

Damit wurde dem Staatszentralismus auch ein juristisches Ende gesetzt, nachdem seine Strukturen durch die praktischen Umwälzungen und Einmischungen der Bürgerbewegungen längst „von unten" aufgebrochen waren. So wurden die offenkundig gewordenen Wahlfälschungen bei den Kommunalwahlen vom 7. Mai 1989 später vielerorts zum Anlaß für die Radikalisierung bürgerschaftlichen Protests. Bereits am 29. Januar 1990 hatte die Volkskammer beschlossen, die Tätigkeit von Vertretern der Bürgerbewegungen in den örtlichen Verwaltungsorganen zuzulassen. Eine Verordnung des Ministerrats vom 1. März 1990 gewährte Bürgerkomitees zusätzlich das Recht, in die Vorbereitung lokaler Entscheidungen einbezogen zu werden, von den Verwaltungsorganen Auskünfte zu erlangen und örtlichen Räten Vorschläge zur Behandlung kommunaler Belange zu unterbreiten. Mit beiden Regelungen wurde aber lediglich ein Zustand legitimiert, der in der Praxis bereits seit Oktober 1989 existierte (Hauschild 1991; vgl. hierzu auch den Beitrag von Dieter Rink in diesem Band).

---

5 So hat z.B. in Thüringen der Landtag am 25. April und 31. Mai 1947 durch legislatorische Akte die kommunale Selbstverwaltung und die demokratische Gemeindeordnung faktisch ausgehebelt (Gesetz über die Wahrnehmung der Aufgaben der übergeordneten Organe in Gemeinde- und Kreisangelegenheiten vom 25. April 1947; Richtlinie über die Vorbereitung und Durchführung der Beschlüsse des Landtags bzw. der Ausschüsse für Gemeinde- und Kreisangelegenheiten der übergeordneten Organe vom 31. Mai 1947). In anderen Ländern wurden ähnliche Regelungen getroffen.

Die in wenigen Wochen zwischen März und Mai 1990 entstandene gemeinsame Kommunalverfassung der DDR löste das Gesetz über die örtlichen Volksvertretungen aus dem Jahre 1985 ab, das untrennbar mit den zentralistischen Prinzipien der Staatsorganisation der alten DDR verbunden war. Auffällig ist hier zunächst, wieviel demokratisches „Überschußpotential" im Entwurfsstadium zunächst noch (trotz westlicher Berater) zum Ausdruck kam. So sollte die Kommunalverfassung ursprünglich noch Passagen enthalten, die die Rolle der Gemeinden und Gemeindeverbände für Völkerverständigung, internationale Friedenssicherung und europäische Einigung umschrieben, was aber in der endgültigen Fassung fallengelassen wurde. Dies war nicht zuletzt der Tatsache geschuldet, daß sich hier eine juristische Sichtweise durchsetzte, wonach die genannten Materien rechtlich weitgehend in die Kompetenz des Bundes gehörten, und den Kommunen danach hier keine originären Handlungsräume zufielen. Über die bundesdeutschen Kommunalverfassungen hinausgehend sprach die letzte Kommunalverfassung der DDR ausländischen Mitbürgerinnen und Mitbürgern das kommunale Wahlrecht zu, was aber praktisch an die Grenzen eines das Ausländerwahlrecht ablehnenden Urteils des Bundesverfassungsgerichtes stieß.

Bestand die tatsächliche Funktion der örtlichen Volksvertretungen unter DDR-Bedingungen im wesentlichen darin, die zuvor im Partei- und Staatsapparat getroffenen Entscheidungen zu bestätigen, so wurden die kommunalen Vertretungsorgane hier erstmals wieder als oberste lokale Beschlußorgane eingesetzt. Gemeindevertretungen, Stadtverordnetenversammlungen und Kreistagen werden beispielsweise ausschließliche Beschlußkompetenzen in Grundsatzfragen von Personal und Haushalt sowie in den Bereichen Rechtsetzung und Verfügung über das gebietskörperschaftliche Vermögen übertragen (21 III bzw. 85 III KV). Den Kreisen wurde eine förmliche „Kompetenz-Kompetenz" im Verhältnis zu den Gemeinden eingeräumt. Mit Zweidrittelmehrheit konnte der Kreistag durch einen von der Rechtsaufsichtsbehörde zu genehmigenden Beschluß den Kreisgemeinden eine Selbstverwaltungaufgabe entziehen, eine Regelung, die später etwa in der Brandenburgischen Kreisordnung erhalten blieb. Die Herausnahme dieser – nach herrschender juristischer Auffassung verfassungsrechtlich zweifelhaften – Bestimmung fände aber Unterstützung in der Interpretation der Garantie kommunaler Selbstverwaltung, wie sie im Rastede-Urteil vom Bundesverfassungsgericht getroffen wird. Hiernach müssen Angelegenheiten, die gerade das Zusammenleben und -wohnen der Menschen der (politischen) Gemeinde betreffen, Angelegenheiten dieser örtlichen Gemeinschaft bleiben. Dieser Auffassung folgend umschreibt etwa § 2 I der neuen Thüringer Kommunalordnung den Wirkungskreis der Gemeinden mit den Angelegenheiten, die in der örtlichen Gemeinschaft wurzeln und auf sie einen spezifischen Bezug haben. Zwar wird den Kreisen hiernach auch zukünftig eine gewisse Ausgleichsfunktion zukommen, generelle Ergänzungsaufgaben dürften dagegen von der Kommunalverfassung nicht gedeckt sein. Während § 42 der Vorläufigen Kommunalordnung für Thüringen den Kreisen noch die Aufgaben zur Wahrnehmung übertrug, die die Leistungsfähigkeit der einzelnen kreisangehörigen Stadt oder Gemeinde übersteigt, spricht § 84 I der neuen Kommunalordnung nur noch davon, daß die Kreise die überörtlichen Aufgaben wahrzunehmen haben.

Bürgermeister, Landrat und Beigeordnete waren nach der Kommunalverfassung von 1990 indirekt, d.h. durch die Mitglieder der kommunalen Vertretungsorgane zu wählen. Ihre Amtszeit wurde mit der Wahlperiode der Vertreterversammlung gleichgesetzt. Eine Abwahlmöglichkeit wurde ebenfalls vorgesehen. Was das Innenverhältnis der kommunalen Organe anbelangt, so muß die 1990er Verfassung als eine Ordnung angesehen werden, die Elemente aus verschiedenen im Westen Deutschlands existierenden Kommunalordnungen übernimmt. Sie ist eine monokratische Verfassung mit starkem Bürgermeister bzw. Landrat und ähnelt darin der süddeutschen Rats- wie auch der Bürgermeisterverfassung.

Gleichzeitig verzichtet sie jedoch nicht auf einen kompetenzreichen Hauptausschuß, dem Funktionen eines Kollegialorgans zukommen. Kennzeichnend ist auch die starke Ausprägung plebiszitärer Elemente, wie sie traditionell in Westdeutschland in der Baden-Württembergischen Fassung des süddeutschen Modells und heute am weitreichendsten in der schleswig-holsteinischen Kommunalverfassung verankert sind.

Die Weiterentwicklung des neuen ostdeutschen Kommunalrechts in Gestalt der inzwischen erarbeiteten und weitgehend bereits gültigen neuen Kommunalverfassungen der einzelnen Länder erhält diesen Mischcharakter zwischen den westdeutschen Verfassungstypen (vgl. zu einigen Eckpunkten der Gemeindeverfassungen in den neuen Bundesländern nachstehend Abbildung 1).

Die Möglichkeiten der direkten Bürgerbeteiligung (Einwohnerantrag, Bürgerbegehren, Bürgerentscheid) wurden in den neuen Ländern ähnlich ausgestaltet. Lediglich Thüringen beschränkt den Einwohnerantrag auf inhaltliche Befassung in der Kommunalvertretung auf die Bürgereigenschaft („Bürgerantrag") und schließt damit Einwohner ohne deutsche bzw. EU-Staatsbürgerschaft aus. Ansonsten sind vor allem leicht voneinander abweichende Quoren festzustellen, die sich aber insgesamt auf einem Niveau mit den moderneren Westverfassungen bewegen. Die Dauer der Wahlperiode wurde in allen neuen Bundesländern auf 5 Jahre angehoben.

Dahinter ergeben sich Unterschiede in der „inneren Gemeindeverfassung" durch die verschieden gewichtete Position der Vertretungsorgane untereinander. Mecklenburg-Vorpommern pflegt mit der (vorübergehenden) Weiterführung der indirekten Wahl der Verwaltungsspitze sowie mit der Trennung von (hauptamtlichem) Bürgermeisteramt und Vorsitz in der Gemeindevertretung noch am ehesten einige Elemente, die im Westen ebenfalls der norddeutschen Ratsverfassung eigen sind. Dies gilt in leichten Ansätzen auch noch für Brandenburg, wo der Bürgermeister Eilentscheidungen im Einvernehmen mit dem Vorsitzenden der Gemeindevertretung fällt und (im hauptamtlichen Bereich) gleichzeitig von einer weiteren Trennung beider Ämter ausgegangen wird. Als genereller Trend, auch in diesen beiden Ländern, läßt sich jedoch eine Stärkung der „süddeutschen Verfassungselemente" feststellen. Hierfür spricht die Einführung der Direktwahl der kommunalen Verwaltungsspitzen ebenso wie die Verlängerung ihrer Amtsperioden als hauptamtliche Behördenleiter, die mittlerweile von 6 Jahren (Thüringen) bis zu 8 (Brandenburg) oder ggf. sogar 9 Jahren (Mecklenburg-Vorpommern) reicht.

Ihr besonderes Gepräge wird die kommunale Politiklandschaft Ostdeutschlands dabei im Unterschied zu den Westländern aber auch durch die Fortexistenz der Kleingemeinden behalten, die in ihrer Mehrheit weiterhin durch ehrenamtliche Bürgermeister vertreten werden. Hier bilden sich besondere Formen der kommunalen Kooperation heraus („Ämter", „Verwaltungsgemeinschaften"), deren landesrechtlich geregelte Verfassungselemente in die Betrachtung einbezogen werden müssen. Dabei tauchen verstärkt kollegiale Führungskörper wieder auf (Amtsausschuß, Gemeinschaftsausschuß), die an die Magistratsverfassungen erinnern lassen; aber im Ansatz auch die in der Norddeutschen Ratsverfassung verankerte „Doppelspitze" von getrennter (hauptamtlicher) Verwaltungsführung und (ehrenamtlicher) Repräsentation, wie sie etwa in Sachsen-Anhalt mit der Einrichtung eines ehrenamtlichen Vorsitzenden des Gemeinschaftsausschusses und einem hauptamtlich bestellten Verwaltungsleiter vorgesehen ist.

Die enorme Bandbreite von erhaltenen Gemeindegrößen und das Nebeneinander unterschiedlicher Gliederungsformen in Ostdeutschland wird in Zukunft vielfältig Anlaß für komparative Untersuchungen bieten. Ein besonderes Augenmerk wird dabei auch auf die Kreisebene zu werfen sein, der im Unterschied zu den westlichen Ländern weniger starke Kooperationspartner „von unten" gegenüberstehen.

4.3. Die Kommunale Gebiets- und Verwaltungsreform

Die Diskussion um die kommunale Gebietsreform in den neuen Bundesländern begann mit der Erkenntnis, daß die Gemeinden und Kreise in der überkommenen Struktur die kommunalverfassungsrechtlich verankerten Aufgaben des eigenen und übertragenen Wirkungskreises kaum wahrnehmen konnten beziehungsweise in hohem Maße auf permanente Dotationen des Staates angewiesen sein würden. Kommunale Selbstverwaltung ist aber nicht nur ein faktischer Organisationswert dezentralisierter Staatsgewalt, sondern seit ihren Anfängen in Deutschland darauf gerichtet, den Bürgern eine „tätige Einwirkung auf die Verwaltung des Gemeinwesens beizulegen und durch diese Teilnahme zu erregen und zu erhalten"[6] Die Kommunen sollen „im Gemeinwesen zur Erfüllung bestimmter öffentlicher Aufgaben bereitstehen" (Hill 1987: 23), weshalb aus

6 So die Preußische Städteordnung von 1808, zitiert nach Schmidt Aßmann 1988: 109. In der kommunalrechtlichen Literatur wird gegenwärtig wieder verstärkt auf das Stein'sche Selbstverwaltungsverständnis und seine Funktion für staatliche Reorganisationsprozesse rekurriert, vgl. Scholler 1990: 4ff.

Abbildung 1: Die Gemeindeverfassungen der neuen Länder

	Gemeinde-vertretung (Gv.)	Bürgermeister, Wahlmodus, Amtszeit	Bürgermeister in der Gemeindevertretung	Eilent-schei-dungs-recht des Bürger-meisters	Abwahl des Bürgermeisters	Bürgermitwirkung
Kommunalverfassung (vom 17.5.1990)	4 Jahre	indirekt, für 4 Jahre	Vorsitzender des Hauptausschusses mit Stimmrecht	ja	2/3 der Gv.	Einwohnerversammlung Bürgerantrag (10%) Bürgeranhörung in Gv. (10%) Bürgerbegehren (10%) Bürgerentscheid (einfache Mehrheit bei mind. 25% Zustimmung der Stimmberechtigten)
Brandenburg (vom 15.10.1993	5 Jahre	in kleineren Gemeinden ehrenamtlich, direkt, für 5 Jahre; hauptamtliche B. direkt, für 8 Jahre	ehrenamtlicher B. Vorsitzender der Gv.; hauptamtlicher B. stimmberechtigtes Mitglieded der Gv.	ja im Einver-nehmen mit dem Vorsit-zenden der Gv.	(wird im Kommunalwahlgesetz geregelt)	Einwohnerversammlung Einwohnerantrag (5%) Bürgerbegehren (10%) Bürgerentscheid (einfache Mehrheit bei mind. 25% Zustimmung der Stimmberechtigten)
Mecklenburg-Vorpommern (vom 18.2.1994)	5 Jahre	durch Gv., ab 1999 direkt; in kleineren Gemeinden ehrenamtliche B., bis 1999 für Wahl-periode der Gv., hauptamtliche B. für 7-9 Jahre	ehrenamtlicher B. Vorsitzender mit Stimmrecht; hauptamtlicher B. nicht Mitglied der Gv., aber stimmbe-rechtigter Vors. des Hauptausschusses	ja	zweiteiliger Beschluß durch Gv. (Antrag mit einfacher, Beschluß, über Abberufung mit 2/3 Mehrheit)	Einwohnerversammlung Einwohnerantrag (5% bzw. 5.000 Ew. ab 100.000 Ew.) Bürgerbegehren (10% bzw. 7.500 Bürg. ab 100 000 Ew.) Bürgerentscheid (einfache Mehrheit bei mind. 25% Zustimmung der Stimmberechtigten)

Sachsen (vom 21.4.1993)	5 Jahre	direkt, für 7 Jahre, in Gemeinden unter 3.000 Ew. i.d.R. ehrenamtlich	Vorsitzender der Gv. mit Stimmrecht, i.d.R. Vorsitzender der Ausschüsse (Vertretung möglich)	ja	einfache Mehrheit der Wahlbürgerstimmen bei Zustimmung von mind. 50% der Wahlber.; Einleitung durch Bürgerbegehren (i.d. R. 1/3 der Gemeindebürger) oder G.-Beschluß (¾ aller Mitgl.)	Einwohnerversammlung Einwohnerantrag (10%, Herabsetzung bis 5% möglich) Bürgerbegehren (15%, Herabsetzung bis 5% möglich) Bürgerentscheid (einfache Mehrheit bei mind. 25% Zustimmung der Stimmberechtigten)
Sachsen-Anhalt (vom 5.10.1993)	5 Jahre	direkt, für 7 Jahre, in kleineren Gemeinden ehrenamtlich	in kleineren Gemeinden Vorsitzender der Gv. mit Stimmrecht i.d.R. Vors. der Ausschüsse, mit Stimmrecht	ja	Antrag in Gv. (2/3), Beschluß in Gv. (3/4) und Entscheid der Wahlbürger (einfache Mehrheit bei mind. 30% Zust. der Wahlber.)	Einwohnerversammlung Einwohnerantrag (5%, höchstens jedoch 1.000 EW. in G bis 50.000 Ew., 2.000 Ew. in G. bis 100.000 Ew. und 7.000 Ew. in G. über 100.000 Ew.) Bürgerbegehren (15%) Bürgerentscheid (einfache Mehrheit bei mindestens 20% Zustimmung der Stimmberechtigten)
Thüringen (vom 16.8.1993)	5 Jahre	direkt, für 6 Jahre, in Gemeinden unter 3.000 Ew. i.d.R. ehrenamtlich, für die Dauer der Wahlperiode der Gv.	i.d.R. Vorsitzender der Gv. mit Stimmrecht, Mitglied der Ausschüsse und Vorsitzender des Hauptausschusses mit Stimmrecht (Vertretung möglich)	ja	durch Beschluß der Gv. (Mehrheit der Mitgl.) und Beschluß der Wahlbürger (einfache Mehrheit bei mind. 30% Zustimmung der Wahlber.)	Einwohnerversammlung Bürgerantrag (10%) Bürgerbegehren (20%) Bürgerentscheid (einfache Mehrheit bei mindestens 25% Zustimmung der Stimmberechtigten)

gehend von den Bedürfnissen der Einwohner und Bürger ein Aktionsraum für Selbstverwaltung erforderlich ist, der zum verfassungsrechtlichen Inhalt der Selbstverwaltung beiträgt. Dabei wird rasch deutlich, daß die sozioökonomischen und topographischen Ausgangspunkte einer Gebiets- und Funktionalreform in Ostdeutschland mit denen in den alten Bundesländern nur partiell vergleichbar sind, weshalb auf die Reformansätze und -erkenntnisse nur unter Berücksichtigung der Spezifika zurückgegriffen werden kann (Pappermann/Stollmann 1993. 240f.; Bernet 1993: 393, 395).

Die Reform in den alten Bundesländern konnte auf bestehenden Kommunalstrukturen aufbauen. Die Kreise in den neuen Bundesländern wurden dagegen 1952 ungeachtet historisch gewachsener Strukturen staatszentralistischen und planwirtschaftlichen Erfordernissen angepaßt und dabei insbesondere kleinräumig geschnitten. Dennoch bestand bei der jetzigen Territorialreform in den neuen Bundesländern die Absicht, bestehende Landkreise nicht aufzulösen, sondern einer weitgehend ganzheitlichen Zusammenlegung den Vorrang zu geben[7]. Ausgangspunkt für die Reformen haben „die Gründe des öffentlichen Wohls" zu sein (vgl. bspw. Art. 92 I ThürVerf. i.V.m. 92 II, III ThürKO), die allerdings beide Varianten – Neuzuschnitt und Zusammenlegung – zulassen. Verwaltungspraktische Gesichtspunkte scheinen dabei jedoch letztlich den Ausschlag für die Zusammenlegung der Kreise gegeben zu haben, da Fragen der Rechtsnachfolge, der Übernahme des Personals und des Übergangs des Vermögens und der Schulden auf diese Weise wesentlich einfacher zu bewältigen sind.

Für den Versuch einer wissenschaftlichen Begründung der Reformkonzeptionen fehlten im Vergleich zu den alten Bundesländern oftmals die Daten und Verarbeitungskapazitäten. Zudem standen die Reformkommissionen vielfach unter erheblichem Zeitdruck. So mußte etwa die Sachverständigenkommission in Thüringen ihren Vorschlag in nur sechs Monaten erarbeiten, was kaum Zeit für eigene Erhebungen vor Ort zuließ. Bei der westdeutschen Gebietsreform in den 70er Jahren war aufgrund wissenschaftlicher Gutachten und praktischer Erfahrungen eine Mindesteinwohnerzahl von 150.000 als notwendig und hinreichend zugrundegelegt worden. Diese Zahlen konnten wegen der erheblich geringeren Bevökerungsdichte sowie geographischen und praktisch-administrativen Gesichtspunkten in den neuen Bundesländern letztlich nicht als Orientierungsgröße dienen. Hier mußten die Neugestaltungskonzepte sowohl eine Gemeinde- und Funktionalreform ermöglichen als auch der Kleinräumigkeit der Länder Rechnung tragen und (in Sachsen, Sachsen-Anhalt und Thüringen) die Grundentscheidung für Mittelinstanzen berücksichtigen. So geht man in Thüringen mit durchschnittlich 80.000 Einwohnern pro neuem Landkreis von der Untergrenze des in den alten Bundesländern Verwirklichten aus. In Sachsen-An-

---

7 Vgl. für das Beispiel Sachsen-Anhalt Pfeifer 1993: 405ff. und für Thüringen Meyn 1993: 408. In Thüringen waren diese Überlegungen bereits Fixpunkt in der ersten Grundsatzbesprechung zwischen Innenministerium und Kommunalberatern aus den alten Bundesländern, vgl. Winkler 1992: 242, 244.

halt beträgt die durchschnittliche Einwohnerzahl in den neuen Kreisen 105.000, in Sachsen 120.000, in Mecklenburg-Vorpommern 102.000 und nur in Brandenburg wird die durchschnittliche Größenordnung der Kreise in den alten Bundesländern weitgehend erreicht.

Die ehemalige DDR hatte mit einer Gesamtpopulation von ungefähr 25% der alten Bundesrepublik 189 Landkreise im Vergleich zu 237 in Westdeutschland aufzuweisen. 7.546 Gemeinden im Osten standen 8.509 nach der dort durchgeführten Gebietsreform im Westen gegenüber. Im Land Brandenburg haben beispielsweise 67% der Gemeinden, in Thüringen 53% weniger als 500 Einwohner, wobei die Situation in den anderen jungen Ländern vergleichbar ist. Die Notwendigkeit einer kommunalen Gebietsreform mußte vor diesem Hintergrund vor allem in den Ländern unabweisbar werden, die sich gegen die Einrichtung einer mittelinstanzlichen Regierungsbehörde entschieden. Im Mittelpunkt der Reform steht dabei in allen Ländern die Neugliederung der Kreisebene. Von einer Gemeindegebietsreform haben dagegen bisher alle neuen Bundesländer Abstand genommen. Zwar hätte die vorrangige und rasche Durchführung einer Gemeindereform dem Demokratieprinzip am ehesten entsprochen, doch sahen die Länderregierungen und -kommissionen hier praktische Überforderungen und grundsätzliche Zielkonflikte hervortreten. Zum einen fühlte man sich außerstande, eine Kreis- und eine Gemeindegebietsreform gleichzeitig durchzuführen; zum anderen sollte der erst wieder errungenen jungen kommunalen Demokratie nicht sofort wieder die räumliche Grundlage mit der Auflösung lokaler Einheiten genommen werden. Keine der Länderregierungen hat die im Zusammenhang damit befürchteten Protestlawinen bisher auf sich ziehen wollen (Goetz 1993: 454ff.).

Gleichwohl bleibt die Frage zu erörtern, ob es sich angesichts der auf Gemeindeebene durchgängig favorisierten Verwaltungsreform, im Gegensatz zur Gebietsreform auf Kreisebene, nicht doch nur um eine scheinbare Umkehrung des Demokratieprinzips handelt. Durch das in allen Konzepten dezidiert betonte „Prinzip der Freiwilligkeit" wurde nämlich ein methodischer Ansatz zum Erschließen sonst nicht erfaßbarer Kriterien und Ressourcen gefunden und eine frühzeitige gesetzliche Zementierung vermieden. Zudem galt es, konfligierende Gesichtspunkte zu beachten. Auf der einen Seite stand das gerade neu entstandene Demokratiebewußtsein, das nach einer Erhaltung der örtlichen Identität verlangte, auf der anderen Seite eine Siedlungsstruktur, die durch eine Vielzahl von Klein- und Kleinstgemeinden mit entsprechend geringer Verwaltungskraft geprägt war. Die Erfordernisse einer flächendeckenden Lösung und hinreichender Stabilität freiwillig ausgehandelter Verwaltungsgemeinschaften und Ämter implizierten jedoch letztlich – aber nicht zuerst – staatliche Regularien. So setzt etwa die Thüringer Kommunalordnung bei der Bildung von Verwaltungsgemeinschaften auch zukünftig weitgehend auf Freiwilligkeit, enthält aber eine grundsätzliche Mindesteinwohnerzahl von 5.000 je Verwaltungsgemeinschaft. Und die als Regel-Ausnahme-Verhältnis gefaßte Anerkennungspflicht ausgehandelter Verwaltungsgemeinschaften eröffnet dem Innenminister in eng begrenzten Fällen die Möglichkeit, aus „Gründen des öffentlichen Wohls" Verwerfungen zu korrigieren, um eine einheitliche und leistungsfähige Verbandsstruktur zu befördern. Gleichzeitig soll auf diese Weise die Ausklammerung einzelner Gemeinden sowie die Nichtbeachtung räumlicher, sozialer und (partiell auch) historischer Zusammenhänge vermieden werden.

Mecklenburg-Vorpommern hat deswegen die Anzahl seiner Landkreise von 31 auf 13 reduziert. In Brandenburg schrumpft die Zahl der Kreise von 38 auf 14 und von den ehemals 6 kreisfreien Städten verbleiben lediglich 4. Aber auch die Länder mit Regierungspräsidien bzw. Bezirksregierungen spüren die Notwendigkeit, eine leistungsfähigere Kreisebene zu errichten. In Sachsen hat die Landesregierung die Halbierung der Anzahl der Kreise vorgeschlagen (von 48 auf 23), währenddem die 6 kreisfreien Städte ihren Status behalten sollen. In Sachsen-Anhalt ist man bestrebt, die Zahl der Landkreise von vormals 37 auf 21 zu beschränken, wobei auch hier die ehemals kreisfreien Städte (3) erhalten werden. Und auch in Thüringen konnten sich die Regierungsparteien auf eine Reduktion der Kreise von 35 auf 17 einigen (Goetz 1993: 456).

Bei der Vielzahl von Klein- und Kleinstgemeinden mit kaum nennenswerten Verwaltungskörpern und weiterhin vollständig ehrenamtlich arbeitenden Vertretungsorganen ist aber auf Dauer wohl nicht ohne eine die untere lokale Ebene einbeziehende Verwaltungsreform auszukommen. Statt eine durchgängige kommunale Neugliederung durchzuführen, wurden hier verschiedene landesspezifische Formen der Kooperation auf kommunaler Ebene entwickelt, bei denen die kleineren Gemeinden jeweils ihre Selbständigkeit behalten, ihre administrativen Ressourcen aber gebündelt werden.

Mecklenburg-Vorpommern und Brandenburg haben Amtsverfassungen eingeführt, wonach kleinere Gemeinden (in der Regel unter 2.500 Einwohnern) zu Körperschaften des öffentlichen Rechts (Ämtern) zusammengeschlossen werden, denen durch Landesgesetz oder freiwillige Entscheidungen im Rahmen des Landesgesetzes weitreichende Aufgaben der kommunalen Selbstverwaltung zur Ausführung übertragen werden. Nach der ausgiebiger gehaltenen Amtsordnung in Mecklenburg-Vorpommern werden die Ämter von einem Amtsausschuß geleitet, deren Mitglieder neben den Bürgermeistern der beteiligten Gemeinden aus den Reihen der Gemeindevertretungen zu wählen sind. Der Amtsausschuß stellt zur Leitung seines Verwaltungskörpers einen leitenden Verwaltungsbeamten ein und wird durch einen aus seiner Mitte gewählten Amtsvorsteher vertreten. Die Ämter sollten dabei nicht weniger als 5.000 Einwohner (und mindestens 5 Gemeinden, Brandenburg) umfassen. Sie werden durch freiwilligen Zusammenschluß oder Rechtsverordnung der Landesregierungen gebildet. In Brandenburg überläßt die spärlichere Amtsordnung die Ausgestaltung des Innenverhältnisses der Akteure im Gemeindeverband stärker den beteiligten Gemeinden. In Mecklenburg-Vorpommern sind auf diese Weise aus rd. 1.090 Klein- und Kleinstgemeinden insgesamt 123 Ämter mit einer durchschnittlichen Größe von ungefähr 5.500 Einwohnern gebildet worden, denen nur noch 53 „amtsfreie" Gemeinden gegenüberstehen.

Sachsen, Sachsen-Anhalt und Thüringen präferieren das Modell der Verwaltungsgemeinschaften. Sie bilden ähnliche Kooperationsformen wie die Ämter aus und führen bei einzelnen Regelungsunterschieden, die insbesondere die Freiwilligkeit des Beitritts („Kann-Lösung" in Sachsen-Anhalt, „Soll-Lösung" für Gemeinden unter 3.000 Einwohnern in Thüringen) oder den übertragenen Aufgabenumfang, (gesetzlicher Übergang aller Aufgaben des übertragenen Wirkungskreises z.B. in Thüringen) betreffen, zu vergleichbaren gemeindeverbandlichen Organen (Gemeinschaftsausschuß bzw. Gemeinschaftsversammlung als kollektives Leitungsorgan; ehrenamtlicher Vorsitzender des Gemeinschaftsausschusses und hauptamtlich bestellter Leiter des gemeinsamen Verwaltungsamtes in Sachsen-Anhalt, auf 5 Jahre gewählter hauptamtlicher Vorsitzender der Gemeinschaftsversammlung in Thüringen). In Thüringen existieren gegenwärtig 154 Verwaltungsgemeinschaften, von denen nur 19 – auf der Grundlage der seinerzeit gültigen vorläufigen Kommunalordnung (VKO) – durch Rechtsverordnung gebildet wurden. Die erwünschte Mindesteinwohnerzahl von 5.000 erreichen dabei nur 40, während 50 Verwaltungsgemeinschaften zwischen 3.000 und 5.000 Einwohner haben und 64 sogar weniger als 3.000. Liegen die Vorteile der Verwaltungsgemeinschaften in der gebündelten Verwaltungskraft, so wird die Finanzsituation der Gemeinden dadurch allerdings nicht beeinflußt. Der Grundsatz, jeder Gemeinde ohne Rücksicht auf ihre Größe die Selbständigkeit zuzubilligen, läuft somit Gefahr, durch die faktischen Probleme konterkariert zu werden. Der Zusammenschluß zu Einheitsgemeinden scheint deshalb mindestens im Einzelfall unumgänglich zu bleiben. Im Beispiel Thüringen gibt es bereits 85 Eingemeindungen (55 davon durch Rechtsverordnung) und 16 Gemeindezusammenschlüsse (die 62 Gemeinden umfassen). Zur Erhaltung örtlicher Identität und Bürgernähe wurde hier die Möglichkeit der Ortschaftsverfassung im Rahmen einer Kommune geschaffen (§ 45 ThürKO), wobei aber schon ein Blick in den Kompetenzkatalog vor übertriebenen Erwartungen an Wirkung und Handlungsmöglichkeiten warnen sollte.

Mit der kommunalen Neugliederung insgesamt sind eine Reihe von Präferenzentscheidungen verbunden, die sich häufig auch in politischen Interessenkonflikten und Auseinandersetzungen niederschlagen. Hierzu gehören insbesondere die Gestaltung der Stadt-Umland-Beziehungen, der konkrete Neuzuschnitt der Kreise und die Bestimmung des Kreissitzes.

Stadt-Umland-Zusammenarbeit ist dabei grundsätzlich in mehreren Formen möglich, die von lockeren, fallweisen Absprachen über institutionelle Regelungen (z.B. Zweckverbände) bis zur Eingliederung von Orten in die Kernstadt reichen. In Thüringen wies bespielsweise die Sachverständigenkommission ausdrücklich darauf hin, daß gerade die kreisfreien Städte im Interesse ihrer Entwicklungsfähigkeit auf eine gewisse Ausdehnung ihrer Gebietshoheit angewiesen sind (Thüringer Sachverständigenkommission Gebietsreform 1993). Zudem darf die, in der Regel raschere Entwicklung des Umlandes nicht zu Lasten der Städte gehen, die oftmals die für die Gewerbeansiedlungen in den Umlandgemeinden notwendigen Infrastrukturmaßnahmen tragen. In diesem Zusammenhang ist eine gewisse Präferenz für die Bildung von Sektoralkreisen gegenüber sogenannten Mantel- oder Kragenkreisen ersichtlich (Schnabel/Hasenpflug 1993: 403; Meyn 1993: 412), wonach mehrere Kreise aus verschiedenen Richtungen an die Kernstadt angelagert werden. Umschließt dagegen nur ein Kreis die Kernstadt, dann ist diese bei allen Entwicklungen und der Gestaltung von Verflechtungsbeziehungen unilateral auf diesen Kreis angewiesen, was letztlich ständige Auseinandersetzungen um Konzessionen nahelegt. Umgekehrt kann aber auch eine große Stadt einen Landkreis dominieren.[8] Allerdings darf diese Frage auch nicht dogmatisch beurteilt werden, insbesondere wenn die räumliche Ausdehnung der Kernstadt prognostisch eher gering ausfällt. So spricht auch aus Sicht der Kreise manches gegen sektorale Zuschnitte, da der im Hinterland gelegene Kreissitz seine Katalysatorenfunktion für die kommunale und regionale Entwicklung oft nur ungenügend wahrnehmen kann (Pappermann/Stollmann 1993: 243f.).

Das Stadt-Umland-Problem wird jedoch auch nach der Reform im Verhältnis Landkreis-kreisangehörige Stadt latent bestehen bleiben. Einerseits sind kreisangehörige Städte einer gewissen Größe (landesplanerisch sogenannte Mittelzentren) nicht in dem Maße wie die kleinen Gemeinden auf Unterstützung und Verwaltungshilfe des Kreises angewiesen und tragen andererseits wegen ihrer relativ großen Finanzkraft oft überproportional zur Finanzierung von Kreisaufgaben bei. Dies spitzt sich oft zu einer gewissen „Kreismüdigkeit" zu, die die notwendige Ausgleichsfunktion der Kreisebene verkennt. In Thüringen beispielsweise hatte deshalb die Sachverständigenkommission „Funktionalreform" zur Lösung des Problems den Status einer „Großen kreisangehörigen Stadt" vorgeschlagen, der ein Teil der sonst von den Landratsämtern wahrgenommenen staatlichen Aufgaben im übertragenen Wirkungskreis zuständigkeitshalber übertragen werden sollte (Thüringer Sachverständigenkommission Funktionalreform 1993). Dabei wurde ein Einwohnerschwellenwert von 30.000 Einwohnern vorgeschlagen, der in Thüringen auf 9 kreisangehörige Städte zutrifft. Zwar enthält § 6 IV der Thüringer Kommunalordnung den Status der „Großen kreisangehörigen Stadt", verzichtet aber auf eine Mindesteinwohnerzahl und auf eine generelle Aufgabenübertragung.[9]

Heftig umstritten und im Mittelpunkt der öffentlichen Diskussion war letztlich die Festlegung des Kreissitzes. Diese Frage wurde oft mit einer Entscheidung über die wirtschaftliche Entwicklung des eigenen Gebietes verbunden. Der Verlust des Kreissitzes hat deshalb weitgehende Ausgleichsmaßnahmen

---

8 So stellt sich das Problem z. B. im Großraum Halle-Leipzig, wo die Stadt Halle mit 315.000 Einwohnern und einer Fläche von 135 km^2 vom Saalekreis mit 628 km^2 aber nur 65.000 Einwohnern umgeben wird. Auch die 1998 kreisfreie Stadt Eisenach wird vom neuen Wartburgkreis ringförmig umgeben, ebenso findet sich um die Stadt Weimar ein Mantelkreis (von dem die Thüringer Sachverständigenkommission abgeraten hatte).

9 Der Status wird auf Antrag im Einzelfall durch Rechtsverordnung verliehen, die auch über den zu übertragenden Aufgabenbestand entscheidet.

erforderlich gemacht, die neben finanziellen Hilfen der Landesregierung[10] auch in der Verlagerung von staatlichen Behörden liegen können. Seltener aufgegriffen wurde ein Expertenvorschlag, den Kreissitz möglichst in die kreisfreie Stadt zu legen (so Thieme 1993). Schon seine Bedeutung als politisch-administrativer Kristallisationspunkt und Zentrum für medizinische, kulturelle und gewerbliche Belange (also nicht nur bloßem Verwaltungssitz) läßt die Wahl eines Mittelzentrums mit ausreichendem Abstand zur kreisfreien Stadt als nachvollziehbar erscheinen. Dabei wurde meist einem bereits vorhandenen Kreissitz der Vorrang gegeben, was auch durch pragmatische Fragen, wie einer vorhandenen personellen und sachlichen Grundausstattung und eines damit verbundenen leichteren Arbeitsbeginns, diktiert wurde.

Der Erfolg der Gebietsreform wird in den neuen Ländern in Zukunft vor allem auch daran gemessen werden, ob sie die Kreisstufe befähigt, im Zuge einer Funktionalreform weitere Aufgaben zu übernehmen, was den inneren Zusammenhang beider Reformen unterstreicht. Die kleinen Kreise behindern eine ansonsten sinnvolle Kompetenzanreicherung der kommunalen Selbstverwaltung auf dieser Stufe und auch der Bündelungseffekt der Landratsämter als untere staatliche Verwaltungsbehörde und die damit verbundene Ein- bzw. Angliederung derzeit noch existierender Sonderbehörden (mit innerem Zusammenhang zur allgemeinen staatlichen Verwaltung) funktionieren nur mit entsprechenden Räumlichkeiten und Verwaltungskapazitäten. So gibt es beispielsweise in Thüringen gegenwärtig noch Katasterämter als untere Katasterbehörden. Deren Ausrichtung auf kommunale Arbeitsschwerpunkte (z.B. Erschließung neuer Gewerbegebiete) und die Verzahnung mit anderen Ämtern (z.B. Hoch- und Tiefbau, Umwelt etc.) läßt ihre Eingliederung in die Landratsämter aber sachgerecht erscheinen. Auch die differenzierte Dienstleistungseinheit Gesundheitsamt, die ihren Auftrag nur in einem engen Kontakt mit zahlreichen kommunalen Dienststellen erbringen kann (Ordnungsamt, Sozialamt, Jugendamt etc.) erfordert eine Eingliederung in die Kreisverwaltung. Die Aufgaben der Schulaufsicht benötigen ebenfalls größere Verwaltungskapazitäten. Dabei sieht man im Thüringer Beispiel in diesem Fall nur eine, bisher noch nicht näher konkretisierte „Angliederung" der betreffenden Ämter vor. Gleiches gilt für die derzeit noch als Sonderbehörden organisierten Landwirtschaftsämter.

---

10 So sieht etwa §31 des Thüringischen Neugliederungsgesetzes für die Dauer von fünf Jahren erhebliche Anpassungshilfen vor (jährlich einen Sockelbetrag von 1 Mio. DM sowie pro Einwohner des bisherigen Landkreises – ohne die Kreisstadt – einen Betrag von 18 DM und für die Dauer von drei Jahren für besonders strukturschwache Gemeinden eine Anpassungshilfe von 4,5 Mio. DM.).

5. Ausblick

Der Aufbau von demokratischen und funktionsfähigen Institutionen und Verwaltungsstrukturen setzt entsprechende verfassungsrechtliche Grundlagen voraus, die in den Ländern der ehemaligen DDR inzwischen geschaffen worden sind. Die Bauprinzipien einer demokratischen Verfassung können aber immer erst mit Hilfe einer konkreten Verwaltungsarchitektur Gestalt annehmen. Wie gut oder schlecht die Vorlagen dafür sein mögen, die Hervorbringung eines politisch-administrativen Systems bleibt dennoch immer singuläre Konstruktionsarbeit, für deren Gelingen es keine vorab erteilten Garantien gibt. Dies gilt um so mehr, wenn sich alle Bereiche einer Gesellschaft wie im Falle der ehemaligen DDR in einem umfassenden und noch auf lange Sicht nicht abgeschlossenen Transformationsprozeß befinden.

Politische Institutionen und Administrationen können in einem demokratischen Staatsgebilde nur eigenständig Aufgaben wahrnehmen, wenn sie sich auf aktives Handeln stützen können. Dies gilt für professionelle Verwaltungskörper ebenso wie für gesellschaftliche Interessengruppen und mit zeitlich befristeten Mandaten ausgestattete Politikerinnen und Politiker. Ein schwieriger Verwaltungsneu- und -umbau ist deshalb nicht nur auf veränderte Apparate und Vollzugsprinzipien, sondern auch auf einen tätigen Einstellungswandel unter den beteiligten Akteuren angewiesen. Er erfordert aktive Anpassungsbereitschaft und Neuorientierung auf seiten des Verwaltungspersonals genauso wie bei den auf eine leistungsfähige Verwaltung angewiesenen Bürgerinnen und Bürgern. Wirtschaftlicher Neuaufbau, die Reorganisation des politischen Institutionensystems sowie die Entfaltung einer zivilgesellschaftlichen Sphäre der Interessenartikulation und -vermittlung sind wechselseitig voneinader abhängig.

Nach der Verfassungskonstitution wird die Verwaltungsreorganisation in der ehemaligen DDR von den Länder- und Kommunalregierungen weiter betrieben werden. Dem Gelingen der Gebiets- und Verwaltungsreform sowie einer Reprofessionalisierung des Verwaltungspersonals fallen dabei Schlüsselrollen zu. Gezielte und angemessene Weiterbildungsangebote sowie der Aufbau einer qualifizierten Ausbildung auch durch die Verwaltungsfachhochschulen der Länder erhalten ein besonderes Gewicht. Gleichzeitig mit dem Aufbau einer rechtsförmig handelnden Verwaltung und parlamentarisch-demokratischer Willensbildungsformen rutscht die ehemals sozial homogene und in ihren materiellen Grundbedürfnissen gesicherte DDR-Gesellschaft gegenwärtig jedoch in einen Prozeß sozialer Differenzierung, der einen Großteil der Bevölkerung mit wahrscheinlich nicht nur kurzzeitiger Arbeitslosigkeit und vorher nicht gekannten Notlagen konfrontiert. Während der neue Rahmen für politische Demokratie in den Ländern und Kommunen im Entstehen begriffen ist, könnte den gesellschaftlichen Voraussetzungen für breite politische und kulturelle Teilhabe auf diese Weise gerade die Grundlage entzogen werden.

Der Aufbau dezentraler Institutionen und Verwaltungen kommt voran. Er kann sich auf eine Vielzahl westlicher Expertinnen und Experten stützen, führt aber auch immer mehr ostdeutsche Akteure in entscheidende Positionen. Die Politik- und Verwaltungsstrukturen bekommen ein neues, inzwischen bereits deutlich länderspezifisches Gesicht, doch haben sie mit eben diesem Dilemma zu kämpfen und werden sich dessen auch nicht so schnell entledigen: Zum einen sind Formen für offene gesellschaftliche Interessenartikulation gefunden, zum anderen werden die sozialen Verhältnisse, die Verfügung über Ressourcen, die Möglichkeiten zur gesellschaftlichen Einmischung und persönlichen Lebensplanung polarisiert. Vor diesem Hintergrund werden mit viel Engagement aller Beteiligten leistungsfähige Verwaltungsstrukturen aufgebaut – die jedoch sofort in einen Wettlauf mit den vor Ort schnell wachsenden Problemen aus Wohnungsnot, Dauerarbeitslosigkeit und neuer Armut eintreten. Hier könnte die Versuchung wachsen, Verwaltungsmodernisierung nach erfolgtem Aufbau wieder ausschließlich als nach innen gerichteten Prozeß der Rationalisierung und Effizienzsteigerung zu begreifen, der auch ohne überfordernde Ansprüche auf Problemlösung und Klientelbezug auskommt. Kommunale Demokratie, frisch errungen, würde damit schon bald wieder exklusiver als in der Übergangsperiode werden und sich als reservierten Gestaltungsraum für neu abgemischte Eliten definieren.

Der Neuaufbau von dezentraler Verwaltung und dezentraler Politik vollzieht sich notwendig vor dem Hintergrund der ökonomischen und politischen Transformationsbedingungen, die seinen Rahmen abstecken. Hier sind fünf Bundesländer neu entstanden, deren Abgrenzung unter dem Gesichtspunkt wirtschaftspolitischer Steuerungsfähigkeit bemängelt werden kann. Dennoch bieten sie inzwischen verläßliche politische Strukturen auf, die den aministrativen Umbauprozeß vorantreiben. Die konkrete Ausbildung der territorialen Politikstrukturen, die Entscheidung über Mittelbehörden, Kreisreform und kommunale Kooperationsformen erhalten bereits ein jeweils landesspezifisches Gepräge. Dies ermöglicht auch in wachsendem Maße Identifikation mit den gefundenen kommunalen und regionalen Gliederungen. Wenn hier im Zuge des Neugliederungsprozesses erste politische Auseinandersetzungen stattfinden, Interessen beispielsweise von Landkreisen und einzelnen Städten mit Landesplanungen offen konfligieren, muß dies nicht als Katastrophe, sondern lediglich als Ausdruck neuer Normalität empfunden werden. Das System von „checks and balances" muß sich im öffentlichen Leben nach der Überwindung staatszentralistischer Strukturen neu einspielen.

Die Kommunalpolitik in den neuen Ländern wird im Vergleich zu Westdeutschland noch lange Besonderheiten aufweisen. Die kleinteiligere Gemeindestruktur und damit der stärkere Erhalt des ehrenamtlichen Elements bleibt in den praktischen Auswirkungen noch zu untersuchen. Beides könnte zur besseren Rückanbindung und Identifikation mit der Gemeindedemokratie führen, darf jedoch nicht mit einer faktischen Entleerung der Gestaltungskompetenz einhergehen. Deshalb bleibt die Frage spannend, welche neuen Handlungszentren sich in der dezentralen Politiklandschaft Ostdeutschlands herausbilden. Mit politischem Umbruch und territorialer Neugliederung werden die „vertikalen

Machtbeziehungen" (Wollmann 1993) gerade neu geordnet. Wenn sich die Landesregierungen etwa in Zukunft stärker zu Motoren einer regionalen Wirtschafts- und Entwicklungspolitik aufschwingen könnten, welche Handlungskörper stünden ihnen dann in der Fläche zur Verfügung? Können die Mittelzentren nicht nur zu administrativen Bündelungsbehörden werden, sondern auch wirtschafts- und beschäftigungspolitische Akteursnetzwerke ausbilden helfen, oder sind es eher die gestärkten Landkreise, um die sich lokale Interessenartikulation und -abgleich neu gruppieren?

Parallel dazu werden auch die „horizontalen Einflußzonen" neu bestimmt. Mit dem Umbau der lokalen Administration und der Institutionalisierung parlamentarischer Willensbildungsprozesse geht auch ein Wechsel in den Akteursszenen einher. In Ostdeutschland bereits fast überall direkt und für lange Perioden gewählte Verwaltungsspitzen werden hier in Zukunft zu den tragenden Figuren werden. Der Einfluß von engagierten Bürgergruppen, die sich um die Gestaltung der Umbruchphase verdient gemacht haben, wird vor dem Hintergrund der Etablierung eines neuen Institutionengefüges wahrscheinlich zurücktreten. Führt dies zu einer neuen Abschottung der kommunalen Apparate gegenüber demokratischer Einflußnahme oder kann der von ihnen ausgegangene Impuls zur Öffnung des lokalen Machtgefüges in neuen Formen bewahrt und weitergetragen werden? Kann sich das lokale Initiativen- und Parteienspektrum so verankern, daß es zum wirklichen Interessenmediator und Gegenüber einer sich zunehmend professionalisierenden Verwaltung wird?

Die kommunale und regionale Politik in den neuen Ländern wird noch auf lange Sicht mit einer Problemkumulation zu tun haben, die sie strukturell letztlich nur überfordern kann. Dennoch ist sie schon heute in der Lage, nicht nur für den Aufbau rechtsstaatlicher Verwaltungszüge und -abläufe zu sorgen, sondern auch Gestaltungsunterschiede zu erzielen – beim infrastrukturellen und wirtschaftlichen Neuaufbau ebenso wie im Ausbau demokratischer Verkehrsformen. Die jetzt geschaffenen politischen Institutionen müssen deshalb systematisch auf eine Stärkung ihrer strategischen Innovations- und Interventionsfähigkeit hin weiterentwickelt werden. Dies wird um so besser gelingen, je mehr sich die handelnden Akteure dabei auf eine selbstbewußte Politik der „Dezentralisierung von unten" (Benz 1993: 471) einlassen.

Literatur

Andersen, Uwe/Woyke, Wichard (Hrsg.), 1993: Handwörterbuch des politischen Systems der Bundesrepublik Deutschland, Opladen

Benz, Arthur, 1993: Reformbedarf und Reformchancen des kooperativen Föderalismus nach der Vereinigung Deutschlands, in: Wolfgang Seibel/Arthur Benz/Heinrich Mäding (Hrsg.) Verwaltungsreform und Verwaltungspolitik in den neuen Bundesländern, Baden-Baden

Bernet, Wolfgang, 1993: Zu Grundfragen der kommunalen Gemeindeverwaltungs- und Kreisgebietsreform in den neuen Bundesländern, Landes- und Kommunalverwaltung, Heft 12, S. 393-397

Derlien, Hans-Ulrich, 1993: Integration der Staatsfunktionäre der DDR in das Berufsbeamtentum: Professionalisierung und Säuberung, in: Wolfgang Seibel/Arthur Benz/Heinrich Mäding (Hrsg.) Verwaltungsreform und Verwaltungspolitik in den neuen Bundesländern, Baden-Baden

Eißel, Dieter, 1993: Rekonstruktion der Wirtschaft Ostdeutschlands? Eine Skizze der Strukturen und Problemlagen, in: ders. (Hrsg). Wirtschaftsstandort Ostdeutschland, Marburg

Entschließung, 1990: Verwaltungserledigung in den neuen Bundesländern, Entschließung des Gesamtvorstandes der kommunalen Spitzenverbände vom 26. 10. 1990, in: Stadt und Gemeinde, S. 421

Feddersen, Christoph, 1992: Die Verfassungsgebung in den neuen Ländern: Grundrechte, Staatsziele, Plebiszite, in: Die Öffentliche Verwaltung, H. 23

Frankfurter Rundschau: versch. Ausg., versch. Jahrg.

Glaeßner, Gert-Joachim, 1993: Vom „demokratischen Zentralismus" zur demokratischen Verwaltung, in: Wolfgang Seibel/Arthur Benz/Heinrich Mäding (Hrsg.) Verwaltungsreform und Verwaltungspolitik in den neuen Bundesländern, Baden-Baden

Gobrecht, Horst, 1990: Der neue Bundesstaat braucht starke Länder: Die Neugliederung ist aktuell, in: Zeitschrift für Rechtspolitik 26, S. 72 ff.

Goetz, Klaus H., 1993: Rebuilding Public Administration in the New German Länder: Transfer and Differentiation, in: West European Politics, Vol. 16, No 4

Hauschild, Christoph, 1991: DDR: Vom sozialistischen Einheitsstaat in die föderale und kommunale Demokratie, in: Bernhard Blanke (Hrsg.) Staat und Stadt. Systematische, vergleichende und problemorientierte Analysen „dezentraler" Politik, Opladen

Hill, Hermann, 1987: Die politisch-demokratische Funktion der kommunalen Selbstverwaltung nach der Reform, Baden-Baden

Hoffmann, Gert, 1992: Die staatliche Mittelinstanz in den neuen Bundesländern, in: Die Öffentliche Verwaltung, H. 16

König, Klaus, 1991: Verwaltung im Übergang. Vom zentralen Verwaltungsstaat in die dezentrale Demokratie, in: Die Öffentliche Verwaltung, H. 5

König, Klaus, 1993: Transformation einer real-sozialistischen Verwaltung in eine klassisch-europäische Verwaltung, in: Wolfgang Seibel/Arthur Benz/Heinrich Mäding (Hrsg.) Verwaltungsreform und Verwaltungspolitik im Prozeß der deutschen Einigung, Baden-Baden

Lehmbruch, Gerhard, 1993: Institutionentransfer. Zur politischen Logik der Verwaltungsintegration in Deutschland, in: Wolfgang Seibel/Arthur Benz/Heinrich Mäding (Hrsg.) Verwaltungsreform und Verwaltungspolitik im Prozeß der deutschen Einigung, Baden-Baden

Lörler, Sighart, 1993: Probleme einer zweistufigen Landesverwaltung in einem Flächenstaat, in: Die Öffentliche Verwaltung, H. 6

Meyn, Karl-Ulrich, 1993: Die Gebietsreform in Thüringen – Das Konzept der Sachverständigenkommission des Innenministers, in: Landes- und Kommunalverwaltung, Heft 12, S. 408-413

Neckel, Sighard, 1992: Das lokale Staatsorgan. Kommunale Herrschaft im Staatssozialismus der DDR, in: Zeitschrift für Soziologie, H. 4

Pappermann, Ernst/Stollmann, Frank, 1993: Kreisgebietsreform in den neuen Bundesländern, Kriterien für den Zuschnitt des Kreisgebietes und die Bestimmung des Kreissitzes, in: Neue Zeitschrift für Verwaltungsrecht, Heft 3, S. 240-246

Pfeifer, Ernst-Ulrich, 1993: Die Kreisgebiets- und Gemeindeverwaltungsreform in Sachsen-Anhalt, in: Landes- und Kommunalverwaltung, Heft 12, S. 405-408

Pitschas, Rainer, 1993: Verwaltungsreform in den neuen Bundesländern und technische Infrastruktur, in: Wolfgang Seibel/Arthur Benz/Heinrich Mäding (Hrsg.) Verwaltungsreform und Verwaltungspolitik in den neuen Bundesländern, Baden-Baden

Roggemann, Herwig, 1993: Die deutsche Einigung als rechts- und verfassungspolitische Herausforderung, in: Wolfgang Seibel/Arthur Benz/Heinrich Mäding (Hrsg.) Verwaltungsreform und Verwaltungspolitik im Prozeß der deutschen Einigung, Baden-Baden

Sachverständigenkommission, 1973: Sachverständigenkommission für die Neugliederung des Bundesgebiets: Vorschläge zur Neugliederung gemäß Art. 29 des Grundgesetzes, Bonn

Scheytt, Oliver, 1992: Reorganisation der kommunalen Selbstverwaltung, in: Christof Rühl (Hrsg.) Probleme der Einheit, Bd. 5. Institutionelle Reorganisation in den neuen Ländern - Selbstverwaltung zwischen Markt und Zentralstaat, Marburg.

Schmidt-Aßmann, Eberhard, 1988: Kommunalrecht, in: Ingo von Münch (Hrsg.) Besonderes Verwaltungsrecht, Berlin, New York, 8. Auflage

Schnabel, Fritz/Hasenpflug, Henry, 1993: Kreisgebietsreform in Sachsen, in: Landes- und Kommunalverwaltung, Heft 12, S. 402-405

Scholler, Heinrich, 1990: Grundzüge des Kommunalrechts in der Bundesrepublik Deutschland, Heidelberg, 4. Auflage

Schwanengel, Wito, 1992: Schwierigkeiten und Chancen beim Aufbau der Verwaltung in Thüringen, Hochschule für Verwaltungswissenschaften Speyer (Hrsg.) Speyerer Arbeitshefte 95, Speyer

Seibel, Wolfgang, 1993: Ein vorläufiges Resümee, in: Wolfgang Seibel/Arthur Benz/Heinrich Mäding (Hrsg.) Verwaltungsreform und Verwaltungspolitik in den neuen Bundesländern, Baden-Baden

Sommermann, Karl-Peter, 1993: Verfassungsprobleme im vereinten Deutschland, Speyerer Forschungsberichte, Nr. 117

Sturm, Roland, 1991: Die Zukunft des deutschen Föderalismus, in: Ulrike Liebert/Wolfgang Merkel (Hrsg.) Die Politik zur deutschen Einheit, Opladen

Sturm, Roland, 1994: Integration ohne Dezentralisierung: Die ökonomische Modernisierung der ostdeutschen Länder, in: Udo Bullmann (Hrsg.) Die Politik der dritten Ebene. Regionen im Europa der Region, Baden-Baden

Thieme, Werner, 1992: Kreisgebietsreform in Mecklenburg-Vorpommern (Gutachten), o. O. (unveröffentlicht)

Thüringer Sachverständigenkommission Funktionalreform, 1993: Bericht der Sachverständigenkommission „Funktionalreform“ zur Aufgabenzuweisung auf kreisfreie Städte, die Landkreise und den kreisangehörigen Raum im Land Thüringen, Erfurt (unveröffentlicht)

Thüringer Sachverständigenkommission Gebietsreform, 1993: Empfehlungen der Thüringer Sachverständigenkommission Gebietsreform, in: Thüringische Verwaltungsblätter, Sonderheft 1993, S. 73-75

Winkler, Wolfgang, 1992: Überlegungen zur Gebietsreform in Thüringen, Thüringische Verwaltungsblätter, Sonderheft 1992, S. 242-247

Wollmann, Hellmut, 1991: Kommunalpolitik und -verwaltung in Ostdeutschland: Institutionen und Handlungsmuster im „paradigmatischen“ Umbruch. Eine empirische Skizze, in: Bernhard Blanke (Hrsg.) Staat und Stadt, Opladen

Wollmann, Hellmut/Jaedicke, Wolfgang, 1993: Neubau der Kommunalverwaltung in Ostdeutschland, in: Wolfgang Seibel/Arthur Benz/Heinrich Mäding (Hrsg.) Verwaltungsreform und Verwaltungspolitik in den neuen Bundesländern, Baden-Baden

Alexander E. Meyer

Landespolitische Handlungsstrategien zur Wirtschaftsentwicklung und Beschäftigungssicherung in Thüringen

1. Einleitung

Der Umbau des politischen und ökonomischen Systems der ehemaligen DDR wirft zahlreiche Fragen und Probleme auf. Viele dieser Problemstellungen resultieren direkt aus dem Transformationsprozeß, andere existierten bereits vor der Wiedervereinigung der beiden deutschen Staaten, werden jedoch erst jetzt zunehmend öffentlich problematisiert, wie zum Beispiel der fehlende Wohnraum in den neuen Ländern.

Eines der signifikantesten Probleme des ökonomischen Umbaus ist die Arbeitslosigkeit, sie stellt eines der zentralen Probleme in den neuen Bundesländern dar.[1] Der Transformationsprozeß hat in den neuen Bundesländern bereits ganze Industriebereiche planiert und Hunderttausende in die Arbeitslosigkeit gedrängt. Die Bundesregierung übte sich lange Zeit in zweckoptimistischen Entwicklungsprognosen, verbunden mit Durchhalte- und Maßhalteappellen. Vor diesem Hintergrund ist es besonders interessant, welche Strategien zur Wirtschafts- und Beschäftigungsentwicklung die jeweiligen Landesregierungen verfolgen, die, mit den Problemen direkt konfrontiert, dem größten Handlungs- und Erfolgsdruck ausgesetzt sind. Welche Entwicklungsschwerpunkte werden hier gesetzt, welche Handlungskorridore eröffnet; wie wird dem massiven Arbeitsplatzabbau begegnet, welche arbeitsmarktpolitischen Weichenstellungen sind erkennbar und wie sollen die noch existierenden Industriestrukturen gesichert werden?

Dieser Aufsatz fokussiert die wirtschafts- und arbeitsmarktpolitischen Probleme und Handlungsstrategien in den neuen Bundesländern am Beispiel Thüringens. Zwar ist die Situation in Thüringen nicht durchgängig typisch für die neuen Bundesländer, vergleicht man z.B. mit Sachsen oder Mecklenburg-Vorpommern. Dennoch finden sich unter dem skizzierten Problemaufriß viele Parallelen, die eine begrenzte Generalisierung sinnvoll erscheinen lassen.

1 Die zusätzlich erschwerenden Parameter, die aus der existierenden Langzeitarbeitslosigkeit in den alten Bundesländern und der allgemeinen Rezession resultieren, sollen hier ausgeklammert bleiben.

Die Darstellung gründet sich im wesentlichen auf eine zum Jahreswechsel 1992/93 durchgeführte qualitative Studie,[2] die durch weitgehend offene Interviews mit Entscheidungsträgern in Thüringen versuchte, die teilweise unterschiedlichen Problemwahrnehmungen, Ansichten, Strategien und Handlungsansätze der landespolitischen Akteure, der oppositionellen Gruppierungen und der regionalen Ebenen in Thüringen darzustellen und zu bündeln. Durch diese „Bestandsaufnahme" sollte die Beantwortung der folgenden Fragen und Hypothesen ermöglicht werden:

- Welche spezifischen Weichenstellungen werden durch die Handlungsstrategien der zuständigen Fachministerien (Wirtschafts- und Sozialministerium) intendiert?
- Existieren in dieser auch historisch besonderen Situation einer komplexen wirtschaftlichen und gesellschaftspolitischen Transformation neben ausdifferenzierten „harten" Handlungsstrategien und konkreten Planungen auch Ansätze, die noch keine konzeptionelle Verfestigung im Sinne klarer Strategien erfahren haben („weiche" Handlungskonzepte)?

Wenn ja, handelt es sich bei diesen „weichen" Strategien um innovative Konzepte oder lediglich um Strategien des „Sich-Durchwurstelns"?

- Ergeben sich aus den Maßnahmen der Fachministerien Alternativen zur Bundespolitik in Form innovativer Konzepte?
- Existieren im Bereich der oppositionellen Akteure alternative bzw. innovative Handlungsansätze?
- Erscheinen die landespolitischen Strategien der Problemlage angemessen?

Nachfolgend wird zunächst die statistische Ausgangslage in Thüringen 90-92/93 kurz dargestellt. Daran anschließend werden die Einschätzungen und Strategien der Fachministerien und des DGB vorgestellt. Im 4. Kapitel werden die Daten im Sinne der oben skizzierten Fragestellungen analysiert und evaluiert, worauf als abschließendes Fazit Kapitel 5 folgt.

2. *Die Ausgangslage in Thüringen*

Von den 1,3 Mio. Berufstätigen Thüringens waren 1989 insgesamt 80% in den produzierenden Bereichen der Wirtschaft beschäftigt. Etwa jeder zweite Werktätige war in der Industrie tätig. Jeweils ein Zehntel aller Berufstätigen arbeitete in der Land- und Forstwirtschaft bzw. im Handel. Weitere 110.000 Berufstätige

---

2 Für diesen Aufsatz wurde das Datenmaterial der Untersuchung um die aktuellen Arbeitsmarktdaten ergänzt. (Stand: Sept. '93; Quellen: Angaben des Statistischen Landesamts; Wochenberichte des Deutschen Instituts für Wirtschaftsforschung; Angaben des DGB Landesverbands Thüringen).

waren in Bereichen beschäftigt, die im Jahr 1989 im amtlichen Berichtswesen nicht erfaßt wurden.[3]

Aus mangelnder Effizienz, überalterter Produktionstechnologie und arbeitsintensiven Fertigungsabläufen entstand in der DDR ein ständiger Arbeitskräftebedarf, der über die Vollbeschäftigung hinaus 90% der Frauen ins Erwerbsleben integrierte.[4]

Bei den Arbeitsmarktdaten der ehemaligen DDR ist natürlich zu berücksichtigen, daß in die Beschäftigtenbereiche auch zahlreiche Arbeitnehmer eingehen, die innerhalb eines bestimmten Bereiches bereichsfremde Tätigkeiten leisteten (Baubrigade, Küchenbrigade, Kindergarten, Reparatur- und Instandhaltung, Transportbereich usw.).

Beschäftigte nach Wirtschaftsbereichen (1989) :[5]

Industrie und produzierendes Handwerk	(607.992)	46,0%
Land- und Forstwirtschaft	(131.965)	10,0%
Handel	(125.393)	9,5%
Bauwirtschaft	80.055)	6,1%
Verkehrs-, Post- und Fernmeldewesen	(75.392)	5,7%
Sonstige produz. Zweige	(33.921)	2,6%
Bildung	(88.435)	6,7%
Gesundheits- und Sozialwesen	(84.474)	6,4%
Dienstleistende Wirtschaft	(40.934)	3,1%
Sonstige Bereiche	(52.796)	4,0%
Gesamt	(1.321.357)	100,0%

Beschäftigtenanteile im Industriebereich (1987) :[6]

Schwerindustrie[7]	15,7%
Maschinenbau	25,0%
Elektronik, Elektrotechnik, Gerätebau	23,8%
Leicht- und Textilindustrie	28,3%
Lebensmittelindustrie	7,2%

In der Branchenvielfalt der Thüringer Industrie sehen Experten – im Vergleich mit den anderen neuen Bundesländern – Vorteile für die marktwirtschaftliche Strukturanpassung. Der Anteil der gefährdeten Schwerindustrie liegt unter dem Durchschnitt der DDR, während der Bereich Metallverarbeitender Industrie in

3 Thüringen – Ein Statistisches Porträt. Hrsg. von den Bezirksämtern Erfurt, Gera und Suhl, Juni 1990; Datengrundlage 1989, also ohne die Kreise Artern, Altenburg und Schmölln!

4 Im Gegenzug sollte nicht übersehen werden, daß diese starke Einbindung ins Erwerbsleben den Frauen in der ehemaligen DDR ein relativ hohes Maß an gesellschaftlicher Partizipation ermöglichte! Parallel verlief die Entwicklung der Gehaltsstrukturen, die darauf abstellte, daß der Lebensunterhalt einer Familie in der Regel durch zwei Einkommen bestritten wurde.

5 HLT Wiesbaden, Zukunftsraum Hessen-Thüringen, Heft 6 & Fußnote 3.

6 HLT Wiesbaden, Zukunftsraum Hessen-Thüringen, Heft 9.

7 Energie-und Brennstoffindustrie, chemische Industrie, Metallurgie und Baumaterialindustrie.

Thüringen über bedeutende Kapazitäten in solchen Branchen verfügt, die nach den Maßstäben der DDR besonders innovativ waren, Elektrotechnik, Elektronik und Optik.[8]

Problematisch für Thüringen ist die extreme Monostrukturierung der industriellen Produktion, die über den sektoralen Abbau ganzer Industriebereiche auch zu regional extremen Arbeitslosenzahlen führte.

So wurden beispielsweise im Vergleichszeitraum Januar 1991 – Juli 1992 allein im Bereich des verarbeitenden Gewerbes in Thüringen 272.000 Arbeitsplätze abgebaut, dies entspricht einem Verlust von 65,2% der Arbeitsplätze in lediglich 18 Monaten![9]

Arbeitslose gesamt (8.92)	194.547	15,5%
Arbeitslose Männer	63.682	9,9%
Arbeitslose Frauen	130.865	21,5%
Arbeitslose gesamt (8.93)	199.142	16,8%
Arbeitslose Männer	66.723	10,9%
Arbeitslose Frauen	132.419	23,2%

Quelle: Statistisches Landesamt Thüringen

Die Arbeitslosenquote ist jedoch kein Ausdruck der realen Unterbeschäftigung. Der DGB Thüringen addiert zur Verdeutlichung der extremen Arbeitsmarktsituation alle Arbeitnehmer, die entweder arbeitslos sind oder aber nicht in einem „normalen" Arbeitsverhältnis stehen – d.h. alle, die nicht am ersten Arbeitsmarkt partizipieren können (Reg. Arbeitslose; ABM; Bildung und Umschulung; Kurzarbeit; Vorruhestand; Altersübergangsgeld; Pendler; Stille Reserve).

Im Herbst '92, zum Zeitpunkt der Untersuchung, waren nach diesem Modell 723.000 ArbeitnehmerInnen, das heißt 55% der Erwerbspersonen, ohne „normale" Arbeit.[10]

Aktuell wird die Bilanzierung der Unterbeschäftigung nicht mehr durch den DGB, sondern das Institut für Arbeitsmarkt- und Berufsforschung (IAB) vorgenommen. Nach der IAB-Berechnung waren im August 1993 in Thüringen 526.087 (36,2%) der ArbeitnehmerInnen ohne „normale" Arbeit. Der durch diese Zahlen entstehende Eindruck einer stark positiven Entwicklungstendenz beruht leider lediglich auf einer veränderten Berechnungsbasis. So geht das IAB in seinem Schlüssel von einem reinem Vollzeitäquivalent aus, darüber hinaus wird im Gegensatz zur DGB-Berechnung der (steigende) Bereich der Stillen Reserve wegen der schwierigen statistischen Lage gänzlich ausgeklammert.

8 HLT Wiesbaden, Zukunftsraum Hessen-Thüringen, Heft 9.

9 DGB Thüringen, „Entindustrialisierung ohne Ende"; Erfurt, Okt. 92.

10 Zusätzlich ist noch zu berücksichtigen, daß die Arbeitslosenquote in dieser Rechnung auf dem Stand der zivilen Erwerbspersonen von 1990 (!) basiert, also real noch „geschönt" ist.

3. Die Handlungsstrategien

3.1. Thüringer Sozialministerium

Für viele zusammengebrochene Industriebereiche war und ist nach Aussagen des Thüringer Ministeriums für Soziales und Gesundheit (TMSG) noch kein schlüssiges Konzept zur Hand, wie in größerer Dimension Arbeitsplätze erhalten bzw. neu geschaffen werden können. Da der wirtschaftliche Transformationsprozeß noch nicht abgeschlossen ist, muß mit einem weiteren Anwachsen der Arbeitslosen gerechnet werden. Zusätzlich rechnet das TMSG mit einem Anstieg der Arbeitslosigkeit in der ersten Hälfte 1993 aufgrund auslaufender AB-Maßnahmen in einer Größe von 15.000-20.000 Arbeitnehmern. Diese Zahl hat (Hintergrund: 68.000 laufende ABM) jedoch nur begrenzte Aussagekraft, da in der Gesamtzahl der laufenden ABM viele Maßnahmen enthalten sind, die im Herbst 91/Frühjahr 92 begonnen haben und somit erst im Herbst 1993 bzw. im Frühjahr 94 auslaufen.

Es ist weiterhin mit einem verstärkten Anstieg der Langzeitarbeitslosigkeit zu rechnen; auf ca. 10% schätzte das Ministerium im Okt. '92 den Anteil der Langzeitarbeitslosen an den Gesamtarbeitslosen.[11]

Eine zusätzliche Problematik zeigt sich in den aktuellen Erfahrungen mit Industrieneuansiedlungen, wie z.B. Opel oder Bosch in Eisenach. Hier bestätigen sich die Befürchtungen, daß auch größere Neuansiedlungen keine arbeitsmarktpolitische Lösung in relevanter Größenordnung bieten werden, da „High-tech"-Produktionsanlagen relativ wenig Arbeitsplätze schaffen. So hatte, trotz mehrerer erfolgreicher Neuansiedlungen im industriellen Bereich, der Vorzeigestandort Eisenach Ende 1992 eine Arbeitslosenquote von über 17%. Eine Beendigung des Arbeitsplatzabbaus ist jedoch selbst in dieser infrastrukturell guten Lage noch nicht zu erkennen. Bis zum August '93 stieg die Arbeitslosenquote in Eisenach auf 18,8% an.

Selbst geostrategische und infrastrukturelle Vorteile, die Neuansiedlungen erleichtern, können also einen weiteren Anstieg der Arbeitslosigkeit oftmals nicht verhindern.

Aufgrund aller vorgenannten Daten, Einschätzungen und Prognosen kommt dem zweiten Arbeitsmarkt in den neuen Bundesländern deshalb eine wichtige Funktion zu.

Die Finanzierung der bisherigen Maßnahmen dürfte – unbenommen der Feststellung, daß sie insgesamt zu gering bemessen sind – für 1994 gesichert sein (EG-, Bundes- und Landesmittel). Mit dem Programm „Arbeit für Thüringen" (erstmals aufgelegt 1991 mit 76 Mio. DM; 1992: 169 Mio. DM) will das TMSG die mit dem wirtschaftlichen Umstrukturierungsprozeß einhergehenden

11 Zur Entwicklung der Langzeitarbeitslosigkeit können aktuell (Herbst '93) keine Vergleichszahlen angeboten werden. Das Thüringer Landesarbeitsamt kann nach eigenen Angaben wegen der unzureichenden PC-Ausstattung der örtlichen Arbeitsämter die Langzeitarbeitslosen nur jährlich bilanzieren.

Entwicklungen am Arbeitsmarkt sozial begleiten und auch arbeitsmarktpolitisch kontrollieren.

Eine zusätzliche Belebung des Arbeitsmarktes erhofft sich das TMSG durch das neue Instrument „Umwelt Ost"; es soll die unproduktiven Lohnersatzleistungen Arbeitslosengeld und Arbeitslosenhilfe dazu verwenden, daß in den neuen Bundesländern zusätzliche Arbeitsplätze in sechsstelliger Dimension entstehen.

Übersicht: Planung der Arbeitsmarktpolitischen Fördermaßnahmen des TMSG für 1993

Förderungsart:	Berechtigte:	max. Förderhöhe:	Mittelansatz:
Förderung von Arbeitsförderungs- und Beschäftigungs-gesellschaften	jede ABS	600.000 DM	10.500.000 DM
Förderung von Einrichtungen der Arbeitslosen-selbsthilfe	Arbeitslosenselbst-hilfeeinrichtungen	7.500 DM	im Punkt „ABS" beinhaltet
Verstärkte Förderung von ABM	ABM sind eine Leistung der Bundesanstalt für Arbeit. Gemäß § 96 AFG hat das TMSG zusätzlich 15.000.000 DM der Bundesanstalt für Arbeit zur Verfügung gestellt. ABM-Haushaltsansatz 1992: 45.000.000 DM.		
Förderung von Qualifizierungs-maßnahmen	Träger von Bildungsmaßnahmen	Gesamt -> davon ->	62.156.800 DM, 39.300.000 DM Komplementär-mittel des ESF
Beihilfen zur Existenz-gründung	Existenzgründer	265 DM pro Woche für maximal 52 Wochen	8.000.000 DM
Beihilfen zur Einstellung „Frauen"	Einstellendes Unternehmen	einmalig 7.000 DM Teilzeit = 4.000 DM	11.400.000 DM
Beihilfen zur Einstellung „Ältere AN."	Einstellendes Unternehmen	einmalig 7.000 DM Teilzeit = 4.000 DM	10.400.000 DM
Beihilfen zur Einstellung: „Sozialhilfe-empfänger"	Einstellendes Unternehmen	265 DM pro Woche für maximal 52 Wochen	8.800.000DM
Sonstige „freie" Einstellungs-beihilfen: Jugendliche, Behin-derte, Langzeit-arbeitslose u.a."	Einstellendes Unternehmen	265 DM pro Woche für maximal 26 Wochen	28.000.000 DM aus dem ESF

Quelle: Entwurf des Ministeriums

Gemessen an den Zielvorgaben scheint der nachfolgende Maßnahmenkatalog des TMSG adäquat; die Mittelausstattung ist jedoch offensichtlich völlig unzureichend, Tendenz fallend. Eine Prognose, wie sich die Mittelausstattung über 1995 hinaus entwickeln wird, erscheint derzeit hoch spekulativ.

Die in der vorstehenden Übersicht dargestellten arbeitsmarktpolitischen Maßnahmen des TMSG lassen sich grob in vier Kategorien einteilen. Um ein besseres Verständnis der Maßnahmen und der zugrundeliegenden Handlungsintentionen zu ermöglichen, werden diese vier Kategorien nachfolgend kurz erläutert.

1. Förderung von Gesellschaften zur Arbeitsförderung, Beschäftigung und Strukturentwicklung.
Die ABS-Gesellschaften haben die Aufgabe, quasi als Brücke Arbeitnehmer aus niedergehenden Branchen und/oder Betrieben aufzufangen und sie dann, wenn neue Beschäftigungsmöglichkeiten nachgewachsen sind, wieder in den regulären Arbeitsmarkt zurückzuführen. Die dazwischenliegende Zeit soll genutzt werden zur Qualifizierung der Arbeitnehmer sowie zur Durchführung von Arbeiten, die der Verbesserung der Infrastruktur dienen und privat nicht finanziert werden.

Dieses Instrument ist in einem Strukturanpassungsprozeß von besonderer Bedeutung. Die theoretischen Möglichkeiten einer Arbeitsplatzsicherung durch die Unterstützung von ABS-Gesellschaften sind allerdings viel zu wenig eingesetzt worden.

2. Verstärkte Förderung von ABM.
„Maßnahmen zur Arbeitsbeschaffung (ABM) sind das effizienteste, für das Individuum würdevollste und volkswirtschaftlich günstigste Instrument der Arbeitsmarktpolitik. Durch die aktive Einbeziehung in eine Tätigkeit ist ihr Stellenwert für die betroffenen Arbeitnehmer ein höherer als beim Erhalt anderer – finanzieller – Leistungen. Durch die im Rahmen von ABM verrichteten Tätigkeiten werden darüber hinaus Projekte realisiert, die gesellschaftlich wünschenswert sind“ (zitiert nach einer Beschreibung des TMSG).

Sicherlich ist es sinnvoller, in Arbeitsbeschaffung zu investieren, als Arbeitslosigkeit zu finanzieren. Die „Brückenfunktion“ von AB-Maßnahmen ist besonders in konjunkturellen Krisen sehr hilfreich. In einem strukturellen Anpassungsprozeß kann ABM nur begrenzt wirken, weil die maximale Laufzeit der Maßnahmen in einem solchen wirtschaftlichen Umbau zu kurz ist. Dadurch entfällt auch der durchaus gewollte Nebeneffekt von ABM, möglicherweise Dauerarbeitsplätze zu initiieren.

3. Förderung von Qualifizierungsmaßnahmen
Einer der wesentlichen Standortvorteile der neuen Bundesländer ist das hohe Ausbildungsniveau der Arbeitnehmer. Viele dieser früher erworbenen Ausbildungen benötigen heute jedoch eine Anpassungsqualifizierung, durch die Kenntnisse modernster Produktionstechnologien und Organisationsverfahren vermittelt werden. Zusätzlich sollen bestehe Defizite im Angebot bestimmter Bran-

chen und Berufe, v.a. im sozialpflegerischen und im Dienstleistungsbereich, durch entsprechende Qualifizierungsmaßnahmen verringert werden.

4. Verschiedene Beihilfen
Die Beihilfen sind eine Komponente des Programms „Arbeit für Thüringen". Ihr Ansatz besteht darin, eine Integration von Arbeitsförderung und Wirtschaftsförderung zu ermöglichen. Während sich bei anderen Maßnahmen nur indirekt eine Verbindung zu wirtschaftlichen Aktivitäten ergeben kann, z.B. bei berufsbegleitender Qualifizierung, ist diese Verbindung typisch für Beihilfeprogramme.

3.2. Thüringer Wirtschaftsministerium

Das Thüringer Ministerium für Wirtschaft und Verkehr (TMWV) verweist in seinen Analysen insbesondere auf die Problematik der industriellen Monostruktur.

Zur Illustration hier einige Beispiele ehemaliger regionaler Beschäftigungskonzentrationen.

Beispiele für Beschäftigungskonzentrationen in Thüringen:

Optische Industrie, Jena	27.000 Beschäftigte
Kalibergbau, Nord-und Südthüringen	24.000 Beschäftigte
Textilindustrie, Apolda/Greiz	25.000 Beschäftigte
Glas- u. Keramikindustrie, Ilmenau/Stadtroda	22.000 Beschäftigte
Büromaschinenbau, Sömmerda	19.000 Beschäftigte
Mikroelektronik, Erfurt	11.000 Beschäftigte

Diese Industriebereiche sind gravierend zurückgefahren worden. Zwar sollen die industriellen Standorte zumindest im Kern teilweise erhalten werden, daß TMWV ist jedoch skeptisch, inwieweit sie real marktfähig sein werden.

Als Beispiel für eine bislang zumindest partiell gelungene Konsolidierung ist sicherlich Jena zu nennen. Hier, in „Späth-City", findet die wirtschaftliche Entwicklung auch deutlich Niederschlag in einer relativ geringeren Arbeitslosenquote. Allerdings scheint diese positive Entwicklung weitgehend mit der Kompetenz, dem Bekanntheitsgrad und den Beziehungen des Hoffnungsträgers Lothar Späth gekoppelt, scheint daher als Modell nur bedingt übertragbar. Zusätzlich führt die zu einer prosperierenden Entwicklung notwendige Kapitalakkumulation hier zu einer Mittelkonzentration, die den Umstrukturierungsprozeß in Nord- und Südthüringen zunächst verzögert.

Aus seiner Einschätzung einer nur begrenzten Überlebensfähigkeit ehemaliger Industrieschwerpunkte setzt das TMWV intensiv auf Gewerbeneuansiedlungen. Die Neugründungen tragen nach Ansicht der Landesregierung wesentlich zur Schaffung mittelständischer Strukturen bei, nach Auffassung des TMWV ein wesentlicher Prozeß in der wirtschaftlichen Umstrukturierungsphase.

Die bisherige Entwicklung im Hinblick auf die Gewerbeanmeldungen wertet das TMWV als Erfolg seiner bisherigen Politik.

Problematisch erscheint jenseits dieser positiven Darstellungen allerdings die Tatsache, daß die Gewerbeanmeldungen deutlich rückläufig sind. Im Jahr 1990 gab es in Thüringen 97.000 Existenzgründungen (An- und Abmeldungen saldiert). Im Jahr 1991 wurden im Saldo lediglich noch 33.358 Gewerbeanmeldungen registriert, die ersten drei Monate im Jahr 1992 wiederum lagen deutlich unter dem Monatsmittel von 1991.

Von den 37.634 Gesamtanmeldungen (1.1.1991- 31.3.1992) entfielen auf:			
Industrie	1.810	=	4,8%
Handwerk	2.888	=	7,7%
Handel	14.495	=	38,5%
Sonstige (Gastgewerbe, Freie Berufe)	18.441	=	49,0%

Die Zahl der aus diesen Existenzgründungen resultierenden neuen Arbeitsplätze beziffert das Ministerium insgesamt auf ca. 470.000, wobei die Zahl der Arbeitsplätze nach Durchschnittswerten je Beschäftigungsbereich ermittelt wurde. Faktor ist die ungefähre Größe der pro Existenzgründung bereichsspezifisch geschaffenen Arbeitsplätze:

Geschaffene Arbeitsplätze:			
Industrie	1.810	x Faktor 50	= 90.500 Arbeitsplätze
Handwerk	2.888	x Faktor 3	= 8.664 Arbeitsplätze
Handel	14.495	x Faktor 20	= 290.000 Arbeitsplätze
Gastgewerbe	4.610	x Faktor 10	= 46.100 Arbeitsplätze
Freie Berufe	13.831	x Faktor 2	= 27.662 Arbeitsplätze

Quelle: Studie des TMWV zur Arbeitsmarkt- und Beschäftigungspolitik; eigene Berechnungen.

Es ist deutlich, daß bei den Gewerbeanmeldungen Handel und Sonstige (Gastgewerbe und Freie Berufe) die dominierenden Größen sind. Der Anteil von Industrie und Handwerk ist mit 12,5% der Gesamtgewerbeanmeldungen (= ca. 99.000 Arbeitsplätze) stark unterrepräsentiert. Der prozentual überdurchschnittlich an den Neugründungen beteiligte Handel (38,5%) ist zunehmend geprägt durch das Entstehen größerer Handelsketten bei gleichzeitiger Verdrängung kleinerer Handelseinrichtungen.

Leider geben die Darstellungen des Wirtschaftsministeriums keinen Aufschluß über die Verteilungen der 97.000 Existenzgründungen im Jahr 1990.

Die wirtschaftspolitische Zielsetzung des TMWV drückt sich in einer extremen Fülle von Einzelmaßnahmen aus.

Das Kernstück der Wirtschaftsförderung ist die Gemeinschaftsaufgabe „Verbesserung der regionalen Wirtschaftsstruktur". Schwerpunkt dieser Gemeinschaftsaufgabe ist die Förderung der gewerblichen Wirtschaft, die Förderung von Verkaufseinrichtungen im ländlichen Raum sowie die Verbesserung der wirtschaftsnahen Infrastruktur. Die Voraussetzungen zur Gewährung der Fördermittel regelt der 22. Rahmenplan zur Gemeinschaftsaufgabe, der im Rahmen einer „Positivliste" auch die förderfähigen Bereiche benennt. Die Finanzierung dieser Gemeinschaftsaufgabe erfolgt aus Bundes-, Landes- und EG-Mitteln einschließlich „Aufschwung Ost", die Vergabe nach den einheitlichen Kriterien des Rahmenplans durch den Wirtschaftsminister nach vorheriger Prüfung durch den Förderausschuß. Dieses *„Herzstück der Wirtschaftsförderung"* wird durch Landeszuschußprogramme der unterschiedlichsten Art ergänzt. Diese stellen auf jene Investoren ab, die nicht unter die Voraussetzungen der Gemeinschaftsaufgabe fallen. Weiterhin unterstützt das TMWV berufliche Aus- und Weiterbildung. Darüber hinaus existiert ein Programm zur MBO-Förderung, abgerundet wird die Unterstützung des Transformationsprozesses durch steuerliche Anreize, z.B. in Form von Investitionszulagen.

Nachfolgend auch hier eine Übersicht der Fördermaßnahmen des Ministeriums, um die jeweiligen Handlungsansätze zu verdeutlichen.

Übersicht der Wirtschaftsförderungsmaßnahmen

– *Förderung im Rahmen der Gemeinschaftsaufgabe „Verbesserung der regionalen Wirtschaftsstruktur"*

Im Rahmen der Verbesserung der „wirtschaftsnahen Infrastruktur" unterstützt das TMWV Gewerbegebietserschließungen mit Zuschüssen gestaffelt von 40- 70% der Erschließungskosten, wobei sich die unterschiedlichen Prozentsätze an der Strukturschwäche der jeweiligen Region orientieren. Die Regionen mit günstiger Lage zur den Hauptmagistralien der Autobahnen erhalten geringere Zuschüsse als die etwas entfernteren Gebiete, die maximale Förderquote erhalten die strukturschwachen Randlagen.

Die einzelbetriebliche Förderung im Rahmen der Gemeinschaftsaufgabe variiert ebenfalls nach der Strukturschwäche der Region und zusätzlich nach der Art der vorgenommenen Investition.

Die einzelgewerblichen Investitionszuschüsse betragen für:

- Errichtung bzw. Erwerb einer von Stillegung bedrohten Betriebsstätte bis zu 23%;
- Erweiterung einer Betriebsstätte bis zu 20%;
- Umstellung bzw. Rationalisierung bis zu 15%.

– *Förderung von Verkaufseinrichtungen im ländlichen Raum*

Gefördert werden kleine und mittlere Einzelhandelsunternehmen mit Sitz in Thüringen und einem Jahresumsatz bis 2 Mio. DM, die ein Vollsortiment im Sinn eines ländlichen Gemischtwarenhandels führen

- bis zu 23%, max. mit 100.000 DM.

– *Thüringer Zinszuschußprogramm*

Förderung von Gründung, Sicherung und Ausbau selbständiger kleiner und mittelständischer Unternehmen bis 150 Beschäftigte sowie von Angehörigen freier Berufe, die überwiegend für die gewerbliche Wirtschaft tätig sind. (Gilt nur, wenn keine Förderung im Rahmen der Gemeinschaftsaufgabe möglich ist.)

- Zinszuschuß als zusätzliche Hilfe, wenn alle anderen öffentlichen Finanzierungsmöglichkeiten ausgeschöpft sind (3,5% für den Hausbankkredit bis zu einer Dauer von 10 Jahren). Von höchstens 1 Mio. DM des förderfähigen Darlehensvolumens können bis zu 75% berücksichtigt werden.

– *Investitionszulagengesetz*

Die Investitionszulage ist eine steuerliche Fördermaßnahme, die neben den öffentlichen Investitionszuschüssen in Anspruch genommen werden kann. Grundlage ist das Investitionszulagengesetz 1991 (InvZulG 1991). Begünstigte Investitionen im Sinne dieser Vorschriften sind nach § 2 InvZulG und InvZulVO:

- die Anschaffung und Herstellung von abnutzbaren beweglichen Wirtschaftsgütern, die a) zum Zeitpunkt der Anschaffung oder Herstellung neu sind und

b) mindestens drei Jahre nach ihrer Anschaffung oder Herstellung
zum Anlagevermögen eines Betriebes oder einer Betriebsstätte im Fördergebiet gehören,
in einer Betriebsstätte im Fördergebiet verbleiben und
in jedem Jahr nicht mehr als 10 vom Hundert privat genutzt werden.

Die Zulagen sind nach Investitionszeiträumen gestaffelt.

A) Begünstigte Investitionen, die nach dem 30.6.1990 und vor dem 1.7.1992 abgeschlossen wurden, erhielten eine 12%ige InvZul.
B) Begünstigte Investitionen, die nach dem 30.6.1992 und vor dem 1.7.1994 abgeschlossen wurden, erhalten eine 8%ige InvZul.
C) Begünstigte Investitionen, die nach dem 30.6.1994 und bis zum 31.12.96 abgeschlossen werden, erhalten eine 5%ige InvZul.

Eine Verlängerung bzw. Erhöhung der InvZul wird diskutiert, so die Ausage des Befragten in der Wirtschaftsförderung, aber bislang sei keine Regelung abzusehen, die über das InvZulG hinausgehe.

An weiteren Förderprogrammen wären noch zu nennen:

- Förderung des Absatzes Thüringer Produkte;
- Regionalmesseförderungsprogramm;
- Messeförderungsprogramm;
- Exportberatungsprogramm.

Über diese speziell mittelstandsbezogenen Förderungen hinaus gibt es noch diverse Förderprogramme im Bereich Verkehr, Fremdenverkehr, berufliche Bildung, Energie und Technologie, insgesamt über 35 weitere Einzelfördermaßnahmen.

Dieser Maßnahmenkatalog macht deutlich, wie sehr das Wirtschaftsministerium im ökonomischen Umbau auf Gewerbeneuansiedlungen/Gewerbegründungen setzt.

Diese einseitige Ausrichtung ist keineswegs unproblematisch. Am Beispiel Eisenach wurde schon dargestellt, daß eine überwiegende Fixierung auf Neugründungen nicht in der Lage ist, Arbeitsplätze in benötigtem Umfang zu schaffen. Hier bedarf es eindeutig einer längerfristigen Stabilisierung vorhandener industrieller Strukturen bzw. Kerne, um deren Markt- und Entwicklungschancen überhaupt bewerten zu können. Dieser Bereich wurde, großteils irreparabel, vernachläßigt.

3.3. Deutscher Gewerkschaftsbund Thüringen

Die Wirtschaftsentwicklung in Thüringen ist nach Ansicht des DGB weiterhin rückläufig. Die Analyse der vorliegenden Daten zeigt im Wirtschaftsbereich eine Entwicklung auf, die den DGB zur Wahl des Begriffes der „Entindustrialisierung“ veranlaßte.

In Folge der ausgeprägten Monostruktur führt der Abbau in den einzelnen Industriebereichen zu einem extremen regionalen Beschäftigungsabbau, der in örtlichen Arbeitslosenquoten von bis zu 24% Ausdruck findet.

Der DGB Thüringen betont, daß neue Industrieansiedlungen nicht die erforderlichen Arbeitsplätze schaffen können. Daher die Forderung nach Erhaltung der noch bestehenden Industriekerne, eine Forderung, die seit 1991 erhoben wurde und nunmehr durch die faktische Entwicklung schon in weiten Teilen nicht mehr zu realisieren ist.

Noch nicht einmal die „Boombranche" Bau kann nennenswerte beschäftigungswirksame Impulse setzen. Chancen im Baubereich ergeben sich aktuell lediglich im Industriebau, wenn Betriebe durch die Treuhand vermehrt saniert werden, sowie im sozialen Wohnungsbau. Dieser muß nach den Vorstellungen des DGB zum Träger der Thüringer Baukonjunktur werden.

Aufgrund der Arbeitsmarktsituation ist es nach Meinung des DGB unabdingbar, die staatlich finanzierten Arbeitsmärkte nicht nur zu halten, sondern weiter auszubauen. Arbeitslosigkeit produziert nicht nur Kosten in Form von Leistungszahlungen (Arbeitslosengeld, Arbeitslosenhilfe), sie bewirkt auch ein volkswirtschaftliches Defizit, das sich aus den Mindereinnahmen infolge der Arbeitslosigkeit ergibt (Lohn- bzw. Einkommenssteuer entfällt; Einschränkungen des privaten Konsums und damit verbunden geringere Einnahmen aus indirekten Steuern). Noch nicht berücksichtigt sind hierbei die gesundheitlichen Folgekosten und die Kosten der Störung des sozialen Friedens, beides Bereiche, die sich einer monetären Bewertung weitgehend entziehen.[12] Finanzierte Arbeit sei insoweit nicht nur gesellschaftspolitisch wichtig, sondern auch ökonomisch vernünftig.

Aus der Situationseinschätzung resultieren die Forderungen des DGB an die politischen Entscheidungsträger.

Bezüglich der AB-Maßnahmen kritisiert der DGB, daß viele ABM lediglich temporär Beschäftigung absichern, ohne im geringsten einer möglichen Etablierung von Dauerarbeitsplätzen zu dienen (Pflege von Parkanlagen; Reparatur der Stadtmauer etc.). Der DGB fordert dagegen ABM-Stellen, die gezielt auf Qualifizierungen oder Existenzgründungen abstellen. Es stellt sich allerdings in Bezug auf die vergangenen zwei Jahre die Frage, ob diese DGB-Forderung, angesichts der enormen Verwerfungen, realistisch war.

Positiv schätzt der DGB die ABM im Bereich der sozialen Dienste ein, also von „Essen auf Rädern" bis Altenversorgung, Kinderbetreuung oder ähnliche, hier sind vielversprechende Ansätze, die sich auch wirtschaftlich tragen.

Ein wichtiger Punkt in den Strategien des DGB sind die Beschäftigungsgesellschaften. Die ursprüngliche Vorstellung war, bei Betriebsschließungen direkt ABS-Gesellschaften als Auffanggesellschaften zu etablieren, Qualifizierung zu betreiben und evtl. Betriebsteile auszugründen. Die Gesellschaften zur Arbeitsförderung, Beschäftigung und Strukturentwicklung (ABS) sollten also dezentral, „vor Ort", gegründet werden. Dies deckt sich auch mit den theoretischen Darstellungen des Sozialministeriums zum Thema ABS *(„...haben die*

---

12 Zu den Kosten der Arbeitslosigkeit siehe auch weiter unten, Kapitel 4, die modellhafte Berechnung zu den Kosten der Arbeitslosigkeit von J.Hiffschmid.

Aufgabe, quasi als Brücke Arbeitnehmer aus niedergehenden Branchen und/ oder Betrieben aufzufangen").

Die Realität sieht jedoch anders aus. Zwar gibt es um die vierzig ABS-Gesellschaften, die größte Zahl der AB-Maßnahmen konzentriert sich aber auf die wenigen großen ABS-Gesellschaften. Die Möglichkeit, regional Erwerbstätige aus Firmenschließungen durch ABS aufzufangen, wurden nicht in dem Umfang genützt, wie es nach Meinung des DGB sinnvoll und möglich gewesen wäre. Eine Auswirkung ist die Tatsache, daß von den ca. 68.000 ABM nur ca. 28.000 in ABS-Gesellschaften beschäftigt sind.

Ein zusätzliches Problem ist die zu große Fixierung vieler ABS-Gesellschaften auf ABM-Mittel. Teilweise ist dieses Problem den gesetzlichen Rahmenbedingungen geschuldet. ABM-Kräfte dürfen nach dem Arbeitsförderungsgesetz keine Bildungsmaßnahmen organisieren und betreiben, die dann vom Arbeitsamt über F&U bezahlt werden. (Diese Regelung schränkt u.a. auch die Tätigkeitsfelder der Arbeitsloseninitiativen stark ein.) Da die Beschäftigungsgesellschaften am Anfang weitgehend über ABM liefen – und häufig nur die Geschäftsführung mit Angestellten besetzt war –, haben viele aus diesem Grund keine Qualifizierung betrieben. In Beratungsgesprächen mit ABS-Gesellschaften hat der DGB immer für den Aufbau verschiedener, selbstständiger Bereiche plädiert. ABS-Gesellschaften, die ausschließlich auf den Bereich ABM setzen, sind finanziell in einer äußert fragilen Situation, da jede Mittelkürzung im ABM-Bereich das wirtschaftliche „Aus" bedeuten kann.

Nicht akzeptabel ist für den DGB eine Reduzierung Thüringens auf Handel, Güterverteilungszentren und Tourismus. Unter dem Stichwort „Sozialer Winter in Thüringen?" hat der DGB im Oktober '92 seine Handlungsstrategien/Forderungen zusammengefaßt, die hier nachfolgend kurz dargestellt werden. Die Übersicht soll den Vergleich dieser Forderungen mit den Maßnahmekatalogen der jeweiligen Fachministerien erleichtern.

– *Thüringen muß als Industriestandort erhalten bleiben.*

Dies ist die Aufgabe der Landesregierung. Dazu gehört auch, sich (ähnlich wie in Sachsen) direkt für die Sanierung traditionell gewachsener und regional bedeutsamer Unternehmen und Industriestrukturen einzusetzen. Dabei sind insbesondere ökologische Aspekte zu beachten.

Die noch verbleibenden Industriekerne müssen erhalten werden.

Auf noch vorhandene Strukturen müssen, soweit irgend möglich, Folgeindustrien aufgebaut werden.

– *Sanieren statt Privatisieren.*

Die Treuhand muß per Gesetz zur Sanierung verpflichtet werden, statt ausschließlich an der Privatisierung von Unternehmen festzuhalten.

Den betreffenden Unternehmen muß eine mehrjährige Sanierungszeit sowie Freiraum für eigene Entscheidungen eingeräumt werden.

Dabei sind von der Treuhand Managementhilfen ebenso zu gewährleisten, wie die finanzielle Förderung von Modernisierungsvorhaben und Existenzgründungen.

– *Arbeit statt Arbeitslosigkeit.*
Der DGB fordert von der Landesregierung und vom Bund das Programm: ‚Arbeit statt Arbeitslosigkeit‘, durch das in Thüringen in drei Jahren 100.000 Arbeitsplätze geschaffen werden sollen.

Aktive Arbeitsmarktpolitik erfordert auch, Thüringer Unternehmen stärker bei der Vergabe von Aufträgen zu berücksichtigen.

(‚Aufträge in Thüringen an Unternehmen in Thüringen!‘)

Vor dem Hintergrund der hohen Arbeitslosigkeit muß der zweite Arbeitsmarkt in breiter Form weiterentwickelt werden (ABS-Gesellschaften).

ABM und Qualifizierung müssen ohne Kürzungen weitergeführt werden.

Erforderlich ist für den DGB die Bildung eines ‚Landesaufbauministeriums für Arbeit‘, das die bisher auf unterschiedliche Ministerien und Bereiche verteilten Kompetenzen, Mittel und Instrumente zusammenfaßt und koordiniert. Zusätzlich sind Strukturbeiräte zu bilden, die die Arbeit in den Regionen koordinieren.

– *Die finanziellen Mittel müssen gezielt eingesetzt werden.*
Auf lange Sicht marktfähige Unternehmen müssen für eine angemessene Sanierungs- und Anpassungsphase unterstützt werden. Existenzgründungen aus ABM müssen eine angemessene Anschubfinanzierung erhalten.

Ausgründungen aus ABS-Gesellschaften müssen ebenfalls für eine Marktanpassungsphase unterstützt werden.

– *Wirtschaftlichen und sozialen Kollaps verhindern.*
Um den wirtschaftlichen Kollaps zu verhindern, muß die Förderung über den Fonds ‚Deutsche Einheit‘ fortgeführt werden.

Der zweite Arbeitsmarkt ist wie bisher aus Bundesmitteln weiter abzusichern.

Bundesregierung und Landesregierung haben die finanziellen Voraussetzungen zu schaffen, daß in den nächsten 10 Jahren jährlich 35.000 neue Sozialwohnungen in Thüringen gebaut werden. Damit soll die Wohnungsbaupolitik zugleich Träger der Thüringer Baukonjunktur werden.

– *Sozial gerechte Finanzierung der deutschen Einheit.*
Eine sozial gerechte Finanzierung der deutsche Einheit fordert nach Meinung des DGB die Einbeziehung folgender Maßnahmen:

- Arbeitsmarktabgabe auch für Beamte und Selbstständige
- Ergänzungsabgabe für nicht reinvestierte Unternehmensgewinne
- Einsparungen im Rüstungshaushalt
- Einsatz der Bundesbankgewinne zur Finanzierung der Einheit statt zur Tilgung der Altschulden des Bundes
- Subventionen im Wohnungsbau zugunsten des Sozialwohnungsbaus
- Einführung der von der EG geplanten Energie-Steuer
- Verzicht auf jegliche Netto-Steuerentlastung der Unternehmen.

4. Analyse und Evaluierung

In allen Gesprächen wurde explizit darauf hingewiesen, daß der Transformationsprozeß in den neuen Bundesländern keineswegs lediglich einen „Umbau“ darstellt, sondern ein originäres Ereignis ohne jede Parallele.

Der Niedergang der Industrie in Thüringen resultiert strukturell – neben den extremen Auswirkungen der Währungsumstellung vom Juli 1990 – aus dem Dualismus monostrukturierter Großkombinate und mangelnder Produktivität aufgrund überalterter Anlagen. Ein Mittelstand existierte nicht. Der direkte Markteintritt durch die Währungsunion führte die Großkombinate der ehemaligen DDR ohne jede Vorbereitung und ohne jede Anpassungschance in die marktwirtschaftliche Konkurrenz, der völlige Zusammenbruch weiter Teile der Industrie war die unmittelbare Folge. Zusätzlich brach der bis dato wichtige osteuropäische Markt kurzfristig weg, was auch moderneren und produktiveren Unternehmen die Spielräume zur langsamen Marktanpassung drastisch verengte.

In dieser Situation hätte, so stellt es sich aus heutiger Sicht fraglos dar, eine der zentralen Aufgaben der Landesregierung – neben der Förderung von Gewerbeneuansiedlungen – darin bestehen müssen, möglichst viele industrielle Arbeitsplätze über Fördermaßnahmen zunächst zu erhalten. Diese (langfristigen) Subventionen hätten sich primär an der Bestandssicherung und erst sekundär an der Wahrscheinlichkeit einer späteren – auch teilweisen – Marktbehauptung orientieren müssen. Dafür gibt es drei Gründe.

1. Die Sicherung eines bestehenden Arbeitsplatzes ist billiger als die Schaffung eines Neuen und wesentlich sinnvoller als die Finanzierung von Arbeitslosigkeit.
2. Mit der Sicherung bestehender industrieller Arbeitsplätze wäre auch die fachliche Qualifikation der Arbeitnehmer besser erhalten worden. Die Maßnahmen zur Qualifikationsverbesserung bzw. -anpassung der Landesregierung hätten einen besseren und wirkungsvolleren Rahmen gefunden.
3. Gerade die Klärung der Frage, inwieweit bestehende Strukturen überlebens- bzw. anpassungsfähig sind, erfordert einen weit gesteckten zeitlichen Rahmen und sinnvolle wissenschaftliche Begleitung. Die genaue Evaluation einer möglichen Marktfähigkeit braucht Zeit.

In diesem Kontext wäre es sinnvoll gewesen, auch für die Treuhand mehr die Bestandssicherung zum zentralen Auftrag zu erheben, als die schnelle Privatisierung um jeden Preis.[13] Zudem sind durch die manchmal unprofessionell erscheinenden Privatisierungsstrategien der Treuhand ja nicht nur zahlreiche Arbeitsplätze vernichtet worden – wobei die großen Kombinate ja zum Teil noch

---

13 Zur Kritik an der Treuhandpolitik siehe z.B. Jan Priewe: Ist die Deindusrialisierung vermeidbar? Kritik der Treuhandanstalt und mögliche Alternativen; in: Hickel/ Huster/ Kohl (Hrsg.) 1993.

nicht einmal veräußert werden konnten – es sind auch gewaltige Kosten entstanden, die zukünftige Handlungsspielräume noch merkbar beschneiden werden.

Diese Einsichten hätten sich, und das ist wichtig, auch schon 1990-91 durchsetzen können, denn viele Entwicklungen waren schon damals prognostizierbar. Die Notwendigkeit der Sicherung industrieller Strukturen wurde z.B. bereits 1990-91 vom DGB – und auch als Resultat einiger wissenschaftlicher Studien – gefordert.

Die landespolitische Ausrichtung „Neuaufbau statt Erhalt" verstärkte die weitgehende Separierung der Maßnahmen des Wirtschafts- und Sozialministeriums, dies findet in den jeweiligen Maßnahmekatalogen deutlichen Ausdruck.

Die Zweckmäßigkeit dieser klassischen Funktionsteilung zwischen Wirtschaftsförderung und sozialer Kompensation wurde weder von der Bundes- noch von der Landespolitik in Frage gestellt, obwohl die Schwierigkeiten dieses Modells nicht unbekannt sind; schon früh forderte z.B. der DGB Thüringen die Schaffung eines zentralen „Landesaufbauministeriums für Arbeit".

– *Wirtschaftsministerium:*

Fast das gesamte, sehr umfangreiche Förderinstrumentarium des Wirtschaftsministeriums zielt in den Bereich Gewerbeneugründungen. Im Interview wie auch in den Publikationen des TMWV wird dieser Bereich in der bisherigen Entwicklung sehr positiv dargestellt, dies muß hier relativiert werden. 37.634 Gewerbeanmeldungen (An- und Abmeldungen saldiert) mit überschlägig 470.000 neu geschaffenen Arbeitsplätzen, das klingt ohne Frage positiv. Problematisch muß dagegen die Tatsache erscheinen, daß die Zahl der Gewerbeanmeldungen in toto seit 1991 deutlich rückläufig ist. Weiterhin werden – auch mit hohen Investitionssummen – nur relativ wenig Arbeitsplätze in der Industrie geschaffen. Das Gros der Anmeldungen liegt im Bereich des Handels, wobei hier zukünftig mit Freisetzungen in Folge des eskalierenden Verdrängungswettbewerbs gerechnet werden muß.

Die meisten Neugründungen werden in den neuen Gewerbegebieten vorgenommen. Hieraus resultieren, neben den unbestritten positiven Aspekten, zwei wenig erörterte Problembereiche.

Zum einen werden die Sanierungsaufgaben und Kosten der Industriebrachen nicht oder nur zu wenig sukzessive in den Neuaufbau integriert, die gesamte Altlasten- und Industriebrachenproblematik wird somit in die Zukunft prolongiert.

Zweitens sind viele der mit nicht unerheblichen Mitteln neugeschaffenen Gewerbegebiete unter Umständen nicht überlebensfähig.

In seiner „Studie zur Arbeitsmarkt- und Beschäftigungspolitik 1992" veröffentlicht das TMWV eine Übersicht von geförderten Gewerbegebieten nach Kreisen und Regionen. Das Ministerium nimmt hier, wegen der Differenziertheit der jeweiligen Entwicklungsbedingungen, lediglich eine Unterteilung in

a) Kreise mit relativ guten Voraussetzungen zur Neugewinnung von Arbeitsplätzen über Gewerbegebiete;
b) Kreise mit weniger guten Voraussetzungen zur Neugewinnung von Arbeitsplätzen über Gewerbegebiete vor (Kreise vor der Gebietsreform). Gute Voraussetzungen werden hier lediglich 14 Kreisen attestiert, 26 Kreise werden mit „weniger guten" Voraussetzungen benannt.

Viele der insgesamt in Thüringen projektierten bzw. geschaffenen Gewerbegebiete werden noch lange um ihr Überleben kämpfen müssen.

Betrachtet man die gesamte Maßnahmenbandbreite des TMWV von 1991 bis heute, so ist neben den vorgenannten Problemen zweierlei festzustellen:

1. Es gab viel zu zahlreiche unterschiedliche Förderprogramme. Die verschiedensten Konzeptionen wurden aufgelegt, modifiziert, umgestaltet und oftmals wieder gestrichen. Selbst die Experten von IHK- und Handwerkskammern hatten teilweise kaum noch einen Überblick über die Bandbreite der Förderinstrumente.
2. Viele Maßnahmen des TMWV konnten ihr Ziel, die Erhöhung der Investitionsbereitschaft von Unternehmen zu fördern, nicht realisieren. Auch wenn dieser Bereich nicht quantifizierbar ist, wurde in den Interviews häufig darauf hingewiesen, daß viele Fördermittel lediglich im „Mitnahmeeffekt" von den Firmen abgerufen wurden, nicht aber den Entscheidungsprozeß der Investition originär beeinflußen konnten.

– *Sozialministerium*

Die direkte Abfederung der durch die Massenarbeitslosigkeit entstehenden Härten und die aktive Förderung der Arbeitsmarktentwicklung ist originär Aufgabe des Sozialministeriums.

Für das TMSG ist es klar, daß es Jahre dauern wird, bis sich der erste Arbeitsmarkt soweit erholt haben wird, daß der zweite Arbeitsmarkt gedrosselt werden kann.

So versucht das Sozialministerium mit einer Fülle von Maßnahmen, die große Zahl der Arbeitslosen zumindest temporär über den zweiten Arbeitsmarkt zu stabilisieren (siehe Übersicht weiter oben), es lassen sich mehrere Stoßrichtungen erkennen.

- ABM/F&U- Maßnahmen sollen das Abgleiten in die Arbeitslosigkeit verhindern bzw. zusätzlich Qualifizierung betreiben.
- Existenzgründungen bzw. Ausgründungen aus ABS-Gesellschaften sollen die Arbeitslosenzahlen direkt senken und indirekt zusätzliche Arbeitsplätze schaffen.
- Eingliederungsbeihilfen für schwer vermittelbare Arbeitslose sollen über eine finanzielle Kompensation deren Einstellung fördern.
- Die unproduktiven Lohnersatzleistungen ALG bzw ALHI sollen durch „Umwelt Ost" in Verbindung mit anderen Mitteln zur Schaffung neuer Arbeitsplätze dienen.

- Durch die Förderung der Arbeitslosenselbsthilfegruppen sollen die Auswirkungen der Langzeitarbeitslosigkeit zumindest teilweise kompensiert werden.

Problematisch ist das Auslaufen vieler ABM-Stellen im Verlauf des Jahres 1993-94. Zwar hat der Gesetzgeber durch die letzte Änderung des AFG[14] eine begrenzte Möglichkeit zur Anschlußförderung z.B. nach ausgelaufenen ABM geschaffen, letztlich handelt es sich aber um „Kann-Bestimmungen", deren Umsetzung letztlich wohl in starkem Maß von den finanziellen Spielräumen abhängig sein wird.

Besonders schwierig ist die Situation für die Langzeitarbeitslosen und vor allem für die Frauen. Die Frauen werden trotz aller Maßnahmen des zweiten Arbeitsmarktes in breiter Front aus dem Arbeitsmarkt in die stille Reserve abgedrängt. Dieses Problem wird in allen Gesprächen mit der Landesregierung

---

14 – § 249 h AFG (Fassung v. 18.12.92) „Förderung von Arbeiten zur Verbesserung der Umwelt, der sozialen Dienste oder der Jugendhilfe" (Auszug):
(1) Bis zum 31. Dezember 1997 kann die Bundesanstalt die Beschäftigung arbeitsloser Arbeitnehmer in Arbeiten, deren Durchführung in dem in Artikel 3 des Einigungsvertrages genannten Gebiet der Verbesserung der Umwelt, der sozialen Dienste oder der Jugendhilfe dienen soll, durch die Gewährung von Zuschüssen an Arbeitgeber nach den folgenden Vorschriften fördern.
(2) Die Bundesanstalt kann
1. Empfänger von Arbeitslosengeld oder Arbeitslosenhilfe, die vor Beginn des Arbeitsverhältnisses mindestens drei Monate beim Arbeitsamt arbeitslos gemeldet waren,
2. Arbeitnehmer, die in einer nach den §§ 91-96 geförderten allgemeinen Maßnahme zur Arbeitsbeschaffung beschäftigt waren, und
3. Arbeitnehmer mit Anspruch auf Kurzarbeitergeld nach § 63 Abs. 4, deren Arbeitszeit in den letzten 13 Wochen vor Beginn des Arbeitsverhältnisses jeweils höchstens zehn vom Hundert der Arbeitszeit nach § 69 betragen hat, unter Berücksichtigung der Lage und Entwicklung des Arbeitsmarktes im Arbeitsamtsbezirk in Maßnahmen der in Absatz 3 genannten Art zuweisen, sofern diese Personen in absehbarer Zeit nicht in andere Arbeit oder in berufliche Ausbildungsstellen vermittelt werden oder an einer Maßnahme zur beruflichen Bildung oder zur Arbeitsbeschaffung teilnehmen können. (...)
(3) Arbeiten, die der Umweltsanierung, der Verbesserung der Umwelt, der sozialen Dienste oder der Jugendhilfe dienen, können nach diesen Vorschriften durch Zuschüsse zu den Lohnkosten von Arbeitnehmern gefördert werden, die das Arbeitsamt den Arbeitgebern zugewiesen hat, wenn die Arbeiten wegen der Art des Sanierungs- oder Verbesserungsbedarfs alsbald durchzuführen sind und sie ohne Förderung nach dieser Vorschrift nicht durchgeführt werden können. Arbeiten im Bereich der sozialen Dienste oder der Jugendhilfe dürfen nur gefördert werden, wenn ihre Träger die in § 10 des Bundessozialhilfegesetzes genannten Träger eigener sozialer Aufgaben oder Träger der freien Jugendhilfe sind. Grundsätzlich dürfen im Bereich der Umweltsanierung oder der Verbesserung der Umwelt nur Arbeiten gefördert werden, mit deren Durchführung ein Wirtschaftsunternehmen beauftragt ist; das gilt insbesondere für Arbeiten juristischer Personen des öffentlichen Rechts. Ausnahmsweise können Arbeiten gefördert werden, die der Träger der Arbeiten selbst durchführt, wenn sie andernfalls nicht ausgeführt würden. (...)

thematisiert, alle Gesprächspartner bedauern es als eine tragische, aber letztlich nicht zu korrigierende Entwicklung.

– *DGB Thüringen:*
Während die Landesregierung naturgemäß gern auf ihre Erfolge im Bereich der Gewerbeneugründungen verweist, betont der DGB in seinen Untersuchungen die Probleme des Status quo und den immer noch voranschreitenden Abbau im industriellen Bereich. Aus diesen Analysen heraus entwickelte der DGB seinen wirtschafts- und arbeitsmarktpolitischen Forderungskatalog.

Bei einer exakten Analyse und Gegenüberstellung der Maßnahmen der Landesregierung zum Konzept des DGB wird deutlich, daß die Divergenzen nicht in erster Linie in der Breite, sondern vielmehr in der Schwerpunktsetzung liegen.

Die seit zwei Jahren bezüglich der Treuhand vom DGB erhobene Forderung, „sanieren vor privatisieren" (bzw im Extremfall liquidieren), ist ein wichtiger Punkt dieser Art. Aus der aktuellen Sicht ist zu bemerken, daß auch Bundes- und Landesregierung sich neuerdings in diese Richtung bewegen.

Ein weiterer Schwerpunkt der gewerkschaftlichen Kritik liegt in der bisherigen Vergabe der Fördermittel nach dem „Gießkannenprinzip". Fördermittel sollen realen Einfluß auf die Wirtschaftsentwicklung ermöglichen. Dies bedeutet für den DGB mehr gezielte Förderung in den industriellen Restbestand in den neuen Ländern statt „Mitnahmesponsoring" von Westfirmen. Daß hier Fehler gemacht wurden, räumt mittlerweile auch die Landesregierung ein.

Mit seinen Berechnungen zur Arbeitslosigkeit („Unterbeschäftigung") versucht der DGB, die Brisanz der Arbeitsmarktsituation deutlich zu machen. Hier drängt der DGB darauf, verstärkt Arbeit statt Arbeitslosigkeit zu finanzieren und darüber hinaus, die Kompetenzen und Mittel in einem „Landesaufbauministerium für Arbeit" zu konzentrieren.

Intensive Investition in Arbeitsplätze ist nicht nur unter dem Gesichtspunkt des sozialen Friedens sinnvoll, sondern auch ökonomisch rational. Dies wird deutlich, wenn man sich die enormen Kosten der Arbeitslosigkeit vor Augen führt.

Als Berechnungsmodell für die Kosten der Arbeitslosigkeit hat Jörg Huffschmid an einem Beispiel die Direkt- und Folgekosten der Arbeitslosigkeit berechnet (Huffschmid 1992). Wenngleich dieses Modell von einer konstant anhaltenden Arbeitslosigkeit aller Betroffenen ausgeht – und somit nicht realistisch ist –, vermittelt es eine ungefähre Vorstellung über die gewaltigen Kostendimensionen der Arbeitslosigkeit. In diesem Modell sind die sozialen, sozialpsychologischen und sozialmedizinischen Folgekosten der Arbeitslosigkeit nicht berücksichtigt.

Die Kosten der Arbeitslosigkeit am Beispiel der Chemnitzer Werkzeugmaschinen GmbH

1992	*ArbeiterInnen*	*Angestellte*
Bruttomonatseinkommen	2.300 DM	3.000 DM
– Sozialvers.-Beiträge (18,2%)	419 DM	546 DM
– Lohn- bzw. Einkommenssteuer		
– (Steuersatz 8 bzw.10%)	184 DM	300 DM
--> Nettoeinkommen	1.697 DM	2.154 DM
netto x 65/100 = Arbeitslosengeld	1.103 DM	1.400 DM
Arbeitslosengeld (Alg) x 12 Monate=		
jährliche Kosten je Arbeitslosen (AL)	*13.240 DM*	*16.801 DM*
Monatliche Mindereinnahmen je AL:		
Sozialversicherung AN-Anteil	419 DM	546 DM
Sozialversicherung AG-Anteil	419 DM	546 DM
Lohn- bzw. Einkommenssteuer	184 DM	300 DM
Summe pro Monat	1.022 DM	1.392 DM
jährliche Mindereinnahmen je AL	*12.264 DM*	*16.704 DM*
Summe AL-Kosten + Mindereinnahmen		
je Arbeitslosen 1992:	*25.504 DM*	*33.505 DM*
1993		
1.350 Entlassene haben 8,91 Monate Anspruch auf ALG, 6,201 Monate auf Alhi, ergibt: 11,2 Mio DM Alg, 6,8 Mio DM Alhi und 0,2 Mio DM Sozialhilfe, ist gleich: --> 18,2 Mio DM. Plus Mindereinnahmen 25,0 Mio DM = Gesamtsumme 43,2 Mio DM.		
43,2 Mio DM /1.350 AN = Kosten/Mindereinnahmen je AL	*31.978 DM*	
1994		
Nur noch Anspruch auf Sozial- bzw. Arbeitslosenhilfe, es entstehen Kosten von 15,6 Mio DM, plus 31,9 Mio DM Mindereinnahmen = Gesamtsumme 47,6 Mio DM.		
47,6 Mio DM /1.350 AN = Kosten/Mindereinnahmen AL	*35.200 DM*	
Gesamtkosten 1992-94: 108,6 Mio DM; je Entlassenen	96.682 DM	

Diese Berechnungsbasis hat der DGB modellhaft auf Thüringen übertragen und kommt dabei zu folgendem Ergebnis:

Die Kosten der Arbeitslosigkeit	
Berechnung für Thüringen analog zur „Heckert-Berechnung" für 1992	
Bei einem Anteil von 30% Angestellten und 70% ArbeiterInnen an den ca. 200.000 Arbeitslosen im Jahresmittel ergeben sich für Thüringen 1992 analog zur Heckert-Berechnung die folgenden Kosten:	
60.000 arbeitslose Angestellte:	2.010.312.000 DM
140.000 arbeitslose ArbeiterInnen:	3.570.520.800 DM
200.000 Arbeitslose kosten:	5.580.832.800 DM
d.h. rund 5½ Mrd DM !	

5. Fazit

In der kritischen Evaluation der bisherigen Entwicklung müssen zwei politische Implikationen klar benannt werden.

- Die radikale Übertragung des westlichen Währungssystems auf den Osten akzeptierte letztlich den Niedergang der ostdeutschen Industrielandschaft vor dem Hintergrund der (überheblichen) Einschätzung, Markt und Wachstum würden „es schon richten".
- Die schwerpunktmäßige Fokussierung von Bundes- und Landespolitik auf Gewerbeneugründungen bedeutet eine Akzeptanz langandauernder Massenarbeitslosigkeit im Osten.

Auch ohne die Rezession in Westdeutschland wäre die schwerpunktmäßige Fixierung auf Gewerbeneugründungen zur Belebung der ostdeutschen Wirtschaftslage nicht stimmig gewesen. Moderne Produktionsanlagen sind in der Regel zwar hochproduktiv, schaffen aber nur wenig Arbeitsplätze. Selbst bei einem wesentlich größeren Engagement der westlichen Wirtschaft wären keinesfalls genügend neue Arbeitsplätze geschaffen worden.

Eine wirkliche Prüfung möglicher Zukunftsperspektiven der bestehenden industriellen Strukturen Ostdeutschlands hat oftmals nicht stattgefunden. Ebensowenig wurden die Kosten der Arbeitslosigkeit – zumindest hypothetisch – gegen die Kosten eines Bestandserhalts abgeglichen.

Aus der so geschaffenen wirtschaftlichen Realität in Thüringen ergeben sich vielschichtige Aufgabenstellungen, die hier nur grob skizziert werden können:

1. Erhalt und Sanierung der noch vorhandenen Industriestrukturen.
2. Massive Unterstützung der Schaffung von neuen Technologien und Arbeitsplätzen im Bereich Umweltschutz und ökologischem Umbau.
3. Die Förderung von Gewerbeansiedlungen muß gezielt auf den industriellen und handwerklichen Mittelstand bezogen werden, anstatt Handelsketten auf der „Grünen Wiese" zu fördern.
4. Aufrechterhaltung und teilweise Ausweitung der Instrumentarien des zweiten Arbeitsmarktes, also ABM, Qualifizierung sowie Anschlußfinanzierungen zu diesen Maßnahmen.
5. Unterstützung von ABSen, evtl. auch die Initiierung von ABS-Gesellschaften für „Treuhandrestbestände".
6. Unterstützung von Existenzausgründungen aus ABS-Gesellschaften.
7. Unterstützung von Betreuungsangeboten für Langzeitarbeitslose.

Die weitgehende Ausrichtung der Landespolitik auf Gewerbeneuansiedlungen induziert neben allem anderen auch, daß mögliche Handlungsalternativen wenig Entwicklungsspielräume vorfinden.

Mögliche Synergieeffekte, die aus einer verstärkten Zusammenarbeit beider Fachministerien gerade im Bereich der Bestandssicherung hätten entstehen können, wurden auf diese Art vertan.

Es wäre z.B. sicherlich in vielen Bereichen sinnvoller gewesen, durch Bündelung der Fördermittel intensiv sowohl Arbeit als auch Strukturwandel und Technologieanpassung zu fördern, anstatt viele Fördermittel in breitflächig angelegten Programmen versickern zu lassen.

Ein sinnvoller Schwerpunkt für eine massive konzertierte Aktion der Fachministerien könnte in einer intensiven, die bisherige Maßnahmenbreite sprengende Förderung der Kombination von ökologische Erneuerung und Beschäftigungspolitik liegen. Gerade in den Bereichen Umweltschutz und ökologischer Umgestaltung sowie bei den Sozialen Diensten fehlen in den neuen Bundesländern beachtliche Kapazitäten; zudem kann der Bereich Umweltschutz und Renaturierung als hochgradig zukunftsträchtig eingeschätzt werden.

Betrachtet man die handelnden Akteure auf Bundes- und Landesebene, so herrscht vor dem Hintergrund der Problemlage und der daraus resultierenden Zielkonflikte offensichtlich der eiserne Glaube an die Lösungskompetenz des marktwirtschaftlichen Akkumulationsmodells.

In unserer Gesellschaft hat sich im Zuge der naturwissenschaftlichen Entwicklungen eine Art „Problemlösungskultur" entwickelt, die ihre fiktive Stabilität darin sieht, daß jedem Problem definitiv eine Lösung zuzuordnen ist. Ob dies je zutraf, kann bezweifelt werden. Aber das Festhalten an dieser Fiktion ist in der aktuellen Situation kontraproduktiv, weil es die Politik mangels politischer Lösung zur ständigen Präsentation von bestenfalls temporären „Lösungen" zwingt, womit an die Wurzeln gehende Diskurse verdrängt bzw. unterdrückt werden.

Dies führt – wie u.a. die skizzierten Entwicklungen in Ostdeutschland zeigen – zu einem beständigen Rückgriff auf „erprobte" Handlungsmodelle, die unter Umständen keine reale Lösungskompetenz beinhalten.

Ein grundsätzlicher Diskurs, zum Beispiel über die Entwicklung moderner Industriegesellschaften und die damit verbundene notwendige Neubestimmung der Begriffe „Arbeit", „Arbeitszeit" und „Arbeitsgesellschaft" wird somit ungemein erschwert.

Literatur

AG Alternative Wirtschaftspolitik, 1991: Gegen Massenarbeitslosigkeit und Chaos – Aufbaupolitik in Ostdeutschland. (Memorandum 1991), PapyRossa, Köln.

AG Alternative Wirtschaftspolitik, 1992: Gegen den ökonomischen Niedergang – Industriepolitik in Ostdeutschland. (Memorandum 1992), PapyRossa, Köln.

AG Alternative Wirtschaftspolitik, 1993: Beschäftigungspolitik statt Sozialabbau – industrielle Kerne sichern. (Memorandum 1993), PapyRossa, Köln.

Assenmacher, Marianne (Hrsg.), 1991: Frauen am Arbeitsmarkt. Metropolis Verlag, Marburg/ Reihe: Probleme der Einheit, Bd.4.

Belwe, K., 1991: Zur Beschäftigungssituation in den neuen Bundesländern. In: Politik und Zeitgeschichte, Beilage zur Wochenzeitung „Das Parlament", B 29/91.

Bode, Otto F. & Hirschmann, Kai (Hrsg.), 1992: Qualifizierungsmaßnahmen: Aktive Weiterbildung als Alternative zur Transformationsarbeitslosigkeit. Metropolis Verlag, Marburg/ Reihe: Probleme der Einheit, Bd.10.

Buttler, F., 1992: Wie weit reicht die Brückenfunktion der Arbeitsmarktpolitik in Ostdeutschland? In: WSI- Mitteilungen, Wirtschafts- und Sozialwissenschaftliches Institut des DGB, Köln, 11/92.

DGB (Hrsg.), 1993: Herausforderung Ostdeutschland. (Schwerpunktheft zum Transformationsprozeß in Ostdeutschland); in: Gewerkschaftliche Monatshefte, DGB, 1/93.

DIW (Hrsg.), 1993: Sinkende Beschäftigung und steigende Arbeitslosigkeit in Deutschland. In: Deutsches Institut für Wirtschaftsforschung, Wochenberichte des DIW, 4/93.

DIW (Hrsg.), 1993: Gesamtwirtschaftliche und unternehmerische Anpassungsprozesse in Ostdeutschland. (Achter Bericht) In: Deutsches Institut für Wirtschaftsforschung, Wochenberichte des DIW, 13/93.

DIW (Hrsg.), 1993: Die wirtschaftliche Entwicklung in der Bundesrepublik Deutschland im ersten Quartal 1993. („Rekordrückgang der gesamtwirtschaftlichen Produktion"); in: Deutsches Institut für Wirtschaftsforschung, Wochenberichte des DIW, 20/93.

DIW (Hrsg.), 1993: Beschäftigungsabbau setzt sich fort. Beschäftigung und Einkommen der Arbeitnehmer in der BRD im ersten Quartal 1993. In: Deutsches Institut für Wirtschaftsforschung, Wochenbericht des DIW, 28/93.

Friedrich, H. & Wiedemeyer, M., 1992: Arbeitslosigkeit – ein Dauerproblem im vereinten Deutschland? Verlag Leske & Budrich (Analysen).

Grözinger, Gerd (Hrsg.), 1991: Nur Blut, Schweiß und Tränen? Metropolis Verlag, Marburg/ Reihe: Probleme der Einheit, Bd.2.

Hauff, Michael von (Hrsg.), 1992: Ökonomie und Ökologie: Ansätze zu einer ökologisch verpflichteten Marktwirtschaft.

Hickel, Rudolf, Huster, Ernst Ulrich & Kohl, Heribert (Hrsg.), 1993: Umverteilen. Schritte zur sozialen und wirtschaftlichen Einheit Deutschlands. Bund Verlag, Köln.

Huffschmid, Jörg, 1992: Die Kosten der Liquidation – am Beispiel eines Chemnitzer Werkzeugmaschinen-Unternehmens (Fa. Heckert). In: Memo-Forum Zirkular Nr. 19, Hamburg

Jens, Uwe (Hrsg.), 1991: Der Umbau – Von der Kommando- zur ökosozialen Marktwirtschaft. Nomos Verlag.

Krumrey, Henning, 1992: Aufschwung Ost – Märchen oder Modell? Fischer Verlag.

Liebert, U. & Merkel, W. (Hrsg.), 1991: Die Politik zur deutschen Einheit – Probleme – Strategien – Kontroversen. Opladen.

Priewe, Jan & Hickel, Rudolf (Hrsg.), 1991: Der Preis der Einheit – Bilanzen und Perspektiven der deutschen Einheit. Fischer Verlag.

Schneider, M., 1990: Die abgetriebene Revolution. Von der Staatsfirma in die DM-Kolonie. Verlag Elefanten Press, Berlin.

Schui, Herbert, 1991: Die ökonomische Vereinigung Deutschlands. Bilanzen und Perspektiven. Distel Verlag.

Sesselmeier, Werner (Hrsg.), 1991: Der Arbeitsmarkt. Metropolis Verlag, Marburg/Reihe: Probleme der Einheit, Bd.1.

Sinn, G. & Sinn, H.-W., 1992: Kaltstart. dtv.

WSI (Hrsg.), 1992: Zwischenbilanz: Auf dem Weg zur Einheit. (Schwerpunktheft) In: WSI-Mitteilungen, Wirtschafts- und Sozialwissenschaftliches Institut des DGB, Köln, 9/92.

WSI (Hrsg.), 1992: Die wirtschaftliche Entwicklung in Deutschland in den Jahren 1992/93. In: WSI- Mitteilungen, Wirtschafts- und Sozialwissenschaftliches Institut des DGB, Köln, 11/92.

WSI-Prognose, 1993: Die wirtschaftliche Entwicklung in Deutschland im Jahre 1993. In: WSI-Mitteilungen, Wirtschafts- und Sozialwissenschaftliches Institut des DGB, Köln, 5/93.

Theo Schiller, Petra Paulus, Andreas Klages

Kommunalpolitik auf schwankendem Grund – Neuordnungsprozesse beim Kommunalvermögen in Ostdeutschland

Mit der deutschen Einheit wurde für die Gemeinden, Städte und Landkreise in den neuen Bundesländern der Selbstverwaltungsgrundsatz des Art. 28 GG verbindlich. Doch kann eine solche verfassungsrechtliche Garantie autonomer Aufgabenerfüllung in der Praxis nur mit einer entsprechenden materiellen Funktionsgrundlage ausgefüllt werden: die gesicherte Finanzierung der laufenden Gemeindehaushalte, das erforderliche Verwaltungsvermögen (besonders Verwaltungsgebäude und -einrichtungen) und – nicht zuletzt – ein kommunales Wirtschaftsvermögen (Finanzvermögen), vor allem für Zwecke der kommunalen Versorgungswirtschaft einschließlich der Wohnungsversorgung. Da in der ehemaligen DDR die Verwaltungs- und Versorgungsfunktionen und die Zuweisung der erforderlichen Mittel überwiegend zentralisiert gesteuert wurden, mußte nunmehr eine entsprechende Vermögensbasis der Kommunen erst geschaffen oder zumindest rechtlich, wirtschaftlich und politisch neu geordnet werden. Nach den Kommunalgesetzen der DDR vom Frühsommer 1990 schuf der Einigungsvertrag hierfür die rechtliche Grundlage. Doch in vielen Bereichen erwiesen sich die Regelungen als äußerst kompliziert, konfliktträchtig und klärungsbedürftig. In ihrer politischen Brisanz standen daher die offenen Vermögensfragen beim Kommunalvermögen den ungeklärten Eigentumsverhältnissen im privaten Bereich nicht nach.

Im Folgenden sollen Problemstrukturen und Konfliktentwicklungen in den wichtigsten Feldern der kommunalen Vermögensbasis analysiert werden. Dabei muß eingangs der allgemeine Rahmen der Vermögensneuordnung in Ostdeutschland einschließlich privater Vermögensfragen dargelegt werden (1.), um politische Entscheidungsprozesse und rechtliche Regelungen in ihre übergreifenden Zusammenhänge einordnen zu können. Der Bestandsaufnahme zum kommunalen Wohnungsvermögen (2.) folgt schließlich für den Bereich der kommunalen Versorgungswirtschaft die exemplarische Untersuchung des Konflikts um die Stromversorgung (3.)

Fragt man nach der Struktur der politischen Willensbildungsprozesse in diesen Bereichen, kommt neben Bundesregierung, Bundestag und Bundesrat als zentralen Gesetzgebungsinstitutionen ein vielfältiges Geflecht von Akteuren in den Blick. Insbesondere zeigt sich, wie komplex der Prozeß der Implementation gesetzlicher Normen gerade im Rahmen einer solchen strukturellen, ja systemischen Neuordnung werden kann. Eine zentrale Stellung hat dabei die Treuhandanstalt, der das von den Kommunen benötigte frühere volkseigene Wirtschaftsvermögen zunächst übertragen wurde, und die daher als Adressat von Vermögensansprüchen und als Steuerungsinstanz fungiert. Für den Großteil des Verwaltungsvermögens üben die Oberfinanzdirektionen eine analoge, wenngleich weniger beachtete Funktion aus. Die Landesregierungen kommen als Unterstützer kommunaler Ansprüche, zum Teil aber auch als Vermögenskonkurrenten in Frage; in speziellen Bereichen (z.B. Energieversorgung) können sie als Genehmigungsinstanz auftreten. Eine große Rolle spielen die kommunalen Spitzenverbände (Deutscher Städtetag, Deutscher Städte- und Gemeindebund, Landkreistag, Verband Kommunaler Unternehmen/VKU), die die Interessen der Kommunen gegenüber der Bundes- und Landespolitik und den Neuordnungsadministrationen (Treuhand, Oberfinanzdirektionen) gebündelt vertreten, dabei häufig aber auch in einer Vermittlerrolle tätig werden. Anwälte und Beratungsunternehmen können für die kommunale Interessenvertretung ebenfalls einen gewichtigen Part spielen. Eine weitere Gruppe von Akteuren bilden private Unternehmen oder Interessenten, die in Funktionskonkurrenz (oder -parallelität) zu den Kommunen auftreten (wollen), z.B. Energieversorgungsunternehmen, Verkehrsunternehmen oder Wohnungsgenossenschaften und Wohnungsunternehmen; auch Private mit konkurrierenden Vermögensansprüchen oder Investoren im Gestrüpp offener Vermögensfragen sind hier zu beachten. Angesichts der neuartigen Rechtsmaterien, der Vielzahl der Fälle und des hohen Konfliktpotentials ist außerdem nicht verwunderlich, daß auch die Gerichte als Streitentscheidungs- oder -schlichtungsinstanz häufig involviert sind. Das schließt bereits auch das Bundesverfassungsgericht ein.

In diesem komplizierten Geflecht werden die Ziele und die Erfolgschancen der Kommunen zur Vermögenskonsolidierung nicht nur von geltenden Rechtsnormen bestimmt, sondern ebenso durch konkurrierende Interessen und durch politische Steuerungskonzepte übergeordneter Politikebenen. Auf seiten der Kommunen selbst stellt sich das allgemeine „Aufbaudilemma" (extremer Aufgabendruck bei nachhinkendem Aufbau der Handlungskapazitäten) in der Weise, daß zunächst Kapazität für qualifizierte Antragsstellung, damit verbunden oft auch für tragfähige Nutzungskonzepte, vorhanden sein muß. Außerdem können schwierige Abwägungen zwischen zustehendem Vermögen und daran gekoppelten Lasten notwendig werden. Vor allem erfordert der Aufbau von Versorgungsunternehmen längerfristig wirtschaftliche Kalkulationen und die Abschätzung von mitunter hohem Investitionsbedarf mit beträchtlichen Risiken. Bei alledem muß oft unter starkem Zeitdruck über Projekte mit langfristigen Folgewirkungen entschieden werden. Diese Ambivalenz der eigenen Entscheidungssituation kann sich dann mit externen Vorgaben und Einflußmustern geradezu zu „gordischen Knoten" verquicken.

1. Ungeklärte Eigentumsverhältnisse

Noch im Vorfeld der Vereinigung wurden gesetzgeberische Anstrengungen unternommen, Regelungen für die Überführung der ehemaligen DDR-Eigentumsordnung in bundesdeutsches Recht zu finden. Hinter diesem Anliegen stand und steht der Wunsch, durch Enteignungen und Wegnahme von Vermögenswerten entstandenes Unrecht auszugleichen. Dieser Anspruch steht jedoch in einem Spannungsverhältnis zu der Notwendigkeit, eine rasche Klärung der offenen Vermögensfragen zu erreichen und damit die Grundlage für den wirtschaftlichen Aufschwung in den neuen Bundesländern zu schaffen.

Die Regelung der ungeklärten Eigentumsverhältnisse wird von vielen als ein Haupthemmnis für dringend notwendige Investitionen gesehen. Solange die Fragen des Eigentums noch nicht abschließend geklärt sind, wozu insbesondere eine befriedigende Entschädigungsregelung gehört, stellen sie einen beachtlichen Unsicherheitsfaktor dar. Probleme stellen sich jedoch nicht nur in ökonomischer, sondern ebenso in gesellschaftspolitischer Hinsicht. Das Aufeinandertreffen der verschiedenen Interessen von Alteigentümern einerseits, die auf die Rückgabe ihrer Vermögenswerte hoffen, und derzeitigen Besitzern (‚Verfügungsberechtigten') andererseits, die um ihren in DDR-Zeiten erworbenen Besitzstand fürchten, birgt ein nicht zu unterschätzendes Konfliktpotential. Die Konfrontation von Restitutions- und Bestandsschutzinteressen stellt „eine Interessenkollision mit beachtlicher emotionaler Sprengkraft dar" (Fieberg/Reichenbach 1991, 321).

Die Problematik der Eigentumsneuordnung hat eine bipolare Ausrichtung. Während zumeist nur von den ungeklärten Eigentumsverhältnissen hinsichtlich privater Ansprüche die Rede ist, wird die Neuordnung des Vermögens der öffentlich-rechtlichen Körperschaften oft ausgeklammert. Das Problem der Regelung des öffentlichen Vermögens steht jedoch gleichrangig neben dem privatrechtlicher Ansprüche und ist häufiger Grund für fehlende Investitionen. Die Kommunen müssen einerseits die Klärung ihrer eigenen Vermögensverhältnisse vorantreiben und ihre Ansprüche auf Rückübertragung ihres Verwaltungs- und Finanzvermögens verfolgen. Andererseits wirken auch die privatrechtlichen Vermögensfragen auf die Gemeinden, Städte und Landkreise zurück und bereiten dort Schwierigkeiten. Die Kommunen sind also in zweifacher Hinsicht vom Problem der ungeklärten Eigentumsverhältnisse betroffen. Während die (Rück-) Übertragung des öffentlich-rechtlichen Vermögens in erster Linie Voraussetzung für den Aufbau und die Organisation der kommunalen Verwaltung ist, sind die privaten Vermögensfragen vor allem für die wirtschaftliche Entwicklung auf kommunaler Ebene von Bedeutung (Ansiedlung von Handwerk, Dienstleitungsunternehmen und Industrie etc.).

Eine befriedigende Regelung der privaten und der öffentlich-rechtlichen Eigentumsverhältnisse ist für die wirtschaftliche Entwicklung und die Investitionstätigkeit von überragender Bedeutung. Einer schnellen Klärung dieser Fragen stehen jedoch vielfältige Probleme in der Praxis entgegen, die immer wieder Nachbesserungen und Ergänzungen der Rechtsgrundlagen notwendig machten und machen. Obwohl das grundsätzliche Prinzip ‚Rückgabe vor Entschädigung' zunehmend aufgeweicht und vielfältige Erleichterungen für Investitionen geschaffen wurden, werden die offenen Eigentumsverhältnisse noch lange den Gesetzgeber, die Verwaltungen und die Wirtschaft beschäftigen. Nach Schätzungen wird es noch weitere zehn Jahre dauern, bis die Vermögensfragen endgültig geklärt sind.[1]

Tabelle 1: Antrags- und Bearbeitungsstand vermögensrechtlicher Ansprüche (Stand: 30.9.92)

	Zahl der Anträge	Zahl der Ansprüche	davon am 30.9.92 erledigt abs.	*v.H.*
Berlin	146.418	196.528	46.734	*23,78*
Brandenburg	315.205	700.700	152.763	*21,8*
Mecklenburg-Vorpommern	117.450	244.780	44.606	*18,22*
Sachsen	251.745	409.141	107.319	*26,23*
Sachsen-Anhalt	144.716	461.564	109.436	*23,7*
Thüringen	212.128	569.729	81.067	*14,23*
Insgesamt	1.189.001*	2.586.125*	541.925	*20,98*

* enthält 1.339 Anträge mit 3.683 Ansprüchen des Bundesamtes zur Regelung offener Vermögensfragen

Quelle: Bundesamt zur Regelung offener Vermögensfragen.

Tabelle 2: Kommunalvermögensübertragung (Stand 30.3.1993)

	bei THA registrierte Anträge	erledigt	
Zuständigkeit bei Oberfinanzdirektion	114.411	---*	
Zuständigkeit bei Treuhandanstalt	67.824	22.838 (*33,7%*)	
Insgesamt	182.235	---*	*) keine Angaben

Quelle: Treuhandanstalt

Zuständig für die Klärung der Eigentumsverhältnisse im privatrechtlichen Bereich sind die Ämter zur Regelung offener Vermögensfragen, bei denen über 1,1 Mio. Anträge mit mehr als 2,5 Mio. Einzelansprüchen vorliegen (Tab. 1). Bis Ende März 1993 konnten über die Restitution von Unternehmen 26,4% der Anträge entschieden werden, während von den sonstigen vermögensrechtlichen Ansprüchen 20,5% erledigt wurden.[2] Im Bereich der öffentlich-rechtlichen Vermögensfragen lagen bis Mitte 1993 mehr als 180.000 Anträge auf Kommunalisierung von Vermögenswerten vor, wobei wöchentlich durchschnittlich 700

1 Zöller 1992, 54.
2 Quelle: Bundesamt zur Regelung offener Vermögensfragen, Statistische Übersicht, Stand: 31.3.1993.

neue hinzukommen.[3] Von den Anträgen fallen circa 60% in die Zuständigkeit der Oberfinanzdirektionen, der restliche Anteil liegt in der Verantwortung der Treuhandanstalt (Tab. 2).

1.1. Entwicklung der Rechtsgrundlagen

Erstmals wurden die offenen Vermögensfragen bei einem Treffen zwischen Bundeskanzler Kohl und dem damaligen DDR-Ministerpräsidenten Modrow im Dezember 1989 behandelt. Zu diesem Zeitpunkt verfolgte die beiden Seiten noch unterschiedliche Ziele: Während die DDR an der bisherigen Eigentumsordnung weitgehend festhalten wollte, trat die Bundesrepublik zunächst für einen Abbau der Benachteiligungen von Westeigentümern ein.[4] Die Arbeit einer Expertengruppe, die mit dem Einigungsvertrag (EV) zum Abschluß kam, führte zu der *Gemeinsamen Erklärung* der beiden deutschen Regierungen vom 15.6.1990, in der erstmals der Grundsatz 'Rückgabe vor Entschädigung' festgeschrieben wurde.

Das öffentliche Vermögens und dessen Verteilung zwischen den öffentlichrechtlichen Körperschaften war im Juni 1990 noch nicht Gegenstand der Verhandlungen und fand keine Aufnahme in die Gemeinsame Erklärung. Jedoch hatte die Volkskammer Anfang Juni 1990 das *Treuhandgesetz* mit einem Gesetzgebungsauftrag verabschiedet, den Kommunen volkseigenes, ihren Aufgaben dienendes Vermögen zu übertragen. Das *Kommunalvermögensgesetz* vom 6.7.1990 (KVG) schuf einen weitgehenden Anspruch der Gemeinden, Städte und Landkreise auf die unentgeltliche Übereignung volkseigenen Vermögens. Später traten an dessen Seite die Regelungen der Art. 21 und 22 EV, die die umfassenden Ansprüche des Kommunalvermögensgesetzes einschränkten.

1.2. Privatrechtliche offene Vermögensfragen

Zur Umsetzung der Gemeinsamen Erklärung und ihrer Eckwerte trat am 27.7.1990 die *Anmeldeverordnung* (AnmV) in Kraft. Damit konnten Ansprüche auf Rückübertragung von Vermögenswerten oder Aufhebung der staatlichen Zwangsverwaltung angemeldet werden. Nachdem die Anmeldefrist zuerst auf den 31.12.1991 festgelegt worden war, wurde die Frist auf den 13.10.1990 verkürzt, und inzwischen wurde eine endgültige Ausschlußfrist eingeführt. Obwohl Ansprüche nach dem Vermögensgesetz zunächst unbefristet geltend gemacht werden konnten, kommt der Anmeldefrist eine erhebliche Bedeutung zu. Vor allem dient sie dem Schutz der Alteigentümer, da der Verfügungsbe-

---

3 Quelle: Treuhandanstalt 06/93. Neuere Veröffentlichungen belegen eine Gesamtzahl von 194.000 Anträgen und einen wöchentlichen Zuwachs von 500, vgl. Süddeutsche Zeitung vom 19.11.1993.

4 Vgl. Motsch 1991, 4; Zöller 1992, 55.

rechtigte während der Anmeldefrist bzw. nach Anmeldung von Ansprüchen bestimmten Verfügungsbeschränkungen unterliegt. Liegt nach Ablauf der Frist keine Anmeldung vor, kann der derzeitige Besitzer über den Vermögenswert verfügen, die Verkehrsfähigkeit der Immobilie ist dann trotz der ungeklärten Eigentumsverhältnisse nicht beschränkt. Schließlich sollte die Anmeldung auch Klarheit schaffen, ob ein Vermögenswert mit Ansprüchen belastet ist. Bei verspäteter Anmeldung mußte der Alteigentümer mit Nachteilen rechnen.

Eine nähere Ausgestaltung und Konkretisierung der Regelung offener Vermögensfragen erfolgte mit Art. 41 EV in Verbindung mit dem *Vermögensgesetz* (VermG) und *Investitionsgesetz*, die am 29.9.1990 als Bestandteile des Einigungsvertrages in Kraft traten. Auf dem Gebiet der offenen Vermögensfragen bestehen eine Vielzahl von verschiedenen gesetzlichen Regelungen, die wiederholt novelliert wurden. Hier soll nur ein kurzer Überblick über die bisherige rechtliche Entwicklung gegeben und die wichtigsten Bestimmungen nach dem Stand des Zweiten Vermögensrechtsänderungsgesetzes vom Juli 1992 zusammengefaßt werden.

Das Vermögensgesetz bildet das Kernstück der privatrechtlichen Vermögenszuordnungsbestimmungen und regelt die Grundlagen der Restitution. Anspruchsberechtigt sind natürliche und juristische Personen und deren Rechtsnachfolger, denen Vermögenswerte durch folgende Verlusttatbestände entzogen wurden (§ 1 Abs. 1 und 2):

- entschädigungslose Enteignung[5],
- durch staatliche Verwalter oder nach Überführung in Volkseigentum veräußerte Vermögensgegenstände,
- auf der Grundlage des Beschlusses des Präsidiums des Ministerrates von 1972 in Volkseigentum übergeleitetes Vermögen,
- bebaute Grundstücke und Gebäude, die wegen (drohender) Überschuldung enteignet wurden,
- Vermögenswerte, die aufgrund unlauterer Machenschaften dem Alteigentümer weggenommen wurden und
- Vermögenswerte, die im Zusammenhang mit Strafverfahren enteignet wurden.

Das VermG stellt Ansprüche von NS-Opfern, die Vermögenswerte zwischen 1933 und 1945 durch nationalsozialistische Verfolgung verloren haben, mit Ansprüchen aus der Zeit nach 1949 gleich (§ 1 Abs. 6).

Grundsätzlich gilt der Restitutionsvorrang, der in Art. 41 Abs. 1 EV und im VermG fortgeschrieben wird. Nur für bestimmte, eng eingegrenzte Fälle ist die Rückübertragung ausgeschlossen oder eingeschränkt, etwa wenn eine Rückgabe von der Natur der Sache her nicht möglich ist (§ 4 Abs. 1) oder wenn der

---

5 Oder eine Enteignung gegen geringere Entschädigung als den früheren DDR-Bürgern zustand.

Vermögenswert oder dingliche Nutzungsrechte in redlicher Weise[6] erworben wurden (§ 4 Abs. 2). Eine Restitution ist ferner ausgeschlossen bei besatzungsrechtlichen Enteignungen zwischen 1945 und 1949 und nach Maßgabe der Investitionsvorrangsvorschriften. Darüber hinaus läßt das VermG dem Berechtigten die Wahl zwischen Rückgabe oder Entschädigung. Da weder Einigungsvertrag noch VermG eine Entschädigungsregelung vorsahen und bis Mitte 1993 noch keine gesetzliche Regelung gefunden wurde, läuft die Wahlmöglichkeit jedoch faktisch ins Leere.

Von zentraler Bedeutung ist die Durchbrechung des Rückgabegrundsatzes aufgrund des Investitionsvorranges. Von Anfang an war deutlich, daß die Verfügbarkeit von Immobilien eine Schlüsselfrage für die wirtschaftliche Entwicklung der neuen Bundesländer sein würde und daß die strenge Einhaltung des Prinzips Rückgabe vor Entschädigung ein Hindernis für Investitionen zur Folge hätte. Aus diesen Gründen wurde bereits in Art. 41 Abs. 2 EV ein Investitionsvorrang vorgesehen und dem Vermögensgesetz ein Investitionsförderungsgesetz an die Seite gestellt. Die Bestimmungen des Investitionsgesetzes (BInvG) sind verschiedentlich geändert worden, wobei weitere Investitionserleichterungen auch im VermG geregelt wurden. Inzwischen hat das Investitionsvorranggesetz die Regelungen zusammengefaßt und vereinheitlicht.

Allen Fördermaßnahmen ist gemeinsam, daß beim Vorliegen von Investitionsvorhaben der Grundsatz umgekehrt und der Alteigentümer auf eine Entschädigung verwiesen wird. Der Konflikt zwischen Rückerstattungs- und Investitionsinteressen wird zugunsten der Investition gelöst und der Vermögenswert trotz vorliegendem Anspruch für investive Maßnahmen freigegeben. Voraussetzung hierfür ist das Vorliegen einer ‚besonderen Investition', die für die Sicherung und Schaffung von Arbeitsplätzen, die Deckung des Wohnbedarfs oder für Infrastrukturmaßnahmen (§ 1 BInvG) geeignet ist. Nach dem BInvG kam es bei Vorliegen dieser Voraussetzungen zur Ausstellung einer Investitionsbescheinigung, die zur Erteilung einer Grundstücksverkehrsgenehmigung führte.

In der Praxis wurde das BInvG nicht im gewünschten Umfang genutzt[7], da Probleme bei der Handhabung des Gesetzes auftraten. Dies führte im Frühjahr 1991 zu einer Nachbesserung der Regelungen. Das *Hemmnisbeseitigungsgesetz* änderte unter anderem das VermG und das BInvG und setzte das Vermögenszuordnungsgesetz in Kraft. Wichtigster Bestandteil der Änderung des VermG war die Ergänzung um den § 3a, die sogenannte „Supervorfahrtsregelung"[8], die eine erweiterte Möglichkeit zur Durchbrechung des Grundsatzes Rückgabe vor Entschädigung schuf. Der § 3a gilt (jetzt im Rahmen des Investitionsvorranggesetzes) für Gebäude, Grundstücke und Unternehmen, die in der Verfügungsgewalt der Treuhandanstalt oder öffentlich-rechtlicher Gebietskörperschaften lie-

6 Von einem ‚redlichen' Erwerb wird im wesentlichen dann ausgegangen, wenn dieser vor dem 18.10.1989 stattgefunden hat und mit den damaligen DDR-Gesetzen in Einklang stand (§ 4 Abs. 3 VermG).

7 Vgl. Fieberg/Reichenbach 1991, 329; Schöneberg 1993, 253.

8 Vgl. zu § 3a VermG: Piazolo 1992, 486; Zöller 1992, 58f.

gen. Die Verfügungsberechtigten können bei Vorliegen einer Investitionszusage Vermögenswerte vergeben und selbst über den Investitionsvorrang entscheiden, ohne daß eine Investitionsbescheinigung erforderlich ist. Die Investitionsbedingungen und näheren Verfahrensbestimmungen entsprechen denen des Investitionsgesetzes. Im Bereich des VermG und BInvG wurden die Investitionsvorfahrtsregelungen ergänzt sowie Verfahrensstraffungen eingeführt.

Bereits nach kurzer Zeit zeigten sich in der praktischen Umsetzung große Schwierigkeiten, insbesondere zeitigte der § 3a VermG nicht den erhofften Erfolg, so daß Mitte 1992 nochmals eine Nachbesserung in Form des *Zweiten Vermögensrechtsänderungsgesetzes* (2.VermRÄndG) vorgenommen werden mußte. Im Mittelpunkt stand die Verbesserung und Vereinheitlichung der Investitionsvorrangsregelungen und die Erleichterung und Beschleunigung des Verfahrens. Die bedeutendste Neuerung lag in der Einführung des *Investitionsvorranggesetzes* (InVorG), das die Vorfahrtsregelungen für investive Vorhaben wiederum erweitert und damit das Restitutionsprinzip nochmals zurückdrängt.

Das InVorG regelt den Investitionsvorrang einheitlich für Gebäude, Grundstücke und Unternehmen und schreibt die bestehenden Bestimmungen inhaltlich fort. Sowohl der Anwendungsbereich als auch die Investitionszwecke erfahren eine Erweiterung, und die Vorfahrtsregelungen werden bis zum 31.12.1995 verlängert. Einen Schwerpunkt des Gesetzes bildet die Verfahrensstraffung: Dem Alteigentümer verbleibt nur eine zweiwöchige Frist für Einwände gegen das investive Vorhaben. Plant er eine eigene Investitionsmaßnahme, muß er dies innerhalb von sechs Wochen detailliert einreichen. Der Investitionsvorschlag des Alteigentümers hat Vorrang, wenn er gleiche oder annähernd gleiche Vorhaben zusagt, andernfalls wird auf Entschädigung verwiesen und der Vermögenswert für die Investition freigegeben.

Das 2.VermRÄndG beendet die staatliche Verwaltung zum 31.12.1992 per Gesetz, womit die Vermögenswerte dem Eigentümer zur freien Verfügung stehen. Zuvor war für die Aufhebung der Zwangsverwaltung ein Bescheid des Vermögensamtes notwendig. Desweiteren wird eine allgemeine Ausschlußfrist eingeführt, die am 31.12.1992 endete. Seitdem können, bis auf die Ausnahme von Rehabilitierungsfällen[9], keine vermögensrechtlichen Ansprüche mehr gestellt werden.

Alle gesetzlichen Nachbesserungen hatten zum Ziel, Grundstücke, Gebäude und Unternehmen, die mit Restitutionsansprüchen belegt sind, schnell für Investitionen verfügbar zu machen. Inwieweit die Änderungen des 2.VermRÄndG die gesteckten Erwartungen erfüllen, ist bislang noch nicht abzusehen. Die gesamte Entwicklung der Rechtsgrundlagen seit Mitte 1990 zeigt, daß man trotz grundsätzlicher Beibehaltung des Restitutionsvorranges das Prinzip Rückgabe vor Entschädigung zunehmend aufweichen mußte, um die praktische Handhabung zu ermöglichen.

---

9 Darunter sind Vermögensansprüche zu verstehen, die im Zusammenhang mit rechtsstaatswidrigen straf-, ordnungsstraf- oder verwaltungsrechtlichen Entscheidungen stehen.

Bis heute ist die rechtliche Ausgestaltung der Eigentumsfrage noch unvollständig, da eine Entschädigungsregelung fehlt. Dies wird häufig als Hauptfaktor für Hemmnisse bei der Klärung der offenen Vermögensfragen angesehen.[10] Bereits die Gemeinsame Erklärung enthielt grundsätzliche Positionen zur Entschädigungsfrage. Danach soll ein „sozialverträglicher Ausgleich“ durch Entschädigung oder Grundstückstausch gefunden werden, wenn an dem betreffenden Vermögenswert in redlicher Weise Eigentum oder dingliche Nutzungsrechte erworben wurden oder eine Rückgabe von der Natur der Sache her nicht mehr möglich ist. Die Entschädigungsansprüche sollen aus einem vom Bundeshaushalt unabhängigen Fonds finanziert werden.

Im Herbst 1990 wurden die Arbeiten an der gesetzlichen Regelung der Entschädigungsfrage aufgenommen. Nach der Diskussion verschiedener Entwürfe legte die Bundesregierung im Frühjahr 1993 einen Entwurf für ein Entschädigungs- und Ausgleichsgesetz[11] (EALG) vor. Er sieht vor, daß die Wahlmöglichkeit zwischen Rückgabe und Entschädigung nur noch für eine Übergangszeit von zwei Monaten gilt. Die Entschädigung soll sich unter anderem durch eine Vermögensabgabe finanzieren, die Berechtigte zu leisten haben, die ihr Vermögen zurückerhalten. Sie soll 30% des zum 3.10.1990 fortgeschriebenen Einheitswertes von 1935 betragen und bei redlichen Erwerbern entfallen. Die Höhe der Entschädigung soll sich auf den einfachen (Unternehmen) bzw. 1,3fachen (Grundvermögen) Einheitswert von 1935 belaufen. Das EALG umfaßt auch Entschädigungsleistungen für Enteignungen zwischen 1945 und 1949. Die Leistungen aus dem Entschädigungsfonds sollen ab 1996 nach Maßgabe der vorhandenen Mittel ausgezahlt werden, wobei das erwartete Gesamtvolumen des Fonds mit 10 bis 13 Mrd. DM für etwa 1,2 Mio. Anspruchsberechtigte beziffert wird.[12] Die Finanzierung des Fonds soll sich im einzelnen aus Treuhanderlösen, dem Finanzvermögen und Beträgen der Kommunen, zurückzuzahlendem Lastenausgleich und der Vermögensabgabe zusammensetzen.[13]

Die geplante Entschädigungsregelung und die Art ihrer Finanzierung standen von Beginn an im Kreuzfeuer der Kritik. Nicht nur die Vermögensabgabe wurde – vor allem in den neuen Ländern – abgelehnt, auch die Höhe der Entschädigungsleistungen und ihre Bemessungsgrundlage werden kritisiert, da sie gegenüber dem heutigen Verkehrswert und den stark angestiegenen Immobilienpreisen in den neuen Ländern zu gering erscheint. Damit und mit dem Wegfall der Wahlmöglichkeit werden die Klärung der Eigentumsverhältnisse weiter durch Restitutionsansprüche blockiert und Investitionen erschwert werden. Die Gründe für eine weitere Favorisierung des Restitutionsprinzips durch die Bundesregierung liegen auf der Hand: Eine vorrangige Entschädigung scheint – auch mit einer Vermögensabgabe – nicht finanzierbar zu sein.

---

10 Piazolo 1992, 489; Zöller 1992.

11 Bundestags-Drucksache 12/4887. Vgl. auch Schöneberg 1993, 256f.

12 Süddeutsche Zeitung vom 3.12.1992; Rollmann, A.: 158. Sitzung des Deutschen Bundestages am 30. April 1993, in: Das Parlament 1993, Nr. 22-23, 2.

13 Rollmann 1992, Anm. 13.

1.3. Neuordnung des öffentlichen Vermögens

Eine der wichtigsten Aufgaben der öffentlich-rechtlichen Gebietskörperschaften ist die Feststellung, welche Objekte ihnen als Eigentum zustehen und wie diese Ansprüche durchgesetzt werden können. Grundlegend hierfür sind die Art. 21 und 22 EV, die die materiell-rechtlichen Regelungen enthalten, und das *Vermögenszuordnungsgesetz*[14] (VZOG), das das Verfahren regelt. Entscheidungsträger bei der öffentlich-rechtlichen Vermögenszuordnung sind die Präsidentin der Treuhandanstalt oder die Präsidenten der Oberfinanzdirektionen. Die Gemeinden, Städte, Landkreise und Länder stehen ihnen als Antragsteller gegenüber.

Auch im Bereich des öffentlichen Vermögens gilt der Grundsatz Rückgabe vor Entschädigung. Ursprünglich bestand auf bundesdeutscher Seite die Absicht, bei der öffentlichen Eigentumsneuordnung vom Restitutionsprinzip abzuweichen und Altansprüchen keinen Vorrang einzuräumen.[15] Begründet wurde diese Überlegung mit den zu erwartenden Problemen bei der praktischen Umsetzung. Jedoch bestanden die Unterhändler der DDR-Seite auf einer Gleichbehandlung öffentlicher und privater Ansprüche und der Wiederherstellung des früheren Landes- und Kommunalvermögens. Mit Art. 21 Abs. 3 EV wurde ein Restitutionsanspruch der öffentlichen Hand geschaffen, dem das historische Prinzip – die Wiederherstellung der früheren Eigentumsverhältnisse – zugrunde liegt. Der Rückgabegrundsatz ist auch im öffentlich-rechtlichen Eigentumsbereich nicht unproblematisch, da die Rechtsnachfolgerschaft von Städten, Kreisen, Gemeinden und Ländern, die sich erst 1990 neu konstituiert haben, nicht immer geklärt ist. Die Feststellung der Rechtsnachfolgerschaft früherer Gebietskörperschaften ist schon deshalb schwierig, weil die ehemaligen Rechtssubjekte in der SBZ bzw. der DDR oft ersatzlos aufgelöst oder umgebildet wurden.

Neuordnung des Verwaltungsvermögens nach Art. 21 EV

Art. 21 EV regelt die Aufteilung des Verwaltungsvermögens mit einem Regel-Ausnahme-Grundsatz und nach dem Funktionsprinzip. Das Vermögen der DDR, das Verwaltungsaufgaben diente, wird Bundesvermögen, es sei denn, es war am 1.10.1989 vorwiegend für Verwaltungsaufgaben bestimmt, die nach dem Grundgesetz von Ländern, Gemeinden und sonstigen Trägern der öffentlichen Verwaltung wahrzunehmen sind. Das Verwaltungsvermögen, das am Stichtag für Aufgaben bestimmt war, die in die Zuständigkeit der Länder und Kommunen fallen, ging mit dem Beitritt auf diese Verwaltungsträger über.

Neben der Verteilung des Verwaltungsvermögens nach dem Funktionsprinzip besteht für die Kommunen nach Art. 21 Abs. 3 EV ein Restitutionsan-

---

14 Vgl. dazu: Schmidt 1992, 157f.; Lange 1991, 336; Arbeitsanleitung des Bundesinnenministers zur Übertragung kommunalen Vermögens und zur Förderung von Investitionen durch die Kommunen. Abgedr. in: Vermögensgesetz (Textausgabe), 4. Aufl. München 1993, 275ff.

15 Vgl. Früh 1992, 152; Lange 1991, 332.

spruch. Vermögen wird an diejenigen Gebietskörperschaften zurückübertragen, die ehemals eigentumsberechtigt waren. Die funktionale Aufteilung des Verwaltungsvermögens an die Aufgabenträger wird auf die Fälle reduziert, in denen der Vermögenswert vor der Überführung in Volkseigentum nicht in öffentlicher Hand war.

Aufteilung des Finanzvermögens nach Art. 22 EV
Art. 22 EV normiert die Verteilung des öffentlichen Vermögens, das nicht unmittelbar bestimmten Verwaltungsaufgaben dient (Finanzvermögen). Im Bereich des Finanzvermögens ist keine konstitutive Eigentumszuordnung vorgesehen. Das gesamte Finanzvermögen *in* der DDR geht in die Treuhandverwaltung des Bundes über, unabhängig, welchem Rechtsträger es bisher zugeordnet war. Dieses Vermögen wird hälftig auf den Bund und die neuen Bundesländer verteilt, wobei die Länder die Kommunen an ihrem Anteil zu beteiligen haben. Der Bund ist verpflichtet, den ihm zufallenden Anteil für Aufgaben in den neuen Ländern zu verwenden. Ausgenommen von der Bundestreuhandverwaltung sind das Vermögen der Sozialversicherung, das Finanzvermögen, das der Treuhandanstalt übertragen wurde und das gemäß dem DDR-Treuhandgesetz (bzw. Kommunalvermögensgesetz) den Gemeinden, Städten und Landkreisen übertragene Vermögen. Analog zum Art. 21 Abs. 3 gilt auch beim Finanzvermögen der Grundsatz Rückgabe vor Entschädigung (Art. 22 Abs. 1, Satz 7).

Die Regelungen des Einigungsvertrages boten keine verfahrensrechtliche Umsetzungsmöglichkeit. Bis zum Inkrafttreten des Vermögenszuordnungsgesetzes im März 1991 stellte nur das KVG ein Verfahren zur Verfügung, mit dem Vermögenswerte gemäß Art. 21 und 22 EV zugeordnet oder übertragen werden konnten. Das KVG begründet einen weitgehenderen Anspruch der Gemeinden, Städte und Landkreise auf kostenlose Übertragung volkseigenen Vermögens, als dies der Einigungsvertrag vorsieht. Daher beschränkt die Maßgabeklausel des Einigungsvertrages Übertragungsansprüche nach dem KVG auf den Anwendungsbereich der Art. 21 und 22 EV. Das KVG ist also nur noch im Rahmen dieser Regelungen anzuwenden, gilt im übrigen aber fort.[16]

Das VZOG stellt die Arbeitsgrundlage für die verfahrensmäßige Umsetzung der öffentlichen Vermögenszuordnung dar und tritt damit an die Stelle des KVG. Die materiellen Bestimmungen und die Ansprüche der Kommunen, die sich aus dem Einigungsvertrag ergeben, bleiben davon unberührt. Die Übertragung kommunalen Vermögens geschieht auf Antrag der Gebietskörperschaften in Form eines ‚Zuordnungsbescheids'. Neue Anträge können bis zum 30.6.1994 gestellt werden. Im Zuordnungsverfahren wird entschieden, welcher Vermögenswert welchem Träger der öffentlichen Verwaltung zuzuordnen bzw. zu übertragen ist. Dies bezieht sich sowohl auf die funktionale Zuordnung von Verwaltungsvermögen als auch auf die Restitution von Verwaltungs- und Finanzvermögen. Nach Anhörung aller als Eigentümer in Betracht kommenden Parteien (z.B. Bund, Land, Kommune) kommt es zur Erteilung eines Zuordnungsbe-

16 Vgl. Ipsen/Koch 1993, 8; Lange 1991, 334.

scheids, der zur Eintragung des Vermögenswertes beim Grundbuchamt führt. Entscheidungsberechtigt sind die Präsidentin der Treuhandanstalt (soweit sich das Vermögen in der Verfügung der Treuhand befindet) oder die Oberfinanzpräsidenten. Ein Widerspruch gegen den Zuordnungsbescheid ist nicht möglich, es kann nur der gerichtliche Weg in Form einer Klage vor dem zuständigen Kreisgericht beschritten werden.

Neben dem normalen Zuordnungsverfahren sieht das VZOG (§§ 6 und 7) die Erteilung von Verfügungsberechtigungen vor, die den Kommunen und Ländern ein sofortiges Handeln ermöglichen und Investitionen erleichtern sollen. Nach § 6 sind die Kommunen und Länder auch ohne Zuordnungsbescheid zur Verfügung über ehemals volkseigenes Vermögen berechtigt, wenn sie oder ihr Organ (im Falle der Länder die ehemaligen Bezirke) im Grundbuch als Rechtsträger eingetragen sind. Die Verfügungsbefugnis bedarf keines gesonderten Bescheids, sondern ist kraft Gesetz wirksam. Ansprüche von Alteigentümern werden nicht berührt, da die Verfügungsbefugnis nach § 6 keinem endgültigen Eigentumserwerb gleichkommt und mit dem Ergehen eines Zuordnungsbescheids endet. Durch diese Regelung sind die Kommunen und Länder in der Zeit bis zum Erlaß eines Zuordnungsbescheids nicht in ihrem Handeln blockiert und können über die in ihrer Verfügung stehenden Vermögenswerte frei entscheiden. Die Erlöse, die während der Verfügungsberechtigung erzielt werden, sind dem Eigentümer später auszuzahlen.

In einem noch stärkeren Maße soll die Möglichkeit der ‚investiven Zuweisung' (§ 7 VZOG) Investitionen fördern. Da vor allem die Kommunen Ansprechpartner für Investoren sind, sollen diese in die Lage versetzt werden, unabhängig von den Eigentumsverhältnissen im Sinne von Investitionen entscheiden zu können. Die Zuweisung kann bei Vorliegen eines ‚besonderen Investitionszwecks' (entsprechend den Voraussetzungen des InVorG) durch den Oberfinanzpräsidenten erfolgen. Dabei müssen die Interessen und Investitionspläne von Alteigentümern und anderen Trägern der öffentlichen Verwaltung berücksichtigt werden. Die Kommune hat die Pflicht, den zugewiesenen Vermögenswert der investiven Maßnahme zuzuleiten, der Erlös steht dem Alteigentümer zu.

Das Instrument der investiven Zuweisung soll verhindern, daß Investitionen durch ungeklärte Eigentumsverhältnisse verzögert oder gefährdet werden. Die Kommune muß aktiv werden und einen Antrag auf investive Zuweisung stellen. In der Praxis hat sich jedoch gezeigt, daß diese Verfahrensvereinfachungen und Investitionserleichterungen nicht in ausreichendem Maße genutzt werden. Durch den zögerlichen Gebrauch ist insbesondere das Instrumentarium der investiven Zuweisung praktisch ohne Bedeutung geblieben.[17] Neben der Zurückhaltung der Kommunen gegenüber der Nutzung der Erleichterungen des VZOG treten auch Schwierigkeiten allgemeiner Art bei der Umsetzung des Gesetzes auf. Bis Mitte 1993 hatten erst 67% der Gemeinden Anträge auf Übertragung kommunalen Eigentums gestellt. Während alle Landkreise und kreisfreien Städte

17 Vgl. Früh 1992, 153; Schmidt 1992, 157.

Anträge eingereicht haben, liegen für 18% der Gemeinden bei der Treuhand bisher keinerlei Vermögensansprüche vor.[18] Täglich geht eine Vielzahl neuer Anträge ein, so daß die Zahl der kommunalen Vermögensansprüche noch nicht endgültig zu beziffern ist. Von den rund 70.000 in die Zuständigkeit der Treuhandanstalt fallenden Anträge konnten bis Mitte 1993 ein Drittel erledigt werden. Fast zwei Drittel der kommunalen Ansprüche fallen jedoch in die Verantwortung der Oberfinanzdirektionen.

Die Kommunen sind bei der Verfolgung ihrer Eigentumsansprüche scheinbar unterschiedlich engagiert, und viele Gemeinden, Städte und Landkreise nutzen ihre Chance zur Kommunalisierung ehemaligen Volkseigentums nicht ausreichend.[19] Obwohl mit dem Einigungsvertrag das Verwaltungs- und Finanzvermögen per Gesetz auf die Kommunen und Länder übergegangen ist, führt erst ein Zuordnungsbescheid nach dem VZOG zur endgültigen Eigentumsübertragung und zur notwendigen Grundbucheintragung. Die Gebietskörperschaften sind gezwungen, für jeden beanspruchten Vermögensgegenstand einen Antrag auf Übertragung zu stellen. Dabei steht es ihnen nicht frei, auf bestimmte Objekte durch Unterlasssung des Antrags zu verzichten, vielmehr müssen sie die Zuordnung der Vermögenswerte beantragen, die ihnen gemäß Art. 21 und 22 EV zustehen.[20] In diesem Zusammenhang ist zu beachten, daß nicht nur Aktiva, sondern auch Passiva (Schulden) zugeordnet bzw. rückübertragen werden.

Den Kommunen steht als Informations- und Hilfsmittel eine „Arbeitsanleitung des Bundesinnenministers zur Übertragung kommunalen Vermögens und zur Förderung von Investitionen durch die Kommunen“[21] zur Verfügung. Diese Arbeitsanleitung, die in Zusammenarbeit mit den kommunalen Spitzenverbänden erstellt wurde, gibt eine Übersicht über die wichtigsten Bestimmungen des VZOG und Hinweise für die praktische Umsetzung der gesetzlichen Regelungen. Regelmäßige Aktualisierungen werden im zweiwöchtlich vom Bundesinnenminister herausgegebenen „Info-Dienst Kommunal“ veröffentlicht.

Die Schwierigkeiten, die sich bei der Kommunalisierung des öffentlichen Vermögens ergeben, sind vielfältig und bestehen nicht nur auf seiten der Antragsteller. Auch die zuständigen Behörden (Treuhand und Oberfinanzdirektionen), die durch die hohe Zahl der Anträge personell überlastet sind, sehen sich mit verschiedenen Problemen konfrontiert.

Ein weiterer Problemkreis besteht an der Schnittstelle der privaten und öffentlichen Vermögensfragen. Öffentliches Vermögen, das heute in der Verfügung der Kommunen oder Länder steht, kann gleichzeitig durch einen privatrechtlichen Vermögensanspruch belastet sein und einem privaten Eigentümer zustehen. Daher steht die Vermögenszuordnung der öffentlichen Hand immer unter dem Vorbehalt eventueller Ansprüche nach dem VermG und kann diesbezüglich nur vorläufig sein. Privatrechtliche Vermögensansprüche bleiben

---

18 Quelle: Treuhandanstalt 06/93.
19 Schmidt 1992, 158.
20 Schmidt 1992, 156.
21 BMI-Arbeitsanleitung vgl. Anm. 24.

vom VZOG unberührt, und beide Verfahren laufen prinzipiell parallel und unabhängig voneinander. Die Verfügungsbeschränkungen, die sich aus der Anmeldung privatrechtlicher Ansprüche ergeben, sind auch im Falle eines Zuordnungsbescheids nach dem VZOG gültig und treffen die Kommune oder das Land. Bis zu einer endgültigen Klärung des Anspruchs nach dem VermG stehen das private Rückgabebegehren und die kommunale Zuordnung in Konkurrenz. Die Kommune unterliegt in dieser Zeit der Verfügungs- und Genehmigungssperre gemäß VermG und AnmV, die nur durch eine Investitionsvorfahrtsbestimmung aufgehoben werden kann. Im Fall eines Investitionsvorrangs wird das Restitutionsprinzip sowohl bei privatrechtlichen als auch bei öffentlichrechtlichen Ansprüchen durchbrochen, und der Alteigentümer muß auf den erzielten Erlös oder eine Entschädigung verwiesen werden. Eine Konkurrenz kann nicht nur zwischen privaten und kommunalen Ansprüchen auftreten, sondern auch zwischen einzelnen öffentlich-rechtlichen Körperschaften, wie z.B. zwischen Land und Kommune oder verschiedenen Gemeinden/Städten.

In der praktischen Anwendung des VZOG hat sich gezeigt, daß die gesetzlichen Grundlagen für die Übertragung öffentlichen Vermögens lückenhaft sind. Ein Gesetzentwurf, der die Probleme beheben soll, ist in Erarbeitung. Da das Verfahren der kommunalen Vermögenszuweisung nicht mit dem der Privatisierung verzahnt ist, kommt es zunehmend zu Konflikten, wenn eine Kommune ein bereits privatisiertes Vermögensobjekt beansprucht. Für diesen Fall ist bisher noch keine Entschädigung für die Kommunen vorgesehen. Die gerichtlichen Verfahren von Städten, Gemeinden und Kreisen gegen die Treuhand nehmen aus diesen und anderen Gründen zu; bis Mitte 1993 lagen über 600 Verfahren von Kommunen gegen die Treuhandanstalt vor.[22]

1.4. Zusammenfassung

Die offenen Vermögensfragen sind sowohl in rechtlicher als auch in politischer Hinsicht ein komplexes und kompliziertes Gebiet. Die gesetzliche Ausgestaltung hat eine Vielzahl verschiedener Regelungen hervorgebracht und ist bisher noch nicht abgeschlossen. Ein Hauptbestandteil der gesetzlichen Regelung des Vermögensrechts, das Entschädigungs- und Ausgleichsgesetz, steht bislang noch aus und wird von vielen Seiten dringend gefordert.

Die zahlreichen Novellierungen und Nachbesserungen des Vermögensrechts deuten auf anfängliche Schwierigkeiten und Unsicherheiten des Gesetzgebers hin, der sich 1990 mit der Aufgabe konfrontiert sah, die alte Eigentumsordnung der DDR in bundesdeutsches Recht zu transformieren und die unrechtmäßigen Eingriffe in das private und öffentliche Eigentum rückgängig zu machen oder auszugleichen. Das man sich bei der Lösung dieser Probleme für den Grundsatz Rückgabe vor Entschädigung entschied, wurde und wird häufig

22 Schwenn, K.: Mit Ansprüchen und Selbstbewußtsein. Frankfurter Allgemeine Zeitung vom 21.7.1993, 11.

kritisiert. Während am Anfang der Restitutionsvorrang im Hinblick auf die Eigentumsgarantie des Grundgesetzes verfassungsrechtlich geboten und politisch erwünscht schien, wurde später verstärkt die Abkehr von diesem Prinzip gefordert und auch der Entschädigungsvorrang als verfassungsrechtlich zulässig beurteilt[23]. Die Durchsetzung des Rückgabegrundsatzes wird oft als größtes Hemmnis für die mangelnde Investitionstätigkeit in den neuen Ländern angesehen, und die wiederholt erweiterten gesetzlichen Möglichkeiten zur Durchbrechung des Restitutionsprinzips erwiesen sich als unzureichend. Eine nachträgliche Abkehr kommt nach einhelliger Meinung unter dem Gesichtspunkt des Vertrauensschutzes und der Gleichbehandlung jedoch nicht in Betracht. Lediglich durch weitere Ausnahmeregelungen und das Inkraftsetzen eines Entschädigunsgesetzes kann die Klärung der Eigentumsfragen gefördert und vorangetrieben werden.

Die Investitionsvorfahrtsregelungen, deren Notwendigkeit bereits 1990 gesehen wurde und die im Laufe der Zeit stark ausgeweitet wurden, stießen in der praktischen Umsetzung auf verschiedene Schwierigkeiten. Die vor dem 2.VermRÄndG zerstreuten und uneinheitlichen Regelungen für Investitionserleichterungen bei privatem und öffentlich-rechtlichem Vermögen bereiteten auch den mit der Bearbeitung betrauten Behörden Probleme. Der erhoffte Erfolg des BInvG und der Supervorfahrtsregelung blieb aus. Die administrativen Probleme liegen unter anderem im Personalbereich – die Ämter für offene Vermögensfragen leiden zum Teil bis heute an Personalmangel – und in der Umsetzung der neuen und unübersichtlichen Rechtsmaterie. Mit westdeutscher Verwaltungshilfe und einer erheblichen Aufstockung des Personals konnten einige Engpässe überbrückt werden. Insgesamt werden die angebotenen Möglichkeiten des Investitionsvorranges nur zögerlich genutzt. Inwieweit das InVorG von 1992 entscheidende Verbesserungen bringt, bleibt abzuwarten. Schließlich muß das erwartete Entschädigungsgesetz noch die vorhandene rechtliche Lücke im Vermögensrecht schließen und sich in der Praxis bewähren.

Im Bereich der öffentlich-rechtlichen Vermögensfragen bestehen ähnliche Probleme, die nicht nur im administrativen Bereich, sondern auch auf konzeptioneller Ebene angesiedelt sind. Hier waren die Vereinfachungen und Erleichterungen des Verfahrens durch das VZOG und die investive Zuweisung nur bedingt erfolgreich. Daneben wirken auch die privatrechtlichen Eigentumsfragen in den kommunalen Bereich hinein und erschweren die Situation zusätzlich. Aufgrund der ungeklärten Eigentumsverhältnisse wird die Ansiedlung von Gewerbe und privaten Unternehmen, der Ausbau des privaten Wohnungsbaus etc. blockiert und Entscheidungen über Bauleitplanung und Städtebau verzögert. Dies sind Problembereiche, die vor allem die Städte und Gemeinden betreffen. Die baldige Klärung sowohl der privaten als auch der öffentlichen Vermögensverhältnisse ist daher von besonderer Wichtigkeit für einen ökonomischen Aufschwung. Im Hinblick auf die große Anzahl der vorliegenden und noch zu erwartenden Ansprüche werden jedoch die ungeklärten Eigen-

---

23 Zöller 1992, 60ff.

tumsverhältnisse die neuen Länder und die gesamte Bundesrepublik noch Jahre bis Jahrzehnte beschäftigen.

2. Kommunales Wohnungsvermögen

2.1. Zustand des Wohnungsvermögens

Die Kommunen haben mit ca. 35% den zweitgrößten Anteil am Wohnungseigentum in den neuen Ländern. Den Gebietskörperschaften fällt dadurch auch ein Großteil der Aufgaben zu, die sich aus dem problematischen Zustand des Wohnungsbestandes ergeben. Sie sind damit neben der Bundesregierung (namentlich dem Bundesbauministerium), den Länderregierungen, den Wohnungswirtschafts- und den kommunalen Spitzenverbänden zum wichtigsten Akteur in der ostdeutschen Wohnungspolitik und damit in einem bedeutenden sozialpolitischen Handlungsfeld des deutschen Einigungsprozesses geworden. Mit dem Stichtag 31.12.1992 gab es in den neuen Bundesländern 6,8 Mio. Wohnungseinheiten. Die Bausubstanz der durchschnittlich 58 Jahre alten Wohngebäude ist die älteste in den westlichen Industriestaaten. Die jüngeren Wohnungen ab Baujahr 1960 (ca. ein Drittel des Gesamtbestandes) sind überwiegend die in Plattenbauweise errichteten Geschoßgebäude, die sich fast ausschließlich in kommunalem bzw. genossenschaftlichem Eigentum befinden.[24]

Substanzerhaltung und Sanierung des Altbaubestandes wurden in der DDR stark vernachlässigt. Die in öffentlichem Eigentum befindlichen Häuser sind daher überaltert, vernachlässigt bzw. verfallen und genügen i.d.R. nicht modernen Wohnansprüchen. Eine Statistik der DDR-Bauakademie zählt 20% der Ein- und Zweifamilienhäuser und 51% der bis 1945 errichteten Mehrfamilienhäuser zu den Bauzustandsstufen III (umfangreiche Schäden, komplette Instandsetzung erforderlich) und IV (unbrauchbar). 30% der Altbauten sind nur noch mit großem Aufwand sanierbar und 7% gelten als abbruchreif. Die Zahlen werden sich durch den progressiven Substanzverfall noch verschlechtern. Über 500.000 Wohnungen haben weder Bad, Dusche oder Innentoilette und nur 50% aller Wohnungen besitzen eine sogenannte moderne Heizung. Eine halbe Million Wohnungen sind unbewohnbar, ein Viertel ist akut gefährdet.[25] Aus diesen Statistiken ergibt sich der überaus große Rekonstruktions- und Sanierungsbedarf des kommunalen Wohnungsbestandes in den neuen Bundesländern, deren Auf-

---

24 Gesamtverband der Wohnungswirtschaft (GdW) 1993, 72. Die im Juli 1993 vom GdW herausgegebenden „Daten und Fakten 1992 der unternehmerischen Wohnungswirtschaft in den neuen Bundesländern" basieren auf einer statistischen Befragung per 31.12.1992 bei den rund 1.200 Mitgliedsunternehmen. Wegen der hohen Mitgliederdichte des GdW kann die Studie als repräsentativ angesehen werden; nachfolgende Daten ohne Quellenangaben beziehen sich i.d.R. auf diese Studie. Vgl. auch Behring 1992, 5f.

25 Möschel 1991, 72.

wendungen pro Wohnung inkl. Wohnumfeld auf ca. 80.000 DM geschätzt werden, wobei die erforderlichen Neubaumaßnahmen unberücksichtigt sind.[26] Die Tatsache, daß die unternehmerische Wohnungswirtschaft der neuen Länder in den Jahren 1991 und 1992 für Instandsetzung und Modernisierung von ca. 320.000 Wohnungen rund 11 Mrd. DM ausgegeben hat, macht den verbleibenden Finanz- und Handlungsbedarf gleichermaßen deutlich. In diesen Zahlen sind allerdings nicht die einen eigenen Problemkreis bildenden Substanzschäden der Plattenbauten erhalten, auf die sich der DDR-Wohnungsbau jahrzehntelang konzentriert hatte.

2.2. Eigentumsverhältnisse im kommunalen Wohnungsvermögen

Am 31.12.1992 befanden sich in den neuen Ländern rund 16% des Wohnungsbestandes in genossenschaftlichem Eigentum (=1,1 Mio. Wohnungen), 35% entfielen auf kommunales Eigentum (=2,4 Mio. Wohnungen), 49% entfielen auf andere Vermieter und Eigentümer (=3,3 Mio. Wohnungen). Der frühere volkseigene und jetzt im wesentlichen kommunale Wohnungsbestand besteht zu näherungsweise 7% aus Wohnungen in Ein- und Zweifamilienhäusern und zu über 90% aus Wohnungen in Mehrfamilienhäusern, überwiegend in Plattenbauten.[27]

Die zentrale Vorschrift des Eigentumserwerbs der Kommunen[28] befindet sich im Kapitel VI des Einigungsvertrages („Öffentliches Vermögen und Schulden"). Verglichen mit anderen Eigentumszuordnungen des öffentlichen Vermögens bestimmt der das Finanzvermögen behandelnde Art. 22 EV in seinem vierten Absatz relativ eindeutig, daß mit Wirksamwerden des Beitritts das zur Wohnungsversorgung genutzte volkseigene Vermögen, das sich in Rechtsträgerschaft der volkseigenen Betriebe der Wohnungswirtschaft (VEB Gebäudewirtschaft, VEB Kommunale Wohnungsverwaltung bzw. -wirtschaft) befindet, mit gleichzeitiger Übernahme der anteiligen Schulden in das Eigentum der Kommunen übergeht. Hierzu zählen einschließlich der Grundstücke Wohn- und darin enthaltene Geschäftsgebäude, Garagen, Park- und Grünflächen, Kinderspielplätze etc. Da Art. 22 Abs. 4 EV zwingendes Recht formuliert, steht es den Kommunen nicht frei, Wohnungsvermögen zu beanspruchen oder darauf zu verzichten. Der Einigungsvertrag verpflichtet die Gemeinden, ihren Wohnungsbestand unter Berücksichtigung sozialer Belange schrittweise in eine marktwirtschaftliche Wohnungswirtschaft zu überführen und die Privatisierung auch zur

26 Wohnungsbaumittel liegen brach. Süddeutsche Zeitung vom 14.7.93, 23.

27 Behring 1992, 5.

28 Vgl. zu den kommunalen Eigentumsverhältnissen des Wohnungsbaus Becker 1992, 210-212; Lange 1991, 329-336; Ipsen/Koch 1993, 1-9; Früh 1992, 150-153; Schmidt 1992, 154-158; Schützenmeister 1991, 25-28; Frenz 1993, 41-46; Infodienst Kommunal 31/91, 6-32; Söfker 1992, 406-409; Hinweise des Bundesbauministeriums und des Bundesministeriums der Finanzen zur Vermögenszuordnung 1992, in: Landes- und Kommunalverwaltung H. 12, 409-413; Treuhandanstalt 1991, 4-39.

Bildung individuellen Wohneigentums beschleunigt durchzuführen. Damit wird im EV eine sozialverträgliche Privatisierung durch die Kommunen angestrebt.

Der kommunale Wohnungsbestand erhält durch die Bestimmungen des Art. 22 Abs. 4 EV einen gewissen Sonderstatus, da der allgemein geltende Grundsatz der treuhänderischen Verwaltung des Finanzvermögens zugunsten einer mit dem Verwaltungsvermögen vergleichbaren Regelung außer Kraft gesetzt wird: Mit dem EV wird kommunales Wohnungseigentum bei den Gebietskörperschaften geschaffen. Darüber hinaus ist der auch im Bereich des öffentlichen Vermögens geltende Grundsatz Rückgabe vor Entschädigung insoweit durch Art. 22 Abs. 4 EV aufgehoben, als darauf verzichtet wird, das zur Wohnungsversorgung genutzte Vermögen anderer öffentlich-rechtlicher Körperschaften wiederherzustellen. Der Erwerb kommunalen Wohnungsbestandes gemäß Art. 22 Abs. 4 EV schließt jedoch grundsätzlich nicht den Erwerb aufgrund der allgemeinen Bestimmung über die Zuordnung des Finanzvermögens nach Art. 22 Abs. 1 EV aus. Bebaute Grundstücke (v.a. Mehrfamilienhäuser), die sich in Rechtsträgerschaft der Gemeinden befanden und der Wohnungsversorgung dienten, können durch die Kommunen als Finanzvermögen erworben werden. Dies bezieht sich in erster Linie auf kleine Gemeinden und solche ohne eigene vormalige VEB-Wohnungswirtschaft. Zum kommunalen Finanzvermögen zählen darüber hinaus auch Ein- und Zweifamilienhäuser, die sich am 3.10.1990 in Rechtsträgerschaft der ehemaligen Räte der Gemeinden, Städte und Kreise befanden.

Die zentralen rechtlichen Begriffe des Einigungsvertrages im Bereich des kommunalen Wohnungsbestandes („zur Wohnungsversorgung genutztes volkseigenes Vermögen“; „konkrete Ausführungsplanungen für Objekte der Wohnungsversorgung“) haben eine umfassende Zuordnung des Wohnungsbestandes zum Kommunalvermögen zur Folge (gehabt). In diesem Zusammenhang ist der Ausschluß weiter Teile des kommunalen Wohnungsvermögens von der Rückübertragung an Alteigentümer von Bedeutung, z.B. wenn Grundstücke und Gebäude im komplexen Wohnungs- oder Siedlungsbau verwendet oder wenn sie mit erheblichem baulichen Aufwand in ihrer Nutzungsart oder Zweckbestimmung verändert wurden. In diesen Bereichen werden die Alteigentümer auf die Entschädigung verwiesen. Außerhalb des EV finden sich ebenfalls rechtliche Zuordnungsbestimmungen des kommunalen Wohnungsvermögens. So bestimmt § 1 a Abs. 4 VZOG, daß zur Wohnungsversorgung genutztes Vermögen, welches sich nicht in Rechtsträgerschaft der ehemals volkseigenen Betriebe der Wohnungswirtschaft befand, in Kommunaleigentum zu überführen ist, soweit es diesen Betrieben zur Nutzung sowie zur selbstständigen Bewirtschaftung und Verwaltung übertragen worden war.

Der Erwerb kommunalen Wohnungsvermögens gemäß EV vollzieht sich außerhalb des Grundbuchs kraft Gesetzes. Er muß jedoch für den weiteren Grundstücksverkehr, insbesondere für die Privatisierung, im Grundbuch umgesetzt werden. Die Zuständigkeit für dieses Verfahren liegt nach dem VZOG in der Fassung des 2. VermRÄndG grundsätzlich bei den Oberfinanzpräsidenten.

Um dieses zeitaufwendige Bescheidverfahren zu vereinfachen, trifft § 6 I VZOG eine Ausnahmeregelung, wonach die Kommunen auch ohne Zuordnungsbescheid über Objekte verfügen können, die im Grundbuch als Eigentum des Volkes in kommunaler Rechtsträgerschaft, deren Organe oder der VEB-Gebäudewirtschaft eingetragen sind (Verfügungsbefugnis). Mit der Anwendung dieser Ausnahmevorschrift ist die Kommune sofort verfügungsberechtigt, die umgehende Verkehrsfähigkeit des kommunalen Wohnungseigentums wird unabhängig von der grundbuchmäßigen Umschreibung hergestellt und die betreffenden Grundstücke bzw. Gebäude können infrastrukturell erschlossen, verkauft oder saniert werden. Damit wird die Privatisierung von bereits saniertem Wohnungsbestand für die Kommunen attraktiver und finanzierbarer. Sie können von dieser Möglichkeit Gebrauch machen, wenn sie zweifelsfrei als Eigentümer feststehen. Die Ansprüche von Alteigentümern bleiben von der Verfügungsbefugnis und dem Zuordnungsverfahren unberührt, denn die Eigentumsvoraussetzungen ergeben sich ausschließlich aus den betreffenden materiellen Gesetzen. Die allgemeinen Durchführungsprobleme des VZOG und der zurückhaltende Gebrauch der Verfahrenserleichterungen ist auch im Wohnungswesen anzutreffen. Die zweifelsfreie Vermögensidentifizierung erfordert z.B. angesichts der noch immer überforderten und überlasteten Grundbuchämtern viel Zeit und detektivischen Spürsinn. Z.B. waren in Sachsen im Oktober 1991 noch 116.000 Anträge unbearbeitet.[29]

Im Bereich der Zuordnung des Wohnungsvermögens ergibt sich eine weitere Problematik aus der Überführung von Wohnungseigentum der Genossenschaften.[30] Das Protokoll Nr. 13 zum Einigungsvertrag legte zunächst fest, daß der genossenschaftlich genutzte *Grund und Boden* unter Art. 22 Abs. 4 EV falle und damit zum kommunalen Vermögen zähle, während nur die genossenschaftlich erbauten und verwalteten *Gebäude* im Eigentum der Genossenschaften verblieben. Die Überführung des Grund und Bodens in das Eigentum der Genossenschaften lag daher in der Verfügungsgewalt der Kommunen, was die Eigentumsübertragung und die Beleihungsmöglichkeiten der Grundstücke behinderte, zumal sich die diesbezüglichen Verfahrenserleichterungen des VZOG auch im Bereich des genossenschaftlichen Wohnungsbestandes nicht bewährten. Mit dem Solidarpakt wurde im Juni 1993 mit dem Wohnungsgenossenschafts-Vermögensgesetz die Rechtslage grundsätzlich verändert und das Protokoll Nr. 13 zum EV in diesem Zusammenhang außer Kraft gesetzt. Kraft dieses Gesetzes sind die Genossenschaften nun Eigentümer des von ihnen genutzten Grund und Bodens geworden. Dafür haben sie an die Kommunen einen finanziellen Ausgleich in Höhe von 1-3 DM/qm der Grundstücksfläche abzuführen. Die Wohnungsgenossenschaften müssen als Eigentümer nun Anträge auf Zuordnung ihres Eigentums stellen bzw. als Antragsteller in bereits laufende Ver-

---

29 Schmidtbauer 1992, 143f.

30 Vgl. zur genossenschaftlichen Eigentumsposition insbes. Söfker 1993, 14f.; Hinweise des Bundesbauministeriums zur Vermögensüberführung 1993, in: Landes- und Kommunalverwaltung H. 1, 22f.; Butzer 1992, 265-270.

fahren einbezogen werden. Bereits ergangene Bescheide bedürfen der Änderung.

2.3. Unternehmensformen der kommunalen Wohnungswirtschaft und Privatisierungsprobleme

Bei der Überführung des Wohnungsvermögens in eine marktwirtschaftliche Wohnungswirtschaft gemäß Art. 22 Abs. 4 EV können die Kommunen die Unternehmensform, deren sie sich dabei bedienen wollen, frei wählen.[31] Unzweckmäßig erscheint die Einstellung des Wohnungsvermögens und der Altschulden in den kommunalen Haushalt. Sinnvoller ist die Führung von Eigenbetrieben bzw. die Gründung von gemeindeeigenen und konkursfähigen Gesellschaften. Die meisten Kommunen haben durch Umwandlung der ehemaligen volkseigenen Wohnungswirtschaftsbetriebe oder durch Neugründung diesen Weg beschritten; 82% der kommunalen Wohnungsgesellschaften wurden so als Kapitalgesellschaften gegründet. Erst 45,5% der Wohnungen befinden sich im unmittelbaren Eigentum der kommunalen Unternehmen. Die unwesentliche Verbesserung dieser Quote im Vergleich zu 1991 läßt auf eine unverändert zögernde Zuordnung des Wohnungsvermögens auf die Kommunen bzw. auf deren fehlendes Interesse an der Vermögensüberführung schließen. Die Vermögensüberführung in das Eigentum der Wohnungsunternehmen kann den gesamten Wohnungsbestand oder nur einen Teil umfassen. Die Kommune kann alle Anteile an den Gesellschaften halten oder durch Anteilsübertragung an Dritte eine sogenannte Teilprivatisierung kommunaler Wohnungsgesellschaften herbeiführen. Ziel dieser Überführung ist eine alle Eigentumsformen umfassende Wohnungswirtschaft: kommunaler Wohnungsbestand, Wohnungsgenossenschaften, private Wohnungsunternehmen, Bildung von Wohnungseigentum durch jetzige Mieter. Die rund 400 kommunalen Wohnungsunternehmen sind Zuschußbetriebe, die für ihre Anteilseigner große Verluste einfahren. Ihrem jährlichen Aufwand in Höhe von ca. 11 Mrd. DM (5 Mrd. allgemeine Bewirtschaftung, 3,5 Mrd. bauliche Unterhaltung und 2,5 Mrd. Kreditkosten) stehen nur Einnahmen in Höhe von ca. 2,5 Mrd. DM gegenüber.[32] Das daraus resultierende Problem verstärkt sich durch die sich ständig verschlechternde finanzielle Situation der Kommunen.

Das Privatisierungspotential kommunaler Wohnungen wird abzüglich der benötigten Sozialwohnungen auf rund 1,5 Mio. Wohneinheiten geschätzt.[33] Das Interesse der Kommunen an der Privatisierung des öffentlichen Wohnungsbestandes der früheren DDR gründet sich in den damit verbundenen Rückführungsmöglichkeiten von Altschulden, der Trennung von unrentablen Vermö-

---

31 Vgl. zu den Unternehmensformen Steimel 1991, 741; Infodienst Kommunal 31/91, 14f.; Söfker 1992, 407; GdW 1993, 13f.

32 Bartholmai 1991, 6f.

33 Pilz/Ortwein 1992, 140.

genswerten, der Belebung des örtlichen Grundstücksverkehrs und der Bauwirtschaft sowie der Steigerung der Eigentümerquote. Beim Verkauf der Wohnungen hat sich das sogenannte Verkäufermodell durchgesetzt, bei dem zunächst die Wohnungen saniert und anschließend privatisiert werden. Die Modernisierungskosten fließen im Gegensatz zum Käufermodell in den Kaufpreis ein.

Die Privatisierungsinteressen begegnen jedoch einer Fülle von Hemmnissen, die die großen Hoffnungen auf einen zügige und umfassende Privatisierung schwinden lassen.[34] Dazu gehört das mangelnde Interesse potentieller Käufer, deren gründliche und seriöse Beratung vor allem bezüglich der Finanzierungsmöglichkeiten im Vordergrund der Bemühungen der Kommunen, der Banken und der Mieterverbände stehen muß. Dem großen Informationsbedarf (vor allem der kaufinteressierten Mieter, auf die sich nach dem Willen der Bundesregierung die Privatisierungsbemühungen vorrangig richten sollen) will das Bundesbauministerium durch eine verstärkte Informationskampagne ab Herbst 1993 Rechnung tragen. Für die jetzigen Mieter ist der Erwerb ihrer Wohnungen jedoch häufig nicht attraktiv genug, da der Kaufpreis (Gebäude- und Grundstückswert) sowie die laufenden Aufwendungen (Schuldendienst, Instandsetzungs- und Modernisierungskosten auch des Gemeinschaftseigentums) für sie nicht tragbar erscheinen. Ein verstärktes Interesse westdeutscher Kapitalanleger könnte hingegen die seit der Wiedervereinigung virulenten Widerstände gegen eine Besitzüberfremdung aktivieren. Offen ist auch die verbleibende Nutzungsdauer und die Frage nach dem Wert der Wohnung in einem sich erst entwikkelnden ostdeutschen Wohnungsmarkt. Damit die Kommunen ihren gesetzlichen Auftrag erfüllen können, müssen sie über einen angemessenen Wohnungsbestand für sozial und finanziell benachteiligte Bevölkerungsgruppen verfügen. Neben der umstrittenen Frage, wie groß dieser Bestand sein muß, ist offen, ob nach der Privatisierung nur noch Gebäude und Wohnungen minderer Qualität übrig bleiben. Aufgrund des bereits geschilderten bautechnischen Zustandes eignen sich nur geringe Bestände für die Privatisierung, nämlich Gebäude in gutem technischen und finanziell sanierungsfähigen Baubestand. Großanlagen mit mehr als 50 Einheiten und Plattenbauten sind daher nur bedingt geeignet.

Ein weiteres Privatisierungshindernis besteht in der großen Zahl von restitutionsbelasteten kommunalen Wohnungen, deren Umfang in die Hunderttausende geht. Der Gesamtverband der Wohnungswirtschaft (GdW) beziffert die Zahl dieser Wohnungen auf ca. 600.000 und die der genossenschaftlichen Wohnungen auf ca. 5.600. Dies bedeutet, daß rund ein Viertel des kommunalen Wohnungsbestandes mit Ansprüchen von Alteigentümern belastet ist. Bei rund 517.000 kommunalen Wohnungen (das sind über 20% des kommunalen Bestandes) liegt noch keine bestandskräftige Entscheidung vor. Die Klärung der Ansprüche benötigt bei der trotz der Verfahrenserleichterungen gleichbleibenden Rückgabequote von jährlich 7% insgesamt 10 bis 15 Jahre. Betroffen sind

34 Vgl. zu den Privatisierungshindernissen: Behring 1992, 3-8; Bartholmai 1991, 4-9; Möschel 1991, 72f.; Pilz/Ortwein 1992, 140-142.

davon fast ausschließlich vor 1950 errichtete Wohnungen in Ein- und Zweifamilienhäusern, aber auch mehrgeschossige Mietshäuser. Die Gesamtzahl der Rückübertragungsansprüche auf Wohnraum betrug im Frühjahr 1992 1,3 Millionen.[35] Die bisherigen gesetzlichen Regelungen haben bewirkt, daß Objekte nicht privatisiert werden können, für die Rückübertragungsansprüche angemeldet waren. Das InVorG hat in diesem Punkt neue Möglichkeiten geschaffen. Das Vorliegen besonderer Investionszwecke (z.B. Schaffung neuen Wohnraums) läßt das Recht des Altcigentümers hinter die investive Maßnahme zurücktreten, falls diese für die Verwirklichung des Vorhabens erforderlich ist. Wenn es an diesen Voraussetzungen fehlt, bleibt es beim Privatisierungsverbot. Umfassende Erfahrungen mit dieser Regelung und der Auswirkung auf das Privatisierungsproblem liegen noch nicht vor. Es kann jedoch allgemein festgestellt werden, daß die Kommunen ihren Wohnungsbestand noch sehr zögerlich in eine marktwirtschaftliche Wohnungswirtschaft überführen.

Die Altansprüche werden wahrscheinlich ohne aktiven Verkauf der Kommunen zur Privatisierung der rund 190.000 kommunalen Ein- und Zweifamilienhäuser führen. Die übrigen ca. 380.000 kommunalen Geschoßwohnungen des Altbaus werden ebenfalls nur zu einem geringen Anteil im kommunalen Eigentum verbleiben.[36] Das Problem der restitutionsbelasteten Wohnungen tritt verstärkt in den Städten auf, in denen die ungeklärten Eigentumsfragen Investitionen hemmen und zum Verfall der Wohnungen führen. Die höchste Anzahl von Wohnungen mit Rückgabeansprüchen in den neuen Ländern beträgt in Leipzig mit etwa 62.000 fast die Hälfte des Wohnungsbestandes. Der Durchschnitt liegt in den Städten der neuen Länder bei 17%.[37] Umfang und Dimensionen dieser und weiterer Probleme stellten und stellen die Kommunen vor schwer lösbare Aufgaben, zumal sich auch die Privatisierungsinteressen möglicher Investoren zurückhalten und sich auf niedrigem Niveau überwiegend auf Altbauwohnungen mittlerer und guter Qualität im Bereich von Kernstädten konzentrieren werden.[38] Es scheint, daß die hohen Erwartungen, die an die Privatisierung gestellt werden, nicht erfüllt werden können. Sie ist kein Allheilmittel für die Probleme der kommunalen Wohnungswirtschaft und ist bereits wegen der Größenordnung nur sehr schwer durchführbar. In den Jahren 1991 und 1992 sind unter Verwendung von Zuschüssen in Höhe von 360 Mio. DM aus dem Gemeinschaftswerk Aufschwung Ost rund 18.000 Wohnungen in den neuen Bundesländern privatisiert worden, was einem Anteil von ca. 1,2% am Privatisierungspotential von 1,5 Mio. Wohnungen entspricht.[39]

---

35 Pilz/Ortwein 1992, 137.
36 Vgl. Behring 1992, 7.
37 Wohnungen verfallen im Streit um Rückgabe. Süddeutsche Zeitung vom 2.7.93, 5.
38 Vgl. Pilz/Ortwein 1992, 141.
39 Mieter möchten Plattenbauten kaufen, in: Wohnungswirtschaftliche Informationen 1993, H. 20, 3.

2.4. Altschuldenproblematik

Die vor der Wiedervereinigung bei der ehemaligen Staatsbank der DDR angesammelten Sparguthaben der Bürgerinnen und Bürger dienten neben den allgemeinen Mitteln des DDR-Staatshaushaltes und den Überschüssen der volkseigenen Wirtschaft der Finanzierung von öffentlichen Investitionen. Insbesondere im Bereich der Wohnungswirtschaft wurden – meist nachträglich im Rahmen eines staatlichen Kreditplanes – dem für das volkseigene Vermögen zuständigen Rechtsträger ein Kreditvolumen zugeteilt, welches eine Teilfinanzierung (i.d.R. zu 70-80%) der jeweiligen Investition darstellte. Die Höhe dieser Kredite und die tatsächlichen Aufwendungen standen dabei in keinem unmittelbaren Zusammenhang. Im hier interessierenden Bereich entstanden die Altschulden u.a. aus diesen Krediten an die Wohnungswirtschaft, die über die Einlagen der Privatpersonen im alten DDR-Bankensystem finanziert worden waren.[40] Diese Forderungen gegenüber der kommunalen Wohnungswirtschaft belaufen sich auf rund 50 Mrd. DM und stellen damit ca. 13% des Gesamtumfangs der Altschulden. Diese Summe ergibt eine Belastung in Höhe von durchschnittlich 15.000 DM pro Wohnung mit Streuungswerten zwischen wenigen Tausend und 120.000 DM. Ähnlich wie die Zuordnung des Wohnungsvermögens werden z. Zt. die Altschulden den einzelnen Objekten bzw. den jeweiligen kommunalen Wohnungsunternehmen zugeordnet. Auch in diesem Bereich ist der Zeitpunkt der abschließenden Klärung der Vermögensfragen völlig offen. Die finanzielle Belastung durch die Altschulden blockiert ein Investitionsvolumen in Höhe von jährlich 30 Mrd. DM in den nächsten zehn Jahren und stellt ein weiteres großes Privatisierungshemmnis dar.[41]

Die politische und juristische Bewertung dieser Wohnungsbau-Altkredite war von Anfang an umstritten. Nach Auffasssung des Bundesbauministeriums und der Bundesregierung stand die Existenz der Altverbindlichkeiten mit Hinweis auf Art. 22 Abs. 4 EV außer Frage, nach dem das Wohnungsvermögen mit gleichzeitiger Übernahme der anteiligen Schulden in das kommunale bzw. wohnungsgenossenschaftliche Eigentum übergegangen sei. Demnach seien Kommunen und Länder für die Lösung der Altschuldenproblematik finanzverfassungsrechtlich zuständig. Die Bundesregierung verwies auch auf Art. 26 Abs. 2 des ersten Staatsvertrages, wonach die öffentlichen Wohnungsbaukredite substanzgerecht den Einzelobjekten zugeordnet werden. Diese Auffassung hätte zur Konsequenz, daß die ostdeutschen Kommunen mit dem Datum der Wiedervereinigung einen Schuldendienst übernommen hätten, der ihnen die Aufgabenerfüllung erheblich erschwert und in einzelnen Städten zu Pro-Kopf-Verschuldungen im gesamtdeutschen Spitzenwertbereich geführt hätte.

---

40 Vgl. zum Problem der Altschulden und zu den nachfolgenden Zahlen Steimel 1991, 743; Milbradt 1993, 175f.; Priewe/Hickel 1991, 98-103; Behring 1992, 7; Bartholmai 1991, 166.

41 Steinert fordert: „Altschulden-Problem" nicht auf dem Rücken der Mieter lösen, in: Die Wohnungswirtschaft 1993, H. 3, 119.

Die kommunalen Spitzenverbände bezweifeln hingegen die Rechtswirksamkeit der Altschulden in der kommunalen Wohnungswirtschaft. Nach ihrer Meinung seien die Kredite lediglich allgemeine Finanzzuweisungen innerhalb des Volksvermögens der DDR, mithin also Mechanismen zur Umverteilung und Kontrolle des Geldkreislaufs und des Haushalts und keine materiell-rechtlichen Kreditverträge. Dementsprechend haben die Wohnungswirtschaftsbetriebe für diese „Scheinverbindlichkeiten“ in der ehemaligen DDR auch keine Kapitaldienste leisten müssen. Im übrigen seien die Forderungen schon deswegen unbegründet, da es an vertraglichen Rechtsgrundlagen zwischen den Wohnungsunternehmen und der Deutschen Kreditbank AG (eine von zwei Nachfolgeinstituten der DDR-Staatsbank im 100%igen Eigentum der Treuhandanstalt) sowie den mit ihr verbundenen Banken mangele. Als Zwischenlösung in diesem Konflikt konnte zunächst ein Moratorium erreicht werden. Die Bundesregierung vereinbarte mit den betroffenen Banken, daß in der Zeit von 1990 bis zum 31.12.1993 keine Zins- und Tilgungsleistungen durch die kommunalen und genossenschaftlichen Wohnungsunternehmen zu leisten ist.[42]

1992 kam dann Bewegung in die abgesteckten Verhandlungspositionen. Zunächst wurde die mit Nachdruck vertretene Position der kommunalen Spitzenverbände, insbesondere des Deutschen Städtetages durch zwei Rechtsgutachten von Prof. Scholz und Prof. Harms unterstützt. Auch der GdW vertrat die Auffassung, bei den Altschulden handele es sich nicht um Kredite im Sinne des bundesdeutschen Rechts. Die Bau- und Finanzminister der Bundesländer stellten zudem im Februar 1992 klar, daß es sich lediglich um Finanzzuordnungen im Rahmen der zentral gelenkten Haushaltswirtschaft handele. Sie betonten, daß, obwohl diese offene Rechtsfrage schlußendlich nur gerichtlich geklärt werden könne, aus Zeitgründen eine politische Lösung anzustreben sei. Diese könne nur in einer Schuldenübernahme des Bundes bestehen, zumal alle Einnahmen der kommunalen Wohnungsunternehmen, auch die Mehreinnahmen durch die Mieterhöhungen, reinvestiert werden müßten.

Auf diesem Hintergrund wich der Bund von seiner starren Position ab und beauftragte die Bundesbauministerin, Verhandlungsvorschläge zur Lösung der Altschuldenproblematik zu erarbeiten. Zunächst wurde vom Bundesbauministerium eine Moratoriumsverlängerung ins Spiel gebracht. Ein weiteres Verhandlungsangebot sah vor, daß sich der Bund zu gleichen Teilen wie Länder und Kommunen an Überbrückungshilfen für die Wohnungswirtschaft beteiligen wolle (je 1,8 Mrd. DM jährlich), sofern die Kommunen alle Möglichkeiten zur Verbesserung der finanziellen und wirtschaftlichen Situation ihrer Wohnungsunternehmen ausgeschöpft haben. Dieser Vorschlag wurde vom Deutschen Städtetag als unzureichend verworfen.

Die verschiedenen Lösungsvorschläge mündeten schließlich im März 1993 in die Verhandlungen über den Solidarpakt. Obwohl Beschlüsse von großer finanzieller Tragweite für die Kommunen getroffen wurden, wurden die kom-

42 Vgl. zur Debatte um die Rechtsgültigkeit der Altkredite Mohl 1992, 173f.; Steimel 1991, 743; Milbradt 1993, 175f.; Frenz 1993, 43.

munalen Spitzenverbände nicht unmittelbar an den Beratungen beteiligt. Bund und Länder vereinbarten in der Frage der Altschulden im Wohnungswirtschaftsbereich folgende Lösung[43]: Die bei den kommunalen Wohnungsunternehmen verbleibenden Altschulden werden auf 150 DM je qm begrenzt. Diese Kappung der Altschulden ist an Auflagen gebunden, es muß beispielsweise ein Unternehmenskonzept vorgelegt und 15% des Bestandes innerhalb von zehn Jahren privatisiert werden. Der entsprechende Kappungsbetrag von 31 Mrd. DM wird dem Erblastenfonds zugefügt. Teile der Verkaufserlöse aus der Wohnungsprivatisierung müssen von den Wohnungsunternehmen zur Deckung an diesen Fonds abgeführt werden, wobei diese Abführung um so geringer ausfällt, je zügiger die Privatisierungsauflage erfüllt wird. Die Solidarpakt-Lösung, die sich nicht nur auf die Neubauten, sondern auf den gesamten Wohnungsbestand bezieht, zielt also auf eine schnelle Privatisierung und umfassende Ausweitung der Investitionstätigkeit.

Nach Ablauf des Moratoriums am 31.12.1993 sind für die Restschulden Zinshilfen in Höhe von 4,7 Mrd. DM (1994) und 2,35 Mrd. DM (bis zum 30.6.1995) von Bund und Ländern (je zur Hälfte) vorgesehen. Eine Beteiligung der Kommunen ist hierbei im Vergleich zur vorgeschlagenen Lösung des Bundes im „Föderalen Konsolidierungsprogramm" nicht mehr vorgesehen. Gleichwohl werden die Kommunen einen Teil der Altschuldenlast ab 1.7.1995 zu tragen haben. Die dann fällige Bedienung der Altschulden entspricht einer Belastung von 1,125 DM je qm monatlich.[44] Zinshilfe und Teilentlastung bedürfen eines Antrages der kommunalen Unternehmen bzw. der Genossenschaften bis zum 31.12.1993 bei den kreditgebenden Banken. Unmittelbar nach der Solidarpakteinigung forderte Bundeskanzler Helmut Kohl in einem Schreiben unter Darlegung dieser überraschend gefundenen Lösung die Wohnungsunternehmen und -genossenschaften auf, alle nun vorhandenen Möglichkeiten zur Sanierung und Modernisierung zu nutzen.[45] Ob die mit der Lösung der Altschuldenfrage verbundenen Hoffnungen auf ein Belebung der Bauwirtschaft erfüllt werden, bleibt angesichts der Dimensionen der anderen Probleme der kommunalen Wohnungswirtschaft abzuwarten, zumal einige Bereiche der Altschuldenproblematik, z.B. die der sogenannten gesellschaftlichen Einrichtungen in Höhe von 6,3 Mrd. DM, nicht in den Solidarpakt einbezogen wurden. Wie bei Altschulden der Wohnungen bestreiten die Kommunen auch bei den Kindergärten, Altenheimen, Kulturhäusern usw. die Rechtsgültigkeit der Kreditforderungen der bundeseigenen Deutschen Kreditbank AG. Im Falle der Anerkennung dieser

---

43 Vgl. zum Solidarpakt Karrenberg/Münstermann 1993, 97-99; Bulletin des Presse- und Informationsamtes der Bundesregierung 1993, H. 22, 185-188; Steinert: „Solidarpakt stärkt den sozialen Wohnungsbau in den neuen Ländern", in: Die Wohnungswirtschaft 1993, H. 4, 177; Städtetag zu den Altschulden, in: Wohnungswirtschaftliche Informationen 1993, H. 22, 6; Bundesregierung zu den Altschulden, in: Wohnungswirtschaftliche Informationen 1993, H. 22, 6.

44 Kunze 1993, 354.

45 „Die Altschulden sind geregelt. Jetzt die Ärmel hochkrempeln". Frankfurter Allgemeine Zeitung vom 23.4.93, 39.

Forderungen ergäbe sich in einigen Städten eine Verschuldung von mehr als 1.000 DM pro Einwohner. Der Deutsche Städtetag sieht daher im Solidarpakt eine „Teillösung“, da die verbleibende Schuldenlast in Höhe von ca. 20 Mrd. DM die Sanierung und wirtschaftliche Sicherung des kommunalen Wohnungsbestandes ausschließen wird[46]. Darüber hinaus wird sich erst noch zeigen müssen, ob die kommunalen Wohnungsunternehmen und namentlich -genossenschaften das Entschuldungsangebot im Rahmen des Solidarpaktes annehmen oder die Altschulden selbst bedienen und damit der Verpflichtung zur Teilprivatisierung des Wohnungsbestandes in einem bestimmten Zeitraum ausweichen wollen. Viele Wohnungsunternehmen halten die pauschale Privatisierungsquote ohne Beachtung lokaler Nachfrage und der unternehmerischen Selbstständigkeit für eine gewandelte planwirtschaftliche Sollvorgabe aus der Vergangenheit.[47] Insbesondere viele Wohnungsgenossenschaften halten die Privatisierungsauflage für undurchführbar und fordern Nachbesserungen im Altschuldenhilfegesetz, zumal ein Verkauf von Wohnungen an Dritte einer Enteignung der Genossenschaftsmitglieder gleichkommen würde.[48]

2.5. Das Problem der Plattenbauten

Eines der zentralen Probleme im Bereich des kommunalen Wohnungsvermögens gehört zugleich auch zu den wesentlichen quantitativen wie qualitativen Bestimmungsfaktoren der gesamten Wohnungswirtschaft in den neuen Bundesländern: die Plattenbauten.[49] Dieser Begriff ist die fach- wie umgangssprachliche Bezeichnung für die auf die Großtafelbauweise aufbauende industrielle Wohnungsbaupolitik der ehemaligen DDR. Rund 20% der Bevölkerung der ehemaligen DDR wohnt in 125 Großsiedlungen mit mehr als jeweils 2.500 Wohneinheiten. Da zu den Gegenständen des ehemals volkseigenen Vermögens, welches nach Art. 22 Abs. 4 EV auf die Kommunen übergegangen sind, auch Grundstücke und Gebäude dieses sogenannten komplexen Wohnungsbaus gehören, befindet sich mit über 2,2 Mio. Wohnungen der größte Teil des gesamten kommunalen Wohnungsbestandes in Gebäuden, die seit 1950 in Plattenbauweise errichtet wurden.

Die Wohnungsfrage wurde von der ehemaligen DDR-Staats- und Parteiführung als eines der vordringlichen sozialen Probleme begriffen; der Wohnungsbau war demzufolge eines der größten sozialpolitischen Prestigeobjekte. Bei der Lösung dieses Problems wurde die Sanierung vorhandener Altbausubstanz

---

46 Vgl. zu dieser Einschätzung Karrenberg/Münstermann 1993, 97; Städtetag zu den Altschulden, Anm. 69, 6.

47 Vgl. Nareyke/Paul 1993, 388. Der Aufsatz basiert u.a. auf den Ergebnissen einer Tagung der Thüringer Wohnungswirtschaft im April 1993.

48 Vgl. „Es kommt auf die Durchführungsbestimmungen an“, in: Die Wohnungswirtschaft 1993, H. 7, 364-366.

49 Vgl. zum Problem der Plattenbauten Hannemann 1992, 281-292; Kalleja 1992, 293-298; Kress 1992, 324-340; Arin 1992, 341-345; Zimmer 1992, 22-38; Behring 1992, 6.

zugunsten eines vermeintlich billigeren und dem sozialistischen Stadttypus entsprechenden industriellen Wohnungsneubaus vernachlässigt. Merkmale dieser Großwohnsiedlungen sind zum einen ihre städtischen Randlagen von industriellen und adminstrativen Oberzentren, übereinstimmende Ausstattung mit Infrastruktureinrichtungen (Kinderhort, Kaufhalle, „Dienstleistungswürfel") überwiegende Verwendung von sieben Gebäude-Grundrißvarianten und standardisierte Zimmeraufteilung der Wohnungen.

Das im kommunalen Wohnungsbestand verbleibende Vermögen wird bis auf Restbestände des Altbaus zum großen Teil aus Wohnungen in Plattenbauten bestehen, woraus sich für die Kommunen eine Reihe von spezifischen Problemen ergeben. In diesem Zusammenhang sind neben der Größenordnung und der monotonen Struktur in erster Linie die qualitativen Probleme zu nennen, da die vergleichbar jungen Tafelgebäude bereits erhebliche Bauschäden aufweisen, die sich nur mit hohem technischen und finanziellen Aufwand beheben lassen. Die Mängel umfassen sowohl den bauphysikalischen (Wärme-, Feuchte- und Schallschutz) als auch den bautechnischen Bereich (Beton- und Korrosionsschäden). Teilweise wird sogar die Meinung vertreten, daß eine Reihe dieser Gebäude bereits mit einer Lebensdauer von 30 oder 40 Jahre an die Grenze der Abbruchreife stößt. Da es aber praktisch unmöglich ist, diese großen Wohnungsbestände in kurzer Zeit durch Neubaumaßnahmen zu ersetzen, erwächst in dieser Situation umfassender Handlungsbedarf (nicht nur) bei den Kommunen und Genossenschaften. Die Sanierung begegnet u.a auch dem technischen Problem, welches sich aus den verschiedenen industriellen Herstellungsarten ergibt; das monotone Erscheinungsbild der Plattenbauten verdeckt die Verschiedenartigkeit der Plattenbauten und deren Produktionsweisen. Es kann also keine standardisierte, sondern nur objektspezifische Sanierungskonzepte geben. Die finanzielle Dimension dieses Sanierungsproblems hat gigantische Ausmaße: Pro Wohnung sind durchschnittlich bis zu 135.000 DM für die dringendsten Reparaturen bis 1997, für technische Modernisierung (v.a. Wärmedämmung) und für die Verbesserung des Wohnwertes durch Zusammenlegung von Wohnungen bzw. Änderung der Grundrisse notwendig.[50] Die Kommunen stehen also nicht nur vor dem Problem der Sanierung des Altbaus, sondern noch vordringlicher vor der beinahe flächendeckenden Sanierung des gesamten Neubaus.

Darüber hinaus bedürfen die monostrukturierten und ungepflegt wirkenden Stadtrandsiedlungen der sozialen Aufwertung durch Ausstattung mit kulturellen, medizinischen und sportlichen Einrichtungen, mit Behörden und Schulen sowie mit Handel und Gastronomie. Verstärkt wird u.a. auch die Größe der Zimmer und die funktionszuteilende Grundrißgestaltung der Wohnungen und die Einschränkung sozialer Kontakte in den Geschoßgebäuden kritisiert. Eine Reihe von städtebaulichen, raumordnungs- und verkehrspolitischen Problemen ergeben sich aus der Größenordnung der Plattenbautensiedlungen, die häufig als prägendes städtisches Strukturelement gelten. So erreicht z.B. Berlin-Mar-

---

50 Zimmer 1992, 38.

zahn mit 59.200 Wohnungen und 167.000 Einwohnern allein schon eine großstädtische Ebene. Berlin-Hellersdorf (131.000 Einwohner) ist allein größer als Zwickau (122.000 Einwohner).

Die allgemeinen Probleme der kommunalen Wohnungswirtschaft treten mit spezifischen Merkmalen versehen auch in den Plattenbauten-Siedlungen auf. Z.B. bereitet die Vermögenszuordnung in den großflächigen Neubaugebieten erhebliche Probleme, da Rechte vieler Vermögensträger betroffen sind: Bundesvermögensamt, Treuhandanstalt, Landesregierungen, Kommunen. Die Abgrenzung dieser Rechte und die endgültige Vermögenszuordnung wird wiederum dadurch erschwert, daß die Flurstücke nicht in der Weise bestehen, wie sie das VZOG voraussetzt, sondern besonders großflächig ausfallen oder aus einer Fülle kleinfächiger Parzellen bestehen. Das notwendige Zuordnungsplanverfahren aufgrund des VZOG und anderer Gesetze ist kompliziert und zeitaufwendig, obwohl die entsprechenden Anträge der Kommunen mit Priorität bearbeitet werden. Desweiteren ist die Privatisierung von Wohnungen in Plattenbauten problematisch. Das Problem aus der Sicht der Kommunen verstärkt sich durch die Tatsache, daß das Privatisierungspotential bis auf Restbestände überwiegend aus diesen Wohnungen besteht. Neben den allgemeinen Hemmnissen besteht nur zurückhaltendes Kaufinteresse, da sich die Käuferpräferenzen mit steigendem Wohlstand verstärkt auf Altbauwohnungen mittlerer und guter Qualität in den Innenstädten konzentrieren. Unterstellt man zudem eine Anpassung der ostdeutschen an die westdeutsche Wohnungsnachfrage, so erscheint der quantitativ relevante Verkauf von Wohnungen in Großsiedlungen zur Kapitalanlage, Vermögensbildung oder Altersvorsorge als unwahrscheinlich, obwohl auch erste positive Erfahrungen insbesondere bei niedrig-geschossigen Plattenbauten vorliegen. Auf diesem Hintergrund stellt sich die Frage nach der Redlichkeit von Kaufempfehlungen an wohnungseigentumsunerfahrene Mieter von Plattenwohnungen (z.B. vom Bundesbauministerium oder der CDU-Fraktion im Berliner Abgeordnetenhaus) mit den Hinweisen auf Mietsteigerungen oder der Bildung von Vermögenssicherheiten in Zeiten von drohenden Eigentumsverlusten und wirtschaftlicher Rezession.[51]

2.6. *Zusammenfassung*

Die kommunalen Eigentümer des Wohnungsbestandes stehen vor einer Fülle von Problemen. Zunächst zwingt der desolate Zustand von Alt- und Neubauwohnungen zu umfassenden Modernisierungs- und Sanierungsmaßnahmen, die finanzielle Mittel in beträchtlicher Höhe binden. Die Zuordnung des kommunalen Wohnungsvermögens bereitet in der praktischen Umsetzung trotz der vergleichbaren einfachen Regelung Schwierigkeiten; die Verfahrenserleichterungen müssen sich erst noch bewähren. Die Privatisierung, insbesondere durch

---

51 Vgl. Behring 1992, 8; „Mieter kauft eure Wohnungen“, in: Die Wohnungswirtschaft 1993, H. 7, 336.

Verkauf an jetzige Mieter, begegnet einer Reihe von Problemen, vor allem im Bereich der Plattenbauten, auf die sich das kommunale Privatisierungspotential schwerpunktmäßig konzentriert. Der hohe Sanierungsbedarf kann durch den Verkauf kommunaler (Plattenbauten-) Wohnungen allein nicht gelöst werden. Es ist daher vorgeschlagen worden, daß der Staat die Förderung privater Eigentumsbildung zugunsten anderer Maßnahmen, insbesondere zugunsten von Erhaltungsmaßnahmen, zurücknimmt.[52] Sanierung und Erhalt von großen Wohnungsbeständen in Form von sozialen Mietwohnungen mit kommunalen Belegungsrechten können angesichts der mindestens mittelfristigen Bedürfnisse großer Teile einkommensschwacher Bevölkerungsgruppen eine angemessenere wohnungs- und sozialpolitische Zielsetzung darstellen. Der Erhalt preiswerten Wohnraums durch Nichtprivatisierung kommunalen Wohnungsvermögens kann eine realistische Alternative zur Eigentumsförderung- und Privatisierungspolitik vor allem der Bundesregierung darstellen und den geschätzten Bedarf nach einer Mio. Sozialwohnungen in Ostdeutschland sicherstellen. Im Rahmen der Solidarpaktverhandlungen ist im Frühjahr 1993 durch Bereitstellung von zinsverbilligten 10 Mrd. DM zur Verbesserung der Plattenbauten im Rahmen des Wohnungsbauprogramms der Kreditanstalt für Wiederaufbau dieser Situation Rechnung getragen worden. Auch die überfällige und nun erfolgte Klärung des Altschuldenproblems kann Voraussetzung für eine neue Dynamik in der kommunalen Wohnungswirtschaft sein. Flankierend können auch die Bund-Länder-Programme der Städtebauförderung positiv wirken. Bund, Länder und Gemeinden stellen z.B. im Jahr 1993 insgesamt 1,6 Mrd. DM für Maßnahmen der Stadt- und Dorferneuerung, zur Erhaltung historischer Stadtzentren und für städtebauliche Modellvorhaben bereit, mit denen 664 Städtebauprojekte und 587 städtebauliche Denkmalschutzmaßnahmen gefördert werden.

Die Ergebnisse der Solidarpaktverhandlungen können jedoch nicht darüber hinweg täuschen, daß mit der Wiedervereinigung den Kommunen mit der Wohnungsbestandspolitik und der Zuständigkeit für den Neubau problematische Aufgaben zugewiesen worden sind. Die sich daraus ergebende Überlastung der Kommunen, die durch die finanzielle Dimension der Probleme der Wohnungswirtschaft noch verschärft wird, muß durch die neuen Länder und den Bund korrigiert werden.[53] Die Bewältigung der geschilderten Probleme des gesamten bestehenden Wohnungsbestandes werden alle zu Verfügung stehenden Mittel auf Jahre binden. Darunter wird eine der besten Möglichkeiten zur Schaffung von Wohneigentum leiden, der Wohnungsneubau. Der Bau von Eigenheimen und Eigentumswohnungen wird als zusätzliche Aufgabe die Wohnungsgenossenschaften und kommunalen Wohnungsunternehmen in Zukunft verstärkt belasten. Die Überlastung der Kommunen und die damit zusammenhängende mangelnde Entfaltung der Bauwirtschaft und der ihr nachgeordneten Wirtschaftszweige, denen eine zentrale Rolle in der wirtschaftlichen Entwicklung der neuen

52 Vgl. Pilz/Ortwein 1992, 141; Behring 1992, 7f.
53 Vgl. Bartholmai 1991, 167.

Bundesländern zugeschrieben wird, ist eines der Schlüsselprobleme der ökonomischen Situation Ostdeutschlands.

3. Kommunale Versorgungsunternehmen

3.1. Allgemeines

Neben der Wohnungsversorgung stellen die kommunalen Versorgungseinrichtungen einen besonders wichtigen Bereich dar, sowohl hinsichtlich der Versorgungsfunktion für die Bürger als auch angesichts des Umfangs des erforderlichen Wirtschaftsvermögens. Mangelnde Funktionsfähigkeit in diesen Aufgabenbereichen würde auch die Entwicklung politischer Legitimität der kommunalen Verwaltungs- und Politikebene beeinträchtigen. Vor allem Verkehrsbetriebe, Wasserversorgungs- und Abwasseranlagen, Strom- und Gasversorgung, Kultur-, Sozial- und Sporteinrichtungen kommen hier in Betracht. In der ehemaligen DDR war demgegenüber der kommunale Funktionskreis wesentlich enger gefaßt, da wichtige Aufgabenbereiche in staatlicher Zuständigkeit auf der Organisationsebene der Bezirke wahrgenommen wurden, insbesondere die leitungsgebundenen Versorgungsfunktionen im Bereich Wasser/Abwasser und Energie. Die Abschaffung der Bezirksstruktur zugunsten der Einrichtung von Ländern einerseits und der Stärkung der kommunalen Selbstverwaltung andererseits brachten erheblichen Regelungsbedarf bei der Kompetenzordnung und vor allem bei der Neuaufteilung des öffentlichen Vermögens mit sich. Dabei konnte es teilweise auch zu einer Vermischung mit Problemen der Privatisierung volkseigenen Wirtschaftsvermögens kommen.

Die Aufgaben- und Vermögenstransformation erfolgte im wesentlichen in zwei Regelungskomplexen:

a) die DDR-Gesetzgebung nach der Volkskammerwahl vom März 1990 (Kommunalverfassungsgesetz vom 17.5.1990, Treuhandgesetz vom 17.6.1990, Kommunalvermögensgesetz vom 6.7.1990) regelte ineinandergreifend die Vermögensübertragung auf die Kommunen im Prinzip auch für die Versorgungseinrichtungen;
b) der Einigungsvertrag bestätigte grundsätzlich (Art. 21 und 22) diese Verschiebungen, nahm allerdings auch wichtige Modifikationen vor, besonders für die leitungsgebundene Energieversorgung (EV, Anlage II, Kapitel IV, Abschnitt III, Ziff. 2).

Diese Regelungen für den Bereich der leitungsgebundenen Energieversorgung sollten bald zu Konflikten führen, weil das Recht der Kommunen, eigene Stadtwerke zu bilden, rechtlich und wirtschaftlich in Frage gestellt wurde. Außerdem wurden bereits kurz vor Abschluß des Einigungsvertrages im August 1990 die „Stromverträge" zwischen den großen westdeutschen Energieversorgungsunternehmen einerseits und der DDR-Regierung sowie der Treuhand andererseits abgeschlossen wurden. Gegen diese durch Stromverträge und Einigungsvertrag geschaffene Lage richtete sich dann eine von über 160 ostdeutschen Kommunen eingereichte Klage vor dem Bundesverfassungsgericht, die inzwischen zu einem für die Kommunen wesentlich günstigeren Vergleich geführt hat (vgl. unten).

In anderen Bereichen wie der Wasser- und Abwasserversorgung und dem öffentlichen Personennahverkehr vollzog sich die Kommunalisierung hingegen mit geringeren Interessengegensätzen und Schwierigkeiten. *Personennahverkehr* als kommunale Aufgabe ist unbestritten und dementsprechend der Anspruch auf die Übertragung einschlägigen Eigentums. Typischerweise wurde jedoch in der früheren DDR die Personenbeförderung durch volkseigene Betriebe mit umfassendem Transportauftrag („VEB Kraftverkehr"), also einschließlich Speditionsaufgaben u.ä. wahrgenommen, so daß nunmehr zunächst eine Spartentrennung und die Vermögensaufteilung im Rahmen einer Unternehmensspaltung[54] vorgenommen werden mußte. Nachdem diese VEBs durch das TreuhG zum Zwecke der Kommunalisierung in Treuhandverwaltung übergegangen und in Kapitalgesellschaften umgewandelt worden waren, scheint diese funktionale Unternehmensaufteilung und die Übertragung an die Kommunen im Falle der meisten der 200 Nahverkehrsbetriebe inzwischen abgeschlossen zu sein[55].

Im Fall der *Wasserwirtschaft* lag der Ausgangspunkt etwas anders: 1964 wurden in der DDR vorhandene wasserwirtschaftliche Betriebe der Städte und Landkreise auf Bezirksebene zusammengelegt. TreuhG und KVG gaben den Kommunen einen Anspruch auf Vermögensübertragung, und zwar in Form von Kapitalanteilen an den durch das TreuhG in Kapitalgesellschaften umgewandelten Bezirksunternehmen (3 Aktiengesellschaften, 12 GmbHs)[56]. Die ursprünglich im KVG (§ 7) vorgesehene Möglichkeit, die Bezirksunternehmen im Zuge der Kommunalisierung zu entflechten, wurde durch das Vermögenszuordnungsgesetz (VZOG) vom 22.3.1991 aufgehoben. Die Treuhandanstalt hatte von Anfang an darauf hingewirkt, die Bezirksunternehmen der Wasserwirtschaft auch nach der Vermögensübertragung auf die Kommunen mit Zweckverbandscharakter zu erhalten. Bei einer Fachtagung der Treuhandanstalt am 19.12.1990 wurde offenbar mit Vertretern der kommunalen Spitzenverbände, der Länder und Kommunen eine entsprechende Einigung über eine Treuhand-Richtlinie erreicht.[57] Demnach sollten die Gemeinden insgesamt 90% der jeweiligen Kapitalanteile erhalten (Länder: 10%) und diese in einer Eigentümergemeinschaft zusammenführen. Auf dieser Grundlage wurde inzwischen die Wasserwirtschaft in Ostdeutschland weitgehend reorganisiert und aus der Treuhandverwaltung entlassen. Dabei kam es auf der Abwasserseite z.T. auch zu Privatisie-

---

54 Nach dem Gesetz über die Spaltung der von der Treuhandanstalt verwalteten Unternehmen vom 5.4.1991 (SpTrUG), BGBl. I, 854.

55 Schwenn 1993, Anm. 34.

56 Treuhand 1991, 23.

57 Treuhand 1991, Anlage 6, 48/49.

rungslösungen (z.B. in Rostock), deren wirtschaftliche Stabilität sich noch erweisen muß. – In anderen Bereichen ist die Kommunalisierung wichtiger Infrastruktureinrichtungen wie See- und Binnenhäfen oder der Leipziger Messe ebenfalls im wesentlichen abgeschlossen.[58]

3.2. Energieversorgung[59]

Bei der Strom-, Gas- und Fernwärmeversorgung war die DDR-Versorgungsstruktur ebenfalls durch Einrichtungen auf Bezirksebene bestimmt gewesen (15 Bezirksenergiekombinate). Für den Gasbereich verlangte das Bundeskartellamt nach der deutschen Einigung von der Treuhandanstalt die Abtrennung vom Stromsektor, um damit den Wettbewerb im Energiebereich zu sichern (der Gassektor wird im folgenden Überblick nicht weiter berücksichtigt). Bei dem im Stromsektor mit der Vereinigung einsetzenden Konflikt ging es im Kern um die Frage, ob diese überregionale Versorgungsstruktur festgeschrieben und durch die per Stromvertrag beteiligten acht westdeutschen Energieversorgungsunternehmen noch verstärkt werden sollte, oder ob kommunale Stromversorgung durch Errichtung eigener Stadtwerke ermöglicht werden konnte. (Dabei ist zu berücksichtigen, daß die Stromversorgung in der DDR auf Basis von Braunkohleverstromung in wesentlich größerem Umfang als in Westdeutschland auch mit Fernwärmeversorgung[60] gekoppelt war; die nachfolgend besprochenen Stromprobleme betreffen also in erheblichem Umfang auch die Versorgungsstrukturen der Fernwärme.)

Zunächst hatten die drei „Kommunalisierungsgesetze“ der DDR (KVerfG, TreuhG und KVG) den Weg für eine kommunale Dezentralisierung der leitungsgebundenen Energieversorgung durchaus geöffnet. Dabei war für die Energiekombinate, ähnlich wie bei den Wasserwirtschaftsbetrieben, durch das TreuhG die Umwandlung in Kapitalgesellschaften und die vorläufige Inhaberschaft der Kapitalanteile durch die Treuhandanstalt mit der Pflicht zur Vermögensübertragung auf die Kommunen vorgesehen. Das KVG hatte vorgesehen, daß bei bereits gebildeten Kapitalgesellschaften den Kommunen die „Anteile“ zu übertragen seien, wohl zu verstehen als die Vermögensteile, die zur lokalen Versor-

---

58 Schwenn 1993, Anm. 34.

59 Zur allgemeinen Information über die energierechtlichen und -politischen Probleme vor und nach 1990 aus der umfangreichen verwaltungsrechtlichen Literatur vgl. mit unterschiedlichen Positionen: Säcker/Busche 1992; Löwer 1991; Ossenbühl 1991; ders. 1992; Püttner 1991a; ders. 1991b; ders. 1992; Becker, Rechtsgutachten 1990 und Kurzfassung; ders. 1992a; ders. 1992b.
Wir danken Herrn Rechtsanwalt Peter Becker (Marburg), der die meisten der ostdeutschen Kommunen vor dem Bundesverfassungsgericht vertrat, für die freundliche Überlassung von Dokumenten und weiteren Informationen.

60 1989 wurden 1,66 Mio. oder 24% aller DDR-Wohnungen mit Fernwärme versorgt, zu zwei Dritteln aus den Bezirksenergiekominaten, vgl. Gundermann 1992, 122. Demgegenüber liegt der Anteil bei den westdeutschen Wohnungen bei nur 7%.

gung innerhalb der Kombinate dienten; diese Auslegung wird durch die Möglichkeit der Entflechtung (§ 7) nahegelegt. Zwei parallele Entwicklungen schienen diese Weichenstellung definitiv auszuhebeln:

- Zum einen schlossen die damalige Treuhandanstalt und der DDR-Minister für Umwelt, Naturschutz, Energie und Reaktorsicherheit am 22.8.1990 die „Stromverträge" mit den acht großen westdeutschen Energieversorgungsunternehmen (RWE, Preag, BayernWerk usw.) über deren Unternehmensbeteiligung an den regionalen (Bezirks-)EVUs der DDR in Höhe von mindestens 51% sowie Geschäftsbesorgungsverträge einschließlich Stromlieferung.
- Zum anderen legte der etwa zeitgleich ausgehandelte Einigungsvertrag fest, daß die Summe der Kapitalanteile der Kommunen an den regionalen (Bezirks-) Energieversorgungsunternehmen auf 49% zu begrenzen sei.[61] Die Kommunen waren damit von vornherein auf eine Minderheitsbeteiligung an den Stromversorgungsunternehmen reduziert. Außerdem schien eine Vermögensübertragung ausschließlich in Form solcher Kapitalanteile, nicht jedoch durch Eigentum an sächlichen Einrichtungen der Stromerzeugung und Stromverteilung möglich. Die Errichtung eigener Stadtwerke war somit wesentlich erschwert, denn die entsprechenden Anlagen mußten von dem zuständigen Regionalversorgungsunternehmen erst gekauft werden (sofern dieses zum Verkauf bereit war), während nach dem KVG eine kostenlose Übertragung in Aussicht gestellt war.

Nach Vollzug der Einheit begannen die Regionalversorgungsunternehmen der neuen Bundesländer sofort, den Kommunen den Abschluß langjähriger Konzessionsverträge schmackhaft zu machen und ihnen von der Errichtung eigener Stadtwerke abzuraten. Auch die Treuhandanstalt (nun unter neuer Leitung) bemühte sich, die Kommunen auf den durch Stromverträge und Einigungsvertrag vorgezeichneten überregionalen Versorgungsweg zu führen. Außerdem bereitete die Treuhandanstalt die in den Stromverträgen vorgesehene Übertragung von 51% der Kapitalanteile der verschiedenen Regionalversorger auf die westdeutschen EVUs vor. Kurz vor Jahresende 1990 richteten über 60 ostdeutsche Kommunen Abmahnschreiben an die Treuhand mit dem Ziel, diese Übertragungen zu unterlassen.[62]

Im Wege einer Konfliktvermeidungsstrategie suchte die Treuhandanstalt die Lage zu beruhigen, indem in einer Konferenz am 1.2.1991 mit Vertretern ostdeutscher Kommunen, des Deutschen Städtetages, des Verbandes Kommunaler Unternehmen (VKU) und dreier westdeutscher Stromversorgungsunternehmen eine „Grundsatzverständigung" formuliert wurde (bekanntgemacht am 8.3.1991).[63] Ausgehend von erklärter Uneinigkeit „über Inhalt und Interpretation einer Reihe von Grundsatzvorschriften zur Privatisierung (!) der Strom-

---

61 In Anlage II des EV, Kapitel IV, Abschnitt III, Ziff. 2 wurde die Fortgeltung des KVG durch Einführung eines entsprechenden Satzes 2 in § 4 Abs. 2 modifiziert.

62 Becker, Kurzfassung des Gutachtens 1990.

63 Abgedruckt in: Anlage zum VKU-Nachrichtendienst Folge 513

und Gaswirtschaft" (hier war also nicht von „Kommunalisierung" die Rede) wurde festgehalten, daß sich die regionalen Stromversorgungsunternehmen (ebenso Gas) an neuzugründenden Stadtwerken beteiligen könnten und bereit seien, an deren Ausstattung mit Betriebsvermögen und Personal „mitzuwirken". Dabei sollten die Beteiligungsverhältnisse „beiden Seiten, der Stadt und dem EVU, in etwa gleiches Gewicht geben und sich um 50:50 bewegen" (Ziff. 5). Die Anteilsnorm von 51:49% wurde damit zwar rechtlich in Frage gestellt, aber nicht ernsthaft hinsichtlich der wirtschaftlichen Größenordnungen. Darüber hinaus bestand Einvernehmen, daß Stadtwerke ihren gesamten Strombedarf zu mindestens 70% bei den Regionalversorgern decken sollten. Stromlieferungs- und Konzessionsverträge sollten auf eine Laufzeit von 20 Jahren abgestellt sein. Viele Kommunen sahen jedoch mit diesen Grundsätzen ihre Interessen nicht gewahrt. Zur Beteiligung von Regional-EVUs oder westdeutschen EVUs an neuen Stadtwerken kam es zwar in einzelnen Fällen, doch drängten die Städte dann auf eine höhere Beteiligung im Rahmen solcher „Konsortiallösungen" (so vereinbarte die Stadt Leipzig mit dem RWE ein Anteilsverhältnis von 60:40).[64] Von den unzufriedenen Gemeinden erhoben einige im Frühjahr 1991 verwaltungsgerichtliche Klagen auf Vermögensübertragung bei den Kreisgerichten, die jedoch (u.a. wegen Streichung der Entflechtungsmöglichkeit durch das VZOG vom März 1991) erfolglos blieben. Statt dessen wurde dann der Weg zum Bundesverfassungsgericht beschritten, und zwar durch eine Verfassungsbeschwerde von 120 Städten im Juli 1991, der sich in kurzer Zeit weitere 42 ostdeutsche Kommunen anschlossen.

Eine mündliche Verhandlung des Gerichts in Stendal Ende 1992 ließ erkennen, daß die Klagen erhebliche Erfolgsaussichten hatten. Ein überraschender Vergleichsvorschlag des Gerichts fand nach zähen Verhandlungen die Zustimmung der Stromseite und eines großen Teils der Kommunen, während einige wenige Gemeinden erst im August 1993 bereit waren, dem Vergleich zuzustimmen und ihre Klagen zurückzunehmen.

In *rechtlicher* Hinsicht[65] monierten die klagenden Kommunen vor allem die Verletzung ihres Selbstverwaltungsrechts nach Art. 28 GG, da Energieversorgung zum traditionellen Aufgabenkreis der kommunalen Selbstverwaltung gehöre, den Gemeinden aber durch Einigungsvertrag und Stromverträge das Recht genommen worden sei, über die aus ihrer Sicht optimale Art der Energieversorgung frei zu entscheiden. Durch die Beschränkung ihres Vermögensanspruchs auf 49% der Kapitalanteile der Regionalversorgungsgesellschaften sei ihnen außerdem rechtswidrig die notwendige Vermögensbasis für eigene energiewirtschaftliche Entscheidungen entzogen worden. Durch TreuhG und KVG (Juni/Juli 1990) sei eine unverkürzte Vermögensposition an Energieeinrichtungen oder Kapitalanteilen bereits *kraft Gesetzes* eingeräumt gewesen; die (partielle) Rücknahme dieser Regelung verhindere jedoch, daß die durch die fortgeltenden Kommunalisierungsgesetze übertragenen expliziten Versorgungsaufgaben wahr-

64 Damm 1992, 40ff.

65 Vgl. insbes. Becker, Rechtsgutachten 1990; ders. 1992; Püttner 1991b.

genommen werden könnten. Insbesondere wurde auch darauf abgestellt, daß nicht nur Kapitalanteile an Regionalunternehmen, sondern auch unmittelbar sächliches Eigentum an Energieerzeugungs- und -verteilungsanlagen beansprucht und auf die in § 7 KVG vorgesehene Entflechtung gedrungen werden könne, weil sonst eine echte Herauslösung aus der Regionalversorgungsstruktur unmöglich wäre. Die im März 1991 durch das VZOG verfügte Aufhebung dieser Entflechtungsmöglichkeit wurde konsequenterweise ebenfalls als verfassungswidrig angegriffen. Außerdem wurde der vollständige Vermögensübertragungsanspruch auch mit dem Restitutionsgrundsatz begründet, soweit früher Stadtwerke oder städtische Einrichtungen der Energiewirtschaft bestanden hatten und im Zuge der Zentralisierung des Energiewesens der DDR in die Bezirksenergiekombinate integriert worden waren (Art. 21 Abs. 3 EV).

Der vom Bundesverfassungsgericht angeregte Vergleich[66] verfolgte zwei Hauptziele: Einerseits wird der Anspruch der Städte auf Übertragung der Energieanlagen zur Errichtung von Stadtwerken anerkannt, zum anderen soll ein möglichst hohes Niveau der Braunkohleverstromung durch die Regionalversorgungsunternehmen im Unternehmensverbund mit den westdeutschen EVUs gesichert werden. Im einzelnen sieht die Vereinbarung daher vor:

- Den beschwerdeführenden Städten werden auf Verlangen alle örtlichen Versorgungsanlagen der Produktion und Verteilung von Strom und Fernwärme übertragen, sofern die Genehmigung eigener Stadtwerke nach § 5 Energiewirtschaftsgesetz durch den jeweiligen Landeswirtschaftsminister (als Energieaufsicht) gesichert ist (Ziff. 1).
- Diese Übertragung der einschlägigen Grundstücke, Gegenstände und Rechte wird nach dem Sachzeitwert (Dezember 1990) abgegolten, und zwar in Form des Verzichts auf den Anspruch auf Kapitalbeteiligung am Regionalversorgungsunternehmen nach § 4 Abs. 2 KVG (Ziff. 2).
- Die hierdurch freiwerdenden Kapitalanteile an den Regionalversorgern können von den anderen Gemeinden, die beteiligt bleiben, und von den westdeutschen EVUs (auch bei nicht wahrgenommenen Erwerbsrechten von Gemeinden) übernommen werden (Ziff. 3).
- Mit der Übertragung von Anlagen oder Kapitalanteilen auf die Kommunen sind alle Ansprüche abgegolten, insbesondere auch Restitutionsansprüche wegen der früheren Verstaatlichung von Stadtwerken. Die kommunalen Spitzenverbände und der VKU wirken darauf hin, daß auch nicht-beschwerdeführende Gemeinden etwaige Restitutionsansprüche nicht mehr geltend machen (Ziff. 8).
- Um die Braunkohleverstromung zu erhalten und eine wirtschaftliche Fernwärmeversorgung zu sichern, verpflichten sich die Städte, die Stadtwerke einrichten, ihre Eigenerzeugung von Strom für 20 Jahre nur auf der Basis erneuerbarer Energien, von Müllkraftwerken und wärmegeführter Kraft-Wärme-Kopplung zu betreiben (Ziff. 4).

---

66 In der vom Bundeswirtschaftsministerium vorgelegten Fassung vom 22.10.1992.

– Außerdem verpflichten sich diese Städte zu Strombezügen vom Regionalversorger, wobei eine Größenordnung von 70% ihres Bedarfs angestrebt wird. Eine kommunale wärmegeführte Erzeugung kann in einzelnen Städten auch höher als 30% ausgelegt werden.

Prämisse des Vergleichs blieb freilich, daß im übrigen die im Stromvertrag vom August 1990 vorgesehene Übertragung von Kapitalanteilen der Regionalversorger an westdeutsche EVUs, die der Vereinbarung beitreten, vollzogen werden sollte (bis 31.7.1993).

Für die meisten Kommunen und die kommunalen Spitzenverbände war dieser Vergleich akzeptabel, weil als Kernpunkt die Übertragung der örtlichen Stromversorgungseinrichtungen und damit mehr als die im Einigunsvertrag vorgesehene Minderheitsbeteiligung an den Regionalversorgern durchgesetzt werden konnte. Demgegenüber wog offenbar das Zugeständnis, langfristige Strombezugspflichten gegenüber den Regionalversorgern einzugehen, weniger. Damit war der Einstieg in die Errichtung eigener Stadtwerke möglich, während die Investitionen für eigene Erzeugungsanlagen ohnehin einen längeren Zeitraum in Anspruch nehmen würden.

Es war jedoch nicht einfach, alle beschwerdeführenden Städte für diesen Vergleich zu gewinnen, so daß die vorgesehene Erklärungsfrist (Ende Januar 1993) nicht gehalten werden konnte. Verzögerungen gab es vor allem dort, wo Landeswirtschaftsministerien als Genehmigungsbehörde nach § 5 Energiewirtschaftsgesetz Bedenken gegen die wirtschaftliche Tragfähigkeit einzelner Stadtwerke-Konzepte hatten. Am Ende nahmen jedoch auch die Städte Bad Salzungen (Thüringen) und Boizenburg (Mecklenburg-Vorpommern) am 16.8.1993 die letzten Klagen zurück.

Auf dieser Regelungsgrundlage können sich nun recht verschiedenartige Strukturen der Energieversorgung herausbilden. Für die meisten Kommunen gilt – trotz allem – das Modell der Minderheitsbeteiligung am Regionalversorgungsunternehmen im Sinne des Einigungsvertrages (in Verbindung mit jeweiligen Konzessionsverträgen). Das Stadtwerkemodell in ausschließlicher Trägerschaft einer Stadt wurde nunmehr politisch und rechtlich möglich, muß aber hohe Investitionskosten und Abnahmeverpflichtungen verkraften und kommt daher nur in Grenzen zum Zuge. Bei den zur Zeit etwas über 100 Stadtwerken in Ostdeutschland haben mehr als die Hälfte eine Minderheitsbeteiligung des Regional-EVU oder eines westdeutschen EVU im Sinne des „Konsortialmodells".[67] Nicht alle der an der Verfassungsklage beteiligten Städte haben sich also zur Gründung eigener Stadtwerke entschlossen. Die Wahl des Modells wird auch unter den neuen Bedingungen sehr stark durch die antizipierte Investitionskraft einer Stadt und damit von ihrer allgemeinen wirtschaftlichen und finanzpolitischen Lage abhängen. Für die Gemeinden, die frühzeitig (1990/1991) für das Regionalbeteiligungsmodell optiert und sich der Klage vor dem Bundesverfassungsgericht nicht angeschlossen haben, war offenbar der Druck der überge-

67 Mündliche Auskunft des VKU (Köln) am 19.8.1993; vgl. auch VKU 1993.

ordneten politischen und administrativen Instanzen zur Durchsetzung der Regelung des Einigungsvertrages der entscheidende Faktor. Ob parteipolitische Strukturen der Gemeindepolitik die Entscheidungsmuster beeinflußt haben, läßt sich noch nicht übersehen.

4. Gesamtbild

Mit der Wiederherstellung des kommunalen Selbstverwaltungsstatus im Jahr 1990 wurden auch strukturelle Verschiebungen der kommunalen Vermögensausstattung erforderlich. In zentralen Funktionsbereichen wurde jedoch diese Umbauphase mit Weichenstellungen begonnen, die den neuen Selbstverwaltungsprinzipien im Wege standen. Fatalerweise konnten die Kommunen selbst an diesen Entscheidungsprozessen noch nicht intensiv mitwirken, da im Sommer und Herbst 1990 gerade erst ihre politischen Grundstrukturen aufgebaut werden mußten. Bald sahen sie sich mit einer Reihe von problematischen Strukturentscheidungen konfrontiert: Das Prinzip ‚Rückgabe vor Entschädigung' bei privaten Vermögensansprüchen blockierte neben privaten Investitionen auch öffentliche Planungsentscheidungen und machte auch Kommunen zum Adressaten von Rückgabeforderungen. Der Grundsatz der Übertragung einschlägigen Verwaltungsvermögens auf die Kommunen blieb zunächst bis zum VZOG in Verfahrensschwierigkeiten hängen. Im Wohnungsbereich wurden die Fülle der Primärprobleme (Bauzustand, Wohnungsmangel) noch dadurch verschärft, daß ein Berg von Kredit-Altlasten an den kommunalen ebenso wie den genossenschaftlichen Wohnungsbestand geknüpft wurde, obwohl die frühere Finanzierung nicht in einer kreditwirtschaftlichen Weise erfolgt war. Im Energiebereich schließlich schlossen Regierung und Treuhand der DDR noch kurz vor „Toresschluß" mit den westdeutschen Stromversorgungsunternehmen Beteiligungs- und Lieferungsvertäge ab, die eine Kommunalisierung der Stromversorgung zugunsten einer Minderheitsbeteiligung an den Regionalunternehmen ausschlossen. Mochte es auch für einzelne dieser Regelungen manches plausible Motiv gegeben haben, so entstand für die Kommunen im Ergebnis ein negativer Kumulationseffekt. Anstatt sich auf die vordringlichen Aufbauarbeiten konzentrieren zu können, mußten sie die knappen Personalkapazitäten auch noch dafür einsetzen, ihre Vermögens- und Funktionsgrundlagen zu erstreiten.

Die blockierte Umstrukturierung hatte zugleich gesamtwirtschaftliche Folgen verbunden, da im Wohnungssektor ebenso wie im Energiebereich riesige Investitionsvolumina zurückgestellt werden mußten. Die Bundesbauministerin erwartet nach dem Kompromiß in der Altschuldenfrage eine Steigerung des ostdeutschen Wohnungsbauvolumens (einschließl. Modernisierung usw.) von 13 auf 30 Mrd. DM.[68] Für die Stromwirtschaft ist von einem „Investitionsstau" in der

68 Bund erwartet dank Altschuldenregelung Investitionsschub im Ost-Wohnungsbau. Süddeutsche Zeitung vom 13.8.1993, 19.

Größenordnung von sechs bis sieben Mrd. DM, zunächst vor allem seitens der Regionalversorgungsunternehmen, die Rede. Auch die Beschäftigungsperspektiven im Braunkohleabbau sind damit verknüpft.

Wenn nun bis Mitte 1993 entscheidende Kompromisse zur „Entblockierung" erreicht worden sind, geht das auch auf gewachsene politische Handlungsfähigkeit der Kommunen zurück. Aufbau und Aktivitäten der kommunalen Spitzenverbände haben Artikulation und Einfluß der kommunalen Interessen rasch verbessert, und auch einzelne, vor allem größere Städte haben Kommunalforderungen exemplarisch auch überregional propagiert. Auch gerichtliche Verfolgung kommunaler Ansprüche und Interessen, nicht zuletzt im Stromstreit, hat sich als erfolgreiches Instrument und als Demonstration der Hartnäckigkeit erwiesen. Von der Bewältigung der auf die kommunale Ebene delegierten Probleme, wie z.B. die örtliche Regelung der offenen Vermögensfragen, die Wohnbestandspolitik, die Energieversorgung, die kommunale Finanzsituation usw., wird die weitere politische und wirtschaftliche Entwicklung der neuen Länder in hohem Maße abhängen.

Literatur

Arin, C. 1992: Verstädterung am Rande Berlins, in: Archiv für Kommunalwissenschaften H. 2, 341-357

Bartholmai, B. 1991: Perspektiven des Wohnungsbaus und der Wohnungsbaufinanzierung in den neuen Bundesländern, in: Der langfristige Kredit H. 6, 164-169

Becker, P. 1990: Rechtsgutachten über die Ansprüche der Gemeinden, Städte und Landkreise in den neuen Bundesländern gegen die Treuhandanstalt auf Übertragung der Betriebe und Anlagen zur kommunalen Versorgung mit Energie und Wasser. Ms. Marburg

Becker, P. 1992a: Probleme des Kommunalvermögensrechts in den neuen Bundesländern, in: Landes- und Kommunalverwaltung H. 7, 209-215

Becker, P. 1992b: Hintergründe und aktuelle Entwicklungen zur Verfassungsbeschwerde ostdeutscher Kommunen gegen den Stromvertrag, in: Kommunale Energieversorgung. Greenpeace-Seminar. September 1992 in Leipzig. Tagungsband, 14-27

Behring, K. 1992: Privatisierungspotential im kommunalen Wohnungsbestand der neuen Bundesländer, in: IFO-Schnelldienst H. 1-2, 3-8

Butzer, H. 1992: Die Vergabe von Erbbaurechten an die Wohnungsgenossenschaften nach Art. 22 IV EinigungsV, in: Deutsch-Deutsche Rechtszeitschrift H. 9, 265-270

Damm, W. 1992: Erfahrungen der Stadt Leipzig bei der Gestaltung der kommunalen Energieversorgung, in: Greenpeace-Seminar. September 1992 in Leipzig. Tagungsband, 40-46

Fieberg, G. / Reichenbach, H. 1991: Zum Problem der offenen Vermögensfragen, in: Neue Juristische Wochenschrift H. 6, 321-329

Frenz, N. 1993: Kommunale Wohnungsprivatisierung nach dem Zweiten Vermögensrechtsänderungsgesetz, in: Deutsch-deutsche Rechtszeitschrift H. 2, 41-46

Früh, T. 1992: Vermögensneuordnung nach den Art. 21 und 22 EinigungsV, in: Landes- und Kommunalverwaltung H. 5, 150-153

Gesamtverband der Wohnungswirtschaft, GdW (Hrsg.) 1993: Daten und Fakten der unternehmerischen Wohnungswirtschaft in den neuen Bundesländern (= Informationen 8). Köln

Gundermann, H.-P. 1992: Die Entwicklung der Energiewirtschaft in den fünf östlichen Bundesländern, in: Das Gas- und Wasserfach H. 3, 117-126

Hannemann, C. 1992: Die „Platte“ im Kontext der Ideologie der DDR, in: Archiv für Kommunalwissenschaften H. 2, 281-292

Löwer, W. 1991: Verfassungs- und verwaltungsrechtliche Vorgaben der Energieversorgung in den neuen Bundesländer, in: Neue Ordnung der Energiewirtschaft in den neuen Bundesländern. Hrsg. v. W. Harms. Köln

Ipsen, J. / Koch, T. 1993: Zuordnung volkseigenen Vermögens und Restitution früheren Eigentums der öffentlichen Hand, in: Deutsches Verwaltungsblatt H. 1, 1-9

Kalleja, H. 1992: Von der Block- und Streifenbauweise zur Platte, in: Archiv für Kommunalwissenschaften H. 2, 293-323

Karrenberg, H. / Münstermann, E. 1993: Der Solidarpakt – Auswirkungen auf die Städte, in: Der Gemeindehaushalt H. 5, 97-99

Kress, S. 1992: Die Gestaltbarkeit von Großsiedlungen in Plattenbauweise, in: Archiv für Kommunalwissenschaften H. 2, 324-340

Kunze, R. 1993: Perspektiven! Zum Umgang mit dem Bestand altschuldenbelasteter Wohnbausubstanz in den neuen Ländern, in: Die Wohnungswirtschaft H. 7, 353-360

Lange, M. 1991: Wem gehört das ehemalige Volkseigentum? – Grundfragen der Art. 21 und 22 Einigungsvertrag, in: Deutsch-deutsche Rechtszeitschrift H. 9, 329-336

Milbradt, G. 1993: Enteignung durch die Hintertür, in: Der Städtetag H. 2, 175-176

Möschel, W. 1991: Wohnungswirtschaft in den fünf neuen Bundesländern, in: Deutsch-deutsche Rechtszeitschrift H. 3, 72-76

Mohl, H. 1992: Behandlung der sogenannten Altschulden im Wohnungswesen in den neuen Bundesländern, in: Zeitschrift für Kommunalfinanzen H. 8, 173-174

Motsch, R. 1991: Einführung in die Regelung offener Vermögensfragen, in: Zeitschrift für offene Vermögensfragen H. 1, 4-9

Nareyke, N. / Paul, D. 1993: Spezifische Problemstellung. Die Wohnungsprivatisierung in den neuen Ländern, in: Die Wohnungswirtschaft H. 7, 388-390

Ossenbühl, F. 1991: Wem gehören die ehemaligen Stadtwerke in den neuen Bundesländern? in: Die Öffentliche Verwaltung H. 8, 301-305

Ossenbühl, F. 1992: Rechtliche Aspekte der Elektrizitätsversorgung in den neuen Bundesländern, in: Die Öffentliche Verwaltung H. 1, 1-10

Piazolo, M. 1992: Ungeklärte Eigentumsfragen als Hauptinvestitionshindernis in den neuen Bundesländern, in: Deutschlandarchiv H. 5, 484-491

Pilz, F. / Ortwein, H. 1992: Das vereinte Deutschland. Stuttgart

Priewe, J. / Hickel, R. 1991: Der Preis der Einheit. Frankfurt/M

Püttner, G. 1991a: Der verfassungsrechtliche Rahmen für die Energieversorgung in Deutschland, in: Landes- und Kommunalverwaltung H. 7, 209-213

Püttner, G. 1991b: Zur Rückgewinnung der Stadtwerke in den neuen Bundesländern. Rechtsgutachten für den VKU. Köln

Püttner, G. 1992: Energieversorgung als kommunale Aufgabe, in: Recht der Energiewirtschaft H. 3, 92-96

Säcker, F.J. / Busche, J. 1992: Die vermögensrechtliche Zuordnung örtlicher Energieanlagen in den neuen Bundesländern, in: Neue Verwaltungszeitschrift H. 4, 330-335

Schmidt, M. 1992: Rechtsnachfolge bei Kommunalvermögen, in: Landes- und Kommunalverwaltung H. 5, 154-158

Schmidt-Räntsch, J. 1992: Das zweite Vermögensrechtsänderungsgesetz, in: Deutsch-Deutsche Rechtszeitschrift H. 10, 314-317

Schmidtbauer, A. 1992: Die Situation in den Grundbuchämtern der fünf neuen Bundesländer, in: Deutsch-deutsche Rechtszeitschrift H. 5, 143-144

Schöneberg, B. 1993: Die Rechtsentwicklung im Bereich der Regelung offener Vermögensfragen, in: Neue Justiz H. 6, 253-257

Schützenmeister, H. 1991: Zur Entwicklung von Kommunaleigentum, Gemeindevermögen und kommunaler Selbstverwaltung im Rahmen des Einigungsvertrages, in: Landes- und Kommunalverwaltung H. 1, 25-29

Söfker, W. 1992: Vermögenszuordnung des kommunalen Wohnungsbestandes. Landes- und Kommunalverwaltung H. 12, 406-409

Söfker, W. 1993: Zur Rechtspflicht und zu den Modalitäten der Übertragung von Grund und Boden auf die Wohnungsgenossenschaften nach Protokoll Nr. 13 zum Einigungsvertrag, in: Landes- und Kommunalverwaltung H. 1, 14-15

Steimel, B. 1991: Probleme der Privatisierung kommunaler Wohnungen in den neuen Bundesländern, in: Der Städtetag H. 11, 741-743

Treuhandanstalt, Abt. Öffentlichkeitsarbeit (Hrsg.) 1991: Fragen und Antworten zur Übertragung von Vermögenswerten an Städte, Gemeinden und Landkreise. Berlin

Verband kommunaler Unternehmen e.V., VKU (Hrsg.) 1993: Kommunale Versorgungswirtschaft 1992/93. Köln

Zimmer, D. 1992: Der Platte eine Chance, in: Zeit Magazin H. 27, 22-38

Zöller, A. 1992: Entschädigung vor Rückgabe? in: Thüringer Verwaltungsblätter H. 3, 54-62

Dieter Grunow

Verwaltungshilfe des Westens: Unterstützung oder Flop?

1. Einführung: Form und Funktion von Verwaltungshilfe in den neuen Bundesländern

In Artikel 8 des Einigungsvertrages wird die Überleitung von Bundesrecht auf das in Artikel 3 beschriebene „Beitrittsgebiet", die fünf neuen Bundesländer, festgelegt. In dem durch Artikel 4 des Einigungsvertrages eingeführten Artikel 143 des Grundgesetzes wird zugleich ein enger zeitlicher Rahmen für diesen grundsätzlichen Umbau des DDR-Staates zum Rechtsstaat westdeutscher Prägung gesetzt:

1) „Recht in dem in Art. 3 des Einigungsvertrages genannten Gebiet kann längstens bis zum 31. Dezember 1992 von Bestimmungen dieses Grundgesetzes abweichen, solange infolge der unterschiedlichen Verhältnisse die völlige Anpassung an die grundgesetzliche Ordnung noch nicht erreicht werden kann. Abweichungen dürfen nicht gegen Art. 19, Abs. 2 verstoßen und müssen mit den in Art. 79, Abs. 3 genannten Grundsätzen vereinbar sein.
2) Abweichungen von den Abschnitten II, VII, VIIa, IX, X und XI sind längstens bis zum 31. Dezember 1995 zulässig."

Und der normative Geltungsanspruch des Grundgesetzes und der Bundesgesetze ist praktisch nur dann zu verwirklichen, wenn die öffentliche Verwaltung und die Rechtspflege in den neuen Bundesländern aufgebaut sind (vgl. hierzu die Art. 13-20 des Einigungsvertrages). Der größten Herausforderung sehen sich dabei die neugebildeten Bundesländer gegenüber, da sie gemäß Grundgesetz (Art. 30) an erster Stelle für die Durchführung öffentlicher Aufgaben verantwortlich sind, zugleich aber organisatorisch und personell einen völligen Neuaufbau zu leisten haben. Die neu aufzubauenden Landesverwaltungen sind daher auch der primäre Adressat der im Einigungsvertrag angekündigten „Verwaltungshilfe": „Die anderen Länder und der Bund leisten Verwaltungshilfe beim Aufbau der Landesverwaltung. Auf Ersuchen der Ministerpräsidenten der in Art. 1, Abs. 1 genannten Länder leisten die anderen Länder und der Bund Verwaltungshilfe bei der Durchführung bestimmter Fachaufgaben, und zwar längstens bis zum 30. Juli 1991. Soweit Stellen und Angehörige der Länder und des Bundes Verwaltungshilfe bei der Durchführung von Fachaufgaben leisten, räumt der Ministerpräsident ihnen insoweit ein Weisungsrecht ein. Soweit der Bund Verwaltungshilfe bei der Durchführung von Fachaufgaben leistet, stellt er auch die zur Durchführung der Fachaufgaben erforderlichen Haushaltsmittel zur Verfügung"... (Einigungsvertrag Art. 15, Abs. 2-4).

Die schon heute weit überschrittene Befristung der Verwaltungshilfe im Einigungsvertrag verweist auf die gravierende Fehleinschätzung des Zeitbedarfs, der für Auf- und Umbau der öffentlichen Verwaltung in Ostdeutschland für erforderlich gehalten wurde. „Wieder einmal gestand der ‚Kanzler der Einheit' einen Irrtum ein. Er habe nicht vorausgesehen, sagte Kohl am Montag, daß es ‚so ungeheure Schwierigkeiten machen würde, demokratische Verwaltungen aufzubauen. Da habe ich mich verschätzt'. Inzwischen ist die Misere der Ost-Bürokratie mit Geld und Personal allein nicht mehr zu beheben. Nicht selten liegen die Sperren im psychologischen Bereich. Auch auf den Fluren der Rathäuser ist das Klima zwischen ‚Ossis' und ‚Wessis' frostiger" (NRZ v. 3.7.91). Dies ist um so beachtenswerter, als Verwaltungsfachleute in starkem Maße an der Ausformulierung des Vertrages beteiligt waren. Die Folgen dieser Fehleinschätzung, die erhebliche finanzielle Implikationen hat, sind auch an den wirtschaftlichen Aufbauprozessen abzulesen, für die funktionierende Verwaltungsstrukturen und Rechtssicherheit wichtige Voraussetzungen darstellen (vgl. Wehner 1991).

Bemerkenswert ist darüber hinaus die Verwendung des Begriffes „Verwaltungshilfe". Er stand bis dahin für entwicklungspolitische Maßnahmen, „die die Stärkung der Verwaltungskraft der Länder der Dritten Welt zum Ziel haben" (Verwaltungslexikon 1991, 887). Die Aufgabenstellung in den neuen Bundesländern unterscheidet sich in zweierlei Hinsicht: Zum einen werden keine neuen Verwaltungsstrukturen und -prozeduren entwickelt, sondern westdeutsche Muster in Ostdeutschland reproduziert; zum anderen geht es nicht um einen (erstmaligen) Aufbau leistungsfähiger Verwaltungsstrukturen, sondern in weiten Teilen um einen Abbau und/oder Umbau staatssozialistischer Verwaltungsstrukturen der DDR.

Verwaltungshilfe in den zu Deutschland gehörenden ostdeutschen Ländern führt zudem zu einer präziseren Bestimmung der Funktion der Helfer/Innen vor Ort. So spricht der Innenminister des Landes Nordrhein-Westfalen einerseits von Beratungshelfern, die vor allem Hilfe zum „Aufbau der Verwaltungsstrukturen" geleistet haben, während im weiteren Verlauf zunehmend „fachliche und technische Unterstützung bei Fragen der Bauleitplanung, der Wirtschaftsförderung und der Stadtentwicklung, im Bereich der Abwasserbeseitigung und der Abfallwirtschaft" erforderlich sind. „Unterstützung der Kommunen der neuen Länder durch Berater, die oft nur wenige Wochen vor Ort anwesend sind, kann allerdings nur einen Teil der wichtigsten Aufgaben lösen helfen. Aus- und Fortbildung der Mitarbeiter der Kommunen in den neuen Bundesländern, aber auch eine Verstärkung und Verstetigung der personellen Hilfe durch längerfristig tätige Mitarbeiter, kommunaler Bediensteter aus den alten Bundesländern, ist notwendig, um den Aufbau in den neuen Ländern zu beschleunigen. ... In jedem Kreis und in jeder kreisfreien Stadt können damit zusätzlich bis zu fünf Mitarbeiter der Kommunen aus Nordrhein-Westfalen für mindestens ein Jahr tätig werden. Für besondere Aufgaben in einzelnen Kreisen können weitere Mitarbeiter ebenfalls für mindestens 1 Jahr entsandt und durch das Land finanziert werden. Sie stehen den brandenburgischen Kommunen nicht lediglich als Berater ohne Entscheidungsbefugnis zur Verfügung, sondern werden voll in die örtlichen Verwaltungen integriert sein. Nach Abschluß der Abordnungszeit werden sie wieder in ihre nordrhein-westfälische Heimatgemeinde zurückkehren" (IM/NW 1991, 7f).

Diese mittelfristig eingesetzten „Helfer mit Entscheidungsbefugnis" werden in Nordrhein-Westfalen als Verwaltungshelfer bezeichnet. Dies Beispiel veranlaßt für den folgenden Beitrag zu einer weitgefaßten Konzeption von „Verwaltungshilfe". Wenn bereits die rechtlichen Regelungen zur Verwaltungshilfe unterschiedliche Aufgabenschwerpunkte – z.T. in Abhängigkeit von den Entwicklungsphasen des Umbaus – formulieren, so ist dies erst recht für eine empirische Betrachtung dieses Gegenstandsbereiches erforderlich. Um Verwaltungshilfe im hier gemeinten Sinne geht es immer dann, wenn „Unterstützungsleistungen" personeller, organisatorischer, materieller und technischer Art an die im Aufbau befindliche Verwaltung in den ostdeutschen Ländern geleistet wird – ganz gleich von welcher Gebietskörperschaft diese Leistungen erbracht werden und welcher Umfang an Ressourcen dafür bereitgestellt werden muß. Das Spektrum dieser „Unterstützungen" reicht also von der Abordnung von Verwaltungspersonal (für unterschiedlich lange Dauer) über die Bereitstellung von Geräten, Material und Gesetzestexten bis hin zu den geläufigen Formen des Informations- und Erfahrungsaustausches, den Hospitationen, der speziellen Verwaltungsausbildung und der Fortbildung (als Bestandsaufnahme vgl. MINPRÄS/NW 1992; Scheytt 1991).

Mit den wachsenden Erfahrungen bei der Unterstützung des Umbaus der ostdeutschen Verwaltung werden nicht nur Fehleinschätzungen des Einigungsvertrages und der ersten Monate des Umbauprozesses deutlich. In zunehmendem Maße wird in Zeitdimensionen gedacht, die für die Implementationsforschung selbstverständlich sind (Sabatier 1991); hier gelten zehn bis fünfzehn Jahre für einen komplizierten institutionellen Umbau als „typische" Zeiterfordernisse. Damit stellt sich verstärkt die Frage, in welchen Phasen ein solcher Umbauprozeß abläuft und welche je spezifischen Unterstützungsformen (durch die Verwaltungen der alten Bundesländer) dabei erforderlich sind. Wie das oben zitierte Beispiel des Landes NRW zeigt, kann man nicht von einer Strategie ausgehen, die langfristig immer mehr derselben Unterstützungsleistungen transferiert. Aber signalisieren die Aufgabenverlagerungen auch „Fortschritte" im Aufbau der rechtsstaatlichen Verwaltung oder hat man es mit „Kreisläufen" improvisierender, koordinierender und verfestigender Entscheidungsprozesse zu tun? Entgegen den recht bald (1991) geäußerten Erwartungen, man sei möglicherweise über die Phase des „rechtsfreien Entscheidens", des „Freibeutertums", der „Reaktivierung alter Seilschaften" hinaus, läßt sich dies aufgrund neuerer Entwicklungen im Rahmen der Gemeinde- und Kreisgebietsreformen sowie der Entwicklung von Strukturen der mittleren Verwaltungsebene (Mittelinstanz) nicht bestätigen (vgl. v.Oertzen 1992;1993). Ebensowenig wird man für die absehbare Zukunft ausschließen können, daß irrationale und ineffiziente Gestaltungsentscheidungen – oft als „politische Prioritätensetzung“ umschrieben – weitere Entwicklungsschwierigkeiten hervorrufen werden.

Je länger der Prozeß des Verwaltungsumbaus in den neuen Bundesländern bereits im Gang ist, desto deutlicher werden die Anforderungen sowie die Schwierigkeiten und Barrieren auch als ein Ergebnis früherer Phasen der Verwaltungshilfe angesehen werden (können). Aktuelle Verwaltungshilfe trifft auf frühere Verwaltungshilfe und die Wirkungen, die diese in der Verwaltung in Ostdeutschland ausgelöst hat. Aber nicht nur dies: Verwaltungshelfer/Innen treffen auch erneut auf die sie entsendende Westverwaltung, so daß die gegenwärtig tätigen Verwaltungshelfer nicht zuletzt von den Erfahrungen der „zurückkehrenden“ Verwaltungshelfer beeinflußt werden. Damit wird ein weiterer Sachverhalt deutlich, der zunächst wenig beachtet wurde: Die Rückwirkungen dieses Beteiligungsprozesses auf die entsendende Verwaltung der alten Bundesländer (vgl.Grunow/Wohlfahrt 1993; allgemein: Zapf 1990). Auch in dieser (möglichen) Rückwirkung unterscheidet sich die Verwaltungshilfe im klassischen Sinne (Hilfe für Verwaltungsaufbau in der Dritten Welt) von der Übertragung des kompletten westdeutschen Rechtssystems auf die neuen Bundesländer. „Euphorisch in den Osten – die Enttäuschung folgt Zuhause“ (NRZ v. 7.4.93). Mit diesen Schlagzeilen wird ein Teil der Eindrücke von Verwaltungshelfern gekennzeichnet, die nicht ohne Wirkung auf weitere Entwicklungsprozesse bleiben: „Kein Wunder, daß sich immer weniger Staatsdiener zum Gang in die neuen Bundesländer entschließen. Besonders problematisch sei, ... daß viele Westbeamte nur kurze Zeit bleiben. Bis sie sich eingearbeitet hätten, sei die Zeit schon um. Dabei würden jetzt Spitzenkräfte gebraucht, wie Wirtschaftsförderer, Spezialisten, die Westverwaltungen ungern gehen lassen wollen. Hinzu kommt die Finanzfrage: In den Osten abgeordnete Beamte erhalten ihr Gehalt weiter aus dem Westen. Viele Landesregierungen werden da merklich zögerlicher“ (NRZ v. 7.4.93).

Dagegen teilt die Landesregierung NRW (am 13.5.1993) mit: „Nordrhein-westfälische Landesbedienstete sind weiterhin in großer Zahl bereit, beim Aufbau in den neuen Bundesländern zu helfen. ... Der Schwerpunkt der Verwaltungshilfen liegt weiterhin in Brandenburg: dort sind 88 Prozent der nordrhein-westfälischen Bediensteten im Einsatz. Grundlage des besonders guten Verhältnisses der beiden Bundesländer ist der im November 1990 ... abgeschlossenen Partnerschaftsvertrag. Seit Abschluß des Abkommens waren zeitweise bis zu 1300 Landesbedienstete in Ostdeutschland im Einsatz.... Brandenburgische Bedienstete können beispielsweise nicht zuletzt aufgrund der Hilfe aus dem Westen inzwischen sämtliche Routinearbeiten in den Finanzämtern und in den Ämtern für Soziales und Versorgung bewältigen. ... Die Hilfen beschränken sich jedoch nicht auf die Entsendung von Personal. Mit organisatorischer und finanzieller Unterstützung aus NRW wurden in Brandenburg Fachhochschulen für Öffentliche Verwaltung und für Finanzen sowie zahlreiche kommunale Studieninstitute und Aus- und Fortbildungseinrichtungen aufgebaut. ... Neben der personellen Aufbauhilfe profitiert Brandenburg auch von den Transferzahlungen. Ein Teil der vorraussichtlich rund 31 Milliarden Mark, die zwischen 1990 und 1994 aus NRW in die neuen Bundesländer fließen, geht in das Partnerland."

Diese wenigen „Schlaglichter" auf das Phänomen Verwaltungshilfe machen deutlich, daß es sich dabei um einen langwierigen und wechselvollen Prozeß handelt. Über seine Qualität und Wirkung läßt sich selbst mit Hinweis auf die beeindruckende Zahl von etwa 30.000 allein für die Kommunen in Ostdeutschland tätigen Beamten kein ausreichender Beleg liefern. Allzu wechselhaft und widersprüchlich, kurzatmig und unkoordiniert sind viele Phasen der Verwaltungshilfe bisher abgelaufen (zu den Koordinierungsbemühungen: Schröder 1991; Blenk 1991). Um zur Klärung der Wirkungsweise und Wirksamkeit von Verwaltungshilfe in Ostdeutschland beizutragen, wird in diesem Beitrag auf Ergebnisse einer Befragung von Verwaltungshelfer/Innen in Kommunen Brandenburgs eingegangen; dabei handelt es sich um eine begrenzte Vorstudie, in der dementsprechend nur wenige Personen schriftlich befragt wurden (N=47). Gleichwohl lassen sich dadurch einige Anhaltspunkte für die Einschätzung der Verwaltungshilfe (nach etwa 2 1/2 Jahren Praxistest) gewinnen. Dies setzt jedoch zunächst eine Klärung der Referenzpunkte voraus, die Erfolg oder Mißerfolg, Hilfe oder Flop zu bestimmen erlauben. In den vorliegenden Erfahrungsberichten aus der Praxis fehlt gerade diese Präzisierung der Zielbestimmung und Qualitätsmaßstäbe für den Einsatz von Verwaltungshelfern/Innen in ostdeutschen Kommunen.

2. *Anforderung an den Umbau der ostdeutschen Kommunalverwaltung – Kriterien für die Qualität der Verwaltungshilfe?*

Die wissenschaftliche Analyse der Verwaltungshilfe in den ostdeutschen Kommunen und die Bewertung ihrer Wirksamkeit muß sich an einem Konzept des Verwaltungsumbaus insgesamt orientieren. Die oftmals engen „Erfolgskriterien" der entsendenden Westverwaltungen (z.B. Anzahl der abgeordneten Verwaltungbeamten; Anzahl der von diesen bearbeiteten Fallakten u.ä. – vgl. Seeck 1992) müssen deutlich erweitert werden. Insgesamt geht es um die Prüfung, inwieweit es gelingt, eine rechtsstaatliche, bürgernahe und effiziente Verwaltung in den neuen Bundesländern aufzubauen. Der Versuch, für die Beschreibung des dafür notwendigen Transformationsprozesses politik- und verwaltungswissenschaftliche Konzepte nutzbar zu machen, stößt zwar auf Schwierigkeiten, er ist jedoch m.E. ein Erfordernis für jede wissenschaftliche Analyse, die nicht auf dem Niveau der Tagespresse verharren will. Dies schließt vor allem auch das Interesse ein, wissenschaftliche Konzepte durch die „einzigartigen" Erfahrungen des ostdeutschen Verwaltungsumbaus fortzuentwickeln.

König (1991) diskutiert verschiedene Konzepte: Verwaltungsentwicklung, Verwaltungsreform, Konversion und Transformation, um sich dann für das Konzept der Transformation zu entscheiden: „Zum einen geht es um einen systemischen Übergang. Nicht einzelne Teilstrukturen und Teilfunktionen verändern sich. Das politisch-administrative System insgesamt steht zur Disposition. ... Zum anderen definieren wir Transformation aber nicht als einen Systemwandel, der sich gleichsam hinter dem Rücken der historischen Akteure vollzieht. Der Weg wird vielmehr durch aktive Politik gebahnt“ (S. 3). Im einzelnen umschreibt er den Transformationsprozeß in vier verschiedenen Dimensionen:

- von der realsozialistischen zur klassisch-europäischen Verwaltung
- vom instrumentellen Etatismus zu den Verwaltungsaufgaben im liberalen und sozialen Rechtsstaat
- von der Kaderverwaltung zum öffentlichen Dienst
- vom demokratischen Zentralismus zur horizontalen und vertikalen Gewaltenteilung
- von der Transmission parteilicher Macht zu rechtlichen und wirtschaftlichen Verfahrensweisen.

Diese Darstellung des Transformationsprozesses hat den Vorteil, die große Reichweite der Veränderungsfolgen deutlich zu machen, d.h. die komplexe Simultaneität gesellschaftlicher, politischer und administrativer Veränderungen zu betonen. Für die Analyse der konkreten Problematik von Verwaltungshilfe ist der Ansatz jedoch zu breit angelegt. Zu eng dagegen ist ein Ansatz, der sich aus neueren Erfahrungen mit Innovationen in der westdeutschen Verwaltung ergibt: Am chancenreichsten wird hier die Organisationsentwicklung (OE) als partizipative Strategie der Verwaltungsveränderung eingeschätzt. Obwohl es in dieser Hinsicht schon früh einige konkrete Projekte in den Kommunen der neuen Bundesländer gegeben hat (Kempf 1991), ist eine „flächendeckende“ Verwaltungstransformation mit Hilfe von Organisations- und Personalentwicklungskonzepten kaum vorstellbar. Dieses Konzept setzt auf langjährige Erfahrungen und Kompetenzen aller Personalgruppen (vgl. Grunow/Wohlfahrt 1989); gerade das Fehlen dieses erfahrenen Personals ist eine Grundproblematik des Transformationsprozesses – wie nicht zuletzt die Anstrengungen zur Verwaltungshilfe zeigen.

Als Bezugspunkt für die Konzeptualisierung des Verwaltungsumbaus wird im folgenden die Implementationsanalyse benutzt. Die seit etwa 30 Jahren bestehende Implementationsforschung ist eine Reaktion auf enttäuschende Erfahrungen mit Reformprogrammen im politisch-administrativen System und insbesondere mit Wirksamkeitsverlusten etablierter Gesetzeswerke (zuerst Pressman/Wildavsky 1973). Sie hat das Bewußtsein dafür verstärkt, daß Strukturen und Prozesse der Umsetzung von Gesetzen und politischen Programmen eine zentrale Bedeutung für die Wirksamkeit und Akzeptanz der öffentlichen Maßnahmen und Leistungen haben. Diese Erfahrungen erlauben zunächst die Feststellung, daß mit dem Einigungsvertrag zu den Problemen des Verwaltungsumbaus fast nichts ausgesagt ist. Immerhin findet sich in der Denkschrift zum Einigungsvertrag, zu Art. 8, ein kurzer Hinweis auf mögliche Implementationsschwierigkeiten: „Bei der Ausdehnung des Bundesrechts auf das Gebiet der bisherigen Deutschen Demokratischen Republik kommt den Gesichtspunkten der Verständlichkeit, aber auch der Notwendigkeit und Wirksamkeit besondere Bedeutung zu. Soweit dabei Probleme entstehen, wird dies gezielte Bemühungen um Rechts- und Verwaltungsvereinfachung notwendig machen".

Ein weitgefaßtes Konzept der Implementationsanalyse berücksichtigt verschiedene Entwicklungsphasen, die nicht strikt nacheinander, sondern häufig überlappend oder mehrfach auftreten können (Windhoff-Heritier 1980; Dahme u.a. 1980): erstens die Phase der Konkretisierung der Gesetze bzw. politischen Programme im Hinblick auf die Ziele und die konkreten Handlungsschritte; zweitens die Mesoimplementation als Erschaffung wichtiger organisatorischer, personeller und technischer Rahmenbedingungen der Aufgabenerfüllung; drittens die Phase der Mikroimplementation, d.h. der konkreten Ausführung von Verwaltungsaufgaben); viertens die (z.B. Dienstleistungen, Transferzahlungen, belastende Eingriffe, Partizipation, Nutzung, Koproduktion verschiedener Adressaten- und Beteiligtengruppen, bei denen letztlich auch die Wirksamkeit der Programme zu prüfen ist. Besonders der internationale Vergleich aber auch die Unterschiedlichkeit einzelner Politikfelder, in denen Gesetzesimplementationen stattfinden, haben es erforderlich gemacht, sowohl von einer „top-down-implementation" (striktes hierarchisches „Durchregieren") als auch von einer „bottom-up-implementation" (kooperative Umsetzung der Gesetze im Politikfeld) zu sprechen (Sabatier 1991). Vor allem in einem so stark fragmentierten politisch-administrativen Gebilde wie dem bundesdeutschen föderalistischen System ist die Idee einer strikten und problemlosen „Durchorganisation" der Ausführung von Bundesgesetzen wenig überzeugend. In vielen Politikbereichen ist die Implementation auf Aushandlungsprozesse mit vielen, oft sehr unterschiedlichen (z.B. staatlichen und nicht-staatlichen) Akteuren angewiesen.

In dieser weitgefaßten Konzeption der Implementationsanalyse, die sich durch ihre häufige Anwendung auf sehr unterschiedliche Programmänderungen und deren verwaltungsorganisatorische Folgen ergeben hat, lassen sich zudem Verbindungen zwischen den früher eher separat behandelten Aspekten der politikwissenschaftlichen Analyse herstellen (zusammenfassend Böhret u.a. 1988, 8ff.): „policy" (politische Programmgestaltung), „politics" (Interessenkonfigurationen sowie typische Konflikt- und Konsensprozesse) und „polity" (konstitutioneller und institutioneller Rahmen des politisch-administrativen Systems). Trotz dieser breiten konzeptuellen Grundlage bleibt der zu untersuchende Prozeß des Verwaltungsumbaus in Ostdeutschland in einer Reihe von Punkten eine „neue Herausforderung" auch für die Implementationsanalyse (vgl. so auch Wollmann 1991):

- Eine Besonderheit (z.T. erleichternder, z.T. erschwerender Art) liegt in den Programmen selbst: Die anzuwendenden oder zu implementierenden Rechtsvorschriften sind nicht neu, sondern i.d.R. seit vielen Jahren in sehr vielen Situationen hinsichtlich ihrer praktischen Umsetzung erprobt und bestätigt. Im Unterschied zu sonst betrachteten Veränderungen handelt es sich also

nicht um programmatische oder gesetzesbezogene Innovationen. „Irritierend“ wirken allerdings diejenigen Gestaltungsbereiche, die in den alten Bundesländern alternative Struktur- und Prozeßvarianten aufweisen: so vor allem bezogen auf Bundesländer und Gemeinden z.B. Gemeindeordnungen. Implementationsprozesse enthalten dadurch „unüblich“ viele Konkurrenzsituationen und Auswahlzwänge: Wie sind die möglichen Varianten zu bewerten, welche soll ausgewählt werden (dazu u.a. Schmidt-Eichstaedt 1992)?
Eine besondere Anforderung ergibt sich für die Implemenation in den neuen Bundesländern auch aus der Tatsache, daß die zu übernehmenden Gesetze und daraus abgeleiteten Verordnungen und Arbeitsrichtlinien aufgrund ihrer langen Erprobungs-, Durchführungs- und Veränderungsgeschichte ein fast undurchschaubares Instrument geworden sind. Es bleibt zu klären, ob sich diese elaborierten Programmuster auch für einen Neueinstieg in den Implementationsprozeß eignen. Die spärlichen Hinweise in der Denkschrift zum Einigungsvertrag weisen zumindest auf mögliche Schwierigkeiten hin. Dazu kann auch ein weiterer, besonderer Gesichtspunkt beitragen: Die Tatsache, daß sich praktisch alle Rechtsgrundlagen (Gesetze, politische Programme) gleichzeitig ändern, führt zu einem enorm steigenden Risiko der Fehlerhaftigkeit, weil die „Interaktionseffekte“ zwischen verschiedenen Gesetzeswerken (noch) nicht durchschaut werden (vgl. diesbezügliche „Arbeitshilfen“: KGSt 1990; Scheytt/Otto 1991). Es ist sicherlich nicht gewagt, von einer großer Zahl falscher Gesetzesinterpretationen und -anwendungen auszugehen (Hinweise z.B. bei HAMM 1991); dies könnte im nächsten Jahrzehnt noch eine sehr große „Prozeßlawine“ im Hinblick auf Verwaltungsentscheidungen nach sich ziehen. Ob diese besondere Situation dazu genutzt wird (werden kann), die Regelungsdichte im politisch-administrativen System der Bundesrepublik zu verringern, bleibt abzuwarten und eher skeptisch zu beurteilen.

- Aus der Gleichzeitigkeit der Änderung aller rechtlichen Grundlagen ergeben sich Konsequenzen auch für die Mesoimplementation, d.h. für die Schaffung von Implementationsstrukturen, durch die erst die Aufgabenerfüllung der öffentlichen Verwaltung sichergestellt werden kann. In vielen Punkten gehen die Erfordernisse weit über die Sachverhalte hinaus, die im Rahmen der Implementationsanalyse erforscht worden sind. Die Mesoimplementation bezieht hier ein sehr breites Feld institutioneller Aufbauarbeit mit ein. Dies betrifft sowohl die föderative Aufteilung in verschiedene Gebietskörperschaften mit ihren jeweiligen Zuständigkeiten und Behördenstrukturen. Es schließt aber auch neue Grenzziehungen zwischen Politik und Verwaltung sowie zwischen dem öffentlichen Sektor und den anderen gesellschaftlichen Sektoren mit ein: Die Aufteilung zwischen öffentlichen und privatwirtschaftlichen Aufgaben; die Aufteilung zwischen öffentlichen und verbandlich-freigemeinnützigen Aufgaben; die Aufteilung zwischen öffentlichen Aufgaben und privaten Angelegenheiten. Die vertikale und horizontale Entflechtung des staatssozialistischen Regierungs- und Verwaltungssystems geht dementsprechend weit über die Umgestaltung administrativer Strukturen hinaus. Für die Implementationsanalyse stellt sich die Frage, wie mit einer Situation umzugehen ist, in der sich alle Strukturen gleichzeitig ändern (siehe u.a. Eichener u.a. 1992). Zwar bleibt die Bundesverwaltung als „stabiler Referenzpunkt" zu beachten, doch ist dies gerade die Gebietskörperschaft mit den geringsten Implementationserfahrungen. In jedem Fall wird diese Konfiguration – auch mit Blick auf die Entwicklung in den osteuropäischen Ländern – ein „Unikat" bleiben: Transfer eines kompletten Rechtssystems bei gleichzeitig weitgehender Neuformierung der Implementationsstrukturen. Demgegenüber müssen die anderen Länder des ehemaligen Ostblocks gleichzeitig ihre Programme (Gesetze) und ihre Politik- und Verwaltungsstrukturen fortentwickeln, wobei zwar vieles gleichzeitig geändert wird, aber eben auch gezielt an einzelnen Beständen (zumindest vorläufig) festgehalten werden kann.

– Aus der Implementationsforschung ist bekannt, daß im Rahmen der Mikroimplementation, d.h. der konkreten Erstellung von Verwaltungsleistungen (allgemein: bindende Entscheidungen) Mängel der Mesoimplementation und der dadurch geschaffenen Implementationsstrukturen z.T. kompensiert werden können. Dies kann durch zusätzliche Belastungen des Personals erfolgen, das durch Engagement, Mehrarbeit und Improvisationsgeschick Struktur- und Verfahrensmängel „kompensiert". Teilweise werden die Defizite auch auf die von den Entscheidungen der Verwaltung betroffenen Adressaten oder Nutzer übertragen (z.B. „Bürokratieüberwälzung"; „Irrwege" durch das „Dickicht der Bürokratie"). Diese Kompensationsleistungen haben aber ohne Zweifel ihre Grenzen, beziehen sich i.d.R. auf beschränkte Defizite und Entscheidungsmängel im Verwaltungsvollzug. Darüber hinaus setzt dies entsprechende Qualifikationen und Erfahrungen der die Kompensationsleistungen erbringenden Personen voraus. Für die Mikroimplementation der auf die neuen Bundesländer übertragenen Gesetze ist diese Kompensationsleistung angesichts der Vielzahl von Vorläufigkeiten und dauerhaft gravierenden Mängeln der Mesoimplementation sowie der vielfach sich erst entwickelnden Personalqualifikation nicht zu erwarten. Mit anderen Worten, die Mikroimplementation „leidet" in erheblichem Maße an der unvollständigen oder unzureichenden Mesoimplementation. Die Vorstellung, man könne eine „Insel korrekter Fallbearbeitung" in einem „Ozean unzureichend strukturierter Verwaltungsprozeduren" schaffen, dürfte nur geringe Chancen haben. Dies um so mehr, als zu dem Kontext der Aufgabenerledigung im Detail die Mitwirkung vieler gesellschaftlicher Akteure erforderlich ist, die institutionell generelles Wissen ebenso benötigen wie instrumentell funktionelles Wissen (Janowitz/Delany 1957).
– Der zuletzt genannte Gesichtspunkt ist sogar noch auszuweiten, da es nicht nur um den Umgang der gesellschaftlichen Gruppen und Organisationen mit der neu aufzubauenden Verwaltung geht, sondern um das generelle Einfin-

den in das politisch-administrative System und die grundlegenden Zuschnitte gesellschaftlicher (sektoraler bzw. subsystemspezifischer) Arbeitsteilung. Auch diese Diskrepanz zwischen den gesellschaftlichen Gegebenheiten und den Anforderungen durch die Übertragung eines grundlegend anderen politisch-administrativen Systems sind in der Implementationsforschung ohne Beispiel. Meist entwickeln sich auch bei grundlegenden gesellschaftlichen Transformationen beide Strukturbereiche miteinander und konstituieren eine gemeinsame neue Realität – auch wenn große Teile der politisch-administrativen Strukturen aus anderen Ländern importiert wurden. Vergleichbar sind allenfalls Konstellationen der Kolonisierung (z.B. der Einführung des englischen Verwaltungssystems in Indien). Es ist deshalb nicht verwunderlich, daß – mit kritischer Absicht – im Hinblick auf die Entwicklung in Ostdeutschland von einer „Kolonisierung" durch Westdeutschland gesprochen wird.

Dieses vorläufige implementations-analytisch „sortierte" Szenario des Verwaltungsumbaus läßt schon generelle Erwartungen im Hinblick auf die Einsatzmöglichkeiten und -schwierigkeiten der Verwaltungshilfe, insbesondere der Entsendung von Verwaltungshelfern, zu. Bevor deren Plazierung in diesem Transformationsprozeß skizziert wird, ist noch auf die „besonderen" Umbau-Probleme auf kommunaler Ebene hinzuweisen. Pauschal läßt sich m.E. sagen, daß sich die zuvor beschriebenen Implementationsprobleme bei der Verwirklichung des Einigungsvertrages auf der kommunalen Ebene besonders bündeln, kristallisieren und wechselseitig verstärken. Dies ergibt sich zunächst aus der großen Bedeutung, die der örtlichen Verwaltung im Rahmen des deutschen kooperativen Föderalismus im Bereich der öffentlichen Aufgabendurchführung zugeschrieben wird. Der weit überwiegende Teil örtlicher Aufgabenerledigung gehört nicht zu den sogenannten freiwilligen Selbstverwaltungsaufgaben, sondern ist in verschiedener Hinsicht durch die gesetzlichen oder administrativen Vorgaben von Bund und Ländern festgelegt (Schmidt-Eichstaedt 1983). Insofern kumulieren hier nicht nur die Anforderungen an neue Aufgabendefinitionen und ihre normkonforme und effiziente Durchführung, sondern auch die Mängel aller Implementationsprozesse, die dieser alltäglichen Aufgabendurchführung vorausgehen. Dies betrifft sowohl die generelle Gliederung in vergleichsweise kleine Bundesländer, die Vielfalt von Behörden auf der mittleren Verwaltungsebene, die große Zahl von Kleinstgemeinden usw. Die örtliche Zuständigkeit für die Aufgabendurchführung beinhaltet zugleich die unmittelbare Konfrontation mit der Bevölkerung, gesellschaftlichen Gruppen und Organisationen. Insofern sind es vor allem kommunale Einrichtungen, die nicht nur ihren eigenen Lernprozeß organisieren müssen, sondern zugleich auf die Lernerfordernisse der Bevölkerung Rücksicht nehmen müssen. Dies betrifft alle Aspekte der Kenntnis und Akzeptanz des politisch-administrativen Systems insgesamt sowie der Neuaufteilung von Funktionen in der westlichen kapitalistischen Gesellschaft. Insofern werden die Kommunen auch weit überproportional mit

Entflechtungsproblemen zwischen der öffentlichen Sphäre und anderen gesellschaftlichen Sektoren belastet.

Der Umbau des politisch-administrativen Systems konnte auf der örtlichen Ebene zumindest an Rudimente von Gemeindestrukturen anknüpfen und ist – angesichts der völlig neu aufzubauenden Landesverwaltungen – auch der zeitlich erste Träger von Implementationsprozessen. Dabei handelt es sich allerdings nach allgemeinem Standard um eine eher „chaotische“ und „wildwüchsige“ Implementation der ersten Phase; zurückhaltend ausgedrückt: Die erste Phase der Implementation vollzog sich weitgehend noch in einem „rechtsfreien“ Raum. Gleichwohl fanden vielfältige Festlegungen statt, die den weiteren Umbau lokaler Politik und Verwaltung eher erschwert und behindert als befördert haben. Dies zeigt sich bereits bei den inzwischen weitgehend abgeschlossenen Planungen zur Gemeinde- und Kreisgebietsreform (Köstering 1992). Bei aller Anerkennung der notwendigen Nähe zur kleinräumigen politischen Interessenorganisation, die zukünftige Leistungsfähigkeit der so geschaffenen politischen und administrativen Strukturen bleibt fraglich. Vor allem für die örtliche Ebene wird man deshalb mehrere Wellen der Implementation erwarten können, die jeweils in starkem Maße von den Implementationsmängeln früherer Entwicklungsphasen geprägt sein werden.

Ein besonderer Aspekt dieses generellen Problems besteht in der Notwendigkeit, im Zuge des Umbaus der Verwaltung bestehende Strukturen aufzulösen, Personalbestände abzubauen bzw. Personal mit unzureichender Voraussetzung und Qualifikation durch neues Personal zu ersetzen. Auch hier ergeben sich – im Vergleich mit dem völligen Neuaufbau der Landesebene – sehr viel mehr konkrete Implementationsschwierigkeiten, die auch heute noch bei weitem nicht abgearbeitet sind. Dieser Abbauprozeß (organisatorisch, institutionell und personell) hat ebenfalls nicht nur verwaltungsinterne Bedeutung, sondern erhebliche Ausstrahlungseffekte auf die Akzeptanz des „neuen“ politisch-administrativen Systems der örtlichen Ebene.

Diese Kumulation von Anforderungen und Schwierigkeiten beim Umbau der Verwaltung (insbesondere auf örtlicher Ebene) hat auch Konsequenzen für die Frage nach der Plazierung und vor allem nach den Leistungsmöglichkeiten der Verwaltungshilfe – insbesondere der Verwaltungshelfer/Innen. Schon die grobe Skizzierung der verschiedenen Implementationsaspekte und -phasen hat deutlich gemacht, daß jeweils sehr unterschiedliche Anforderungen an eine erfolgversprechende bzw. wirksame Einbindung externer Hilfe gestellt sind. Darüber hinaus ist die formale Position des aus den westlichen Verwaltungen kommenden Personals z.T. ungeklärt, z.T. widersprüchlich; dies gilt vor allem im Hinblick auf die Entscheidungsbeteiligung oder – anders ausgedrückt – die Implementationsverantwortlichkeit. Hinzu kommt die quantitativ geringe Anzahl von Verwaltungshelfern, wenn man sie ins Verhältnis setzt zu dem für die Aufgabendurchführung in der örtlichen Verwaltung erforderlichen Personalbestand. Insofern kann kaum erwartet werden, daß die Beiträge der Verwaltungshelfer/Innen zum Implementationsprozeß im strikten Sinne meßbar sind. Die

Implementationsforschung zeigt insgesamt, daß es nur selten gelingt, das relative Gewicht einzelner Förderungs- oder Beeinträchtigungsfaktoren zu bestimmen (Sabatier 1991a). Darüber hinaus sind zweifellos in der Hektik der ersten Umbauschritte viele gutbegründete „Inputs" von Verwaltungshelfern/Innen alsbald wieder aufgehoben worden. Das Gewicht, das die anfordernden Behörden dieser personellen Aufbauhilfe beimessen, wird erst dann völlig klar, wenn sie einen großen Anteil für die Tätigkeiten der Verwaltungshelfer bezahlen müssen. Für diesen Fall läßt sich m.E. ein rasches Ende der bisher praktizierten Verwaltungshilfe prognostizieren.

3. *Verwaltungshilfe: Die Sicht der Verwaltungshelfer*

Die implementationsanalytische Einordnung der Verwaltungshilfe in den Umbauprozeß der kommunalen Verwaltung in Ostdeutschland verweist mit den praktischen Gestaltungsschwierigkeiten auch auf die begrenzten Nachweismöglichkeiten ihrer Funktionalität im Implementationsprozeß. Implementationsanalysen, die dem international etablierten Standard für solche Forschungen entsprechen (vgl. hierzu Sabatier 1991a) waren und sind kaum zu leisten; insgesamt fällt die wissenschaftliche Dokumentation und Analyse dieses Umbauprozesses der öffentlichen Verwaltung nur sehr gering und daher außerordentlich punktuell aus. Die generellen Bilanzen der beteiligten Verwaltungen in West und Ost sind i.d.R. sehr pauschal. Sie dokumentieren – wie bei Implementationsprozessen immer wieder zu beobachten – primär den Output in allgemeinen quantitativen Dimensionen (also die Zahl der Verwaltungshelfer, die in ostdeutschen Kommunen tätig waren oder die Zahl der PC's, die den Dienststellen dort kostenlos zur Verfügung gestellt werden usw.). Ebenso buchhalterisch erscheint dies als „Input" auf der Seite der ostdeutschen Kommunen. Diese quantitativen „Erfolgsbilanzen" sagen nach aller Erfahrung aber außerordentlich wenig über die tatsächliche Wirkung und Wirksamkeit, die Angemessenheit und Effizienz dieses Hilfeprozesses aus. Besonders wenig reflektiert wird zudem die Rückwirkung dieser Leistungstransfers auf die entsendenden Behörden (der westdeutschen Städte und Gemeinden, Mittelinstanzen und Landesverwaltungen).

Insofern erscheint es gerechtfertigt, die Verwaltungshelfer selbst als wichtige Informationsquelle anzusehen (vgl. ähnlich: Bosetzky 1992): Sie können sowohl die Ausgangssituation in ihrer westdeutschen Verwaltung, die Erfahrungen in den ostdeutschen Kommunen sowie die Begleitumstände ihrer „Rückkehr" zu ihrer Entsendebehörde beschreiben und bewerten. Ihre Tätigkeit ist aus unterschiedlichen Anlässen und Motiven zustandegekommen, hat unterschiedliche Zeiträume und Aufgabenstellungen beinhaltet. Von ihrem Beitrag zur Implementation bzw. zum Verwaltungsumbau konnte und kann weder eine Mißerfolgs- noch eine Erfolgszuschreibung im grundsätzlichen Sinne erfolgen. Insofern gibt es wenig Gründe, die eigenen Erfahrungen übertrieben positiv oder negativ zu präsentieren. Wesentliche Elemente dieser Erfahrungen, die man als Persönlichkeitsentwicklung („personal growth") bezeichnen kann, haben zudem mit der beruflichen Tätigkeit in der Verwaltung nur wenig Berührungspunkte. Alles in allem ist also zwar nicht jede Einzelerfahrung als typisch oder einschlägig zur Kennzeichnung des stattfindenden Implementationsprozesses in ostdeutschen Kommunen aufzufassen, doch kann die Gesamtbilanz der Erfahrungen m.E. wichtige Aufschlüsse über die Abläufe, Begleitumstände und Wirkungen der Verwaltungshilfe geben.

Zur Erkundung dieser Erfahrungen wurde 62 Verwaltungshelfern und helferinnen aus ausgewählten Kreisen, Städten und Gemeinden in NRW ein umfangreicher Fragebogen zur schriftlichen Beantwortung vorgelegt. 47 Personen haben den Fragebogen ausgefüllt zurückgeschickt, wobei nicht selten darauf hingewiesen wurde, daß die Fragen z.T. Gesichtspunkte ins Spiel gebracht haben, die den Befragten im Rahmen ihrer Tätigkeit wenig bewußt waren, über die sie u.U. nicht intensiv nachgedacht hatten. Insofern kann davon ausgegangen werden, daß der Fragebogen im Sinne eines „reaktiven Untersuchungsinstruments" mehr erfaßt als die üblichen Erfahrungsberichte enthalten. Im folgenden sollen nun einige ausgewählte Ergebnisse dieser Befragung zusammengefaßt werden.

3.1 Der befragte Personenkreis

Da nur im Hinblick auf die entsendenden Kommunen bzw. Kreise eine Auswahl getroffen wurde, nicht aber im Hinblick auf die einzubeziehenden Personen (Verwaltungshelfer/Innen) weisen die persönlichen und beruflichen Merkmale der befragten Personen das gewünschte breite Spektrum auf. Allerdings sind nur drei von ihnen Frauen; das Lebensalter variiert dagegen zwischen 20 und über 60 Jahren; bei einem Durchschnittsalter von etwa 44 Jahren zeigt sich, daß eher langerfahrene Mitarbeiter/Innen die Rolle der Verwaltungshelfer übernommen haben. Sie weisen im Durchschnitt 23 Jahre im öffentlichen Dienst auf und sind im Durchschnitt etwa 14 Jahre in der entsendenden Behörde tätig. Das Spektrum der vertretenen Ämter ist ebenfalls sehr breit; herauszuheben sind das Hauptamt, die Kämmerei, das Katasteramt und das Sozialamt; von diesen Ämtern sind vier und mehr Personen vertreten. Im Hinblick auf die formale Position oder Funktion in ihrer jeweiligen Behörde dominieren eindeutig die Sachbearbeiter/innen (38,3%), aber auch Amtsleiter/Innen, Abteilungsleiter/Innen bzw. Sachgebietsleiter/Innen sind häufiger vertreten. Dementsprechend verteilen sich auch die Anforderungen und Tätigkeiten im Verwaltungsalltag der entsendenden Behörden: Das Aktenstudium, die Bearbeitung von Fallakten sowie schriftliche Ausarbeitung von Stellungnahmen, Berichten oder Protokollen sowie Prüfung und abschließende Zeichnung von Geschäftsvorfällen bilden den Schwerpunkt der Tätigkeiten. Häufig werden auch organisatorische Aufgaben benannt, selten dagegen Planungsaufgaben. Auch die Anleitung von Mitarbeitern, ein für die Verwaltungshilfe nicht unwesentliches Element, wird von 27,7% der Befragten als tägliche Aufgabe genannt, 19,1% sehen sich hier mehrmals pro Woche gefordert. Außenkontakte dominieren i.d.R. mit Bürgern, sind eher selten im Hinblick auf örtliche Organisationen und Institutionen (aus der Wirtschaft, von Verbänden, Wissenschaft und Politik). Die Frage nach der Zufriedenheit mit der Stellung und Tätigkeit führt zu keinen Abweichungen von anderen diesbezüglichen Befragungen (z.B. Luhmann/Mayntz 1973, Kap. 10). Nur sieben der Befragten beantworten die Frage mit „nicht zufrieden"; es kann also nicht davon gesprochen werden, daß Verwaltungshelfer/Innen überwiegend aus der Gruppe der weniger zufriedenen Verwaltungsbediensteten rekrutiert wurden. Wie immer wieder zu beobachten ist, schneiden im einzelnen die Besoldung/Vergütung und die Aufstiegschancen in der Bewertung am ungüngstigsten ab.

3.2 *Die Ausgangssituation: Motive und Vorbereitung*

Für knapp ein Viertel der Befragten kann man unterstellen, daß sie intensiv an der Mitwirkung am Aufbauprozeß in den ostdeutschen Kommunen interessiert waren. „Ich habe mich intensiv darum bemüht", ist ihre Antwort auf die Frage, wie es dazu kam, daß sie die Tätigkeit als Verwaltungshelfer/Innen übernahmen. Etwas schwächer ist das Interesse bei denjenigen ausgeprägt, die sagten, „ich habe allgemein Interesse geäußert und wurde ausgewählt" (40,4%). Immerhin ein Drittel verweist darauf, daß die Initiative von anderen ausging, daß „sie darum gebeten wurden oder schlicht abgeordnet wurden". Insofern bestätigt sich die Vermutung, daß die Rolle als Verwaltungshelfer nur teilweise eine „Wunschaufgabe" für das Personal in der westdeutschen Kommunalverwaltung war und ist; ein Teil geht eher ohne eigenes Interesse an diese Aufgabe heran.

Dies wird auch bei der Frage nach den Motiven, die die Tätigkeit als Verwaltungshelfer/in begleitet haben, deutlich. Bei einer entsprechenden Frage machen viele der Befragten von der Möglichkeit Gebrauch, verschiedene Motive (mit variierendem Gewicht) anzukreuzen. Den größten durchschnittlichen Anteil erhält das eher diffuse, aber sozial erwünschte Motiv „Hilfsbereitschaft" (22,5 Pkt.). Mit 15,2 Pkt. erhält das Motiv „eigene Fähigkeiten testen" ebenso überproportional viele Punkte wie „größere Verantwortung übernehmen" (12,8 Pkt.), „Abwechslung" (12,6 Pkt.) und „Neugier" (12,0 Pkt.). Die oft unterstellten Motive der Aufstiegsverbesserung und der finanziellen Verbesserung werden dabei im Durchschnitt nur mit etwa fünf Punkten versehen; besonders gering ist der „Punktwert" für das Motiv „dauerhafte Übersiedlung nach Ostdeutschland" (– obwohl dies für die gegenwärtigen Phasen der Verwaltungshilfe die wichtigste und wirksamste Form sein dürfte!). Insgesamt dominieren also die allgemeineren, mehr personenbezogenen Motive; nachrangig dagegen diejenigen Motive, die mit beruflicher Entwicklung zu tun haben.

Unabhängig von diesen Variationen in der Motivlage sind die Bewertungen des Einigungsprozesses allgemein sowie der Verwaltungshilfe durchweg sehr positiv oder positiv. Nur fünf der Befragten äußern sich eher skeptisch zu dem Einigungsprozeß und drei der Befragten sind skeptisch hinsichtlich der

Bedeutung von Verwaltungshilfe. An dieser Bewertung hat sich auch nach der Tätigkeit als Verwaltungshelfer/In nichts geändert; wenn überhaupt dann eher zum Positiven. Eindeutig negativ dagegen fällt die Beschreibung der Vorbereitung und der Begleitung während der Tätigkeit in Ostdeutschland aus. Über 70% der Befragten geben an, keinerlei Vorbereitung erfahren zu haben; im Hinblick auf die begleitende Unterstützung sind es etwa ein Drittel, die keinerlei Unterstützung erhielten. Selbst bezogen auf diejenigen, die vorbereitet und unterstützt wurden, ist die Bewertung eher ungünstig: Etwa 70% bewerten die Vorbereitung als eher schlecht, über 40% bewerten die Unterstützung als eher schlecht. Damit findet eine frühere Beobachtung eine Bestätigung, die die Verwaltungshilfe zu häufig als „Ad-hoc-Maßnahme" ohne hinreichende Vorüberlegung, Planung und Vorbereitung bezeichnete. Was hat im einzelnen gefehlt? Der Katalog der beschriebenen „Unterlassungen" ist nuancenreich:

- die Festlegung der eigenen Kompetenzen vor Ort hat gefehlt;
- ebebso die Einführung in die Probleme vor Ort sowie Wege zur entsprechenden Lösungsentwicklung;
- Vermittlung der globalen Ausgangssituation in der alten DDR fehlte;
- Bereitstellung von Gesetzestexten und Verwaltungsvorschriften war unzureichend;
- die Abstimmung beim Personaleinsatz zur Verwaltungshilfe war unzureichend;
- keine Zielvorgaben;
- keine Benennung konkreter Ansprechpartner in der ostdeutschen Verwaltung
- u.a.m.

Im Hinblick auf die Begleitung wird vor allem auf den mangelnden Feedbackprozeß hingewiesen: nur sporadisch und lückenhaft seien Erfahrungsaustausch und Frustrationsabbau organisiert worden. Dieser Sachverhalt dürfte auch bei der hohen Bereitschaft, an unserer Befragung teilzunehmen, eine wichtige Rolle gespielt haben: Der Fragebogen und die weiterhin eingeplanten persönlichen Intensivinterviews ergeben eine gute Möglichkeit, die Erfahrungen noch einmal zu reflektieren und zu bilanzieren bzw. auch Ansatzpunkte für weitere Schritte zu gewinnen.

3.3 Aufgaben und Tätigkeiten in Ostdeutschland

Grundlage für den Einsatz der Verwaltungshelfer/Innen in Kommunen von Brandenburg ist entweder das Verwaltungsabkommen zwischen NRW und Brandenburg oder eine entsprechende Städtepartnerschaft oder Kreispartnerschaft im einzelnen (DSt 1992). Insofern kommen die Aufgabenzuweisungen aufgrund übergeordneter formaler Vereinbarungen zustande. Dies bedeutet auch, daß die Zuordnung zu Ämtern und Aufgabenbereichen im wesentlichen als Parallelisierung der Aufgaben in der entsendenden Behörde erfolgt. Insofern stimmen die entsendenden westdeutschen Ämter und die ostdeutschen „Zielämter" vielfach überein. Gleichwohl gibt es in Einzelfällen Abweichungen, die aber nicht so sehr den Aufgabenbereich, als vielmehr die Verwaltungsebene betreffen. So werden etwa Landratsamt, Kommunalaufsicht sowie verschiedene Dezernate als diejenigen Behörden benannt, in denen Verwaltungshilfe geleistet wurde. Dies hängt auch mit den Varianten in den Aufgabenstellungen zusammen: Hier zeigt sich eine deutliche Dreiteilung: Sachbearbeitung in verantwortlicher Weise, Behörden- oder Abteilungsleitung in verantwortlicher Weise oder Beratungsfunktionen, die bestimmten zuständigen Personen der ostdeutschen Behörden zugeordnet sind. Im Einzelfall werden auch konkrete Projekte benannt: Aufstellung eines Haushalts; Stellenbewertung; Bestandsaufnahmen vorhandener Infrastruktur; Schulungsaufgaben. Nimmt man hinzu, daß die Befragten im Durchschnitt 2,5 Aufgabenstellungen angegeben haben, wobei sie z.T. mehr als ein Jahr in Ostdeutschland tätig waren, so wird nachvollziehbar, daß das Aufgabenspektrum z.T. deutlich über die aktuellen Aufgabenschwerpunkte der Verwaltungshelfer/innen in der entsendenden Behörde hinausging. Insofern wird hier das Motiv „größere Verantwortung übernehmen" und das Motiv „eigene Fähigkeiten testen" durchaus auf die Probe gestellt.

Betrachtet man die kommunikativen Kontakte in den ostdeutschen Kommunen, so zeigt sich eine deutliche Konzentration auf die jeweilige Gastbehörde, ggf. auch auf andere Behörden des Kreises bzw. der Stadt/Gemeinde. Außerordentlich gering sind dagegen die Kontakte zur Landesverwaltung, zu Ratsmitgliedern bzw. Kreistagsmitgliedern, zu Sozial- und Wirtschaftsverbänden oder politischen Parteien. Auch die Kontakte mit der Bevölkerung spielen keine besonders große Rolle. Mit anderen Worten, die Verwaltungshelfer engagieren sich oder werden überwiegend im Hinblick auf die internen Erfordernisse des Verwaltungsaufbaus bzw. der Aufgabendurchführung eingesetzt. Die oft zitierte „unkoordinierte Ansammlung" von Verwaltungshelfern in einzelnen Behörden läßt sich z.T. auch mit den Befragungsergebnissen bestätigen. Nur etwa ein Drittel der Befragten hat in den ostdeutschen Behörden, in denen sie tätig waren, keine weiteren Verwaltungshelfer/Innen vorgefunden. Alle anderen haben in der gleichen Behörde z.T. mit Personen aus der entsendenden Behörde in Westdeutschland oder anderen Verwaltungen in NRW oder anderen Verwaltungen anderer Bundesländer zusammengearbeitet. Im Hinblick auf die Stadt-, Gemeinde- oder Kreisverwaltung insgesamt waren es nur 6,4% der Befragten, die keine anderen Verwaltungshelfer vorgefunden haben.

Welche Ziele – definiert durch die entsendende Behörde – sehen die Befragten für die Verwaltungshilfe in den Kommunen Ostdeutschlands? Angesichts der unzureichenden Vorbereitung und der generellen Unsicherheit im Hinblick auf die möglichen Beiträge, die Verwaltungshilfe im Einzelfall leisten kann, ist die große Variation der Antworten kaum zu verwundern. Insgesamt wird ein ausschließlich „symbolischer Beitrag" der Verwaltungshilfe (im Fragebogen: „moralische Unterstützung durch Anwesenheit") zwar nicht völlig von der Hand gewiesen, jedoch auch nicht besonders häufig zustimmend beantwortet. Besonders häufig werden der entsendenden Behörde solche Zielvorstellungen zugeschrieben, die sich um das Kriterium der Verwaltungseffizienz kristallisieren lassen: Gestaltung der Aufbauorganisation, Gestaltung der Ablauforganisation, Beratung in schwierigen Fällen bzw. bei schwierigen Einzelaufgaben. Relativ hohe Berücksichtigung findet auch das Ziel der Personalschulung. Seltener und weniger einheitlich dagegen die eigene Bearbeitung schwieriger Fälle, sowie die Durchsetzung des Prinzips Bürgernähe. Im Hinblick auf die in Ostdeutschland erforderlichen grundlegenden Neuorientierungen (Rechtsstaatlichkeit und Demokratieverständnis) erkennen die Befragten kaum Zielvorstellungen ihrer entsendenden Behörde. Besonders selten wird allerdings das Ziel „Krisenintervention" genannt – offensichtlich ist dies allenfalls ein Element der allerersten Phase des Verwaltungsumbaus gewesen.

Eine vergleichbare Frage wurde im Hinblick auf die persönlichen Zielvorstellungen und Absichten der Befragten gestellt, in die allerdings bereits Elemente der Anpassung an das „praktisch Notwendige" eingeflossen sein dürften. In einigen Punkten zeigen sich deutliche Abweichungen von den unterstellten Zielvorstellungen der entsendenden Behörde: Dies betrifft vor allem die Bereiche ‚Bearbeitung schwieriger Fälle' und ‚Personalschulung'. Von einem erheblich größeren Teil der Befragten wird dies als zentraler eigener Beitrag im Rahmen der Verwaltungshilfe gewertet. In beiden Fällen kann unterstellt werden, daß der „Druck der Verhältnisse" dazu wesentlich beigetragen hat. Beachtenswerte Differenzen ergeben sich auch bei den Zielvorstellungen der Bürgernähe sowie der Grundorientierung im Sinne des Demokratieverständnisses. In beiden Fällen wird ein stärkerer eigener Beitrag gesehen als dies in der Zielvorstellung der entsendenden Behörde zum Ausdruck kommt. Insgesamt sind jedoch die diesbezüglichen Unterschiede vorsichtig zu interpretieren, da sowohl bei der Vorbereitung als auch bei der begleitenden Unterstützung das Fehlen von Zielvorgaben und Aufgabenbeschreibungen bemängelt wurde.

3.4 Die Bewertung der Verwaltungshilfe und ihre zukünftigen Schwerpunkte

Die Rahmenbedingungen dieser Befragung sowie die bisher berichteten Ergebnisse sprechen nicht dafür, daß es den Befragten um eine „idealisierte Selbstdarstellung" geht. Insofern ist es durchaus begründet und berechtigt, die Verwaltungshelfer über ihre Bewertung der Verwaltungshilfe zu befragen – auch wenn sie damit in gewissem Maße eine Selbstevaluation durchführen müssen.

Allerdings wird man ebensowenig von einer besonders ausgeprägten (selbst-)kritischen Einschätzung ausgehen können. Die Ergebnisse belegen dies. Im Hinblick auf die Beurteilung des Gesamterfolges in der jeweiligen Kommunalverwaltung weisen die Befragten der Verwaltungshilfe im Durchschnitt einen „mittleren" Grad des Erfolges zu: die Note 2,5. Ungünstiger dagegen wird die Geschwindigkeit des Umbaus mit 3,6 bewertet (bei einem Spektrum von 1 = sehr schnell und 6 = sehr langsam). Beachtenswert, aber durchaus im Rahmen der oben skizzierten implementationsanalytischen Erfahrungen ist die Einschätzung, daß im Schnitt noch etwa acht Jahre benötigt werden, bis die ostdeutsche Kommunalverwaltung in gleicher Weise funktioniert wie die westdeutsche. Dabei streuen die Ergebnisse: Ein Viertel prognostiziert einen fünfjährigen Zeitbedarf; 30% prognostizieren einen zehnjährigen Zeitbedarf. Die Frage nach den Schwierigkeiten, die bei der Durchführung ihrer Aufgaben auftraten, beantworten die Befragten i.d.R. so, daß zwar viele Schwierigkeiten wahrgenommen, diese aber als „überwindbar" eingestuft werden. Am deutlich häufigsten als „schwer überwindbar und sehr belastend" werden die mangelnden Verwaltungserfahrungen des Personals in den ostdeutschen Verwaltungen beschrieben (36,2% der Befragten); relativ häufig werden auch alte Seilschaften (23,4%) und der Mangel an finanzieller Ausstattung (21,3%) betont. Häufig erwähnt, aber als „überwindbar" dargestellt, werden unklare organisatorische Rahmenbedingungen, Mentalitätsunterschiede bei Ost- und Westpersonal, sonstige westliche Berater (insbesondere aus der Privatwirtschaft). Schröter (1992) spricht dagegen von einem „Verwaltungs-Kulturschock". Bei allen Bewertungen bleiben die selbstkritischen Urteile erkennbar im Hintergrund. Bemerkenswert ist, daß die diesbezüglichen Teilfragen dahingehend beantwortet wurden, daß entsprechende „Schwierigkeiten nicht zu bemerken" waren: Dies betrifft die Feststellung, daß es Konflikte mit anderen Verwaltungshelfern gibt, daß die Bevölkerung die Westhelfer ablehnt oder daß das Ostpersonal die Westhelfer ablehnt (vgl. auch Schröter 1992, 13; Benjamin 1991). Innerhalb dieser, auf die eigene Rolle bezogenen Bewertungen wird der zuletzt genannte Sachverhalt am kritischsten gesehen: Hier weisen immerhin 31,9% der Befragten auf „Schwierigkeiten" hin, die allerdings als „überwindbar" angesehen werden, und 2,1% verweisen auf daraus entstehende „Belastungen".

Bei ergänzenden Fragen zu generellen Aspekten des Verwaltungsumbaus, die durch die Verwaltungshilfe nur in sehr begrenztem Maße beeinflußbar sind, zeigen sich etwas kritischere Kommentare. Für die meisten der erwähnten Umstellungserfordernisse konstatieren die Befragten „Schwierigkeiten der Umorientierung, die auch zu alltagspraktischen Problemen" führen. An erster Stelle steht dabei die Regelungsdichte, d.h. die Vielzahl und Detailliertheit rechtlicher Regelungen, die im Verwaltungsalltag zur Anwendung kommen müssen (80,9%!). Zwei Drittel der Befragten stellen das Gleiche auch für die erforderliche Professionalität und Eigenverantwortung des Personals sowie für die Verwaltungs-"Technik" (Verfahrensabläufe, Entscheidungsmuster, Aktenablage u.a.m.) fest. Die neuen Makrostrukturen und Makrogliederungen in vertikaler und horizontaler Hinsicht (Föderalismus; Länder- und Gemeindekonkurrenz; Verwaltung/Privatwirtschaft, Verwaltung/Verbände usw.) werden jeweils von immerhin fast 50% der Befragten für folgenreich und im Alltag problematisch beschrieben. Am seltensten werden Auswirkungen beim neu zu gestaltenden Verhältnis zwischen Verwaltung und Bevölkerung erwähnt (36,2%).

Formuliert man diese Beobachtung im Sinne von zusätzlichen Gestaltungserfordernissen um, so gibt es einhellige und eindeutige Prioritätensetzungen: Ein besonders hoher Nachholbedarf besteht bei der Personalqualifikation (70,2%) und bei der Personalführung (59,6%); deutlich weniger beim quantitativen Nachholbedarf, d.h. im Hinblick auf die Ergänzung des Personalbestandes sowie im Hinblick auf die Personalmotivation. Unterschiede werden auch bei Aufbau- und Ablauforganisation deutlich, wobei bei letzterem sehr viel mehr Nachholbedarf konstatiert wird. Gleiches gilt im Verhältnis von Bürgernähe und Effizienz, wobei wiederum letzteres bisher unzureichend entwickelt ist. Die Beschreibung dieser Nachholbedarfe macht es plausibel, daß nur ein geringer Teil davon als „durch Verwaltungshilfe nicht zu verbessern" eingestuft wird. Im einzelnen werden auch konkrete Vorschläge zukünftiger Schwerpunktsetzungen formuliert, wobei häufiger die bisher nicht zur Sprache gekommene Gebiets- und Funktionalreform auf Gemeinde- und Kreisebene aufgeführt wird. Darüber hinaus wird deutlich, daß in Zukunft zwei Wege stärker zu betonen sind: Einmal die Richtung auf systematische kontinuierliche Personalschulung; zum anderen in Richtung auf eine dauerhafte Einbindung von speziellen Fachkräften aus dem Westen für die „Abarbeitung" von Aufgabenüberhängen (unbearbeitete Fälle). Dagegen wird der Aspekt Beratungstätigkeit weniger häufig aufgenommen.

Der für die weitere Verwaltungshilfe benötigte Zeitrahmen wird entsprechend den unterschiedlichen Akzentbeschreibungen zwischen ein und zehn Jahren angesetzt; im Durchschnitt werden vier Jahre als zusätzlich erforderliche Zeitperspektive erwartet. Akzeptiert man diese Einschätzung, so folgt daraus, daß die Verwaltungshilfe noch nicht einmal die Hälfte „ihres Weges" hinter sich gebracht hat. Bei der Frage nach den Qualifikationen und Eigenschaften, die erfolgreich tätige Verwaltungshelfer/innen mitbringen müssen, zeigt sich der deutlichste Konsens bei den kommunikativen Fähigkeiten und Eigenschaften: Einfühlsam, kommunikationsfähig und geduldig sein – das sind offensichtlich Merkmale von zentraler Bedeutung; fast gleich hohe Werte erhalten Improvisationsfähigkeit und innovatives Handeln. Beachtenswert ist die Tatsache, daß – im Kontrast zu den vielen Hinweisen auf Effizienzziele und Personalqualifikation – die Spezialkenntnisse in einzelnen Fachgebieten deutlich weniger betont werden (48,9% sagen hier „nicht so wichtig"!); dagegen wird das generell-institutionelle Wissen über Aufbau- und Ablauforganisation bedeutsamer eingeschätzt („nicht so wichtig" sagen nur 17%).

Die Frage nach den Auswirkungen der Tätigkeit in der Verwaltungshilfe für die eigene weitere Entwicklung (der Verwaltungshelfer/Innen) wird von knapp der Hälfte der Befragten positiv (im Sinne der Förderlichkeit) beantwortet; knapp 13% sehen eher Nachteile und Hindernisse; der Rest beschreibt die Auswirkungen auf ihre eigene Situation eher ambivalent. Im einzelnen werden erhebliche Mehrbelastungen beschrieben (weil der Aufgabenkreis in der entsendenden Behörde quasi weitergeführt oder mitbetreut werden mußte); in drei Fällen wird konkret über den Verlust des bisherigen Arbeitsplatzes geklagt.

Die abschließende Frage nach den beobachtbaren Auswirkungen auf die Westverwaltung insgesamt ist möglicherweise zu früh formuliert. Die Befragten verweisen überwiegend auf personelle Engpässe, die durch die Entsendung der Verwaltungshelfer entstehen; auch materielle Belastungen und finanzielle Einbußen der Kommunalverwaltung werden erwähnt. Nur in wenigen Fällen werden auch Denkanstöße in der Westverwaltung durch „zurückkehrende Verwaltungshelfer/Innen" für möglich gehalten. Dagegen stehen aber auch andere Argumente: „Kaum Auswirkungen, da der Ostverwaltung das Westschema aufgezwungen wurde; keine Nutzung der Chance, etwas anderes zu machen".

4. *Fazit*

Bezieht man sich abschließend noch einmal auf die Frage in der Überschrift, so kann man nach den vorliegenden Erfahrungen und aufgrund der eigenen Untersuchungsergebnisse mit Blick auf die Verwaltungshilfe weder durchweg von Unterstützung noch von einem „Flop" sprechen. Daß dennoch beide Kennzeichnungen zulässig sind, ergibt sich aus unterschiedlichen Erfolgsmaßstäben. Solange primär der Aufwand der westdeutschen Verwaltung bilanziert wird, ist der Beitrag zum Verwaltungsaufbau im Osten beachtlich. Allerdings bleiben vielfältige Fehleinschätzungen – konkret: unzureichende Berücksichtigung vorliegender Implementationserfahrungen – zu konstatieren. Dies betrifft den generellen Zeitbedarf, das Spektrum der erforderlichen Hilfen, die Antizipation von Schwerpunktverlagerungen im Zeitverlauf und die Erfordernisse hinsichtlich der Auswahl und Vorbereitung von Verwaltungshelfern. Gemessen an den Erfordernissen von Rechtmäßigkeit, Effizienz und Bürgernähe dürfte eine strikte Prüfung (die m.W. nicht vorliegt) sehr kritisch ausfallen (vgl. Bosetzky 1992, 384).

Insofern kann zunächst nur festgestellt werden, daß die Verwaltung in den neuen Bundesländern – zumindest in vielen Aufgabenbereichen – „irgendwie in Gang gebracht" wurde. Dies schließt allerdings mittel- und langfristige „Nachbesserungserfordernisse" mit ein: auf der örtlichen Ebene wird sich dies bereits bei der Umsetzung der Kreis- und Gemeindegebietsreform zeigen.

In diesem Zusammenhang lassen sich die Verwaltungshelfer als wichtige „Zeitzeugen" ansehen. Auch wenn sie in der Befragung mit Selbstkritik eher zurückhaltend sind, zeichnen sie doch ein recht kritisches Bild über die nach wie vor vorhandenen Anforderungen und Hindernisse im Verwaltungsumbau. Die Untersuchung von Bosetzky (1992) in Berlin-West und -Ost ergibt insgesamt ähnliche Ergebnisse. Die dabei erwähnten Resultate einer Befragung Ostberliner Bürger (N allerdings nur 74) zeigt nur etwa ein Drittel, das eine positive Entwicklung „ihrer" Verwaltung nach der Vereinigung feststellt. Insgesamt ist gerade die Bürgerperspektive noch völlig unzureichend erfaßt.

Die Frage, ob der Verwaltungsumbau in Ostdeutschland Zwänge und Ansätze zur Verwaltungsreform in Gesamtdeutschland erbringt, ist nach heutigem Stand eindeutig negativ zu beantworten. Viele „falsche" Strukturentscheidungen, die Auffassungsunterschiede zwischen Verwaltungshelfern aus verschiedenen Ländern, Kreisen und Gemeinden sowie generell die Variationsbreite von Implementationslösungen im Westen werden (wie bisher) auch weiterhin dazu führen, daß allenfalls Einzelaspekte der Aufgabendurchführung in Ostdeutschland variiert werden. Dies kann, wie bei Modellerprobungen u.ä. üblich, Nachahmer finden – ein Ansatz zu breit angelegten und systematischen Verwaltungsreformen ist dies nicht.

Für die Politik- und Verwaltungswissenschaft ergeben sich Möglichkeiten für Lernprozesse – allerdings nur dann, wenn die Analysen des Verwaltungsumbaus im Kontext entsprechender Konzepte und Theorien erfolgen. Bisher vorliegende Beiträge bleiben allerdings noch meist bei einer Beschreibung stehen und unterscheiden sich dadurch nur wenig von Verwaltungs- oder Presseberichten. Die Fortentwicklung von Theorien unter Berücksichtigung der Umbau-Erfahrungen sowie systematischer empirischer Untersuchungen – auch der Verwaltungshilfe – steht also noch aus.

Literatur

Benjamin, M., 1991: System Change and Personnel Management. Vortrag beim Round Table des IIAS, Kopenhagen.

Blenk, J., 1991: Verwaltungshilfen im Verbundsystem. In: der städtetag 8/1991, S.547-551.

Böhret, C./Jann, W./Kronenwett, E., 1988: Innenpolitik und politische Theorie. Opladen.

Bosetzky, H., 1992: „Verwaltungsmissionare“ – Über den Einsatz westlicher Verwaltungsmitarbeiter in Ostberlin. In: Verwaltungsrundschau 11/1992, S.381-386.

Dahme, H.J../Grunow, D../Hegner, F., 1980: Aspekte der Implementation von Anreizprogrammen. In: Mayntz, R.(Hg.): Implementation politischer Programme I. Meisenheim 1980, S.154-175.

DSt, 1992: Die innerdeutschen Städtepartnerschaften. Reihe A, Heft 18/92, Köln.

Eichener, V. u.a. (Hg.), 1992: Probleme der Einheit: Organisierte Interessen in Ostdeutschland. Marburg.

Grunow, D../Wohlfahrt, N., 1993: Verwaltungshilfe für die neuen Bundesländer – vom Reformeifer zur kollektiven Selbstschädigung? In: Seibel, W. u.a. (Hg.): Verwaltungsreform und Verwaltungspolitik im Prozeß der deutschen Einigung. Baden Baden 1993, S.162-176.

Grunow, D../Wohlfahrt, N., 1989: Organisationsentwicklung in Industrieunternehmen und Verwaltungsorganisationen. In: Sozialwiss. u. Berufspraxis 3/89, S.254-264.

HAMM, 1991: Stellungnahme der Verwaltung zum Aufbau kommunaler Selbstverwaltung im LK Oranienburg. Hamm.

IN/NW, 1991: Partnerschaft vor Ort: Zusammenarbeit von Kommunen aus NRW und Brandenburg. Düsseldorf.

Janowitz, M./Delany, W., 1957: The Bureaucrat and the Public: A Study of Informational Perspectives. In: ASQ 2/57, S.141-162.

Kempf, T., 1991: Organisation Development in East Germany – From „anarchical“ to planned Change. Vortrag auf der EGOS-Konferenz, Wien.

KGSt, 1990: Partnerschaftliche Kommunalberatung in den neuen Bundesländern. Bericht 12, Köln.

König, K., 1991: Zur Transformation einer real-sozialistischen Verwaltung in eine klassisch-europäische Verwaltung. Speyerer Forschungsberichte 99.

Kösterling, H., 1992: Kreisgebietsreform im Land Brandenburg. In: DÖV 45/92, S.721-729.

Luhmann, N./Mayntz, R., 1973: Personal im öffentlichen Dienst. Baden-Baden.
MINPRÄS/NW, 1992: Partnerschaft in Brandenburg. Verwaltungshilfe in den neuen Ländern 1992. Düsseldorf.
v.Oertzen, H.J. (Hg.), 1992: Rechtsstaatliche Verwaltung im Aufbau. Band I. Baden Baden
v.Oertzen, H.J. (Hg.), 1993: Rechtsstaatliche Verwaltung im Aufbau. Band II. Baden Baden.
Pressman, J./Wildavsky, A.B., 1973: Implementation. Berkeley.
Sabatier, P.A., 1991: Two Decades of Implementation Research: From Control to Guidance and Learning. In: Kaufmann, F.X.(Hg.): The Public Sector. Berlin, New York, S.257-270.
Sabatier, P.A., 1991a: Toward Better Theories of the Policy Process. In: Political Science and Politics 24, S.147-156.
Scheytt, O., 1991: Verwaltungshilfe für die Kommunen in den neuen Ländern der Bundesrepublik Deutschland. In: Archiv für Kommunalwissenschaften, 30 I/91.
Scheytt, O../Otto, H-Ch., 1991: Der Einigungsvertrag in der kommunalen Praxis. Berlin.
Schmidt-Eichstaedt, G., 1983: Die Rechtsqualität der Kommunalaufgaben. In: Handbuch der kommunalen Wissenschaft und Praxis,Band 3, Berlin.
Schmidt-Eichstaedt, G., 1992: Gemeindeverwaltungsreform und Kreisgebietsreform in den neuen Bundesländern. In: Archiv für Kommunalwissenschaften 31, I/92, S.1-22.
Schröder, W., 1991: Hilfe zum Aufbau der kommunalen Selbstverwaltung. In: KommVerw 10/91, S.293-299.
Schröter, E., 1992: Verwaltungsführungskräfte aus Ost und West-Datenreport Berlin. Beiträge der FHSVR, Heft 27, Berlin.
Seeck, E., 1992: Vom Provisorium zur regulären Verwaltung – Aufbauhilfe für Mecklenburg-Vorpommern. In: Der Öffentliche Dienst 45/92, S.145-192.
Verwaltungslexikon (2.Aufl.), 1991, Baden Baden.
Wehner, B., 1991: Das Fiasko im Osten. Marburg.
Windhoff-Heritier, A., 1980: Politikimplementation. Königstein/Ts.
Wollmann, H., 1991: Kommunalpolitik und -verwaltung in Ostdeutschland: Institutionen und Handlungsmuster im „paradigmatischen" Umbruch. Eine empirische Skizze. In: Blanke, B.(Hrsg.): Staat und Stadt. PVS Sonderheft 22/91, S.237-258.
Zapf, W., 1990: Modernisierung und Transformation. In: WZB-Mitteilungen 50 , S.33-36, Berlin.

Die Autorinnen und Autoren

Josef Bardelmann, studentischer Mitarbeiter im Forschungsprojekt „Arbeit und Lebenswelt. Ein Ländervergleich Hessen-Thüringen“ des Instituts für Politikwissenschaft, Universität Gießen

Dr. Susanne Benzler, Politologin, Universität Gießen

Christoph Boock, Beigeordneter und Dezernent für Allgemeine Verwaltung der Stadt Jena

Dr. Udo Bullmann, Politologe, Universität Gießen

Dr. Dieter Eißel, Professor für Politikwissenschaft, Universität Gießen

Karsten McGovern, Politikwissenschaftler, Max-Planck-Gesellschaft/Arbeitsgruppe Transformationsprozesse in den neuen Bundesländern, Berlin

Dr. Dieter Grunow, Professor für Politikwissenschaft, Universität Duisburg

Petra Karrasch, Diplom-Volkswirtin, Beratungsstelle für arbeitsorientierte Strukturentwicklung in Sachsen BASIS e.V., Leipzig

Andreas Klages, Student der Politikwissenschaft, Rechtswissenschaft und Medienwissenschaft, Universität Marburg

Alexander Meyer, wissenschaftlicher Mitarbeiter im Forschungsprojekt „Arbeit und Lebenswelt. Ein Ländervergleich Hessen-Thüringen“ des Instituts für Politikwissenschaft, Universität Gießen

Petra Paulus, Studentin der Politikwissenschaft, Rechtswissenschaft und Medienwissenschaft, Universität Marburg

Dr. Dieter Rink, Kulturwissenschaftler, Umweltforschungszentrum Leipzig-Halle, Leipzig

Dr. Theo Schiller, Professor für Politikwissenschaft, Universität Marburg

Timo Steinert, studentischer Mitarbeiter im Forschungsprojekt „Arbeit und Lebenswelt. Ein Ländervergleich Hessen-Thüringen" des Instituts für Politikwissenschaft, Universität Gießen

Wito Schwanengel, Diplom-Verwaltungswissenschaftler, Dozent der Verwaltungsfachhochschule des Landes Thüringen, Weimar